KB253505

문예신서
259

철학자들의 동물원

짐승 만들기에서 배척까지

아르멜 르 브라 쇼파르

문신원 옮김

東 文 選

철학자들의 동물원

철학자들의 동물원

Armelle Le Bras−Chopard

LE ZOO DES PHILOSOPHES
De la bestialisation à l'exclusion

차 례

머리말

H. P. 러브크래프트의 한 단편 소설을 보면, 화자인 젊은 여행자는 늪지대를 사이에 두고 육지로부터 단절된 인스마우스 연안 마을을 방문하기로 한다. 그 마을 주민들은 길쭉한 얼굴에 쪼그라든 귀, 멍하니 움직이지 않는 눈, 그리고 등골에는 비늘이 돋고 푸르스름한 피부가 덮인 끔찍한 외모를 지니고 있다. 그들에게서는 비릿한 냄새가 난다. 모습은 물고기와 비슷하다. 그들에 관해 이상한 소문들이 나돈다. 남쪽 바다에서 태어났거나, 인간과 바다 생물 사이에서 그 사랑의 결실로 태어난 사람들이 아닐까? 그들은 바다 한가운데 악마의 암초 위에서 악마의 의식들을 거행한다. 이야기의 끝부분에서 청년은 거울을 들여다보며 자신에게도 물고기 머리, 그러니까 '인스마우스 마스크'가 생긴 것을 확인한다. 그도 역시 일종의 짐승이 된 것일까, 아니면 혹시 원래부터 쭉 그랬던 것은 아니었을까?[1]

그 단편 속에는 낯선 이방인의 주제에 대한 온갖 요소들이 다 모여 있다. 의심스러운 인종적 기원, 인간과 동물의 결합, 악마 숭배, 변신, 추함, 악취…… 이와 같은 소설적인 표현들은 태곳적부터 문학과 신화들을 누벼 온, 자신 혹은 타인에게 내재되어 있는 짐승을 만나는 것에 대한 두려움을 사실적인 형태로, 혹은 동물적 본능들의 보다 상징적인 형태로 해석하는 것이다. 그러나 피타고라스 이후로 우주진화론과 신화들에서 벗어난 철학은 질문을 주로 인간에게 집중시킨다. 하지만 그래도 짐승은 계속해서 어슬렁거린다. 심지어 가장 추상적인 문헌들 속에서조차 은유 형태로 돌아다닌다. 마치 신학자들이나 소위 철학자들, 또는 과학자들에게는 인간의 맞은편에 어떤 반(反)모델을 세우는 것이 인간의 정체성을 파악하기 위해 필수 불가결한 일인 양 짐승은 서구 사상을, 광의로는 철학을 줄곧 떠나지 않은 채 괴롭힌다. 토마스 아퀴나스는 "원죄 이전의 지상 낙원에 살던 순수 상태의 인간들은 육신의 필요를 위해서나 몸을 가리기 위해 짐승들이 필요치 않았다. 벌거벗었어도 그 점에 대해서 부끄러움을 느끼지 않았기 때문이다. […] 또한 영양 공급을 위해서도 필요로 하지 않았으니, 그것은 그들이 낙원의 실과들을 먹고 살았기 때문이다. 이동을 위해서도 필요로 하지 않았던 것은, 그들에게는 강인한 육체가 있었기 때문이다. 그렇지만 그들은 자신들의 본성에 대한 실험적 지식을 얻기 위해서는 동물을 필요로 하였다."[2]고 말했다. 그들은 동물을 거쳐야 하기도 했지만, 자신들의 인성을 보장하기 위해 동물을 **극복**해야 했다. 그와 같은 인류와 동물류 사이의 차이 확인은 동물성에 대한 인성의 우월성을 입증하고, 사물의 상태로 축소된 동물들에 대한 인간의 지배를 정당화하는 것으로 귀착되기 때문이다.

이는 '이원론'에서와 마찬가지로 **선험적으로** 동물에게 더 유리한 '일원론'에서도 명백해서, 그 대립된 교리들이 교체되어도 나머지 창조에 대한 인간의 우월함이라는 원칙을 다시 문제삼지는 않는다. 고대에 지배적이었던 일원론은 19세기에 진화설과 함께 새로운 형태로 다시 나타난다. 그리고 이원론은 데카르트 철학을 이어받은 그리스도교 초창기 이후로 서구 사상을 지배한다.

일원론은 단순한 정도의 차이인 종(種)들 사이의 연속성을 가정한다. 피타고라스나 플라톤의 윤회에서 인간은 동물의 육체로 환생할 수 있다. 아리스토텔레스는 식물에서 동물로, 그리고 이어서 인간으로의 연속체를 단언하지만 종들은 여전히 구분되어 있고, 다시 어찌할 수 없을 정도로 서로 분리되어 있다. 이는 라마르크의 변이설과, 무엇보다도 다윈의 진화론이 인간과 동물 사이 계보의 연속성을 가정하면서 산산조각으로 날려보낼 고정론이다. 그러나 플라톤이든 아리스토텔레스이든 혹은 다윈이든 인간은 언제나 우수한 동물들과도 엄청난 거리가 있는, 다윈의 말에 의하면 '심연'과 같은 거리에 있는 사다리 높은 곳에 있고, 그 정도의 차이는 본성의 다름과 흡사해진다. K. 로렌츠는 "인간과 우수한 영장류들을 가르는 거대한 구덩이"를 인정하면서 동물에서 인간으로의 이행을 '질적인 변화' [3]라고 생각한다.

이원론은 단숨에 인간과 동물 간 본성의 대립을 단언한다. 그러나 이는 그 두 가지 세계를 조용히 공존토록 하기 위해서가 아니다. 동물류에게 봉사를 받아야 하는 인간이 우월하다는 점 역시 단숨에 선언된다. 서구 유대 그리스도 절충 문화에서 성서, 특히 〈창세기〉는 그 인간 중심의 목적론에서 근본적인 역할을 담당했지만 종교로부터 벗어난 과학조차도 동물들에 대한 그 특권을 잃고 인간 지배의 근거를 다른 논증들에 두기를 원치는 않을 것이다.

〈창세기〉에서 확인된 해석은 창조에 대한 두 가지 이야기가 있다는 사실과, 그리스어나 라틴어 혹은 속어로 된 해석이 교부들에 의해 폭로되면서 그리스도교 초창기에 폭넓게 용인되는 탓에 전복되어 한층 복잡해지긴 했지만 어찌되었든 인간과 동물 사이의 근본적인 단절을 확립한다. 그 해석이 어떤 것이든——인간이 동물들보다 먼저 혹은 나중에 창조되었다는——신은 동물들을 인간에게 주었다. 그리고 아담이 그들을 명명했다. 이는 우리가 차후에 보게 될 특별한 권력, 즉 제2의 창조이다……

늘 이교도의 악취를 두려워하는 성직자들의 반대에도 불구하고, 중세는 12세기에 최초의 부흥을 보게 될 고대 문화에 여전히 사로잡혀 있었고, 일상 생활 속에서 대개는 같은 지붕 아래 혹은 같은 방 안에서 살아가는 인간들과 동물들 간의 공생은 오랫동안 대단히 긴밀하게 남는다. 미슐레는 1846년 《푀플》지에서 중세에는 '서민적 특성'이 '교회의 저항'을 염두에 두지 않았다는 점을 상기시킨다. '인격체처럼' 취급되었던 동물은 유명한 동물 소송들에서 '법적인 위치'를 가지고 있었다. 동물은 "가장 중대한 행위에서조차 정당하게 죄인 심판에" 출정할 수 있었고, "거기에서 목격자로, 때로는 죄인으로 모습을 드러낸다."[4] 19세기에도 외젠 베버는 가축들이 프랑스 들판 "어디에나 있었다"고 기록한다.[5]

교회는 이원론을 강요하기가 힘들어지자 인간과 동물의 분리를 강조하는 30년 공의회에서 그것을 재확인할 필요성을 느낀다. 역설적이게도 현대성은 자연에 대한 인간의 외재성을 확립하면서 과학의 후원을 업고 종교로부터 떨어진 채 인간과 동물 사이의 근본적 단절을 실현하게 되고, 데카르트의 동물기계론은 그것의 가장 완성된 표현이다.

실상 르네상스는 향내를 내몰고 인간을 제2의 프로메테우스로 만들기 시작한다. 신의 왕국인 천국은 **인간의 나라**(regnum hominis)로 대체되고, 지식은 이를 도와 이끌리는 것이 분명하다. 에른스트 블로흐는 인간이 "속죄자의 입장을 저버려 더 이상 무릎 꿇고 지내지 않고, 구부러지고 끊어진 고트족의 혈통을 거부한다"[6]고 기술한다. 조르다노 브루노는 그리스도교를 멋들어지게 무시한다. 반면에 다른 이들은 자연과 은총, 저승과 현세라는 두 가지 별개의 영역 이론을 세운다. 폼포나치(1462-1525)는 하나의 사실이 철학에서는 진실이나 신학에서는 거짓일 수 있으며, 그 반대의 경우도 마찬가지라고 언급한다. 두 영역의 충돌은 결국 이단 종교나 신화철학에 이를 것이므로, 상어와 사자가 하나는 바다에 살고 다른 하나는 초원에 살기 때문에 그 둘이 만난다는 것만큼이나 생각도 할 수 없는 충돌이다. F. 베이컨은 "이성이 반박하는 것을 고분고분 받아들이다니, 이는 신자의 영광"[7]이라며 빈정거린다. 갈릴레오에게 과학과 신앙은, 하나는 합리적이고 다른 하나는 영적이므로 똑같은 진리들에 관계되지 않는 것이어서, 그가 그 역학을 해독하고자 했던 우주는 비록 신의 계시의 효력을 의심하지 않는다 할지라도 더 이상 신을 필요로 하지 않는 과학에 길을 터준다.

내쫓긴 신, 그의 죽음이 계획되지 않았을 때 인간은 동물 앞에 홀로 놓인다. 그때부터 서열의 정상에 놓인 인간이 나머지 존재들에 대한 자신의 우월성을 더욱 확신했으리라고 생각할 수 있다. 그러나 사실 인간에게는 아무것도 없는 셈이다. 자신의 인간 신분을 그나마 창조자와의 닮음에서 유지하고 있었고, 동물에 대한 지배 권력은 바로 그 창조자를 통해 부여되었기 때문이다. 그때부터 인간은 스스로 이 두 가지 일을 확실히 해야 했기에 동물에 대하여 지위를 확보하고, 동물과 대조를 이루어 인간이 신을 퇴위시킨 것처럼 분명 자신의 왕위를 찬탈할 수도 있을 짐승을 면직시킴으로써 그 일을 해낸다. 신의 계시 대신에 이성이 그 불안한 경쟁자의 열세를 입증하기 위해 논지들을 갈고 닦아야 했다.

데카르트는 신학을 존중한다고 주장하면서도 신앙을 섬기려는 그 의지는 역설적인 계획을 실현하게 된다. 즉 〈창세기〉에 실려 있는 인간 우월성의 신성한 적법화를 신 없이 과학의 도움으로 합리적으로 입증하는 것이다. 따라서 동물은 영혼이 없어도 원활히 작용하는 메커니즘을 갖춘 기계로, 역시 육체를 갖춘 인간을 분명하게 변별하는 비물질적인 '최대치'로 규정된다. 《방법서설》에서 잘 알려진 표현에 의하면, '자연의 주인이자 소유자'가 된 인간에게는 신의 보증을 간청하지 않고도 지배를 시도할 수 있는 가능성이 열린다.

그러나 우리는 아무리 정중하게라도 신을 무사히 떼어내지는 못한다. '복수'의 신이니까! 그리스도교 초창기 때와 다름없이 고정된 채 창조에 대한 불변의 해석에서 멈추어진 신앙은 단순히 과학에 대한 믿음으로 대체될 수는 없을 것이다. 과학에 대한 믿음은 결정적인 진리들을 교부한다고 여겨지지만, 반면에 얼마나 변덕스럽고 사악한 것인지! 이원론을 확립한 과학은 눈부신 급변 속에서 인간을 동물의 지위로 깎아내릴 위험을 감수해 가며 새로운 일원론을 재확립한다. 17세기부터는 동물들에 대한 관측과 실험과학들이 발달한다. 종의 변이를 가정하는 라마르크의 생물변이설이나, 다윈의 할아버지인 에라스무스 다윈의 작업들에 이은 진화론은 인간의 완벽한 특수성이라는 교리에 치명타를 가하게 된다. 1859년의 《인간의 유래》는 인간을 동물류 진화의 마지막 고리로 만든다. 이는 프로이트가 말한 것처럼 그리스도교인들을 오랫동안 혼란에 휩싸이게 하는 진정한 혁명이라고 할 수 있다. 결국 교황 요한네스 파울루스 2세는 마지못해 그것을 시인한다. 1996년 교황은 1950년에 피우스 12세의 회칙 〈인간 종족에 대하여〉가 "'진화론'의 학설을 심각한 가설로 고려"했음을 상기시킨 후에 그 역시 "진화론 속에서 하나의 가설 이상"을 인정하지만, 오늘날 창조론을 반박하는 진화론은 캔자스대학 생물학 프로그램에서는 철회되었다…….

하지만 그 '가설'은 가톨릭 신자들에게——테야르 드 샤르댕은 그것을 자신의 철학에 통합시킬 줄을 알았다——그리고 그것이 인간의 우월함을 다시 문제삼지 않는 한 지배 이데올로기에는 단숨에 받아들여진다. 그런데 코페르니쿠스와 진화론의 혁명 이후 프로이트가——겸손한!——말한 바에 의하면, 세번째 혁명인 정신분석학의 혁명이 발발한다. 인간은 혈통에 의해 동물의 성질을 갖지만, 무엇보다도 짐승 같은 본능의 존재/지속으로 인해 동물의 성질을 띠고 짐승이 자신 안에 깃들여 있다는 사실을 발견하며 경악한다. 사실상 오래전부터 준비된 동물로의 귀환이다. 인간에게서 탐욕스럽고 성미 급한 부분들을 알아보고 짐승으로 환생한다는 형벌로 목을 졸랐던 플라톤 이후로, 그리스도교적인 중세에 육신에 던져졌던 파문을 거쳐 인간의 육체를 동물의 육체처럼 '기계'로 만들었던 데카르트와 그의 계승자들에 이르기까지, 육체적 실존과 분리될 수 없는 우리 존재의 동물적 부분은 언제나 온갖 위험의 장소로 지적되어 왔다.

하지만 과학이 인간과 동물 사이의 내밀한 비교를 수행하면서부터 현실 속 동물은 일상의 지평에서 사라지기 시작한다. 곰이나 늑대처럼 예전에는 추격의 대상이었던 야수들은 더 이상 위협이 되지 않는다. 짐바리 짐승들은 기계들로, 기업적인 사육은 농장 사육으로 대체되었다. 인구의 도시 집중 현상과, 그것의 필연적 결과이자 1960년대에 H. 멩드라스가 예고했던 농민들의 종말은 더 이상 동물들이 있을 자리를 남겨 주지 않는다, 야수에게든 가축에게든. 이와 같은 실종은 인간에게 의미 상실을 야기할 우려가 있다. 인간은 동물과 비교되어 규정되는 것에 익숙해져 있으면서도 여전히 동물에 맞서서 어떤 동물을 가져야만 하기 때문이다! 이는 어쩌면 동물들에게는 30여 년 전부터 과학적 연구에서뿐만 아니라 애완 동물들의 번식과 동물 보호 운동의 유행에 의해서도 나타나는 이익의 회복을 설명할 것이다.

여기에서 우리의 의도는 다른 생명체들 가운데, 그리고 보다 폭넓게는 **심층생태학**이 극단적인 주장들을 내세우는 자연 속 인간 위치에 대한 토론에 가담하려는 것이 아니라, 서양의 지배 담론 속에서 한편으로는 동물에 대한 인간의 지배를 통해 인간을 규정하고, 다른 한편으로는 다른 인간들에 대한 지배를 정당화하기 위해 동물을 활용하는 이중 작업을 이해하려는 것이다.

동물이 과학적으로, 그리고 상징적으로 인간 내면에 깃들 정도로 인간과 가까워질수록 자아의 바깥으로 내쫓을 필요는 더욱 긴박해진다. 만일 짐승이 내 안에 있다면, 그 짐승은 나와 비슷한 타자에게도 있는 것이다. 비슷하면서도 어쩌면 완전히 비슷하지는 않은 타자. 그에게 더 **많은** 동물성이 있지 않을까? 혹시 동물성**밖에** 없지는 않을까? 또 혹시 그런 경우라면 그는 더 이상 진정으로 나와 비슷한 사람은 아니지 않을까? 마찬가지로 동물이 지리적 지평에서 사라지는 것과 동시에 인간과 혼동되는 경향이 있을수록, 인간은 자기 자신에게는 받아들일 수 없는 어떤 짐승 같은 표현을 외부의 다른 인간들에게로 내쫓으면서 인성 안에 동물성을 재창조한다. 이는 고전적인 정신분석에서 서술된 메커니즘이다. 내 안에서 뭔가 비난할 만한 것, 불쾌한 것, '저속한' 것을 발견하면 나 자신의 평정을 유지하기 위해 그것을 내게서 없애고, 어떤 다른 이에게 전가할 필요가 있다는 것이다. 카스토리아디스는 그것이 자아에 대한 미움, 타자에 대한 미움이라고 말한다.[8] 그러나 또 한편으로는 중세의 저술가들이 이해했던 것처럼 타자에 대한 승리, 자아에 대한 승리이기도 하다. "누가 사자를 죽이지?"라고 그들 중 하나가 묻는다. "자기 자신을 다스릴 줄 아는 사람."

우리는 투사와 표현의 영역에 있다. 그리고 동물성을 내몰아야 한다면, 그것은 분명 동물성의 표현이 우리가 앞으로 보게 될 것처럼 언제나 논란을 개발했던 동물 변호사들의 변론과 현재의 분발에도 불구하고 점점 더 동물에게 불리해지는 서구 진화의 산물인 경멸의 뜻을 나타내기 때문이다. 그러므로 우리가 의문을 품게 될 것은 동물학적 현실이 아니라(우리의 능력은 그 영역에서는 분명히 제한적이다!), 인간이 동물 자체와 특정 동물들에 대해 만들어 낸 이미지이다. 그리고 정확하게는 그 담론은 과학의 질서에 속하지 않고 의견, 즉 그 의견을 표명하는 사람 고유의 표현이다.

플라톤은 《국가》의 첫머리에서 그 문제를 분명하게 제기했다. 대화의 상대방은 "우선은 두 가지 유형의 생존자들이 있다고, 다른 한편으로는 하나의 덩어리로 묶인 나머지의 모든 동물들이 있다고 너무도 성급하게" 선언하는 사람이 바로 인간이라고 상기시킨다. 그러나 '한 부분을 떼어 놓고’ ‘팽개친 나머지들’이 ‘동물’이라는 단 하나의 이름으로 명명되어 하나의 유형만을 형성한다고 상상하는 순간부터 인류 내부에서도 그와 똑같은 추론을 재현하지 말라는 보장은 없다. 예를 들어 대부분의 사람들이 “우선적으로 나머지와 구분되는 개체로서 그리스인에 동참하고…… 나머지 다른 종족들을 한데 묶을 때, 그 나머지 종족들은 무한하고 […] 야만족이라는 유일한 이름으로 평가되어, 그렇게 단 하나의 이름으로 부름으로써 그들이 실은 하나의 유형이라고 생각하게 된다.”

플라톤의 논지를 연장시키면, 개개인이 모든 인구 범주에 대해 민족적인 기준뿐만이 아니라 여성이나 하층민의 경우처럼 성적이거나 사회적인 기준을 적용하는 것을 그 무엇으로도 막을 수 없다고 말할 수 있을 것이다……. 그러나 플라톤에 의하면, 어느 야만 민족이 똑같은 수법으로 우리가 이 작업 속에서 수없이 마주칠 기회를 갖게 될 역전 현상에 의해 그리스인들이나 다른 낯선 민족들을 야만적 행위와 관련시키는 것 역시 무엇으로도 막을 수 없을 것이다. 마찬가지로 학들 역시 그럴 수 있을 것이다. 만일 어떤 학이 생명체들을 분류하게 된다면 “우선 학 유형을 고립시켜 다른 동물들과 대립시킨 뒤 자신을 자랑으로 여길 것이고, 인간을 포함한 나머지를 하나의 무리로 몰아 그 무리에 대해서는 아마도 짐승이라는 이름 외에 다른 이름을 찾지 못할 것이다.”[9]

그리고 B. 시릴니크는 자신의 총서 제목에서 L. 비트겐슈타인의 표현을 빌려 “만일 사자가 말을 할 수 있다면?”이라고 묻는다. T. 나겔은 그 나름대로 다음과 같이 자문한다. “그것이 박쥐가 되면 어떤 결과가 나올까?” 우리는 “‘자기’ 자신의 관점에 몰입하지 않고는 다른 종족의 경험을 이해할 수” 없지만, 그 관점은 인간의 용어로 혹은 개념으로는 해석할 수 없기에 그 경험을 표현하기 위해서는 분명히 그것을 버려야 할 것이다. 그렇다면 "그것이 박쥐가 될 때 박쥐의 관점을 없앤다면 어떤 결과가 있을까?" 이와 같은 간극은 "만일 박쥐들이 그것이 우리가 될 때 어떤 결과가 있을지 생각하려 애쓸 경우 […] 영리한 박쥐들"[10]에게도 마찬가지일 것이다.

플라톤으로 다시 돌아가자면, 표현은 상상력에서 나오는 것이지 그것이 호소하는 이성에서 나오는 것이 아니다. 이 메커니즘을 극단으로 몰고 가면, 그 상상력이 우리가 더 나중에 마주치게 될 전설적인 동물들의 발명에 도달할 수 있으리라는 사실을 깨닫게 된다. 그러나 의견의 산물인 동물은 심지어 그것이 환상적이거나 끔찍하지 않을 때조차도 여전히 상상적이다. 동물은 인간이 부여하는 특징들을 가지고 있고, 실상 인간은 상상력이 유난히 부족하다. 짐승들을 단순히 인간의 형체와 닮게 했을 뿐이니까. 도덕적인 교훈을 공공연히 설파하는 중세의 동물 우화집은 말할 것도 없고, 아리스토텔레스에서부터 뷔퐁이나 다윈을 거쳐 현대 사회생물학자들에 이르기까지, 가장 객관적이고 과학적인 글에서조차 저술가들은 동물들에 대해 실은 인간들의 것이고, 차라리 일부 인간 범주들로 옮겨 놓는 것이 그들을 인류로부터 배척하기가 더욱 쉬울 특징들과 행동들을 묘사한다.

인간과 동물의 공통 요소인 육체는 실제이든 가정된 것이든 신체적 닮음을 통해 전자에서 후자로의 이행을 가능케 할 것이다. 이는 M. 푸코에게는 "서구 문명의 지식 속에서 건축가 역할을 하는"[11] 닮음이다. 16세기 델라 포르타의 관상학이 삼단논법의 형태로 거칠게 요약하는 바는 다음과 같다. 각각의 동물 종이 가지고 있는 형상은 각각의 고유성에 해당한다. 그런데 그 형상의 요소들은 인간에게서도 찾아볼 수 있다. 따라서 그와 같은 윤곽들을 가지고 있는 인간은 유사한 특징을 지닌다. 고대 이후로 대단히 깊은 뜻이 숨어 있던 관상학의 금지로도 이같은 사유 양태에 종지부를 찍지 못하여 19세기에 골상(骨相)학자들과 다른 두개(頭蓋)학자들에게로, 혹은 오늘날 직공을 모집하는 사업주들에게 커다란 도움이 되는 형태심리학으로 연장되어 담론 속에서 훨씬 섬세한 방식으로 존속한다. 따라서 이성의 단계를 떼어내고, 그렇게 인식된 개체에게서 이성을 빼앗는 것만으로도 그 개체를 순수하게 육체적인 동물성으로 내몰고 난폭하게 다루는 구실을 삼기에 족할 것이다.

인간의 우월성과 다른 존재들에 대한 지배의 합법성에 관한 담론은 명백하고 학술적일 수는 있지만——신학자들·자연주의자들·철학자들의——심지어 그들에게서조차 그 이데올로기는 대개 한결 은밀한 궤도에서 빌려 와 과학보다는 그것이 해석하고 정당화하는 데 기여하는 상식의 줄에서 더 많은 역할을 한다. 목적은 설득, 즉 아리스토텔레스에 의하면 진리가 아니라 증거들을 만들어 내거나 찾아내는 기술이기 때문이다. 그것은 진리와는 관계없이 설득을 돕는 테크닉으로 자리잡는 탈선한 수사학이고, 플라톤은 이를 《프로타고라스》나 《고르기아스》 혹은 《파이드로스》의 궤변론자들에 대해 고발한다. 수사학은 그 궤변론자들에게 대단히 위험한 권력, 즉 사물 없이 말을 사용하는 권력을 주고, P. 리쾨르는 이를 두고 "사물을 소유하여 인간을 소유할"[12] 권력이라고 평한다. 흔히 르네상스 시대까지만 해도 가령 동물들에 많은 부분이 할애되어 있는 세비아의 이시도루스의 《어원》이 입증하듯 사고 방식이 어원에 머물러 있었다고 한다. **노멘**(nomen; 이름)**은 곧 오멘**(omen; 존재)**이다.** 이름은 그 존재를 말한다. 이름은 그것이 지칭하는 사물의 정확한 반영인 표의 문자들 속에서 음성 혹은 기호의 옮겨쓰기이다. 푸코는 17세기에 들어와서 사물과 말이 서로 분리되었다고 말한다. 그러나 우리는 실제로 말과 사물이 긴밀한 유사성을 드러내는 그 사유 양태에서 벗어났는가? 오히려 우리는 말이 더 이상 존재가 아닌 제조품을 해석하는 양자간의 우선권 전복을 목도하고 있지는 않는가? "그것은 우리가 상상할 수 있는 가장 신비스럽고도 가장 난해한 작업이어서, 어떤 의도가 수반된 일정한 언어 형식이 외부 대상의 속성은 물론이고 인간 피조물의 속성까지도 완전히 바꾸는 [⋯] **본질의 변화**에 견줄 수도 있다"[13]고 흄은 기록한다.

대개의 경우 설득은 두서없고 장황한 추론으로 거추장스럽게 이루어지지 않는다. 진리와 순수 이성으로부터 분리된, 의견과 상상력의 산물인 설득은 G. 르봉이 분명히 인식했던 것처럼 하층민에게는 직접적으로 이해되고, 필요한 경우에는 반복되는 단순한 표현들을 통해 단숨에 상상력에 영향을 미치려 한다. 콩디야크는 《문법》의 앞부분에서 사유의 언술 행위는 '단어들을 차례로' 발설케 한다고 설명한다. 그러나 설득은 직접성 속에서 작용하기 위해 그 연속, 그 '분절된 음성의 단조로운 언어'에서 벗어난다. 그래서 그 수사학 속의 은유가 가공할 무기가 되는 것이다.

"은유로 잘 표현한다는 것은 비슷한 것을 알아차리는 것"이라고 아리스토텔레스는 말한다. "은유는 하나의 이름으로 다른 것을 지칭하는 사물로의 운반이다."[14] 리쾨르는 "'이것은 저것과 마찬가지이다'라고 말하는" 비교와 "이것은 저것"[15]이라고 말하는 은유를 구분한다. 은유는 '마찬가지'를 떨어뜨리고 모든 논증을 아끼면서 동의어, 두 용어 사이의 대등함을 가정한다. 리쾨르는 시에서의 은유는 새로울수록 더욱 '생생'해서, 그 시를 읽거나 듣는 사람에게 놀라움의 효과를 만들어 낸다고 지적한다. 그러나 우리가 볼 때 리쾨르가 시에 대해서 하는 말은 이데올로기에 있어서는 우리가 관찰한 바와는 정반대이기 때문에 유효하지 않은 것으로 여겨진다. 가장 큰 효과를 갖는 것은 '죽은 은유,' 즉 너무 많이 사용되어 그때부터는 중첩되는 두 용어 사이의 간격을 메운 것이다. 동물에 대한 지배 담론에서 은유는 미학적인 가치가 아닌 가치 판단의 가치를 갖는다. 그 은유는 어떤 유형의 행동이나 특징, 하나의 동물과 개체들 사이 상호 호환성의 최소한의 결실을 완성한다. 예를 들어 여우와 꾀는 마찬가지(게다가 그리스어로는 그 둘을 하나의 같은 단어로 지칭할 수 있다)이고, 마키아벨리는 《군주론》에서 긴 부연 설명을 피하면서 여우가 되라고 권한다. 우리는 시인되지 않은 형이상학과 사용된 은유의 생각지 못했던 결합을 대면하고 있고, 데리다는 그것에 대해 언급하면서 은유가 마멸되어 개념의 '교체' 속에 가려지는 한 그 개념의 정체를 벗기려면 은유를 되살리라고 제안한다. 보다 일반적으로 우리는 동물에 대한 명백하면서도 학술적인 사유의 메커니즘과, 동시에 지름길을 이루는 이미지가 풍부하고 은유적인 표현들의 메커니즘을 분해해 동물 지시 대상의 관념론적 기능을 해방코자 노력할 것이다. 즉 이미 이론의 여지가 있는 짐승들의 예속을 정당화하면서 인간들에 대한 지배를 정당화하도록 해주는 기능을.

그리고 우리 역시 '동물 우화집'에서 선호한 용어인 동물원이라는 은유를 사용할 것이다. 문학에서 소설가들에 의해(가령 M. 주느부아의 《망각 없는 동물 우화집》이나 레오토의 《동물 우화집》), 혹은 그들의 주해자들에 의해 이런저런 작가의 작품 속에서 마주친 동물들을 지칭하기 위해 종종 사용된 그 단어는 하나의 카탈로그라도 만들 수 있는 보다 서술적인 내포를 갖는다. 그런데 우리의 의도는 철학자들의 글 속에 나타난 동물들이나 동물화된 존재들을 열거하려는 것이 아니라, 자의적인 정의에 의해 개체들이 그들의 의도에 반하여 도입된 그 실제 혹은 상징적 장소가 의미하는 바를 표시하는 것이다. 폭력, 포획, 그리고 자유의 결정적인 상실은 그 지배 과정의 단계들이다. 동물원이라는 용어는 우리 연구의 한계와 길잡이를 표시하게 해줄 두 가지 본질적인 생각들을 암시한다. 즉 선별의 원리, 그리고 일련의 배척들에 근거를 두는 선별.

우선 선별. 모든 동물 혹은 아무 인간들이나 그 상징적인 공간에 들어가기 위해 '선택'될 수 있는 것은 아니다. 우리는 서구 사상에서 어떤 종들에 할애된 편애에 대해 자문하며, 그들의 의미에 대해 정해지는 합의와 경우가 반복되는 것을 고려하려 한다. 그런 의미에서 우리의 동물원은 실제 동물원보다 더 빈약한 동시에 더 풍요로울 것이다. 더 빈약하다는 것은 실제 동물들에 비해서 이 '집적소'에는 우리의 저술가들이 인용하는 상대적으로 적은 수의 동물들이 있기 때문이다. 그러나 철학자들의 동물원은 또한 실제 동물원보다 풍요롭기도 해서 이미 웬만큼 변질된 종들 외에 전설적인 동물들과 괴물들, 그리고 동물화된 인간 범주들을 포함하고 있다. 마치 동물계 전체만으로는 타자에 대한 두려움을 쫓기에 충분치 않기라도 한 듯이.

게다가 이 선별에는 주관적인 부분이 있다. 우리는 우리가 볼 때 가장 대표적인 것으로 여겨지는 동물과 인간 종들을 고려하여 우리 나름의 동물원을 구성해야 했다. 언급된 저술가들을 선택하는 일은 더욱 까다로운 일임에 분명했다. 이 머리말 첫머리에서 밝혔던 것처럼 '철학자'들은 넓은 의미에서 정의될 것이기 때문이다. 따라서 서구 사상 전체에 대해 의문이 제기된다. 관심을 끄는 것이 단순히 전통적 의미에서의 철학이 아니라 신학, 자연주의자들·의학자들의 작품, 해몽, 기형학, 빙의정신병 개론들이기 때문에 25세기가 넘는 시대와 소재로 인해 분명 야심만만한 계획이다……. 그런 연구에는 분명 포괄적인 지식이 요구된다. 하지만 그와 같은 포괄적인 지식이 부족한 탓에 우리는 더욱 겸손히, 우리가 볼 때 이미지들의 전파 혹은 전염에 가장 영향력이 있는 것 같은 사상가들에게 의존하기로 결정했다. 아리스토텔레스 이후로——기본적인 참고 대상인——그 저술가들이 현대성이 갈라 놓은 학문들과 장르들을 초월하여, 때로는 문학적으로도 많이 다시 취해졌다는 사실을 통해 우리의 탐색은 한결 용이해질 것이다. 따라서 우리는 역사적 맥락과의 관계에서 동물에 대한 담론 전개의 퇴화점들을 표시할 수 있다.

그러나 선별을 말한다는 것은, 한편으로는 배척을 말하는 것이기도 하다. 동물들만이 동물원에 들어갈 수 있기에 인류는 제외된다. 그러므로 동물성이 어떻게 정의되는지를 우선 알아야 한다. 그것이 I부에서의 목적이 될 것이다. 그 다음 II부에서는 우리 사상가들이 인간 중심적인 관점으로 고려했고, 앞서 이미 지적했듯이 인간과 닮은 특징들이 입혀진 일정 수의 동물들을 들여보낼 수 있을 것이다. 동물성과 특정 동물들과의 추정된 닮음을 일반적 기준으로 삼아 III부에서는 어떻게 해서 개체들의 전체 범주들을 인류로부터 꺼낼 수 있는지를 이해하고, 동물화된 그룹들이자 마지막 두 경우에는 혹독하게 분류되고 서열이 정해진 아종(亞種)으로 결정된 여성들, 이방인들(야만인들), 그리고 서민들로부터 출발하여 또 하나의 이정표를 따라 우리 동물원을 계속 방문할 수 있을 것이다. 현대 동물원은 동시대의 린네의 분류가 아닐까?

단어와 정의의 유희는 지배의 목적을 가지고 있으므로 조금도 순수하지 않다. 때로는 대단히 일면적인 그 추론들과 명백한 은유들이 반복되는 이데올로기에서는 진부함을 확인할 수 있고, H. 아렌트는 다른 문맥 속에서 그 악의 진부함, 실제 의미에서든 비유적 의미에서든 동물원 책임자들이나 야수 사냥꾼들에게만 책임 지울 수 없고 암암리에 대중의 후원을 받기에 존재할 수밖에 없는 악의 진부함을 언급한다. 그 이데올로기는 계획적 집단 학살이라는 대단히 구체적인 정치 행위들과 모든 사회적 배척 수단들을 정당화한다.

I

동물이란 무엇일까?

비인간. 또는 짐승은 짐승이 갖고 있지 않은 것을
통해 규정된다.

동물원을 채우려면 우선 동물이 무엇인지부터 알아야 한다. 동물과 인간 사이의 경계와 관련해 세워지는 첫번째 창살인 셈이다. 동물원을 짓는 것은 분명 인간이다. 그토록 우둔하고 그만큼의 능력을 갖추고 있는 동물이 저 자신을 가둘 우리를 만든다고 상상하기는 힘든 노릇이니까.

따라서 동물을 규정하는 것은 인간이고, 인간은 말을 못하는 것에 비해 말을 하는 것을 기준점으로 삼고 있다. 동물은 그 자체로 이해되는 것이 아니라 인간에 비해서 이해되고 있는 것이며, 인간의 이면 즉 반대면을 이루고 있는 것이다. 동물에 대한 정의는 첫째로 일반성으로 설명된다. 즉 동물은 인간이 아닌 존재라는 것이다. 심지어 지나치게 인간 중심적이라고 평가받는 휴머니즘에 등을 돌린다고 주장하는 이들마저도 우선적으로 그와 같은 부정적인 접근 방식을 가지고 있다. **J. P.** 디가르는 최근 국제 생태학자들의 모임에서 더 이상 **동물**에 대하여 이야기하지 않고, **비인간 동물**에 대해서 이야기한다고 보고하고 있다…….[1]

따라서 동물은 동물적인 결여에 비해, 스스로 충만하다고 느끼는 인간적인 충만함에 비한 결핍으로 이해된다. 인류의 의미는 동물성의 무의미로 채워지는 것이다. 동물원은 그것이 결여로 채워지기 때문에만 의미가 있어서 크면 클수록 결여된다. 다시 말하면 동물성이 마지막 부분에서 보게 될 것처럼 인류의 무리에 도달할 정도로 확장되면 될수록 인류는 더욱 순수하고 완벽해진다는 것이다.

비물질적인 사고로 해석되는 말을 갖지 못하여 스스로 말을 하지 못하는 짐승은 육체적인 외양을 통해서만 이해될 수 있을 뿐이다. 이중 부정. 우선 정신성의 결핍으로, 이어서 완벽성의 범주로 제시된 인간의 육체에 비하여 평가되므로 그 육체는 결핍들의 기묘한 병치에 지나지 않기 때문에.

어느 정도로 정신에 민감한지를 곧 보게 될 지배 이데올로기는 그렇다고 물리적 힘을 과소평가하지도 않는다. 육체와 영혼을 가진 인간은 그 두 영역에 있어서 우세한 것이 틀림없다. 그렇다면 한 가지 문제가 생긴다. 바로 타고난 보호 본능을 가진 동물류에 비해 능력이 부족한 인간의 육체적인 나약함의 문제이다. 플라톤은 《프로타고라스》에서 "지혜가 불완전했던 에피메테우스가 동물들을 위해" 무성한 털, 두툼한 가죽, 발굽 등 "모든 자산들을 조심성 없이 써"버렸기 때문에 인간에게는 "신을 것도, 덮을 것도, 무기도 없이 벌거벗은 몸" 이외에는 아무것도 남지 않게 되었다고 이야기한다.[2] 플리니우스는 《박물지》 7권 서문에서 인간을 "맨땅에 알몸으로" 내동댕이친 자연이라는 "잔인한 못된 어머니"[3]에 대해 불평한다. 몽테뉴도 인간의 그런 타고난 나약함에 대해 주장하며 인간에게 동물에 대하여 더욱 겸손할 것을 권유하는 반면, 어린아이를 데려다 기른 늑대의 암컷은 인간의 새끼 모글리의 맨몸을 보고 틀림없이 놀랐을 것이라고 한다…….

그렇지만 우리가 이 책에서 지속적으로 보게 될 수사학에 의하면,

지배 담론은 그 나약함을 인간 고유의 우월한 힘으로 전도시키고, 심지어 인간의 탁월함에 대한 근원으로 만들기까지 한다. 그 이유는 인간은 그로 인해 자기 자신의 방어 수단을 만들어 낼 수밖에 없었기 때문이라는 것이다. 락탄티우스는 신이 인간들을 동물들과 같은 물리적 힘으로 무장시키는 대신, 그것에 대처하기 위해 이성을 부여하여 인간을 우월하게 만들었다고 단언한다. 1558년 《인간의 탁월함과 품위에 관한 짧은 담론》에서는 **디그니타스 디그니타티스**(dignitas dig-nitatis), 즉 **디그니타스 휴머니스**(인간의 품위)에 관한 고대 편집자들의 여러 판단을 다시 제시했고, 락탄티우스로부터 강한 영감을 받은 피에르 보에스튀오의 말에 의하면, 신은 "자연 조건은 인간에게 거부한 것을 지혜가 돌려 줄 수 있다는 사실을 알기에 인간에게 동물들에게 주었던 어떤 편리한 점들을 전혀 부여하지 않았다"고 한다. 게다가 "만일 인간이 두꺼운 피부와 우둔한 기질로 이루어졌더라면 둔하고 상스러운 이해력 또한 갖고 있었을 것이다. 그러나 인간은 활발하고 섬세한 정신의 비율에 따라 섬세하고 예민한 살로 만들어졌다."[4] 외과의 A. 파레는 《동물론》(1579)에서 오히려 으뜸패로 바꾼 '인간의 약점'에 대해 더 이상 장황하게 늘어놓지 않는다. "인간은 무기력한 육체를 갖고"[5] 있지만, 대신 양에게서 털을 빼앗거나 날쌘 말을 길들일 줄을 안다……. 인간 중심적인 궁극 목적론은 지배 담론을 강압적인 담론으로 바꾸면서 점점 더 명백하게 표현된다. 동물들의 실질적인 이점들은 동물들에게서 이익을 얻어낼 줄 아는 인간 마음대로 사용되기 위해서만 존재한다. 그래서 플리니우스는 인간의 불운에 대해 탄식을 늘어놓기 전에 인간으로 동물 이야기를 시작하고, "자연은 인간을 위해 나머지 전부를 창조하여 그 무수한 하사품들에게 거대하고 막대한 의무를 지운 것 같다"[6]고 말한다.

따라서 그 문제는 출발에서부터 이해된다. 동물은 인간에 비해 결핍되어 있고, 설령 이점들을 갖고 있다 해도 그 자체로 평가되는 것이 아니라 인간에게 해줄 수 있는 봉사에 따라 평가된다. 동물은 데카르트에 의하면 오로지 그런 '정도'로만 떨어지기 때문에 유기적인 유형의 접근으로만 동물을 포착할 수 있다. 동물은 그것이 소유하고 있지 않은 무엇이다. 동물은 머리에서 발끝까지, 그리고 머리 너머로도 인간을 만들고 사고의 비물질적인 에테르 속으로 연장되는 그런 높이를 갖지 못한다. 육체를 위에서 아래로가 아니라 측면으로 검토한다 해도, 가엾은 동물은 인간이 그리고 인간만이 자신의 행위를 역사에 기입하면서 작업을 통해 스스로를 꾸밀 수 있는 정교한 손을 갖지 못했다. 끝으로 같은 종 내에서 번식할 수 있는 짐승들의 집단은 단순한 무리나 떼로만 집합될 수 있다. 인간들이 자발적으로 구성하는 정치적 집단과는 아무 관련이 없는 자연적인 군생이다.

결국 동물에 대한 정의는 인간 속성에 대한 옹호에 도달한다. 우리의 계획은 그런 인간 속성의 형이상학에 대한 비평, 현 시대의 일부 철학자들이 폭넓게 시도했던 비평만은 아니다. 그것보다는 서구 사상이 인간 특성의 단순한 부재로 이해되었던 결점들을 이번에는 용어의 도덕적 의미에서의 결핍으로, 그리고 점점 더 부정적인 속성으로 바꾸어 그런 동물성의 결핍을 어떻게 충족시켰는지를 보는 것이다. 우리가 좀더 후에 보게 될 다양한 종들의 가치 하락이 동반되는 이와 같은 동물의 경멸화 속에서 동물은 어떤 확실성을 얻지만 무엇보다도 더욱 확실해진 그 특징들은 인간적 특권이 결핍된 개인들의 '부적당한 점'들을 발견할 수 있게 해준다.

1. 드높은 머리

직립 자세는 인간의 특성을 규정한다. 그런 위아래의 구별은 이미 그 자체만으로 동물에 대한 우월성의 표시이다. 아리스토텔레스에 의하면, 그저 인간들에게서만 "위와 아래가 그들의 타고난 위치와 관계되어 결정을 받는다. 인간에게 있는 위와 아래가 우주에서 관찰되는 위와 아래의 질서를 재현하기 때문이다."[7]

이와 같은 직립 자세는 두 발로 서는 덕분에 가능해진다. 인간은 뱀이나 연체동물 혹은 물고기들처럼 걷기 위한 사지가 전혀 없는 동물들과 달리, 네발짐승이나 다리가 너무 많아 때로는 1천 개까지 되는 짐승들과도 달리 두 다리로 걷는다. 단단한 땅 위에서는 뒤뚱거리는 조류의 경우, 그들의 운동 본질은 날개를 통해 확보된다.

인류가 몸을 곧게 세우는 토대를 이루는 두 발 역시 인간 특유의 다리로 연장된다. 플라톤의 윤회론에 의하면, 동물은 두 다리를 잃은 인간이다. 동물의 발은 인류에 관해서는 개개인의 차이 측정을 위한 지시 대상의 역할을 한다. 가령 가장 비열한 영혼은 땅, 즉 그 비천함과 혼동된 뱀이나 벌레 혹은 다리 없는 연체동물로 다시 태어난다. 그리고 다소 덜 타락한 영혼들은 전생에서의 영혼의 정도에 따라 땅에서 멀어지는 동물들로 윤회한다.

따라서 동물의 발은 인간 다리의 대용이자 아리스토텔레스의 표현대로라면 '유사물'이고, 그 출발점은 인간의 경우와 같은 발이 아니라 맹수의 발톱·발굽 등이며, 이는 인간의 완벽성에 비해 동물의 미완성의 증거이기도 하다. 두발짐승의 본질적인 특성은 뷔퐁의 조수였던 도방통이 1764년 자신의 비교 연구서 《인간과 동물에게 있는 후두부의 커다란 구멍의 위치 차이에 대하여》에서 확인된다.

다리는 엉덩이에서 끝난다. 아리스토텔레스는 또 이렇게 말한다. "동물들에게는 엉덩이가 없다. […] 하지만 인간의 경우는 정반대이다. 인간에게는 몸 전체에서 가장 살이 많은 부위들이 엉덩이와 넓적다리 그리고 또한 다리에 있기 때문이다."[8] 고대부터 줄곧, 그리고 특히 18세기에 헤르더나 칸트 혹은 뷔퐁과 같은 자연주의자들이 상기시킨 바 있는 주지의 배타성의 중요성에 대해서는 좀더 나중에 언급하게 될 것이다.

아래쪽과 제일 위 신체 일부 사이에 매개 영역이 있는데, 그 기관들은 개체와 종의 생물학적 생존을 맡고 있기 때문에 인간과 동물에게 유사한 기관들이 자리잡은 영역이다. 그 생존과 번식의 기능들은 중세에 교회의 금지 때문에 인간의 신체를 검사하지 못하자 동물의 사체를 해부하는 두 가지 분야에서도 그와 같은 관련이 있다. 단순한 유사성에서 비롯되지 않아 더욱 혼란스러운 그 저속한 닮음들이 어떻게 구분될까? 인류를 다른 곳에 위치시키면서 말이다. 그것도 더 높은 곳에. 얼굴과 말로, 심지어는 육체와 생체 기능 너머에 있는 것을 표현하는 머릿속에, 그리고 머리를 너머. 즉 이성, 영혼, 의식. 이런 모든 것 때문에 동물은 그것을 완전히 정의하는 비천한 대용품, 즉 배와 성기와 직접적으로 관련된 본능만을 갖게 되는 것이다.

성기와 배

아리스토텔레스는 이렇게 썼다. "그러므로 동물들에게 있어서 삶의

한 부분은 번식에 관련된 행위에 할애되고, 다른 한 부분은 음식 섭취에 관한 행위에 할애된다. 실상 동물들의 노력, 그들의 생은 모두 그 두 가지 목적에 집중된다.”[9] 따라서 서로 긴밀히 연관된 ‘교미 행위와 먹는 행위,’ 그 두 가지 ‘소비’ 방법은 동물과 인간의 짐승 같은 부분의 특성을 규정한다.

성욕의 장소인 성기는 모든 환각을 집결시키게 된다. 인간이나 동물이나 번식을 하지만 그 방법을 보아야 한다! 성행위는 대개 그 자체만으로 짐승에게 있는 동물성을 규정하기에 이르고, 인간에게는 부차적이긴 하나 그의 동물성에 대해 반박할 수 없는 부분으로 남는다. 따라서 최대한 일정한 방향으로 이끌고 종을 영속시키려는 단 하나의 필요성에 적합한 규칙들로 둘러싸서 가능한 한 인간답게 해야 하는 부분이다. 어찌되었든 대개 그렇듯이 다른 담론들은 그 명제를 전도시키고, 쾌락을 고유의 생식과 인간의 목적으로부터 분리시킨다. 그러나 또한 대개 그럴 것처럼 논증으로 돌아가면 그 논리들은 동물에 대한 인간 우월성의 증거를 무엇 하나 바꾸지 않는다…….

동물의 성욕은 인간의 성욕과 다른 무언가를 가져야 한다. 그것은 완전히 부정적인 방법으로 인식될 것이다. 동물은 추잡함이 가중된 음란함으로 정의된다. 동물은 짝을 짓기 위해 몸을 가리지 않고 생식기를 내보이는 반면, 인간의 경우는 보에스튀오의 말처럼 “고귀한 부위”는 “강조되고 추잡한 부위는 감추어져 시선 밖에 놓인다.”[10] 자신이 벌거벗었음을 알고 그 나신을 보호하는 것, 이것이 〈창세기〉에 의하면 낙원에서 나올 때 인간을 옷을 입지 않는 동물로부터 구별하는 가장 중요한 것이다. G. 바타유는 아동 교육이 “육체를 드러낸 생활, 몸을 가리지 않은 알몸 생활에 대한 공포, 그렇지 않으면 동물들과 비슷하게 될 것이라는 공포”[11]에 관한 이해를 어떻게 거치는지 상기시킨다. 프로이트는 늑대 인간의 꿈에 대한 해석에서 아이가 어떻게 성교를 짐승 같은 유형의 공격성과 동일시하는지 보여 준다.

직립 자세는 인간의 머리를 낮은 부위들, 뷔퐁이 말하는 '동물적인 부위들'과 짐승이 코를 킁킁거리며 냄새를 맡는 이성 동류들의 부위에서 멀어지게 한다. 성기는 불결하고 "생식기와 지나치게 밀접하게 연결되어 있어서 […] 배설물이 포함되어 있다"고 프로이트는 말한다. 그리고 "생식기의 위치 때문에——**속의 소변과 대변**——냄새까지 더한다"고. 프로이트는 또 부연 설명하기를, 생식기 자체가 "여전히 동물적이기 때문에 그 속에서의 사랑은 오늘날에도 여전히 그래 왔던 것처럼 동물적이다." 그러나 어떤 충동적인 성분들은 "우리 문화의 미학적인 요구와 양립할 수 없는 것으로 판명"[12]되었고, 이는 단순히 미학적인 부분만이 아니다! 따라서 문화는 성욕이 특히 동물적이기 때문에 성욕을 인간화시킬 것이고, 최대한 그것으로부터 멀어지려고 노력할 것이다. W. 라이히에 의하면 "이런저런 이데올로기에 의해 선택된 성도착자"가 파시스트이건, 공산주의자이건, 그리스도교인이건, 자유주의자이건 "모든 이데올로기와 모든 문화적 교육의 지배적 평가"는 다음과 같다. "'생식 능력으로부터 멀어지자' '동물성으로부터 멀어지자.'"[13] 인간은 "동물적인 욕구의 만족에, 동물이 조심하지 못하는 그 **자유로운 흐름에**"[14] 탐닉하기를 거부하고 금기들을 창조한다고 G. 바타유는 설명한다. 그 금기들은 인류의 확실한 신호들이기도 할 테고, 그 금기들을 위반하면 그로 인해 그만큼 동물성의 신호들이 드러날 것이다. 인간의 속성은 청결하게 사랑을 나누는 것, 다시 말해 아무렇게나 아무하고나, 그리고 아무런 자세로나 사랑을 나누지 않는 것이다.

따라서 첫번째 원칙은 그 숙명적인 번식 욕구로 성욕을 제한시키는 것, 번식을 유일한 궁극 목적으로 만드는 것이다. 성적인 활동들을 결혼 속에 가두는 것은 바타유에게는 인간을 자연에 대립시키는 것이지만, 교회는 모든 부부 관계의 출산 목적을 주장할 것이다. 오늘날에도 동성애자들이나 PACS〔Pacte Civil de Solidarité; 이성이든 동성이든 두 사람의 성인이 공동 생활을 조직할 수 있도록 계약을 맺는 것을 허용하는 법규〕사이에서도 결혼 반대자들은 아이들이 그런 결합에서 태어나서는 안 된다고 주장한다. 그렇게 되면 억압과 편협함은 '인간적인' 사랑의 정의에 비해 그 모든 '탈선'을 제재할 테니까. 다시 말해 동성애와 수간, 즉 중세에 숱한 소송 대상이었던 인간과 동물의 교미를. 인간은 그 '짐승 같은 범죄'로 인해 동물과 같이 판결받았고, 때로는 처형되기도 했다.

그러나 이성간의 결혼만으로는 성욕의 인간화를 보장하지 않는다. 근친상간의 금지는 가능한 파트너의 수를 줄였다. 과거와 현재의 모든 인간 사회 속에서의 현상을 일반화하는 것은 인류의 신호이다. 인간 사회마다 다르게 표현되는 변수들과 보편성(자연결정론의 질서에서 불변하는 것들)을 구별하는 레비 스트로스는 근친상간의 금지를 가장 원초적인 사회부터 가장 진보된 사회까지를 막론하고, 그것이 가진 일반성을 들어 복잡한 구조를 가진 사회나 기초적인 구조를 갖춘 사회나 할 것 없이 나타나는 보편적인 변수로 만든다. 그것을 족외혼을 통한 교환을 부추기는 의무와 유사한 것으로 보는 M. 미드의 분석 이전에, 성 아우구스티누스는 친척간의 결혼 금지를 혈연 관계의 증대를 통해 "사회 생활의 관계를 보다 효과적으로 억제"하는 수단으로 보았다. 이는 아담과 이브의 자녀들 사이에서는 연출될 수 없었던, "우리로 하여금 혈연 관계를 존중케 하는 시각"을 갖도록 하는 "인간의 정숙함에 대한 고결하고 자연스러운 감정"에 관한 모든 고찰의 밖에 있다……. 따라서 그러한 금기는 인류학자들에게 있어서 동물성과 인간성 사이의 근본적인 구별을 수행했다. 즉 인간을 자연에서 문명으로 옮아가게 하는 것이다.

그러나 자연주의자들은 응수하기를, 근친상간은 대부분의 동물들에게서도 더 이상 자행되지 않을 뿐만 아니라 때로는 혈연 관계 없이 함께 자란 동물들 사이에서는 교미를 하지 않는다고 한다. 이 점에 대해서 B. 시뤼니크는 레비 스트로스가 "동물들이 정기적으로 근친상간을 했다고 썼을 때 잘못 생각한 것이다. 그러나 1949년만 해도 레비 스트로스에게는 생태학자들의 글을 읽을 기회가 없었다"[15]고 결론짓는다. 그러니까 근친상간의 금지는 인류만의 문제가 아닌 것이다.

우리의 도덕학자들에게는 다행스럽게도 성욕의 차원에서 인간과 동물을 구별하기 위한 다른 금기들이 따로 있다. 대부분의 동물들은(고슴도치 등은 제외하고) "항문에서 항문으로"[16] 짝을 짓는다고 아리스토텔레스는 설명한다. 이것은 '늑대 인간'의 경우를 분석한 프로이트가 설명하는, 야생짐승들의 풍속에 따른 "부복위 교미——**얼굴을 보이지 않는 성교**(more ferarum)"이다. 늑대 인간은 어렸을 때 그런 상황에 있는 부모를 현장에서 목격해, 어쩌면 "아이가 양들에게서 관찰한 동물의 교미"[17]를 부모에게 전이시켰을 수도 있다. 사랑을 나누는 데에는 인간적인 방법이 있고, 그것과 완전히 다른 비정상적인 것은 짐승 같은 것이다. 대왕 알베르투스의 작품이라고 하는 개론 《여성의 비밀》에서 제시하는 증거로, 괴물들은 측면으로 혹은 서서 결합하는 이들에게서 태어날 수 있다고 한다!

그런데 일부 더욱 쾌락주의적인 사색가들은 인생의 짜릿한 맛을 만드는 것을 어째서 동물 몫으로 남겨두느냐며 분개한다. 왜 성욕을 통틀어 동물성 속으로 내몰고, 동물에 대한 인간의 우월성을 표시하게 될, 인간의 성욕과 동물의 성욕 사이의 차이를 보여 주는 대신 그 궁극 목적(출산)과 표현 속에 최대한 제한하는 걸까? 인간에게, 그것도 오로지 인간에게만 자유일까? 그리고 그 자유는 성욕을 포함한 모든 영역에서 표현되기 때문에만 존재하는 걸까? 사람들이 동물에게 비난하는 '구속 없는 자유'는 속임수이다. 짐승은 그와 달리 정확한 교미 시기에 엄격한 결정론에 따르기 때문이다. 동물의 경우는 교미를 위한 '일련의 계절들'이 각각의 동물 종에 대해 결정되는 반면, 인간의 경우는 "어느 계절이건 상관 없다"[18]고 아리스토텔레스는 적고 있다. 인간은 성욕의 '번식시키는' 속성을 잘 다스리기 때문에, 인간만이 피임의 현대적 방법들 덕분에 성욕과 출산을 분리시켜 아무 구속 없이 쾌락에 탐닉할 수 있다.

종의 번식이 아닌 개체의 쾌락은 인간의 성욕과 인류 자체의 성욕을 표시한다. 충동으로부터의 해방, '열정의 자유로운 비약,' 이것이 19세기초의 스캔들을 일으킨 몽상가 푸리에가 보는 인간의 속성이다. 그는 숫자가 거의 마술과도 같은 역할을 하는 체계 속에서 각자의 취향에 따라 서로 무한히 결합될 수 있는 1천6백20개의 열정을 헤아린다. 사랑에 관한 온갖 '기벽'들, 도덕주의자들의 표현대로 말하자면 온갖 '퇴폐'가 조장되고, 지배 관계가 아닌 쾌락을 공유하기 위한 온갖 종류의 결합을 예측할 수 있다. 일시적 · 연속적 · 계속적, 그리고 하나 혹은 여러 명의 동성이나 이성과 함께하는 결합……. 바로 거기에 동물들과의 본질적인 차이가 있다. 인간에게는 '일정한 본능이 없기' 때문이다. 인간은 욕망의 단계를 무한히 다양화시킬 수 있고, 그렇듯 끝없이 쇄신되는 창의력 속에 그들의 인성이 담겨 있는 것이다.

그렇지만 착각하지 말아야 할 것은 인류의 최근 시기에 왕성히 번성했을 그 성욕, '조화'는 분방한 방종이나 음란을 의미하지 않는다는 점이다. 푸리에에게서 바뀌는 것은 인간적인 것의 정의, 다시 말하면 암묵적으로 동물성 속으로 내몰린 육체에 대한 이전의 편견이나 인류를 지칭하는 정신의 가치 부여가 아닌 성욕에 대한 판단이다. 푸리에 사상의 그러한 측면은 우리가 볼 때에는 충분히 강조되지 않았고, 그가 제안하는 것은 '난잡한 교미'가 아니라 반대로 정신을 통해 지적으로 원했고 배열한 것이어서 심지어는 '정신적인 에로티시즘'으로 이어지기도 한다. 이는 《사랑의 신세계》——제자들에게조차 지나치게 음란하다고 판단되어 1967년에야 출간된 저서——에 분명하게 나타나고, 푸리에는 이 저서에서 "사랑의 정신적인 원리는 물질적인 원리나 견유주의, 주성〔외부 자극에 따라 일어나는 생물의 무의식적인 행동〕, 음란, 탐욕 등보다 우월하다"[19]고 지적한다. 바타유에 의하면 에로티시즘은 비록 그것이 "동시에 인간이 가장 얼굴을 붉히는 것"[20]임에도 '인간의 속성'이 되지만, 푸리에에게 있어서 인간의 의식은 여전히 지배적인 사상과 부합한다.

성욕의 속성은 인구의 일부 범주를 비난하는 데에 결정적인 역할을 하고 때로는 강박관념에까지 이르기도 하지만, 그것은 이를테면 인류 내의 문제이다. 인간과 동물 사이의 성관계인 '수간'은 있어서는 안 되는 것으로 만장일치로 배척되고 억제되기 때문이다. 생존, 즉 배〔腹部〕의 문제에 접근할 때도 마찬가지이다. 물론 인간의 우위를 표시하기 위한 구별도 분명히 강조해야 하지만, 인간의 우위는 구체적으로 입증되지 않고 결정적으로 동물과의 신체적 관계에서만 세워진다. 즉 육류의 섭취를 통해서.

모든 생명체는 뱃속에 대단히 비슷한 구조와 기능을 가진 기관들을 갖고 있다. 그러므로 동물과 인간 사이의 차이점은 다른 곳, 즉 음식과 음식 소비 방법의 선택에서 찾아야 할 것이다. 근친상간의 금지와 유사한 첫번째 금기는 인간을 짐승과 구별한다. 바로 식인 풍습의 금지이다. 총체적으로 이해되는 동물계 속에서 개체들은 서로를 잡아먹고, 때로는 같은 종 내에서도 서로 잡아먹거나 제 새끼까지도 먹을 정도이다. 이런 단언은 비록 일반성 속에서는 이론의 여지가 있다 하더라도 전체적으로는 반박할 수 없는 결론에 도달한다. 인간들은 서로를 잡아먹지 않는다는 결론이 그것이다. 만일 인간들이 그런 행위를 할 때에는 그들은 인간 밖으로 놓인다. 그리고 그것이 가령 키닉(견유)학파 학자들이 단순히 개뿐만 아니라 짐승들과도 닮았다고 고집스럽게 추구하는 목적이다. 흔히 디오게네스가 "아이들에게 그들의 부모를 제단으로 밀어내 한 점 남김없이 먹도록 가르쳤다"[21]고 한다. 그 전형적인 인간적 행위의 강조는 무구하지 않다. 식인 풍습에 대한 비난은 아메리카 인디언에게서 보듯이 식인종들을 동물성 속으로 밀쳐내고, 그들을 짐승처럼 다루게 한다.

그러나 인간을 먹는 특수성은 그런 근본적인 행위에서 멈추지 않는다. 날것과 익힌 것 사이의 대립은 대단히 일찍이 이루어졌다. 익혀서 먹는 것은 인간의 특성이다. 이는 동물이 알지 못하는 불의 사용(즉 불의 발명)과, 다른 한편으로는 직접성 속에서 살아가는 짐승이 허기를 달래기 위해 먹이에 달려드는 반면 욕구를 미룰 수 있는 가능성을 전제한다. 키닉학파 학자들은 보란 듯이 날고기를 먹는다. 그러나 인간은 생명 자체를 잃을 위험을 무릅쓰지 않고는 인간성을 포기하지 않는다. 디오게네스는 산낙지를 먹고서 죽지 않았던가?

익히기는 또 하나의 생각을 끌어낸다. 결정론, 언제나 그 본성과 거의 비슷한 날음식의 단조로움에 대립되는 조리의 다양성, 즉 세련에 대한 생각이다. 인간은 선택을 하고, 양념을 하고, 맛을 본다. 반면 동물은 하이데거에 의하면 "먹는 것이 아니라 먹이를 게걸스럽게 삼킨다."[22] 짐승의 속성은, 《식탁 담화》에서 그 점을 되풀이해 언급한 루터에 의하면 평범한 음식과 맛 좋은 음식을 구분하지 못하는 것이다. 식사의 기쁨은 푸리에에 의하면 사랑의 기쁨과 비슷한 것이다. 그러니까 식사의 기쁨은 음식의 다양성과 완벽성으로 특징지어지는 것이다.

그 질을 음미하지 못하는 짐승은 양에만 매달리기에 짐승을 특징짓는 것은 폭식인 셈이다. 1392년경 한 익명의 부르주아가 쓴《르 메나지에 드 파리》는 국내 경제와 도덕에 대한 개론이기도 한 요리책으로서 다음과 같이 간결하게 설명한다. "하루에 한 번 먹는 것은 천사의 삶이고, 두 번 먹는 것은 인간의 삶이고, 네 번 먹는 것은 짐승의 삶이다."[23] 심지어 미래의 인간이 '대단한 식욕'을 가지고 있어 "하루에 다섯 번 식사를 하는데다가, 그것도 그 새로운 질서가 만들어 낼 엄청난 양의 식사에 비하면 지나친 것이 아닐 터이다"라고 예견한 푸리에에게도 양은 그 목적이 아니다. 메뉴의 섬세함과 다양성 때문에만이 아니라 '식도락 철학'이나 호식의 과학은 유쾌한 회식자들과 함께 좋은 음식을 맛볼 줄 아는 기술이기 때문이다. 지상의 식량들은 식사의 본질적인 목적을 형성하지 않고, 사랑 역시 그 '촉각에 느껴지는' 원리로 요약되지 않으며, 전형적으로 인간적인 정신(대화) 또한 그 권리를 수정하지 않는다. 그러므로 먹는 것과 사랑을 나누는 것은 푸리에에게 있어서조차도 동물의 순수한 생물학적인 기능들과는 아무 관련이 없는 것이다.

게다가 여기에는 미식가가 되고자 하는 주된 목적이 있다. 따라서 더 이상 단순히 인간과 동물의 영양 섭취에 있는 차이를 비난하는 것이 문제가 아니라, 혹시 (그리고 어떻게) 육류가 인간의 음식 성분 속에 들어갈 수 있는지를 보는 것이 문제이다. 만일 생명체들이 모두 서로 다른 다양성 밑에 있는 같은 종에 속해 있다면, 동물을 먹는 것은 일종의 식인 풍습과도 같을 것이다. 여기에 대한 논쟁은 아주 먼 고대부터 시작되었다. 피타고라스는 윤회 때문에 동물을 먹어서는 안 된다고 판단했고, 채식주의의 문제는 오늘날까지도 논란이 되고 있다. 그리고 이는 단순히 고대에 이미 제법 진척되었던 음식 섭생에 대한 문제가 아니라 철학적인 이유 때문이다.

문제는 인류를 동물계와 하등 관계가 없다고 여기는 지배 이데올로기에서 제기되지 않는다. 그러나 인간이 동물을 먹는 잡식성이라는 가능성은 인간의 지위에 진정으로 접근하기 위한 거의 의무나 다름없는 것으로 변형되었다. 고대부터 저술가들은 육식이 인간화 과정을 수반했다고 기록했다. 따라서 대개는 신에게 제물로 바쳐진 동물들의 경우인 고기를 먹는 것은 종교적이고 애국적인 의무이다. 이 향연에 동참하지 않는 자는 도시와 인류로부터 쫓겨나 짐승들과 같은 쪽에 놓였다. M. 데티엔과 J. P. 베르낭이 육류 먹는 것을 거부하는 것은 도시국가의 사회 질서에 대한 거부와 같은 것임을 입증했던 고대의 채식주의자 종파가 그러하였고,[24] 오늘날에도 서구 문명 속에서 채식주의자들은 대개 소외 계층, 심지어는 반체제주의자로 여겨지고 있다. 인간이 그렇게 되는 이유는, 인간이 동물의 육신에서부터 자가 형성되기 때문이다.

그러므로 배와 성기는 실제로 동물들에게만 한정되지 않는다. 모든 논증은 엄격한 생체 기능을 초월하여 거의 영적인 기능까지 포함해 동물이 인간과 다르다는 사실을 입증하기 위한 것이었다……. 그러므로 신체의 나머지 부분에 대해서 동물은 인간에 비해 결핍, 부재라는 용어로만 묘사될 수 있는 것이다.

얼 굴

인간 신체를 따라 올라갈수록 인체의 부위들은 더욱 고귀해진다. 배와 머리 사이에는 매개 영역인 흉부가 있는데, 이 영역에는 플라톤에게는 용기의 자리이지만, 한편으로는 이성인 머리에 의해 인도되어야 할 필요가 있는 성급함의 자리이기도 한 심장이 있다. 제일 위에 위치한 얼굴은 그 자체만으로 아리스토텔레스가 다음과 같이 상기시키는 것처럼 탁월함의 증거이다. "머리는 모든 동물들에게 그들 자신의 육체에 비해서만 위에 있는 것이 아니라, 이미 말했다시피 충분히 완성된 존재일 때에는 우주의 상부와도 일치하는 부분이다."[25]

　인간의 머리에서 우선적으로 관심을 끄는 것이 바로 얼굴이다. 동물에게는 몇 가지 두드러진 특색들만이 있다. 동물과 대면했을 때, 인간만이 얼굴을 갖고 있고, 그렇게 해서 인간의 체면이 살아난다. 같은 종 내에서 짐승의 얼굴은 다른 짐승의 얼굴과 같다. 그래서 어떤 이들은 최근의 복제 체험에서, 만일 돌리가 복제된 것이라면 다른 양이 아닌 어느 특정 양을 더욱 닮았을까라는 자문을 할 수 있었다. 인간만이 얼굴, 다른 누군가의 얼굴이 아닌 바로 자신의 얼굴을 가지고 있고, 그 윤곽은 동물에게서는 빈약한 유사성이나 우스꽝스러운 대용의 형태로만 존재하는 것이다.
　얼굴이라는 말 속에는 '시각'이라는 단어와 같은 어원이 있다. 인간이란 우선적으로 짐승보다 적절한 시선이다. 인간은 더 멀리, 더 높이 본다. 피히테가 말하길, 동물의 눈은 "그들의 자세로 인해 먹이를 품고 있는 지상에 매여 있다."[26] P. 보에스튀오에 의하면 "천상의 높은 것들을 볼 수 있도록" "가장 높은 곳에 위치하는" 인간의 "아름다운 눈"은 "온몸의 창이자 영혼의 거울이다."[27] 얼굴의 모든 부위 중에서 눈은 영혼과의 관계를 가장 잘 표현하고, 이는 우리가 좀더 나중에 보게 될 인간의 독점이다. "모든 도구들 가운데에서 영혼은 예측을 하는 데 사용되고, 신들은 우선적으로 빛을 띠는 눈을 먼저 만드시어 얼굴에 심어 놓으셨다."[28] 또한 헤겔에게는 "영혼이 집중되는 것은 눈 속에서이다."[29] 이와 같은 시각에 대한 특권은, 중세에 맹인들이 받았던 부당한 취급과 밤중에 진화하는 야생동물에 대한 가치절하를 설명한다. 이는 또한 타자에 대한 시각적 인식의 중요성, 그러니까 물리적 양상의 중요성을 설명하기도 한다……. 물론 일부 새들, 특히 맹금류는 예리한 눈빛으로 알려져 있지만, 그 본질은 다시 한 번 측정할 수 있는 그런 양상에서가 아니라 인간 시각에 대한 특별한 질 속에 있다. 동물은 보지 못하고, 생리학적인 메커니즘의 기능에서 궁극화된 태도를 통해 "근사치로 본다"고 객관적인 심리학의 결론에 충실한 20세기의 스키너는 설명한다. 따라서 동물은 인간과 같은 방식으로 제대로 보지 못하는 반면에 인간을 통해 보여진다. 사르트르는 《존재와 무》에서, 보여지는 자에 대해 타자의 시각으로 객관화되는 특성을 보여 주었다.[30] 그러나 상호성에 대한 가능성도 없다면 뭐라고 말할 것인가? 시선은 사실 인간에게만 속해 있는 정복 기능, 모든 것을 가늠하는 기능을 갖고 있고, 그 관점은 모든 사물과 존재의 양상을 자기 자신의 '관점'에 따라 결정짓는다고 플라톤은 말한다. 학들이 그럴 것처럼…….

그러나 눈이 잡은 것을 코는 놓쳤다. 학술적인 담론은 짐승에게 후각이 더 발달되어 있다고 기꺼이 인정한다. 그런데 인간에게 '덜한' 그것은 생각도 할 수 없는 열세라는 말로 해석될 수 있다. 그래서 후각의 의미를 전체적으로 평가절하해야 하는 것이다. 동물은 코 대신에 부리나 주둥이 등을 가지고 있고, 이것으로 먹이를 찾아 땅 위로 몸을 숙이거나 이미 말했다시피 '분식(糞食) 경향'에 만족하며 동족의 엉덩이를 킁킁거리는 반면, 인간은 순수하고 냄새 없는 에테르를 마신다. 프로이트는 "직립 자세로 넘어가면서 우리는 후각 기관을 땅 위로 들어올렸다"[31]고 설명한다. 결국 동물이 맡는 것은 언제나 냄새가 나는 것이고, 광의로 해석하면 동물은 그 냄새 자체와 동화된다. 따라서 헤겔에 의하면, 후각은 인간에게 있어서 그리스인들의 이상대로 "말하자면 이론적인 냄새, 영혼의 냄새를 맡기 위한 섬세한 코가"

되는 것이라고 이해된다.

부리나 주둥이와는 하등 관계가 없는 인간의 입은 헤겔에 의하면 "결정을 위한 것, 한편으로는 허기와 갈증을 만족시키는 데 사용되는 도구이지만, 다른 한편으로는 영혼의 상태, 정신, 그리고 열정을 표현하는 도구"이다. 그리고 물론 그 두번째 측면은 순수하게 인간적인 것이다. 동물에게는 기껏해야 울부짖는 데에나 사용되지만, "인간에게는 말하고 웃고 탄식하는 데"[32] 사용되기 때문이다. 따라서 입은 물리적인 것과 정신적인 것의 접점에서 웃음과 말을 발산하고, 웃음과 말의 부재는 가혹하게 동물의 특성을 규정한다.

아리스토텔레스는 "동물들 가운데에서 유일하게 웃는 것은 인간이다"[33]고 지적하고, 철학자들은 웃음이 인간의 속성임을 싫증나도록 충분히 되풀이했다. 베르그송은 '희극의 제작 방법'을 분석하기 전에 웃음을 인간 특유의 것으로 만드는 특징들을 규정한다. 웃음은 인간에게서만 생겨나고, "인간의 순수한 지성에 호소하는 것"이며, 인간만이 웃게 만든다. "만일 다른 동물이 그렇게 할 수 있다면 [⋯] 그것은 인간과의 유사성을 통해서이다."[34] 그러나 베르그송은 '존재에 고착된 메커니즘'의 광경 속에서 웃음의 탄생을 소개한다. 이 주장은 거기에서 오히려 '결정론의 단절'을 본 푸라스티에에 의해 반박되었다. 그런데 그 메커니즘은 오히려 동물적인 '기계'의 속성이 아닐까? 왜 웃음에 인간과 동물 사이의 도저히 줄일 수 없는 차이를 부여하는 걸까? 가생디는 동물들이 특수하게 인간과 다른 것과 마찬가지로 "동물의 웃음은 인간의 것과 다르지만, 그렇다 해도 동물에게서 웃음을 완전히 없애지 말 것"을 주장했다. 18세기의 《철학사전》은 이미 몽테뉴가 언급했던 수많은 웃는 종들을 열거한다. 그러나 대개 고대 저술가들의 글에서 인용한 그 모든 예들은 동물들의 가치를 높이기는커녕 웃음을 암묵적으로 동물성과 관련짓는 결과를 낳았다.

그것은 실상 중세가 이루어 낸 바이다. 그다지 수가 많지 않은 웃음에 관한 탐색과 사색은 종종 역사적 시야를 엄폐한다. 웃음은 서구 문명에서 늘 좋은 평을 받지는 못했다. 플라톤에 의하면 "웃음에 사로잡힌 존경받을 만한 사람이라는 표현은 언어 도단이고, 그것이 만일 신들의 경우라면 더욱 그러하다." 여기서 신들이란 호메로스가 "억제할 수 없는 웃음"[35]에 사로잡혔다고 소개하는 올림포스 산의 거주자들을 말한다. 예수는 한번도 웃지 않았다. 최초의 진정한 동물학자로 알려진 12세기 빙겐의 힐데가르트가 상기시키는 것처럼, 인간의 원죄 이전 지상 낙원에서는 웃지도 울지도 않았다고 한다. 《구약성서》에서부터 선의의 웃음(이사악의 이름에서 기인한 사카크(Sâkhaq))과 악의의 웃음인 냉소가 구분되었다. 그러나 냉소의 오욕이 모든 웃음에 대한 배척을 야기시키게 되었다. 그래서 웃음은 그리스도교인에 대립되는 이교도 짐승의 표시가 된다. 빙겐의 힐데가르트는 웃는 사람은 짐승의 우는 소리와 흡사한 소리를 낸다고 말한다. 성 베르나르두스에게 수도사를 위한 겸손의 열번째 단계는 쉽게 웃음에 몸을 맡기기를 거부하는 것이다. 13세기에 모든 스콜라 철학자들은 그들의 신학 전서에 웃음에 관한 장(《웃음에 관하여》)[36]을 집어넣는다.

사실 배와 성기에서 오는 동물적 본능을 집요하게 괴롭히던 시대에 문제의 본질은 웃음에 일반적으로 육신의 쾌락(섹스와 '식탁')이 동반된다는 사실이다. 인간으로 남기 위한 성행위는 가장 진지한 와중에 완수되어야 한다. 그렇지 않으면 짐승 같은 성욕으로 만드는 또 하나의 방법이 되는 것이다. 웃음은 또한 폭식과도 관련된다. 웃음과 식탁 예절(N. 엘리아스에 의해 특히 강조된), 웃음과 연회 혹은 대주연의 관계는 수도원에서 웃음을 배척하거나, 혹은 빙겐의 힐데가르트가 제안한 것처럼 웃음을 육두구(肉荳蔲) 치료하게 된 이유일 것이다······

따라서 그것이 진정으로 인간적인 것이 아니라면 웃음을 인간의 신체 속 더 아래로 다시 내려보내야 할 것이다. 아리스토텔레스는 이미 웃음을 횡격막에 두었다. 6세기에 성 베네딕투스의 규칙에서 영감을 받은 중세 수도사 규칙을 만든 이들은 웃음을 신체의 아래쪽에 놓았다. 빙겐의 힐데가르트는 간이나 비장에 위치시키고, 그녀에게 있어서 바짓가랑이 안쪽 부분과 내장을 흔들면서 웃음을 유발하는 배는 사정(射精)과 그 자체로 정액과 비유되면서, 웃음에 동반되는 눈물을 유발하는 것과 같은 것이다. 또한 16세기 주베르의 《웃음에 관한 개론》(1560)에서도 그와 같은 비장의 역할을 찾아볼 수 있고, 에라스무스에 의하면 "복막 운동으로 숨을 쉬는" 《가르강튀아》의 필로멜이나 화가 제욱시스처럼 폭소를 터뜨리다가 죽을 수도 있다.[37]

《가르강튀아》의 제명에 따르면 '웃음이 인간의 속성'이라는 사실을 알지 못하는, 비사교적이고 비인간적인 슬픈 귀족들을 장황하게 힐난하는 라블레의 독설도 고전 시대에 웃음을 복원시키지는 못한다. 웃음은 신체로, 원숭이처럼 얼굴을 찌푸리는 동물성으로 내몰린다. 예전에는 사실 조심스런 미소나 내면의 기쁨의 표현에 지나지 않았던 선의의 웃음과, 데카르트가 《정념론》에서 말한 것처럼 웃음에서 기쁨을 분리하는 냉소를 구별하고 잘 통제해야 한다. 거기에 인간성과 동물성 사이의 경계가 있고, 문명화된 진정한 인간들 사이에도 부족한 고리가 있다. 여자들은 아무것도 아닌 일에도 '바보같이' 웃고, 농민들과 대중의 통속적인 '기름진' 웃음은 "극심한 외설의 표를 달고"[38] 있으며, 입을 비죽거리며 이를 드러내는 모습으로 바뀌는 사악한 비웃음은 유대 민족의 특성을 나타낸다는 것이다. 주해자들마저도 어느 정도로 웃음에 대한 찬가였는지 제대로 파악하지 못했던 《차라투스트라는 이렇게 말했다》의 니체는 웃음에 대한 그리스도교의 맹렬한 배척을 이같이 비난한다. "지금까지 지상에서 가장 큰 죄악은 무엇이었는가? 이렇게 말하지 않았던가, 웃는 자들에게는 불행이 닥친다고?" 그와 반대로 "웃음이 따르지 않는 것은 위선적인 진실"이라고 판단해야 한다. 그리고 머리 위에 "웃는 자의 왕관, 그 장미 화관"을 쓴 차라투스트라는 이렇게 가르친다. "반드시 웃을 줄 알아야 하니 그대들 자신으로부터 웃는 것을 배워라."[39] 그렇다면 너무도 진지한 태도를 취하는 인간이 웃을 준비가 되고, 웃음을 완전히 인간의 속성으로 만들 준비가 되는 것은 언제인가?

웃음에 관한 연구들이 아직도 그리 많지 않은 반면, 언어에 관한 연구들은 그와는 사뭇 다르다. 언어는 언제나 인류의 특수성으로 여겨져 왔다. 데카르트에게는 인간과 동물이 다른 근본적인 근거이기도 하고, 다윈의 진화론에 의해 문제시되지 않는 부분이 바로 종들의 연속성 속에서 가장 진화된 동물로부터 인간으로의 이행을 결정짓는 언어이다. 이는 다윈 이전의 19세기초에 생 시몽이 표현한 바이기도 하다. 그는 우선 데카르트에 반대한다. "인간은 원초적으로 다른 동물들과 경계선을 사이에 두고 분리되어 있지 않았기" 때문이지만, 그는 그 경계선이 "말이나 글로 전해지는 약속 신호 체계의 형성"[40] 이후에 결정적으로 그어졌음을 인식한다. 우리의 의도는 이와 같은 돌이킬 수 없는 차이에 대한 모든 논증을 돌이키자는 것이 아니라, 언어의 독점에 대한 단언이 어떤 기능을 하는지 이해하자는 것이다. 확실한 사실은 중립적이지 않고, 짐승들과의 어떤 관계 유형을 표시한다는 것이다.

말은 웃음처럼 신체적 그리고 정신적 교차점에서 우선적으로 신체적 특징인 음성으로 주목을 끈다. 앙브루아즈 파레는 동물은 각각의 종마다 특유한 한 가지 종류의 소리만을 낸다고 설명한다. "자신의 음성을 갖가지로 꾸며낼 수 있기 때문에 짐승들보다 우월한"[41] 인간들에게는 그 다양성이 무한하다. 인간은 마음만 먹으면 여우처럼 울부짖을 수도 있고, 고양이처럼 야옹거릴 수도 있고, 돼지처럼 꿀꿀거릴 수도 있고, 소처럼 음매거릴 수도 있다……. 파레는 그렇게 동물들의 스물여덟 가지 울음을 열거했다. 그러나 유독 인간들만이 말을 소유하고 있고, 이는 어떤 울음이나 노래 혹은 분절된 소리와는 아무런 공통된 기준이 없는 것이다. 동물의 소리가 '의미가 없는' [42] 반면, 인간의 말은 하나의 언어로 체계화된다고 헤겔은 지적한다. 동물들은 언어를 갖지 못했을 뿐만 아니라 유일하게 진정한 인간의 것인 언어에 근접하지도 못한다. 언어학자 N. 촘스키는 "정상적인 인간이라면 언어를 습득하지만, 이 언어의 가장 간단한 기초 지식 습득이라도 원숭이의 능력으로는 전혀 미치지 못한다. […] 이는 데카르트 철학 속에서 대단히 정확하게 강조된 사실이다." [43] 최근 몇십 년 동안 영장류에게 언어를 가르치려는 가드너 부부나 프리맥 부부와 같은 이들의 끈기 있는 실험 결과, 일부에게서는 눈부신 결과가 있었지만 나머지 결과는 실망이었다. 긴꼬리원숭이들은 오랜 학습 후에 제한된 신호들만 다루어 거기서도 D. 레스텔의 저서 제목처럼 '인간/영장류의 불가능한 대화' [44]를 입증했다.

그러나 동물에게 언어가 존재한다고 믿는 사람들은 다른 입장에 선다. 동물들이 서로를 이해한다고 주장하는 것이다. 짐승들은 말을 하지 않는가? 가생디는 그의 비판에 대한 데카르트의 반론에 다시 대답한 글 《형이상학에 관한 논문》(1644)에서 이렇게 질문을 던지지만, 짐승들은 그들만의 비인간적인 말을 하고 우리가 우리의 언어를 사용하듯 그것을 사용한다. 짐승들은 벌들의 춤이나 초음파처럼 과학계가 보다 최근에 강조한 음성적인 형태로 된 독립적인 그들만의 신호를 가지고 있다……. 그러나 이 신호들은 여전히 일정한 종 내부에 국한된 불변하는 것들인 반면, 다시 촘스키의 말에 의하면 "인간은 모든 언어를 학습할 수 있는 재주를 가지고 있다." 그리고 동물들이 서로 의사 소통을 할 수 있다고 전제한다 하더라도 역시 지울 수 없는 결점으로 그들은 **인간의** 언어를 사용하지 못한다.

완벽한 동어 반복. 동물과의 차이를 만드는 것이 바로 언어이다. 비록 동물이 언어를 갖고 있다 하더라도 그것이 언어로 간주될 수 없는 것은 그 언어가 인간에게서 발설되지 않기 때문이다……

따라서 우리는 그 이름에 걸맞은 유일한 언어가 인간의 언어라고 미리 가정한다면, 그토록 많은 철학적 그리고 과학적 논증들이 무슨 소용이 있겠느냐고 자문할 수 있다. 단순히 두 가지 계(界) 사이의 유사점이나 차이점을 차분하게 비교하는 문제가 아니기 때문이다. 언어는 중립적이거나 온순한 의사 소통 도구, 혹은 추상적 관념을 논하는 편안한 수단이 아니다. 우선적으로 호명 작업이기 때문에 이미 지배 시도이다. 인간의 언어를 통해 본래 말이 인간과 동물 사이의 본질적인 구별이라고 선언한다. 그런데 그런 호칭의 권력은 무엇에 대해 행사되는가? 바로 동물에 대해서이다. 서구의 유대 그리스도 절충교 문명 속에서, 인간에 의한 인간의 조작을 포함한 온갖 조작의 원천에서 호명을 통한 언어의 부패는 〈창세기〉로 거슬러 올라간다. 신자들과 비신자들은 끝없이 그 창세 문헌으로 돌아간다. 토마스 아퀴나스는 신이 첫 작업으로 동물을 창조한 데에 뒤이어 아담이 다양한 동물들을 명명했다고 상기시킨다. "신은 인간에게 동물들을 인도해 그들에게 이름을 부여케 하였고, 그 이름들은 그들의 속성을 지칭한다."45) 인간은 동물의 이름을 말하고, 이름은 그 존재를 말한다. 말과 존재, 즉 **노멘**과 **오멘**은 서로 혼동되기도 하며, 말하는 이에게 엄청난 권력을 부여한다. 언어는 자의적이지 않고, 사물의 본질 자체의 음성 조직 속 번역처럼 여겨진다. 위에서 지적했다시피 어원 양태는 오늘날 우리가 벗어났는지 확실치 않은 진정한 사상 형태이다. 동물을 명명한다는 것은 선택한 하나의 사물을 만드는 것이고, 일방적으로 그 속성을 결정하는 것이다.

그리고 광의로 해석하면, 인간들 고유의 이름은 그들의 정체성을 해석하는 것으로 간주된다. 우리는 개체가 이미 동물의 이름을 소유하고 있다가 모습이 바뀌는 변형에 대해서 이 문제를 다시 접하게 될 것이다. 다른 한편으로는 중세의 신성모독의 중대성을 알고 있다. 어쩌면 그 몽매주의 시대에서 벗어났다고 자부하면서도 여전히 매도나 모욕, 혹은 동물적 은유 속에서 말을 그 존재와 동일시하는 무언가가 남아 있다. 누군가를 짐승 취급하거나 동물의 이름을 덧입히는 것은, 그를 바보 취급하거나 더 정확하게는 문제의 그 동물처럼 다루는 것이다. 그래서 우리가 여기에서 동물에 대한 학구적인 정의와 동시에 인간에 관련된 담론 속 동물에 대한 인용의 사용에 대해 그토록 관심을 기울이는 것이다…….

이렇듯 동물은 말을 하지 않는다. 음성이 없는 동물은 발언권도 없다. 게다가 인간 언어를 통해 '알려진' 수동적인 사실로 **말해진다**. 인간의 언어가 단순한 차이의 유희 속에 들어가지 않고 우선 동물에 관한 그런 명명/지배를 통해 구축되므로 음성 기관의 문제는 부수적인 것이 된다. 단어를 발음하는 앵무새는 말을 하는 것이 아니지만, 농아는 언어를 갖고 있다고 데카르트는 지적한다. 의미가 결여되지 않은 언어는 이성과 분리될 수 없게 연결된 생각의 표현이기 때문이다. 그리스어로 **로고스**(logos)는 말과 담론을 동시에 의미한다…….

머리 너머: 이성과 영혼, 그리고 의식

눈의 광채, 이마의 주름, 말…… 너머, 그 표시들의 근원에 있는 것에 도달하려면 머릿속으로 들어가야 할까? 인간의 최종 특수성을 간파하는 것은 두뇌 속에서일까? "그 크기에 비례하여 두뇌가 가장 큰 것은 인간,"[46] "유일하게 생각하는" 인간이라고 아리스토텔레스는 말한다.

그러나 이성·사색·영혼·정신은 '동물'의 신체와 그다지 관련이 없는 만큼 더 양호하다. 그리스도교는 신체와의 관계를 통해 영적인 영혼의 이와 같은 독립성을 공식화하지만 과학은 그렇지 않다. 비교적 이름이 덜 알려진 포르투갈의 페레이라 이전에 데카르트는 근본적으로 신체와 영혼의 분리를, 그리고 상관적으로 인간과 동물의 분리를 제기했다. 인간은 한편으로는 시계와 비슷한 단순한 역학을 가진 '동물 기계'적 측면이 있고, 다른 한편으로는 동물과의 공통 특징인 '신체 기계'를 가지고 있지만, 특히 거기에 더해서 비물질적인 사고를 지니고 있다.

따라서 그와 같은 인간 머리의 탁월함을 결정적으로 세우는 것은 인간의 머릿속이 비어 있다는 점이다. 영혼은 그 너머에 있다. 베르그송은 1912년의 《정신과 육체》에 관한 강연에서 "시간 속에서는 현재의 순간에 갇혀 있고, 공간 속에서는 점유하고 있는 공간에 제한되어 있으며, 자동 인형처럼 움직이고 외부의 영향에 역학적으로 반응하는 육체 외에" 무언가 "모든 면에서 육체를 벗어나 스스로 새로이 창조되어 행위들을 창조하는 것이 있다"고 말한다. 그리고 그 무언가는 바로 '나' '영혼' '정신'[47]이다……

유심론자들에 의하면, 순전히 자신의 육체를 통해 한정되는 동물은 그래서 영혼을 갖고 있지 못하다. 반대로 유물론자들에 의하면, 영혼이 존재한다면 그것은 물질적인 것이다. 이미 에피쿠로스는 인간이나 동물의 육체 속에 영혼을 전파했다. 계몽철학자들은 인간과 동물의 능력에 공통적인 기원을 부여한다. 19세기의 의사들, 카바니스와 브루새는 두뇌를 사상의 유일한 생산자로 여겼다. 골상학자들과 두개학자들은 두뇌의 무게와 외형, 그리고 지성과 이성의 정도 사이의 상관 관계를 확립하기 위해 그 사실을 마음껏 즐겼다. 그리고 방법이 확인되면서 그 방법은 단순히 동물에 대한 인간의 우월성을 입증하기 위해서만이 아니라 인간들 사이의 계급을 창출하는 데에도 사용된다.

사실 유물론자들과 유심론자들은 첫눈에는 심하게 대립되지 않는 것처럼 보인다. 언제나 인간의 특수성과 우월성을 구하는 것이 문제이기 때문이다. 18세기에 라 메트리는 올바크와 엘베시우스가 동물에게 이성을 인정하면서도 동물에게는 거의 유리할 것 없는 정도의 차이를 설립한 반면, 《인간기계론》(1748)에서 데카르트의 동물기계론을 비판한다. 영혼이 인간에게만 존재하는 것이 아니라는 양적인 차이는 그렇게 우위를 세워 다시 문제시되지 않았다.

생물 사슬을 가정하는 일원론자들도 같은 결론에 도달한다. 플라톤은 머리·가슴·배, 그리고 성기 속에 있는 영혼을 세 부분으로 구분한다. 머릿속에 국한된 상위의 영혼만이 진정으로 인간적인 것이다. 그 영혼은 하늘과 친화한다고 《티마이오스》에서 지적한다. 따라서 영혼의 나머지 두 부분은 동물 은유들을 통해 체계적으로 지칭될 것이다. 《파이드로스》의 수레달기에서 인간인 마부는 그 영혼의 상위 부분을, 두 마리 말은 하위 부분을, 《국가》에서는 사자와 비교되기도 하는 심장에 해당하는 부분은 흰색으로, 가장 관능적인 쾌락에 해당하는 부분은 검은색으로 표현한다. 인간과 동물 사이의 연속성은 물론 윤회를 통해 증명되지만, 동물로의 부활은 한 개인에 있어서는 전락이다. 육체의 낮은 부분들에 지나치게 몸을 맡기는 영혼은, 그 태도 자체가 동물적이었던 만큼 더욱 저속하고 물질에 가까운 동물로 다시 태어나 네발짐승을 거쳐 새에서 벌레나 연체동물로 거듭난다. 진정한 영혼, 즉 진정으로 인간적인 영혼은 결국 죽음과 같은 육체에서 벗어나 사상과 미를 응시할 수 있는 영혼, 이미 신성한 것에 동참하는 영혼이다.

아리스토텔레스는 다소 중복적인 세 가지 영혼을 거론한다. 식물에는 식물적인 영혼, 동물에는 식물적이고 감각적인 영혼, 인간에게는 식물적·감각적 그리고 지적인 영혼. 나머지 두 가지를 전제하는 마지막 후자는 곧 인간의 속성이고, 동물에 대한 인간의 우월함을 증명한다.

그런데 다윈론을 통해 새로운 반격이 인간에게 제기되는 것 같다. 다윈은 동물에게 이전에 인류에게 예정되었던 능력들과는 다른 '추론의 재능'을 인정한다. 다윈의 계승자들은 인간 이성이 연체동물에서 원숭이에 이르기까지 동물에게도 점진적으로 배아로 있다고 확증한다. 하지만 그렇다 해도 허위 경보이다. 다윈은 피조물들을 공평하게 보지 않기 때문이다. 동물에게는 재능이 희미한 상태로만 있고, 특히 언어와 이성은 인간에게만 속해 있다. 인간이 동물과 기원이 같다 하더라도 역시 그 두 계 사이에는 '심연'이 존재한다. 따라서 인간 영장류와 그 우월한 이성을 재검토하지는 않는다.

심지어 성직자들조차도 진화론을 신봉하기도 한다. 테야르 드 샤르댕 신부는 언제나 인간을 구별했던 그 정신성이 인간에게만 예정되어 있다는 조건에서, 육체의 연속성에 대한 진화론적 가설을 고수했다. 궁극론적이고 신인(神人) 동형동성론적인 시각은 여전히 온전하다. 생명은 인간에게서 더욱 잘 표현되는 사색의 방향으로 진보하므로 동물들은 열등한 단계에 머무른다는 것이다.

결국 거기서 영혼이 육체의 일부인지, 육체 속에 머물고 있는지, 혹은 육체로부터 독립적인지는 그다지 중요치 않고, 인간 영혼의 특수성이 보존되고 인간의 패권, 즉 지배권을 보장하는 한 사상이 두뇌 운동에서 나오는지 외부에 있는지도 중요하지 않다. 본래 이성 있는 존재는 이성이 전혀 혹은 거의 없는 존재를 '설득' 해야 한다. 이성은 인간과 동물 사이의 축복받은 구분으로서 제시되는 것이 아니라, 비이성에 대해 존재하고 건조된다. "동물에게 이성이 결핍되어 있는 것은 인간의 존엄성을 입증하기 위한 것"이라고 아도르노와 호르크하이머는 단언한다. 옛 유대인들에서부터 중세와 현대의 교부들에 이르는 이런 대립은 "서구 인류학의 양도할 수 없는 자산의 일부"이고, "이성을 빼앗긴 피조물들은 이성에 굴복해야"[48] 했다. 이 이성에 동물의 '어리석음' 이 대립된다. 그리고 본능이 그 대체물로 사용된다. 각각의 종 내에서의 결정론은 각각의 인간 정신의 무한한 자유에 대해 동물의 편협함을 지적한다. 생명 보존과 종 번식이라는 동물의 배타적인 궁극성은 배와 성기와 연결되어 동물의 비천함을 표시한다.

데카르트가 개시한 짐승들의 영혼에 관한 논쟁[49]은 수 세기 동안 계속되어 오늘날에도 드루어만의 작업에서 볼 수 있듯이 여전히 끝나지 않았다. 개별화된 한 육체에 연결된 영혼이 그 외적인 것으로 가정된다면, 육체가 흙으로 돌아갈 때면 육체로부터 풀려날 수도 있으므로 그 목적은 중요하다. 그것은 불멸성 소유의 목적이다. 불멸성은 대다수의 철학자들(가장 유물론적인 철학자들만 제외하고)에게는 자명한 것 같다. 즉 육체는 죽음을 피할 수 없지만 영혼은 육체와는 달리 불멸하고, 동물들에게도 영혼이 있다고 가정한다면 인간의 영혼만이 소멸하지 않는다. 이 논쟁은 단순히 신학론적인 것이 아니라 우리를 다시 한 번 무자비하게 지상으로 돌려보낸다. 인간이 영원을 정복하기 위해서는 동물들보다 먼저 그것을 부인해야 할 뿐만 아니라 인간이 짐승을 죽일 때 더욱 확실한, 동물의 죽을 수밖에 없는 운명에 관해 그것을 확립하기도 해야 하기 때문이다.

그렇다고 해서 동물에게서 생명을 앗은 걸까? 잘못된 질문이다. 미래의 생명이 없는 이는 진정한 현존도 소유하지 못하기 때문이다. 영혼은 생명의 결정적인 특질을 이룬다. 데카르트에 의하면, 인간만이 유일한 생명체이다. 동물은 자동 인형에 불과하므로 동물을 죽여 생명을 앗을 수도 있는 것이고, 그래 봐야 망가뜨리는 기계에 지나지 않는다는 것이다. 이렇듯 영혼이 없다고 선언되는 것은 생명이 없다고 선언되는 것이나 다름없다. 그래서 그것의 역학을 아무 처벌 없이 망가뜨릴 때까지 자유로이 사용하는 것은 정당한 일이다. 우리는 동물들의 영혼에 대해서와 마찬가지로 제기된 인디언들이나 여성들의 영혼에 대해서 이 문제를 다시 마주치게 될 것이다…….

그런데 생명을 가지고 있지 못한 것은 역시 죽음도 알지 못한다. 하이데거는 다음과 같이 말한다. 짐승은 죽지 않는다. 다만 종말에 이를 뿐이다. 성 아우구스티누스는 동물들이 무리를 지어 존재하도록 정해진 반면에, 인간은 **홀로 활동하도록**(unum ac singulum) 만들어졌다고 강조하지 않았던가? 예외를 제외하고는 종은 절멸하지 않고, 종 내부에서 그리고 종의 생물학 달력에 의해 개체들은 서로 교환할 수 있는 유사한 피조물들로 대체되며 그들의 생을 마감한다. 죽음도 의식도 갖지 못한 동물은 자기 자신의 종말을 의식하지 못한다. 루소는 동물은 "죽는다는 것이 무엇인지 결코 알지 못하고, 죽음과 그 공포에 대한 인식은 인간이 동물의 조건으로부터 멀어지며 이룬 최초의 습득"[50]이라고 말한다. P. 아리에스나 E. 모랭의 분석에서 입증한 것처럼, 오로지 인간만이 죽음과 특히 개체성의 출현과 긴밀히 연결된 죽음에 대한 공포를 인식한다.[51] 동물에게서의 죽음과 죽음에 대한 인식이 존재하지 않는다는 모든 입증은(특히 도살장으로 끌려가는 동물들에게서 죽음에 대한 예감이 입증되었고, 루소도 "어느 도살장으로 들어가는 가축의 슬픈 울음소리"[52]를 언급하긴 했지만) 따라서 중립적인 형이상학이 아니라, 헤겔에 대한 E. 드 퐁트네의 지적처럼 '형이상학적 기계 설비'에 속한다. 사실 퐁트네는 이렇게 평한다. "나는 내 욕구와 환상의 쾌락에 따라 짐승 한 마리를 죽일 수 있다. 왜냐하면 짐승은 죽지 않기 때문이다. 짐승은 끝날 수만 있기 때문이다."[53]

따라서 우리는 인류학적인 차이점에 대한 담론이 인류의 약점을 어떻게 지배와 전멸의 논증으로 전도시킬 수 있었는지 파악하게 된다. 그저 살아가는 것으로 만족하는 동물의 평온함에 대해 동물의 생명을 그것의 정반대인 죽음의 불가피성에 대한 인식 위에 세우는 것보다 더 비극적인 것이 무엇이 있단 말인가? 쇼펜하우어가 인정한 것처럼, 그런 인식은 "생명 위에 우울한 근엄함의 색조를 퍼뜨리지"[54] 않는가? '불행한 운명을 타고난' 그 존재는, 니체에 의하면 그 보상으로 다른 존재들을 불행하게 만들어 일방적으로 죽음을 모른다고 결정한 존재들, 즉 우선적으로 짐승들과 광의로 해석하면 독단적이기도 한 칙령에 의해 미리 '동물화된' 인간들을 죽음에 처하게 만들 필요가 있지 않았을까?

그와 같은 죽음에 대한 인식을 통해, 우리는 부지불식간에 형이상학이 새겨진 영혼의 개념과 보다 속화된 이성의 개념에서, 개체와 그의 주관성을 더욱 돌아보게 하는 의식의 개념으로 넘어가 20세기 철학적 담론 속에 그 두 가지 개념들을 담그는 경향이 있다. 의식은 거리를 두고 세계와 자아의 관계를 포착한다. 자기 자신과 타자들과 그리고 '완전한 타자'인 초월성과의 관계를. 동물에게는 부인될 모든 자각들을.

아리스토텔레스에게 있어서 어떤 대상을 알고 있는 인간은 자기 자신을 알고, 암암리에 스스로를 포착한다. "그의 사상은 사상의 사상이다."[55] 그런 자기 자신으로의 귀환, 단순히 세상만 알고 있는 것이 아니라 그 의식 속에서 자기 자신을 포착하고, 데카르트 이후로 계속해서 강조되어 온 자신이 하는 일을 알고 인간의 정수를 이루는 것을 아는 에고에 대한 군말. 테야르 드 샤르댕은 이렇게 이야기한다. "동물은 물론 알고 있다. 그러나 분명 **자신이 알고 있다는 사실을 모르고 있고,**" 그리고 "동물로서는 넘을 수 없는 도랑──혹은 문턱──이 우리를 갈라 놓고 있음"을 모르고 있다. 또한 "동물에 비해 사색을 한 우리는 다른 존재들일 뿐만 아니라 타자들이다."[56]

쇼펜하우어에 의하면 동물은 그런 '2단계 지식' 반사성을 모른다. 이유도 방법도 모른 채 본능의 유혹에 따라 행동할 뿐, 세상 이치에 대한 자기 자신을 인식하지 못하는 것이다. 하이데거에 의하면 자연에 내재한 동물에게는 **현존재(Dasein)** 고유의 능력, 즉 오로지 인간에게만 있으며, 이 세상으로부터 스스로를 구별하고 세상으로부터 분리된 존재로서 스스로를 세우고 관찰하는 능력이 없다. G. 바타유는 설명하기를 "동물은 엄밀히 말하자면 세상의 나머지가 객체인 주체로서 보여질 수는 있지만, 결코 그런 식으로 스스로를 바라볼 가능성은 없다." 이렇듯 동물은 '물 속의 물처럼' 떨어질 수 없는 세계 속에 붙들려 그 세계와 어떤 차이도 만들지 못한다. "동물성은 직접성 혹은 내재성"[57] 현재 속 침수여서 오로지 반사 작용, 본능, 역학을 통해서만 지배된다.

영혼도, 이성도, 의식도 없는 동물은 고통 또한 없을 것이다. 말브랑슈에 의하면 동물은 물질, 기계의 특성이 아닌 고통을 알지 못한다. 말브랑슈가 덧붙이는 논지는 신학상의 입증이다. 고통은 동물은 저지를 수도 없었던 원죄의 처벌이어서 그에 대한 책임이 없다. 그렇지 않았다면 "무한히 공정하신 절대 권력의 신 아래에서 죄 없는 피조물이 형벌인 고통과 어떤 원죄의 처벌을 받았을 것이다." 신은 부당할 수가 없고, 동물들은 고통을 느낄 줄 모르기에 스스로를 불쌍히 여길 줄 모르는 동물들은 "고통 없이 우는 것이다."[58]

영혼에 관한 토론 속에 포함되어 있고, 우리가 여기서 다시 서술하지 않을 동물의 고통에 관한 논쟁은 여러 세기 동안 지속된다. 오늘날에는 다소 완화된 듯하다. 동물들의 고통과 쾌락에 대한 감수성은 그 수호자들에게 알려져 풍부한 문학을 유발한다. 그러나 곧 동물에게 부여된 고통은 과학자들에 의해 측정되어 종들에 따라 다양한 단계에 부쳐진다. 연체동물들보다는 영장류에게 고통은 더 강렬할 것이다. 거기서 존재 혹은 비존재에 대한 토론이 다시 측정되는 지성에 따라 이루어지는 양적인 진화로 넘겨진다…….

그렇다 해도 그 내림표에도 불구하고 관심은 동물의 이성 문제에서 동물의 고통 문제로 옮아간다. 그것이 J. 벤담이 자주 인용한 다음 의문이다. "문제는 '동물들은 추론을 할 수 있을까, 말을 할 수 있을까?' 가 아니라 '고통을 느낄 수 있는가?' 이다." 쇼펜하우어는 그토록 눈에 보이고, 때로는 그토록 아우성치는 그 고통으로 인해 우리의 열등한 형제들에 대한 모든 잔인성을 금지해야 한다고 말한다.

동물을 핑계삼아 문제시되는 것은 도덕의 내용과 범위이다. 예상할 수 있듯이 지배 이데올로기는 도덕의 소유권을 인간 독점으로 만들고 있다. 아무것도 인식하지 못하는 짐승이 어떻게 선악을 구분할 수 있을까? 자기 자신에 대한 의식조차 없는데 어떻게 타자를 의식할 수 있겠는가? 끝으로 본능에 이끌린 순수 결정체이고, 자기 자신의 의지가 없는 동물이 어떻게 자신의 행동을 결심할 수 있겠는가? 오로지 생각하고 의식하는 인간만이 자신의 자유로 선악을 선택할 수 있다. 만일 도덕과 인식이 우선적으로 친밀히 관련되어 있다면——"고의로 악하게 구는 이는 아무도 없다"고 소크라테스는 주장하고, 진리 발견은 자신의 길을 따를 것을 전제한다——점점 더 연결될 것은 특히 도덕과 자유이다. 인간에게는 악을 모든 원인으로 인식할 수 있고, 그것이야말로 인간의 미덕을 더욱 칭찬받을 만한 것으로 만든다. 따라서 동물에게는 도덕이 없고, 다시 말하면 도덕의 영역 밖에 있다. 그러므로 동물의 행동에 경멸의 뜻을 부여하는 것은 모순적인 것으로 여겨진다! 루소에게 '착한 야수'는 없다. "어떤 종류의 도덕적 관계도 없는 그런 상태에서" 인간들은 "선할 수도 악할 수도 없었고, 덕도 악도 갖추지 않았었다."[59]

따라서 인간만이 도덕의 주체가 될 것이다. 그러나 한편으로는 객체라고 주장하기도 한다. 윤리는 인간들 사이에서만 유효하다. 그렇지만 생명을 잃은 종들의 속성에서 인류에 이르기까지의 연속성을 주장하는 아리스토텔레스는, 윤리적 분석에서 우리는 말이나 소와는 "아무런 공통점이 없다는 이유로"[60] 그 동물들에 대해 채택하는 태도와는 관계 없는 도덕적 특권을 인간에게만 예정지음으로써 자신의 생물학적 작업을 반박하는 것 같다. 칸트는 도덕과 인류학적 시각의 영역에 국한된 그 개념을 이같이 잘 설명하고 있다. "동물들은 그들 자신의 의식이 없고, 따라서 궁극 목적을 위한 수단에 지나지 않는다. 그 궁극 목적은 인간이다. 그러므로 인간에게는 동물들에 대한 아무런 직접적인 의무도 없다."[61]

그러므로 짐승에 대해 호의를 보이도록 권고할 때는 대개 인간과 인간의 이익을 위한 것이다. 가축과 가금류의 대량 사육에서 그들에게 스트레스를 피하게 하는 것은 더욱 살찌우기 위한 경제적 관심인 것이다. 그러나 특히 교육학적인 관심도 있다. 박애라는 단어는 동물들에 대한 '인간적인' 처우를 지칭하기 위해 만들어졌고, 인간들 사이의 사랑을 뜻하게 된 것은 그후의 일일 뿐이다. 이 말뜻의 점진적인 변화는 그 동물적인 '박애' 속에서 추구된 목적을 잘 설명해 준다. 그 박애는 인간적 박애에 대한 예비 교육인 것이다. 자신의 개를 함부로 다루는 이라면 언젠가는 제 이웃을 공격할지도 모르니까. 《세계 동물 권리 선언》(1978, 1990년에 수정)도 그런 인간 중심주의를 벗어나지 않는다. 이 선언문의 서언은 다음과 같다. "인간의 동물 존중은 인간들의 상호 존중과 분리될 수 없는 것으로 고려되므로"[62]······ 동물에 대한 연민의 순수하게 실리적인 양상들 외에, 가장 관대하고 가장 공정한 연민도 새로운 형태로 그 '가련한' 존재들의 열등함을 표시하지 않는가? 다소 명시적으로 동물성과 같은 측면에 내던져진 모든 이들, 식민 지배를 받는 여성들에 대하여 모든 보호령과 모든 후견인들을 정당화하지는 않는가?

도덕은 대개는 '계명'들로 설명하는 종교의 영역으로 우리를 인도한다. 인간은 완전한 타자를 의식하는 반면에, G. 바타유가 지적한 바에 의하면 우리는 "초월성 부재의 빛 아래에서 밖의 동물성을 내다보는 것으로 족해야"[63] 한다. 순수한 인간 창조를 주장한 포이어바흐에 의하면 "종교는 인간과 동물의 '**본질적인 차이**'를 근거로 한다——동물들에게는 종교가 **없다**."[64]

따라서 새로운 인간의 특수성(비록 이따금 코끼리나 개미와 같은 동물들에게 어떤 성스러운 의미가 할애되고는 있지만······)이 있고, 이는 인류를 위한 추가 논증으로 기입되지 않고 이미 언급되었던 다른 영역에서 동물에 대해, 동물의 육욕에 관해 설립되고 있다. 피를 보는 제물의 물리적 행위에서 동물 가죽을 다른 식으로 만들어 성스러움에서 완전히 멀리 떼어내고 부정하는, 그리스도교의 점점 더 커지는 정신주의로 넘어가는 복잡한 관계.

고대에 동물들은 신들에게 제물로 바쳐졌다. 이런 희생 제물은 1세기까지만 해도 유대교에서 존속되다가 그리스도교에서 완전히 사라진다. 그리고 그 사실은 이미 유대인들이 표명했던 일신론 이상으로 그 종교의 진정한 새로움을 이룬다. 십자가 위에서 희생된 것은 바로 신의 아들이었고, 이는 니체에 의하면 돌이킬 수 없는 유일한 역사적 행위이며 '미사성제'에서 순수하게 영적인 방법으로 되풀이된다.

그렇다면 유일하고 절대 권력을 지닌 신이 스스로 희생될 때, 가련한 동물 제물이 나타내는 중요성은 어떤 것일까? 성 아우구스티누스는 이렇게 말했다. "희생 속에 이루어진 제물 헌납이 신의 어떠한 욕구에 부응하리라고 판단할 만큼 미친 자는 누구인가?" 신은 가축들을 만들 뿐이다…….[65] 그리스도교의 더 이상 환원할 수 없는 독창성이 거기에 있기 때문이다. 그러나 예수 개인의 죽음 속에서가 아니라 대개 식인 풍습으로 연장된 인간들의 희생은 차라리 '원초적' 종교들의 짐승 같은 성격의 표시이지만, 그 사람이 신이었다는 사실 속에서이다. 그 희생자의 특수성에 의해 종교는 영화되는 동시에 인간화되기도 한다. 헤겔이 설명하는 것도 그 영화/인간화 운동이다. 이집트 종교에서 신은 동물 속에 존재한다. 고전 그리스 종교에서는 호루스피스, 즉 제물 헌납할 때에 파괴되어 이미 "고전주의 예술로 변천하는 속에서 동물들의 위엄과 고양된 위치는 격하된다." 헤겔에게는 그 파면이 진보의 신호이다. 동물들은 "잘못된 것, 제대로 평가되지 않는 것, 자연적인 것, 그리고 영적이지 않은 것을 지칭하기에 이르렀지만, 그 이전에 동물적인 형태는 긍정적이고 절대적인 가치 표현에 쓰였기 때문이다."[66]

현재 그리스도교에서 목숨이 부지되고 있는 동물은 득을 보았을까? 사실 제물 헌납에서는 죽음에 처해짐으로써 최소한 상징적인 존재는 얻었다. 인간들과 신들 사이의 매개체인 동물은 인간에게 동물과 신성 사이의 중간 위치를 보장해 주었다. 하지만 이제는 구체적인 측면과 상징적인 측면에서 신성한 세계로부터 철수했다.

중세에 동물은 일상 생활에서만큼이나 종교 생활 속에서도 대단히 현시적이다. 심지어 때로는 제물을 먹는 것이 용납되기도 한다. 성직자들의 모든 작업은 수 세기 동안 교회 밖으로 동물을 몰아내는 것이어서, 어깨에 매를 얹거나 발치에 사냥개를 앉히고 미사에 참여하는 영주들과 일부 마찰을 빚기도 한다. 묘지들 주위로는 동물들의 접근을 차단하기 위해 사방으로 벽을 세운다. 동물의 상징적 임무의 실추는, 다른 한편으로는 은유적인 활용을 통해 상쇄되는 일이 대단히 드물거나, 아니면 점점 더 경멸의 뜻을 나타내게 되었다. 물론 세 명의 복음사가들은 소와 독수리 그리고 사자로 비유되지만, 동물들은 특히 대죄를 표현한다. 게다가 초상학은 더욱 추상적인 것이 되고, 동물 우화집은 17세기부터는 기하학적 형태로 인해 사라지는 경향을 보인다.

그러나 그리스도의 이중적인 성격은 포이어바흐가 주장하는 것처럼, 예수의 신성보다도 점점 더 인간적 성격에 기대는 경향이 있는 움직임 속에서 "인간이 점점 더 신에게서 **거두어** 더욱 **자기 자신에게** 주는"[67] 인간화 과정 속에 신에 반하는 사악한 효과로 작용했다. 그러자 19세기의 많은 작가들에게 그리스도교는 종말에 임박한 '악취를 풍기는 송장' 처럼 보이고, 그 중 독일 역사학자 트뢸치 같은 일부는 그리스도교의 생존 기간이 50년 정도밖에 남지 않았다고 단정한다. 신은 쫓겨났지만, 종교 자체가 아니라 인류의 사상과는 뗄 수 없다. 가톨릭 교회에 대단히 적대적인 사회학자 피에르 르루는 종교가 없는 인간은 "인간이 아니라 짐승"[68]이라고 주장한다. 절대자에 대한 혁명적인 숭배 속에서 그 귀감을 찾는 인간적인 종교들이 19세기에 증가한다. 생 시몽주의 종교, 카베의 이카리아인들, 페퀴르의 필라델피아인들, 피에르 르루나 오귀스트 콩트의 인류 종교는 분명 모두 신에 대한 숭배를 인류에 대한 숭배로 대체한다.

마르크스는 종교에 대한 모든 사상을 일소하며 한걸음 더 내디딘다. 종교에 대한 사상은 인간의 본질을 설명하는 것이 아니라, 오히려 반대로 인간의 상실을 표현하는 것이므로 '민중의 아편' 이라는 것이다. 그런데 아무리 인간의 종교심에 대한 욕구가 사라졌다고 해도 가장 유물론적이고 무신론적인 교리들 가운데에서도 다시 나타나지 않는가? E. 젤네르는 임종 직전의 간행물에서 이렇게 주장했다. "대부분의 전문가들은 세속화라는 주제에 의견이 일치하는데, 그에 따르면 현대 혹은 산업화 사회 속에서 사회와 마음 그리고 정신에 대한 종교의 지배력은 쇠퇴하고 있다." 그러나 마르크스주의만큼은 "전체적인 시각, 공평함에 대한 약속"[69] 등 몇 가지 특징들을 갖고 있다는 범위 내에서 대개 '세속적인 종교'에 비유된다고 기록했다. 사상 체계, 이데올로기들은 종교와 관계 없는 형태로 종교 감정을 해석한다. 토크빌에 의하면 '인간 속성의 구성 원리 중 하나'인 종교는 '일종의 종교'가 된 조국애로 변형될 수 있다. 그리고 다가올 종말을 예견한 주요 종교들은 아직도 존속하며, 이슬람교처럼 무력으로 귀환하기도 했고, 종파들은 증가하고 있다.

인간의 속성이든 상실이든, 그렇다 해도 여전히 인간만이 종교들을 구상했고, 심지어 세속화마저도 동물을 제외하는 경향이 있는 그 움직임 속에 기입되었다. 인간에게 중요한 것은 너무 높은 것을 향한 후에 자기 자신에게로 돌아가는 것…… 그리고 거기서 멈추는 것이다!

* * *

그래서 우리는 배와 성기의 본능은 동물들에게 넘긴 채 아래에서 위로 인간 신체를 따라 올라갔다. 이와 같은 단계적 진전 끝에 생각의 에테르와 말의 신비, 즉 **말하기** 속에 인간의 속성이 드러났다. 이제 **행위**를 참조케 하는 수평읽기에 따라 측면 부위들을 검토해야 한다. 인간은 현실적으로 세상에 더욱 집착하기 위해서, 자신의 지배력을 행사하기 위해서만 정신적으로 세상으로부터 분리될 수 있다. 그리고 활동의 구속으로부터 두 손을 자유롭게 해준 직립 자세는 또한

두 손을 인간성의 규정과, 따라서 동물성의 규정 속에 본질적인 요소
로 만들게 될 것이다.

2. 민첩한 손

인간에게는 두 손이 있다. 동물은 기껏해야 발, 발톱, 지느러미, 날개, 유사 기관이 있을 뿐이다. 아리스토텔레스에 의하면 아무리 영장류에게 인간의 손과 같은 것이 있다고는 해도 그에 비할 만한 것은 못 되고, 인간들과 가장 비슷한 점으로 나타날 뿐이다. 동물들에게 앞부분들은 이동에 충당된다. 이는 유제류(有蹄類; 말이나 소처럼 발굽이 있는 동물들)에게는 특권적인 소명이며, 바나나 껍질을 까는 원숭이나 비버처럼 때때로 그 부위들을 잡는 기능으로 사용할 수 있는 다른 종들에게는 주된 소명이다……. 한편 인간은 기동성을 위해 손을 사용하지 않고, 두 손을 땅에 대고 있을 필요가 없게 되자 몸을 일으킬 수 있었다.

인간에게는 두 개의 손이 있지만 우리는 보통 단수로 표현한다. 손의 진정한 특수성은 오른손에 있기 때문이다. 동물에게 있어 서로 비슷하고 대칭을 이루고 있는 그 두 부위는 그만큼 구별되지도 않는다고 아리스토텔레스는 말한다.[70] 그런데 그 손은 동물들의 윗부분들, 즉 서투르고 바보 같은 앞발과는 달리 영리하다. 이동 기능에서 두 팔을 벗어나게 해준 직립 자세는 더욱 넉넉해진 두개골 역시 자유롭게 해주었다. 두뇌와 손은 서로 연결된 부분이다. 의학자 브로카는 오른손잡이라는 사실은 신체의 반대편 신경을 지배하는 왼쪽 좌반구의 월등한 발달에 해당한다고 설명한다. 르루아 구랑은 기술적인 행동을 지배하는 두뇌 중심과 언어에 명령을 내리는 두뇌 중심 사이 관계의 존재에서 출발하여, 도구들의 '조작'과 언어의 응용 사이에 인과 관계를 설립한다.

손은 언어와 생각에 선행하는가, 아니면 그 반대인가? 그 문제는 대단히 일찌감치 논의된 바 있다. 아리스토텔레스에게는 손이 정신 다음에 개입되어, 인간이 손이 있기 때문에 영리하다고 판단하는 아낙사고라스와는 대립된다. 4세기 철학자 닛세의 그레고리우스는 "자연이 우리의 신체에 손을 덧붙여 준 것은 무엇보다도 언어를 위해서"라고 생각한다. 동물의 주둥이나 부리는 양식을 붙잡는 데 사용된다. 그 외에는 달리 움켜잡아 운반할 수가 없기 때문이다. 반면에 인간의 경우는 "두 손이 그 임무를 맡아 입은 말을 하는 데 사용되도록 자유롭게 해주었다." 그렇지 않다면 "어떻게 입 속에서 또렷한 목소리가 형성되겠는가? […] 그런 경우에 인간은 소나 당나귀처럼 웅얼대거나, 울부짖거나, 짖거나, 힝힝대거나, 또는 들짐승들처럼 노호하는 소리를 냈을 것이다."[71] 손에 대한 정신의 선행성을 단언하는 것은 엥겔스에게는 두뇌에 '문명의 모든 장점'을 부여하고, 욕구를 반영하고 의식하게 할 뿐인 생각을 통한 활동을 설명하는 '이상주의적 관념'이다. 그 순서는 19세기에 와서는 우선권의 순서를 전복시키면서 본질적인 것이 되었다. 역사의 전개 속에서 생산력의 작용을 정신 작용으로 대체시키고, 물질에서 시작되는 작업에 이전에는 결코 갖지 못했던 자리를 부여한 것이다. 그러나 그 선행성의 문제에 앞서, 모든 사상가들은 두뇌와 동물에 대한 인간의 우위를 구해 주는 손 사이의 그와 같은 긴밀한 관련에 의견이 일치하고, 이는 분명 본질적인 것이다. 하이데거에 의하면 "손은 포착 기능을 하는 모든 기관들——발, 손톱과 발톱——과 무한히, 다시 말하면 존재의 심연을 통해 분리된다. 말을 하는 존재, 즉 생각하는 존재만이 손을 가질 수 있고, 손으로 조작하며 작업할 수 있다."[72]

인간에게 손은 다양한 기능을 가진 가장 중요한 도구이다. 날개나 발이 관계된 종에 따라 결정된 몇 가지 행동에 충당되는 반면, 손은 인간으로 하여금 작업을 무한히 다양하게 할 수 있게 한다. 아리스토 텔레스는 손이 "단순한 하나의 도구가 아니라 여러 도구들인 것 같 다. 말하자면 다른 것들을 대신하는 도구이기 때문"[73]이라고 말한다. 마크 루한에게 신체를 연장해 주는 그 주목할 만한 매체는 자신을 위 한 다른 매체들을 만들 수 있다. 그런데 엥겔스는 "원숭이의 손은 결 코 최소한의 돌연장도 제작할 수가 없었다"고 말한다. 에번스 프리처 드에게 가령 누에르족의 창은 "오른손의 연장"이고 "오른팔의 연장 으로서 완전한 인격을 표현"하고, "나와 그 표현의 투사"[74]이다. 아리 스토텔레스는 서슴지 않고 그것을 영혼 자체에 비유한다. "손이 도구 들의 도구인 것처럼, 지성은 형태들의 형태이다."[75]

손은 단순히 세상을 붙잡기 위해서나 그 구성 요소들을 정교하게 활용하기 위해서가 아니라 '그 위에 손을 올리기' 위해서, 그것을 '다루고' 변형시키기 위해서 사용된다. 인간이 자연을 '지배'하고, 뿐 만 아니라 자연으로 되돌려보내진 동물과 모든 생명체——그렇게 안 될 것도 없지 않을까?——에 대한 지배권을 확립하는 것은 노동을 통 해서이다. 인류는 자기 자신의 역사를 창조하고, 인간들은 신성 혹은 숙명 대신에 자기 자신의 역사를 만들어 간다. 시간과 공간의 병합인 노동과 역사, 그와 같은 것들은 그 민첩하고 정교한 손이 가져다 주 는 산물이자 인성의 표시이며 증거이다.

노 동

어느 시대이건 사상가들과 의학자들은 손에 가치를 부여하여, 갈릴 레오는 《부분들의 기능》에 관한 저서에서 손의 탁월함을 입증하기 위해 구조와 기능을 분석하는 데 첫 권을 할애할 정도였지만 노동과의 관계는 최근의 일이다. 오늘날에는 "노동이 인간의 '속성'이라는 것이 자명한 사실이지만, 자유롭고 최고의 권한을 가진 이성 속에" 수세기를 거슬러 올라가는 인간적인 가치로서 지위가 향상되지는 못했다. 따라서 우리는 그 범주가 얼마나 느리게 구축되었는지를 노동의 반대인 비노동에서부터 출발하여 이해해야 한다. 비노동은 마르크스에게서 보게 될 것처럼 이따금 노동의 정의 자체를 혼란케 하기도 하지만, 또한 '게으름'과 여가를 인간의 본질과 인간 자유의 표현으로 만들기 위해 지배적이 된 이데올로기에 반대되는 담론으로 다시 나타난다.

고대 그리스에서 노동은 이중적인 이유로 품위를 잃는다. 노동은 육체에 의해서, 육체를 보존하기 위해서 실행되기 때문이다. 그런데 철학자들은 배의 형이하학적인 문제들과 전혀 관계 없는, 명상을 포함한 사유 활동에 가치를 부여한다. 사유는 존속하기 위한 수단인 노동과 달리 그 자체로 궁극 목적을 갖는다. 사유는 물리적인 필요성에 복종하지 않고 인간의 완전한 자유를 실현한다. 그러므로 자유로운 인간은 경제적인 영역에 갇혀 있는 곤궁한 모든 이들(노예·농민·장인 그리고 여자 등)과 다를 뿐만 아니라, 루소가 지적했던 것처럼 외형적인 우연성으로부터 해방시켜 주는 영역의 맹목적인 조건에 자유의 근거를 두는 시민이다. 노동은 그후에 그것을 규정하게 될 사회 관계를 구축할 수 없다. 그 관계는 시민들 사이에서만 현실성이 있기 때문이고, 분명 시민들은 인간을 가축 수준으로 깎아내리는 그 임무들에서 벗어나기 때문이다. 호메로스의 도시들에는 시장이 존재하지 않는다고 앙드레 에마르는 상기시킨다. 아고라는 상업적인 목적이 아니라 오로지 정치적인 목적으로만 사용되고, 상업은 경멸받는 활동이기 때문

이다.[76]

　로마 제국은 노동에 대한 그런 경멸을 재현하고, 우선 그 내부에서 발전하는 그리스도교는 부정적인 임무에 신학적 논증의 무게를 더한다. 모든 것이 손만 뻗으면 있던 지상 낙원에서는 인간은 노동을 하지 않았다. 그러다가 인간은 죄를 짓고 에덴에서 쫓겨나 벌을 받았다. 그 이후로 인간은 이마에 땀을 흘려 먹을 것을 벌어야 했다. 어떤 면에서 노동은 민주적이다. 그 저주는 일부 범주만이 아니라 원죄로 인해 모든 인간들에게 미쳤기 때문이다. 따라서 노동은 보완물로서, 이번에는 육체에 대한 정신의 우월성이라는 옛 원리의 연속성 속에서 명상의 가치를 얻는다. 명상은 물질인 이곳 저주받은 세상으로부터 최대한 풀려나면서 신과 미래의 영원, 즉 저승에 가까워지게 해준다. 진정한 삶은 휴식, 활동하지 않음, **명상하는 삶**이고, 이는 아리스토텔레스에 의해 ‘인간적인 것’으로 알려진 세 가지 삶의 양상 아래 모든 **활동하는 삶**과, 특히 정치적인 활동을 배제한 것이다. 이상적인 것은 영원히 자신의 기둥 꼭대기에 앉아 있는 베드로의 삶이다.

　그러나 동시에 그리스도교는 인류학 범주로서의 노동의 출현을 준비했다. 성 아우구스티누스는 그런 점에서 고대와 현대를 연결하는 역할을 한다. 자유로운 인간의 활동을 지칭한 로마인들의 비노동인 **오티움**(otium)은 이제 게으름을 가장 경멸적인 의미로 표시하고, 서로 혼동되는 경향이 있는 두 단어인 작품 **오푸스**(opus)와 노동 **라보르**(labor)와 대립된다. 신의 작품인 **오푸스 데이**(opus Dei), 즉 세계는 신의 노동이기도 하다. 신은 창조의 일곱째 날 쉬지 않았던가? 따라서 우리는 D. 메다와 함께 “인간 노동이 현실의 특별한 범주가 되어 가고 있으니 그것이 인간 노동의 귀감으로 생각되는 신의 행위”인지, 아니면 “반대로 인간의 일상적인 일에 새로운 관심을 유발하는 텍스트들의 재해석”[77]인지 자문해 볼 수 있다. 창조자의 의지가 표시된 그 작품은 여전히 형벌·수고·고통이라는 오명을 쓴 노동 속에서 혼동되는 경향이 있다.

보다 구체적으로 아우구스티누스는 공익 자선금으로 살아가는 수도사들의 게으름을 타파할 목적으로 노동을 복원시키려 했다. 하지만 그 노력에는 아직 노동의 현대적 의미의 범위가 부족했다. 현대적 의미란 돈을 '다룸'으로써 '손'을 더럽히는 도매상인이나 고리대금업자가 아니라 경작인(라보라레(laborare))이나 장인의 의미이기 때문이다. 거기에는 정신적인 것의 상위권과 우선권이 여전하다. 이익을 얻으려는 목적이 아니라, 피할 수 없는 욕구에 부응하는 것이 목적인 수작업은 명상을 할 수 있도록 정신을 자유롭게 해준다. 토마스 아퀴나스에게 있어 그것은 달리는 살아갈 재간이 없는 이들의 의무가 될 수도 있다. "목숨을 부지하고자 하는 필연성만이 수작업을 강요"하기 때문이고, H. 아렌트는 수작업이 "좌절한 사람들의 마지막 의지 수단"[78]을 표현한다고 설명한다.

종교 개혁은 노동의 지위 고양을 한걸음 진척시키는 업적을 이루었다. 물론 그 자체의 가치로서가 아니라 그리스도교인의 하나님을 통한 선별의 표시로서. 이는 막스 베버의 《프로테스탄티즘의 윤리와 자본주의의 정신》에서 잘 알려진 분석이다. 그 칼뱅주의자는 자신이 기대한 바대로 신이 무한한 자유와 신비로운 지혜 속에 베푸신 은총을 입었다고 단언한다. 그런데 그 성공은 노동을 통해 획득한 재정적인 이익으로 입증되고, 노동은 그 증거를 확인하는 간단한 수단이다. 일찍이 '선한' 노동으로부터 분리된 화폐의 측면이 모습을 드러내자, 이번에는 예전의 순수한 논리 속에서 얻은 이익은 그 이익을 얻은 사람의 여가에 충당되는 것이 아니라 노동이 계속될 수 있도록 하는 시도 속에 재투자되고, 언제나 기업가의 '선택'을 더욱 잘 입증한다.

다른 업적들은 비록 노동이 여전히 고통과 연결되어 있다고는 해도 노동을 인간의 속성으로 만드는 가톨릭교의 측면에서 이루어졌다. 말브랑슈의 궤적 속에서 우리는 그가 동물들의 고통을 거부하는 데 사용한 것과 같은 논증이 동물들을 노동으로부터 제외시킨다고 주장할 수 있다. 죄를 짓지 않은 짐승들은 고통을 받을 수가 없다. 노동은 지상 낙원에서 쫓겨난 인간의 형벌인 것이다. 따라서 그것은 인간의, 물론 타락한 인간의 전유물이고, 오로지 인간만의 것이다. 그러므로 계급의 구별 없이 모든 죄인들에게 두루 미치는, 이미 민주화된 노동에서는 '속죄'나 '선택'의 측면에서 벗어나기 위해 스스로 속화되어 긍정적인 차원을 획득하는 것 외에는 더 이상 다른 것이 남아 있지 않다. 노동은 더 이상 중세 문헌 속에서 언급되고 '불안에 사로잡힌 사람'을 뜻하는 '마귀에 홀린 사람'(노동을 뜻하는 어원 **에르고스**(ergos)에서 온)의 무질서한 운동이 아니라, '흥분하는' 동물과 대립되는 '행동하는' 사람의 활동이다. 오랫동안 준비되어 온 이 영역에 관한 경제적·정치적, 그리고 사회적인 새로운 조건들은 가치로서의 노동의 도래를 가능케 한다.

노동의 옛 개념과 명확해지고 풍부해진 새로운 개념 사이의 단절이 완성된 것은 18세기의 일이다. 이미 아우구스티누스로 인해 완화된 물질에 대한 맹렬한 비난은 그리스도교의 후퇴와, 따라서 중세 수도자의 이상에 그다지 부합하지 않던 돈·이익·거래에 대한 경멸의 후퇴와 함께 사라진다. 부의 축적은 만데빌레의 《꿀벌의 우화》 속에서 찬양되고, 당시에 하예크는 그 저서가 '요란한 성공'[79]을 불러일으킬 것이라고 언급한다. 부는 애덤 스미스와 함께 1776년의 《국부(國富)의 성질과 원인에 관한 연구》에서는 바람직한 것이 된다. 이 문제는 더 이상 단순히 개인적인 차원에서 제기되는 것이 아니라 국가적인 단계에서 제기되고, 명백해진 그 목적은 맬서스나 장 바티스트 세 같은 그의 계승자들에게는 더 이상 입증할 것도 없게 된다. 중세에는 최소한 수도사들에게 진정으로 허용된 유일한 노동이 돈으로 바꾸어 져서는 안 되는 것이었다면, 이제부터는 돈으로 지불되는 것이 된다. 따라서 가까운 시대까지 상인과 농민의 아내나 주부는 일을 하지 않는 다…….

중세에는 몹시 경멸받았고, 아우구스티누스의 분류에서는 기다란 부도덕한 직업 목록에 포함되었던 상업은 '기분 좋은 것,' 칸트와 같 은 철학자들과 자유주의 경제학자들에게는 인간들 사이의 평화 요소 가 된다. '하나를 위해 다른 것을 맞바꾸어 교환하는' 그런 경향은 A. 스미스에게는 심지어 인간과 동물의 변별적인 특징이 되기도 한다. "저들끼리 뼈다귀 하나씩을 기꺼이 공평하게 교환하는 두 마리 개는 결코 본 적이 없기"[80] 때문이다. 중세 말엽에는 고리대금에 대한 비난 이 수그러들어 곧 돈이 '이자를 낳게' 한다는 사실은 은행가들을 무 대 전면에 나서게 만든다. 따라서 노동은 수량화되고 매매되는 물질 적 재산이고, 일단 함축적인 뜻에서 부정적인 가치를 벗겨내면 동물 에 비해 인간의 긍정적인 속성이 될 수 있다. 그래서 노동은 17세기의 소산으로——유일한 그 시대의 개념화——소개되지 않고 모든 시대 와 장소에서 인간들의 독점적인 소유물로, 다시 말하면 인간 속성의 상수로 소개된다.

신학으로부터 자유로워진 철학자들은 노동의 그와 같은 허물벗기 속에 머무르지 않는다. 우리는 이미 칸트에 대해서 그 점을 주목했다. 흄에게 있어서 인간을 짐승으로부터 구별하는 것은 동물 역시 가지고 있는 생각이나 이성이 아니라 바로 노동이다. 어찌되었든 이와 같은 노동의 의미 전복을 이루는 것은 분명 **호모 에코노미쿠스**의 발견이 다. 중세 이후로 끊임없이 실추되어 온 동물의 위상은 물질적 재산이 자 그 산물·순환·소비·축적에서 시작되어, 육체-기계에 관심을 보이는 신과학인 경제의 관점 변화를 통해 다시 올라갔을까? 사실 노동은 단순히 진영만 바꾸어 인성의 표시가 되었다. 그러나 생각도 할 수 없는, 인간과 동물이라는 두 개의 경계선 제거는 고려되지도 않았다. 따라서 인간은 짐승에게 아무것도 양보하지 않고, 모든 것을 신에게서 가지고 가는 것으로 만족했다. 동물과 인간의 근본적인 분리를 행하는 것은 더 이상 〈창세기〉와 죽은 신이 아니라 인간이 노동을 통해 유일한 창조자로 자처한다는 사실이다. 인간이 통제하고 변질시키는 자연과 스스로 만들어 내는 인간 자체와 사회 관계의 창조자로서. 이런 전환기 속에서 H. 아렌트의 표현에 의하면 "노동의 가장 위대한 현대 이론가"인 마르크스의 사상은 본질적인 역할을 한다. 그렇지만 우리는 그의 입장에 모호함이 없지 않고, 비노동과 여가가 오히려 인류의 원칙으로 삼아지는 새로운 전환에 자리를 넘겨 줄 수 있다는 사실을 보게 될 것이다.

동물의 노동은 먹이 탐색과 경우에 따라서는 관찰된 종에 따라 언제나 한결같도록 예정된 계획의 수립, 즉 개체의 생존, 종의 생존, 배와 성기의 충족으로 제한된다. 하이데거에 의하면 동물은 노동을 알지 못한다. 동물은 최소한의 희생으로 욕구를 채운다. 동물은 그저 살아가는 것이지 존재하는 것이 아니다. 마르크스에게 노동은 단순히 자연 속에서 자연을 활용하는 것이 아니라 자연을 최대한 인공적으로 만들어 정복하고, 변화시키고, 인간화시키는 것이다. 그러면 자연은 단지 생물학적인 부류에만 속하는 것이 아닌 인간의 욕구에 부응할 것이다. 따라서 동물성은 자연에서 배격되고, 그 대립 속에서 그리고 부분적으로는 그 이면에서 인성이 단련된다.

그러나 주변에 있는 것을 변형하고 재창조하는 인간은 자기 제작자이기도 하다. 그러므로 마르크스가 노동을 생식에 비해 '생명의 산물'로 정리하는 것은 우연이 아니다. 헤겔은 이미 그 동향을 데카르트가 말한 것처럼 우리를 '자연의 주인이자 소유자'로 만들 뿐만 아니라, 우리 자신의 제조인으로 만들어 주는 것으로 묘사했다.[81] 인간은 물질 세계를 제작함으로써 "자신의 의식 속에서 비단 지적인 방식만이 아니라 활동적·실질적으로 스스로를 재창조한다"고 마르크스는 설명한다. 마르크스는 헤겔이 음성변증법으로 "인간의 자기 창조"와 "실질적이기 때문에 자기 자신의 작업 결과처럼 객관적이고 진정한 인간"을 이해한 점을 찬양한다. 따라서 인간은 자신의 작업과 자기 자신에 대해 한 작업을 통해 자연을 인간화시키면서 스스로 인간답게 된다. 인간은 "실질적으로, 그리고 이론적으로 그들 자신과 그들 자신의 물체로 온갖 것들을 만들어 내는 존재들의 종에 속한다."[82]

인간은 자신의 육체 소유권을 가지고 있기 때문에 그렇게 할 수 있는 것이다. 16세기에 비토리아는 그 점에 대해서 인간이 **자기 육체의 지배자**(dominus sui corporis)로 자처하는 최초의 존재 중 하나라고 말한다. 그것은 일반적으로 소유권 정당화의 출발점이다. 인간의 속성, 그 뿌리가 가리키는 것은 자아의 소유이고, 이는 비인간을 자기 것으로 삼으며 연장된다. P. F. 모로가 지적하는 것처럼 "자기 육체의 주인은 그 육체로 제공하는 노동의 주인이고, 따라서 그 노동 산물의 주인이고, 고로 즉시 소비하지 않는 산물들의 주인이다."[83] 동물은 자신의 육체를 소유하지 못한다고 선언되었다. (동물은 이성 없이 본능만을 따르기 때문에 본래 자유롭지 않다.) 따라서 그것은 타자, 즉 인간의 속성이 될 수 있다. 다른 동물을 소유하고 복종시키는 동물은 결코 본 적이 없기 때문이다. 로크는 권리의 자명한 이치가 된, 자기 자신의 육체에 대한 개체의 적법한 소유에서 출발하여 노동의 의무와 대단히 긴밀하게 연결된 사적인 소유권이 그 토대를 이루는 체계를 세운다. 그 영국 철학자에게는 자연 상태에서부터 존재하는 소유권은 민간 상태로의 이행 이후 신을 통해 보장된다. 게다가 사회 계약의 모든 이론 가들에게서 찾아볼 수 있는 합법적인 보장이기도 하다. 그렇다 해도 몇 가지 문제가 제기되지 않는 것은 아니어서, 루소는 창작력으로 인간 불평등의 기원에 새 시대를 긋는다. 사실 이어서 사회주의 교리에 대해 이의를 제기하게 될 것은 일부 산물들의 필연적인 적응과 소유가 아니라, 육체에서부터 제작 수단을 **빼앗긴** 소유까지의 이중적인 확장이다. 그 제작은 분명히 일을 하지 않는 주인들, 그 '비열한 게으름뱅이들'[84]에게 타인의 작업, 그들의 인성을 자기 것으로 삼을 수 있는 권리를 부여한다고 르루는 말한다. 그렇다면 육체 자체를 가로채인 개체들인 노예들이나 여자들의 지위에 대해서는 뭐라고 말할 것인가?

자유주의자들은 노동의 마지막 특징을 주장하면서, 소유의 논리적 난점과 소유가 일으키는 갈등들을 극복할 수 있다고 믿는다. 노동은 자발적이고 상호적인 교환들을 통해 사회 관계를 이룬다는 것이다. 앞에서 본 것처럼 명예를 회복한 상업은 화합의 요소가 된다. 헤겔은 노동의 세번째 양상인 사회 관계가 나머지 두 가지 양상인 자연의 통제와 자아의 자기 생산보다 우세하다고 생각하기에 이른다. 노동은 교환을 통해 타자에 대한 인식을 얻는, 그러니까 인간으로서 존재하는 수단이라는 것이다. 그후에 노동의 분업에서 출발하여 사회학자들이 분석하게 되는 연대감은 19세기에 점점 더 노동자들에게 집중되게 된다. 생 시몽은 그들 가운데 기업 대표들과 근로 계급을 포함시키고, "산업 계층의 모든 일원들을 한데 묶는 […] 결속감, 동직조합의 감정"을 만들어 내서 공장 직공들이 서로를 대표들의 동반자로 여기게 만드는 것은 분명히 노동이다.[85] 마르크스는 "산업자본주의자가 **탁월한 노동자로 남는**"[86] 그 개념을 비판하고, 엥겔스는 만일 생 시몽이 "노동자들 가운데 생산에 적극적으로 개입하는 부르주아 계층의 일부를 넣었다면"[87] 그것은 그가 푸리에처럼 계급을 화해시키려는 꿈을 꾼 것이라고 설명한다. 마르크스와 엥겔스에게도 연대감은 진정한 노동자들인 프롤레타리아 계층 사이에서만 제 구실을 할 수 있는 것이어서 그들에게 계급 의식의 자각을 호소한다. 그 사회 관계는 일을 하지 않는 사람들인 시민들 사이에서만 실현될 수 있었던 고대에 비해 독창성이 크다. 이제부터 인류의 특징은 예전에는 친밀하게 결합되었던 정치적인 것에서 풀려나, 경우에 따라서는 인간의 사교성을 더욱 확고부동하게 하기 위해 정치적인 것 자체를 쓰러뜨릴 수 있을 정도로 분리된다.

그러나 H. 아렌트는 "노동에 대한 마르크스의 태도, 다시 말하면 그의 사색의 중심 대상에 대한 태도는 언제나 모호했다"고 주목하고 "마르크스의 모든 사상을 좌익의 특징으로 꿰뚫는 근본적인 모순"[88]을 지적한다. 노동은 인간의 본질로 정의되지만 '가장 인간적인 활동'인 혁명의 과업은 노동을 폐지하는 일일 테니까! 사실 적어도 그런 수준에서가 아니면 마르크스에게 모순이 있는 것 같지는 않다. 모든 것은 씌어진 맥락과 참조하는 역사적 시기(과거, 현재, 혹은 미래)에 따라 '노동'이라는 단어에 어떤 의미를 부여하느냐에 달려 있다. 두 가지의 노동이 있다. 하나는 '순간적인 육욕의 법칙'[89]에 의해 결정된다. 이 경우 "인간은 자신의 생체 활동, 즉 자신의 본질을 존재의 단순한 수단으로 만들고"[90] "육체적 욕구의 영향을 받아야 하는 인간적인 기능 속에서 더 이상 동물성 외에는 느끼지 못한다." 이는 순수하게 인간적 활동인 '자유의 영역'에 해당하는 진짜 노동과 달리 짐승을 떠올리게 하므로 (그 유령이 되살아나) 거짓 노동인 셈이다. 그런데 현 사회 상태에서 구체적이고 일상적인 노동 현실은 인간의 본질에 해당하지 않고 있다. 이것이 바로 또 하나의 노동인 '미친' 노동이다. 프롤레타리아가 받는 임금은 일을 할 힘을 다시 만드는 데에, 살아남는 데에만 사용될 뿐이다. 따라서 노동의 진정한 속성과 일치시키기 위해서는 노동에 대해 해야 할 일이 있다.

이와 같은 노동의 회복은 고통스러운 짐을 벗겨 주어야 비로소 이루어질 수 있다. 혁명 이후의 마지막 단계로 누구나 '필요한 만큼' 사용할 수 있는 부가 팽배하자 인간은 기술의 진보 덕에 고성능 기계를 통해 가장 힘겨운 임무에서 해방된다. 따라서 "직접적인 노동 시간을 부르주아의 경제 체제 속에서처럼" "여가인 동시에 우월한 활동"[91]으로 정의될 "자유 시간에 전처럼 막연하게 대립시킬 수는 없을 것"이다. 그러나 K. 악셀로스가 지나치게 배타적인 '기술의 사상가'라고 비난하는 마르크스는 쾌락주의자는 아니다. 물론 지표는 더 이상 유용성이나 효용성이 아니고 현실적인 낙원을 세워야 하지만, 벤담에게는 '고통과 쾌락의 계산'인 행복을 마르크스는 물질적인 쾌락과 혼동하지 않는다. 그의 선임자이자 '유토피아를 꿈꾸는' 푸리에는 행복과 쾌락을 동화하고, 특히 우리가 이미 본 것처럼 사랑과 '위(胃)철학'을 복원시키며 더욱 멀리 떨어져 있었다. 그리고 쾌락은 노동에 대한 그의 개념 한가운데에 있을 것이다. 그가 현 사회의 '역겨운 노동'에 대립시키는 것은 '매력 있는 노동' 이론이다.

푸리에는 또한 미래 세계 속에 풍요를 전제한다. 그 풍요는 레몬수 바다로 바뀐 빙모(氷帽)의 성에 제거 덕분에, 그리고 특히 상품의 세 배 혹은 그 이상을 '상품의 네 배가 되도록'[92] 해주는 더 나은 노동의 조직을 통해 얻어진다. 이는 현 상태에서 두 가지 주된 결점을 드러낸다. 반복적이고 따분한 임무들의 단조로움과 그 임무들을 실행하는 이들이 맡은 사명에 적응하지 못한다는 점이다. 권태를 피하기 위해서는 하루 종일 똑같은 한 가지 활동에만 매여 있어서는 안 되고, 각자가 "선택해야 하는 작업 부문에 언제든 개입할 권리"[93]를 가져야 한다. 매력적인 것이 된 노동은 여가에 대립되는 것으로서의 그 이름까지 잃고, 둘 다 근로와 휴식에 공통된 쾌락의 점층법 속에 녹아 섞인다. '문명화된 질서, 즉 푸리에로 인해 규탄된 현 시기는 "귀찮은 노동의 피로를 풀기 위해 유희를 만들고, [이상적인 미래의] 사회 질서는 쾌락에서의 지연만을 주선한다."[94]

유토피아를 꿈꾸는 그의 궤적 속에서, 어떤 이들은 "노동이 푸리에가 원하는 것처럼 유희가 될 수는 없다"[95]고 강조하는 마르크스에게는 없는 차원을 통해 완전한 인간의 풍족함이 이루어진다고 생각한다. G. 바타유에게는 인간과 동물의 변별적 범주로 여겨지는 유희와 미학이 그것이다. "일상 생활의 욕구나 요구와는 동떨어진" 예술 작품은 분명 H. 아렌트에게는 "가장 인간적인 모든 예술 중에서도"[96] 언어와 특히 시에서 절정에 달하는 인간의 특수성을 표시한다. 푸리에에게서와 마찬가지로 노동은 그렇듯 무상(보수는 개인적 만족이다)의 자유로운(생계에 대한 동물적 근심으로부터 풀려난) 활동 속에서 희석된다. 그것은 더 이상 명상이 아닌 쾌락으로 기우는 **오티움**의 귀환이다. 이는 19세기에는 모로 크리스토프의 '빈둥거릴 권리,' 르루의 '나태할 권리,' M. 크리스탈의 《노동의 피로 풀기》, 그리고 마르크스의 사위인 P. 라파르그의 그 유명한 《게으를 권리》이다. 그런데 정작 마르크스는 《독일 이데올로기》에서 슈티르너가 찬양했던 "게으름의 몇 가지 쾌락들"을 "가장 흔한 부르주아 개념들에 속하는"[97] 생각이라며 맹렬히 비판하였다…….

어찌되었든 19세기의 노동에서 확대된 그 개념이나, 혹은 더 정확하게는 비노동으로의 전복을 과대평가해서는 안 된다. "1848년의 일과들은 이를테면 자아 실현 수단으로서의 노동의 개념이 단순한 생계 수단으로서의 노동의 개념보다 우위를 차지하는 순간을 엄숙히 표시한다"는 도미니크 메다의 단언은 조금 성급한 것으로 여겨진다. 1848년에는 노동이 이 사회학자가 부여하는 것과 같은, 사회주의자들과 자유주의자들이 공유한 '그 지극히 강한 유토피아적인 임무' 의 혜택을 받지 못했다. 오히려 생존권과 관련되고 임금으로 대가를 받는 노동에 대한 대단히 제한된 시각은, 민중을 1848년 혁명의 문턱으로 내세워 민중은 제2공화정 헌법에 결코 기입되지 않을(1946년까지 기다려야 한다……) 노동권을 요구한다. 이렇듯 노동자들이 시위에서 '일이 아니면 빵'을 달라고 외칠 때, 그것은 '빵과 유희'를 요구하는 것과 같은 것이 아니었다. 그들의 뱃속 깊숙한 곳에서 나오는 외침이었다. 그러므로 노동을 쾌락으로 바꾼다는 생각은 뱃속이 비어 있는 사람들과는 상당히 동떨어진 것이었고, 심지어 그들이 방패로 삼은 L. 블랑의 소책자 제목《노동의 조직》[98]도 그들의 주된 관심사는 아니었다.

그러므로 차라리《프랑스에서의 계급 투쟁》에서 보여진 다음과 같은 마르크스의 분석으로 돌아갈 필요가 있는 것 같다. 1848년의 노동자들은 굶주림으로 죽어가고 있었기 때문에 정치적인 동기로 주인이 되기 위해 봉기했던 것이 아니고, 7월 왕국의 몰락은 어쩌면 감자 문제(1845-46의 흉작의 결과)에 지나지 않는지도 모른다. 따라서 생존을 위한 동물적인 투쟁이었고, 만일 제2공화정 동안 노동에 대한 새로운 접근이 시작되었다면 그것은 노동 시간 제한에 대한 1848년 3월 2일의 칙령에서 해석되는, 일하지 않는 자유로운 시간 요구 속에서이다. 게다가 그 칙령은 금세 폐지되었다. 이렇듯 노동의 신개념이 아니라 일종의 타협이 자리잡는다. 피할 수 없는 노동은 인간의 생물학적 생존을 보장하는 반면, 여가는 우리 인류의 찬란한 전개를 허용하는 공유이다. "노동 시간의 절약은 개인의 완전한 개화를 위한 여가의 증대를 뜻한다"[99]고 마르크스는 적고 있다. 1848년의 결정적인 순간과, 그것이 유발한 다양한 해석들은 우리가 오늘날에도 여전히 겪고 있는 모호함을 강조한다. (유급 휴가, 프랑스에서의 주당 노동 35시간을 통해……) 자유 시간을 늘리려는 물릴 줄 모르는 추구에도 불구하고 노동 그 자체는 여전히 인류의 척도이다. 여가 시간을 많이 갖는다는 것은 부러워할 만한 일이지만 직장을 잃는 것은 전혀 그렇지 못하다. 생산을 통해 정의된 세상 속에서 인간 노동의 일부를 점진적으로 축소하는 기술적 진보를 염려하는 H. 아렌트는 "인간을 노동자로 정의한 후에 '일이 없는 노동자들의 사회'와 그리하여 '임종이 가까워진 인간성 상실'[100]을 생산할——최고의 조롱이나 오늘날 구체화되고 있는——우려가 있는 '자동화'의 결과들에 관심을 갖는다"고 F. 콜린은 평한다. 일부 사람들은 그만큼의 퇴직에 대해서도 말할 수 있을 실업은 생계 수단의 상실로 보이지 않고——수당과 연금으로 보상된다——사회적으로 인정받은 유일한 인간 세계, 즉 노동의 세계로부터의 추방으로 여겨진다. 그리고 **룸펜 프롤레타리아**나 SDF(무주택자) 혹은 실업자들은…… 그런 식으로 살아가는 느낌과 동물처럼 여겨진다는 느낌을 받는다…….

노동의 개념은 많은 고민을 겪는다. 때로는 진정한 인간에게 적합하지 않은 것으로, 때로는 인류에 적합한 것으로. 동물도 그런 방황의 순간을 알까? 그렇지 않다. 동물은 언제나 나쁜 쪽, 짐승의 쪽에 있기 때문이다. 예를 들면 마르크스에 대해서 H. 아렌트가 제기한 모순들이 입증하는 노동 개념의 가변적인 의미는 한결같은 것으로 남아 있는 목적을 바꾸지는 못한다. 즉 인간을 동물성에서 끄집어 내는 것, 혹은 동물성으로 되돌아가지 않도록 조심하는 것이다. 노동이 인간적 가치이든 아니든 중요한 것은 인간과 동물 사이의 경계선으로 존재한다는 사실이고, 관점에 따라 그 경계선이 생존을 위해 분투하는 노동자들을 짐승들, 그것도 게으름의 착취자들이 주장하는 것과는 달리 전형적인 동물과 동일시하기도 한다는 사실이다……. 다시 한 번 인류 안에서의 구별들을 더욱 잘 행하기 위해서 쐐기를 박는 셈이다.

역 사

손은 오로지 인간적인 특징으로 역사에 흔적을 남긴다. 역사를 옮겨 쓰는 것은 오른손이다. 관습적으로 역사의 시초는 기록의 출현으로 고정되고, 역사는 우선적으로 지난 사건들의 이야기이다. 그러나 점점 노동의 신개념과 연결되어 인간은 미래를 향한 합리적이고 '바른' 자신의 역사를 만들며 '스스로 일을 하는' 것으로 여겨지고, 여기에는 우리가 앞으로 보게 될 것처럼 몇 가지 모순이 동반된다. 그러나 역사의 개념에서 말이든, 혹은 보다 최근에는 행위든 무엇이 강조되든지 역사를 갖지 못하는 동물의 지위는 여전히 그 실체를 파악할 수 없다. 겉으로는 대수롭지 않고 순수하게 추상적이고 지적인 배척이지만, 실은 중대한 결과를 초래한다. 역사가 없다고 선언되는 무리들은 이 책의 마지막 부분에서 보게 될 것처럼 동물과 동화될 수 있기 때문이다. "변증법으로 인간을 정의했을 때, 그리고 역사를 통해 변증법을 정의했을 때, '역사가 없는' 민족들은 어쩐단 말인가?" C. 레비 스트로스는《변증법적 이성의 비평》의 비평에서 그렇게 질문을 던지며, 사르트르가 역사에 신화적 역할을 부여하고 '문명화된 이들'과 '원초적인 이들' [101]을 구분하기 위해 역사적 의식을 기준으로 삼은 것을 비난한다.

역사는 우선 '그리스의 기적' 고대부터 우화 · 시평 · 서사시 등 가장 다양한 형태를 띠는 이야기로 이해된다. 이 서술의 가능성은 순전히 인간적인 두 가지 장점인 언어와 기억력을 토대로 한다. 그 중 무엇 하나 갖지 못하는 동물은 따라서 역사가 없다. 아리스토텔레스에 의하면 동물에게도 일종의 기억력(즉각적, 실용적, 우리가 심리적 작용을 받은 상태라고 부르게 될 것과 비슷한)이 있으나 회상, 다시 말하면 정신에서 이전에 일어난 일들을 기꺼이 다시 불러내는 능력은 갖지 못한다. 앞에서 본 것과 마찬가지로 직접성 속에서 살아가는 동물은 생물학적 리듬에 따라 근본적인 욕구의 구속 아래, 그리고 본능으로 인해 똑같은 몸짓을 하고 장기간에 걸친 경우를 제외하고는 아무 변화 없이 신체적 특징과 태도를 유전으로 전달한다. 만일 역사가 있다면 그것은 일어나는 일, 그리고 자발적인 방식으로 일어나는 일에 관한 것이 아니라 영속성에 대한 연구나 느린 진화의 설명에 관계되는 자연사가 될 것이다. R. 들로르는 그 생명체들이 지상에 태어난 것은 인간 이전의 일임에도 그와 같은 생명체들에 대한 인간 중심적인 편견을 고발한다. 그럼에도 그가 제시하는 동물들의 역사는 여전히 인간인 R. 들로르에 의해 기술되고, 그 역사는 인간이 하는 이런저런 동물의 활용과 인간이 만드는 표현에 폭넓게 관계된다.[102]

이와 같은 동물 활동의 자연적이고 역학적인 결정론은 인간의 자유와 대비된다. 그러나 개별적 행위들의 총합은 무질서한 몸짓, '동요'의 느낌을 줄 수 있을 것이다. 그렇기 때문에 역사학자들은 "선택하고, 저미고, 자른다. 진정으로 완전한 역사는 그것들을 혼돈에 비교하기 때문"[103]이라고 C. 레비 스트로스는 말한다. 기억력, '오로지 인간에게만' 속하는 그 '타고난 재산'은 하이데거에게는 단순히 머릿속에 간직하는 능력이 아니라 사고 속에 간직되어야 하는 것을 '보호하는 것,' 다시 말하면 '지키는 것'이다.[104] 기억력은 이미 선택이고 언어와 함께 인간 특유의 속성인 이성에 회부되어 있는 그대로의 사실들, 집단 속에서 고대에 하던 말처럼 '기억력에 적합한' 사실들을 추려 정리한다. "지난 사건들과 미래에 인간적인 특징에 따라 비슷한 것이나 유사한 것으로 나타날 사건들을 빤히 들여다보는 것"[105] 이것이 투키디데스의 원칙이다. 그의 선임자인 헤로도토스의 경우와 마찬가지로 그에게 있어서 역사적 이야기는 영웅들의 영광을 입증하도록 되어 있는 예술 작품이다. 그러나 이미 역사는 더 이상 예외적인 개인들에게 집중되지 않고 단체·사회·인류의 것이 되었다.

그렇지만 고대는 시간의 순환 개념을 따른다. 플라톤·아리스토텔레스 혹은 폴리비오스는 한 주기 끝에 도달한 일련의 일들이 일어나는 정치 체제의 계승을 설명한다. 그러나 니체의 상징이 될 수도 있을 《차라투스트라는 이렇게 말했다》에서, 독수리의 목을 감고 있는 뱀의 '영원한 회귀'라는 식의 고대 시각을 과대평가해서는 안 된다. 아리스토텔레스는 이미 정치 체제의 변화 원인에 대해 자문하며 역사의 핵심을 이루는 것, 즉 변화를 지적했다. P. 베인은 이렇게 말한다. "본래 변화하는 것만이 역사에 속한다."[106]

동물류와 세대를 이어 거듭되는 그들의 활동 속에서 우리는 같은 것의 회귀를 보게 된다. 자유와 인간 의지주의만이 변이를 끌어낼 수 있다. 역사는 그것이 인간들의 '행위'이기 때문에 인간들 고유의 '말'인 것이다. 역사는 비코로 인해 이야기에서 과학으로 승격된다. 그는 인간들이 역사를 알 수 있는 것은 "인간이 이 역사적 세계를 만들었기"[107] 때문이라고 민중들의 공통 성격에 대한 《새로운 과학》(1725)에서 주장한다. 자연에서 나온 인간만이 역사 속에 들어가는 유일한 존재이고, "따라서 대체로 인간만이 역사에 속한다고 생각할 수 있다"[108]고 P. 베인은 말한다. 사실성은 "역사 개념과 인류의 개념 사이의 대등함"을 통해 레비 스트로스가 비판하는 "초월적인 인본주의의 최후의 보루"[109]가 된다. 그 이유는 P. 베인이 다시 말하는 것처럼 "인간은 숙고하고, 자연은 그렇지 않기에"[110]에 인간의 행위가 어떤 의미를 띠기 때문이다. 만일 역사가 변화라면, 역사는 인간적이고 인간은 합리적이기 때문에 그 변화는 명료할 것이다. 서구의 유대 그리스도 절충교 문화에서 이런 최후의 이성이 우선적으로 신에게 바쳐졌다는 사실은 놀라운 일도 아니다.

유대교와 그에 이어 그리스도교는 역사의 직선적인 시각을 도입한다. 오리게네스만 해도 순환하는 시간과 영원한 회귀의 개념을 받아들이지만 그리스도교 교리와는 양립할 수 없는 것이어서, 성 아우구스티누스는 "영원히 같은 존재들을 도입하면서 자연을 쇄신하기 위한 시간의 순환 진전," "똑같은 상태, 모두 똑같은 존재로 돌아가게 하는 그 모든 공전"을 '하찮은 것'으로 치부한다. "그리스도는 단 한 번 우리의 죄를 대신하여 죽었고, 죽은 자들 가운데에서 부활하여 더 이상 죽지 않기" 때문이다. 그 모든 순환 속에서 길을 잃은 현인들은 입구도 출구도 찾지 못하므로 '그 쓸모없는 순환'[111]을 없애야 한다. 이번에야말로 제대로 된 강생은 다시는 시작하지 않을 것이다. 마찬가지로 개별적인 영혼들의 운명도 유일한 것이다. 아우구스티누스는 옛 개념과 완전히 관계를 끊었지만, 이 역사의 선조성(線條性)은 이것이 어떤 의미를 갖는다고, 다시 말하면 하나의 뜻인 동시에 방향을 갖고 둘 다 신이 원한 것이므로 신에게로 이르는 것이 틀림없다고 전제한다. 그래서 우리는 역사적인 종교들에는 과거의 인간사에 신이 개입했음을 전해지는 성서를 통해 알 수 있다. 그리고 언뜻 보기에는 불가사의하게 보이는 그 개입에는 언제나 이유가 있다. 야훼는 대개 기적들을 이용하여 자신이 선택한 민족을 슬쩍 후원(모세가 지나갈 수 있도록 홍해의 물결을 갈라 놓는다……)하는 반면, 더 자주는 일부 전쟁들에서 유대인들의 패배를 허용하기도 한다. 이는 유대인들이 이전에 방탕함에 빠졌던지라 벌을 받을 만하기 때문이다. 심지어는 전통주의자들이 하는 프랑스 혁명에 대한 몇 세기 후의 설명도 있다. 프랑스 혁명은 죄지은 프랑스에 신이 보낸 형벌을 표현한다는 것이다……. 말브랑슈에게서 확대 적용할 수 있는 종교적인 새로운 논증이 역사로부터 동물들을 몰아내기 위해 이전 것들에 덧붙여진다. 죄를 짓지 않은 동물들은 징벌을 받을 수 없다…….

그렇지만 역사는 복수자 신의 처벌 행위로 귀착되지 않는다. 형벌은 사건 전개의 보다 폭넓고 긍정적인 시각에 합류한다. 신에게는 역사가 실현 방식을 이루는 어떤 계획이 있고, 그 계획에 견주어 역사의 방향을 해석해야 한다. 이와 같은 역사신학(19세기에 산발적으로 쓰인 용어는 사실 제2차 세계대전 이후에야 일반화된다)의 주동자로 여길 수 있는 성 아우구스티누스에게는 신의 국가를 건설하는 일이 목적이다. 그 목적은 원죄 이후로 가치가 떨어진 이 세상 물질의 제국에서는 이루어지지 않을 것이다. 운명은 정신적인 것이고, 역사의 궁극 목적은 저 세상과 제국의 역사 너머에 폭넓게 놓여 있기 때문이다.

물질적인 세계에 대한 이와 같은 중상에도 불구하고, 그리스도교는 최후의 구원으로 인도해야 하기 때문에 지난 시간에 대한 긍정적인 가치를 도입했다. 그러나 초기 그리스도교 시대에는 〈요한묵시록〉의 문학이 증명하는 또 하나의 다른 시각으로 인해 새로운 극적인 해설이 우세해진다. 시간은 세상의 종말을 향하지만, 모든 것은 마치 원죄 이후에 지상 낙원에서 나온 인간이 끝없이 쓰러지고 전락하는 것처럼 일어난다는 것이다. 때로는 예전의 순환 개념(계절·자연 등의 주기의 귀환)에 포개지기도 하는 이와 같은 "시간에 대한 비관적 개념"은 "계획들을 고무시키지 않는다"[112]고 J. 들뤼모는 지적한다. 세상의 종말과 퇴화에 대한 생각은 16세기 지성들의 머릿속을 떠나지 않는다. "세상이 늙으면 늙을수록, 인간들의 키와 나이는 그만큼 줄어들고, 육체적 힘은 약해"지며, 이 땅에는 "돌연한 파멸과 최소한의 시간"[113] 외에는 더 이상 기대할 것이 없다고 피에르 비레는 단언한다. 보쉬에에게 있어서 신의 섭리 작용의 숙명론은 인간들에게 그들 운명의 통제권을 되돌려 주지 않는다. 그 작용은 때로는 그것을 의식하지도 못하고, 심지어는 그 작용에도 불구하고 이성의 계략 혹은 헤겔이나 마르크스의 역사의 예시인 신이 원했던 방향으로 간다. 르루 역시 《신백과전서》의 '보쉬에' 항목에 이를 다음과 같이 자신의 설명으로 다시 수정한다. 인간은 "대개 자신들이 완수하리라고 상상했던 바의 반대되는 것을 완수한다. 신의 섭리에는 우리가 우리도 모르는 사이 작업하는 계획이 있다."[114]

과학은 17세기부터 역사의 비관적 시각과 숙명론적 시각에 반항한다. 역사신학으로 대체하기 위해서는 아니다. 오히려 데카르트가 인간에게 자연의 주인이 되도록 권하는 반면에, 사상가들은 인간에게 수동성을 부추기는 숙명론의 무게를 버리고 역사 자체를 청산하기에 이른다. 확고부동한 불변의 진리와 영원한 법칙과 목적들을 탐색하는 그들은 불안정하고, 우발적이고, 경제 정세와 관련된 영역에 속해 있는 역사에 대해 불신만을 품고 있다. 계몽 시대의 철학자들은 언뜻 보기에는 데카르트나 뉴턴 체계의 정신에 들어가는 것 같다. 역사를 거쳐 단순한 자연이 아닌, 새롭게 등장한 표현대로 '인간적 자연'에 도달하기 위해 필요한 것은 아무것도 없다. 반대로 역사는 일화를 통해 특이성을 참조하는 이야기들, 보편의 접근을 흐려 놓는다. 퐁트넬은 이렇게 썼다. "지성을 가진 사람이라면 단순히 인간적 자연을 숙고하는 것만으로 역사 자체가 될 것이다."[115] 요구되는 것은 더 이상 호기심의 서술이 아니라 사상이고 이성이다. 그 탐색은 철학적인 것이 될 것이다. 홉스에서 루소에 이르기까지 자연법 이론가들에게 자연의 상태는 결코 어떤 현실을 갖고 있는 이론적 단계로서 나타나지 않고, 이성에 의해 가설적·추상적으로 사회의 침전물을 빼앗긴 인간의 상태이다. 그러므로 인류가 유년에서 성숙기를 거쳐 노년에 이르는 인간처럼 전진한다고 하는, 19세기까지 너무도 자주 인용되었던 파스칼의 유명한 문구를 곡해해서는 안 된다. 《팡세》의 저자에게 역사는 여전히 단순한 기억의 대상이다. 진보에 적합하지 않은 것이다.

진보, 인간 속성에 대한 그런 사색 속에 부재하는 것이 바로 이 개념이다. 테마 연구는 생성이 아닌 존재하는 것, 혹은 존재하지 않는 것을 둘러싸고 체계화된다. 가령 나중에 다시 보게 되겠지만, '원초적인 것'은 인간계에 속하는가, 아니면 동물계에 속하는가? 그런 것이 인간 속성의 보편성에 대해 우선적으로 제기된 질문이고, 인류의 진로에서 진보할 수 있는가를 알고자 하는 질문이다. 그렇지만 19세기에 그 관점을 완전히 전복시켜 역사신학으로 대체하는 '진보주의' 역사철학가들이 분명하게 빠져나가는 것이 바로 그 교리들이다.

그 표현을 만드는 것은 볼테르(와 독일과 유독 헤겔에게 역사철학의 탄생을 자리잡게 한 이들)이다. 그러나 실상 그 토대를 제공한 것은 루소이다. 루소에게 인간을 동물로부터 근본적으로 구별하는 것, 다른 모든 차이점들은 그 결과에 지나지 않는 그것은 바로 완벽해질 가능성이다. 만일 인간이 동물과 달리 자연 상태에서 사회적 상태로 넘어갈 수 있다면, 그것은 인간이 이미 완벽하게 될 수 있기 때문이다. 하지만 다시 한 번 루소의 사상을 이해하기 위해 조금도 어려울 것이 없는 이 '이행'에는 역사적인 것, 연대기적인 것이 전혀 없다. 인간을 사회적인 상태로 받아들이고 거기에서 추상적으로 그 시민의 양상을 떼어 보면, 자연 상태가 완벽해질 수 있는 것은 바로 사회적인 상태가 덧붙여질 수 있기 때문임을 알 수 있다. 그런데도 루소는 인간 본성의 정의 속에 세속적인 요소를, 그것도 긍정적인 뜻이 내포된 요소를 도입하면서 신을 거치지 않고 역사를 다시 일반화시킨다. 보편적인 인간 속성에 관한 담론의 논리 속에서 인간의 주된 상수로서의 변이성을 없애는 것 또한 대단한 솜씨이다.

그러자 완벽을 향한 개인의 발전에서 교육은 특혜받은 수단이 된다. 분명 철학자들은 언제나 그 내용(수학·음악·체육 등)과 만들어 낸 이들(가족이나 국가 혹은 아리스토텔레스 이후로 그 둘 사이의 공유) 에 대해 근심하지만, 한편으로는 수취인들에 대해서도 자문한다. 오로지 인간만이 교육을 받을 수 있기 때문이다. 실질적으로는 태어나면서부터 즉시 사용할 수 있도록 인도된, 유전적인 본능을 따르는 동물은 좀체 바뀔 성싶지 않다. 기껏해야 스스로를 위해서가 아니라 인간에 봉사하기 위해서 강제로 실행되는 훈련·순화의 대상이 될 수 있을 것이다. 따라서 인간적인 것이 무엇인지를 알아야 할 필요성, 가령 '야생의 아이들'에 관한 린네의 의문이나 외국 국민의 속성에 관한 철학자들과 정치인들의 의문이 생겨난다. 이는 훈련이냐 교육이냐 하는 적용 방법을 알기 위해서이다. 여기서 다원론 이전에 다음 세대들로의 진보의 전달 문제가 생겨난다. 레싱의 《인류의 교육》은 완벽성의 개인주의적 개념과 인류의 전진을 언급하는 보다 일반적인 시각 사이의 이행을 분명하게 이룬다.

　최상을 향한 사회 혹은 인류의 이 집단적인 운동을 표현하는 진보라는 용어는 완벽성의 운동으로 교체된다. 18세기 말엽, 튀르고에 이어 콩도르세는 유명한 《인간 정신의 진보에 관한 역사적 개관》에서 신권 군주제를 지지하기 위해 다시 수면 위로 떠오른 역사신학설에 맞선 전투 속에서 역사가 필요로 하는 원동력을 역사에 부여한다.

　진보의 개념은 대단히 빠르게 '뿌리박는다.' 그 개념은 19세기초에, 심지어는 그 진정한 의미인 구원의 의미가 복원되는 역사신학 속에서 신을 위해 그 개념을 되찾는 전통주의자들을 포함한 모든 사상가들의 공통 장소이다. 곧이어 그 '생리-정치학적인 오뚝이'를 포기하는 프루동에게는 당대의 '중요한 생각'[116]이다. 토크빌에게 진보는 분명한 인류의 신호이다. "비록 인간이 여러 가지 점에서 동물과 비슷하다고는 해도 한 가지 특징만큼은 특수하게 인간에게만 속해 있다. 인간은 스스로를 개선시키지만 동물들은 전혀 개선되지 않는다는 점이다.”[117] 그 주제는 서로 다른 명칭들로 나타난다. 주프루아에게는 ‘재생,’ 피에르 르루에게는 ‘연속된 진보의 교리,’ 혹은 부세에게는 ‘역사학’의 본질 자체이다.

그런데 만일 영원한 진리 대신에 완벽성을 인식하거나 혹은 차라리 영원한 진리들에 속한다면 그 운동, 그 진보의 원동력은 무엇인가? 헤겔에게는 음성(陰性), 더 정확하게는 음성 작업이 될 것이다. 그는 음성이 어떤 위엄을 얻도록 ‘작업’하기 때문이다. 마르크스는 헤겔에게서 진보가 음성 작업이라는 생각을 다시 이어받는다. 그러나 더 이상 정신 작용의 탓으로 돌리지는 않는다. 그 대신에 역사의 원동력으로 계급 투쟁과 당시의 부르주아 사회에서 자본주의자들에 대한 프롤레타리아의 투쟁을 제시한다. 그리스도교 신의 섬세하고 영적인 손이나 스미스의 ‘보이지 않는 손’을 포기한 인류의 미래는 이제부터 프롤레타리아의 굳은살 박힌 손안에 맡겨지고, 음성 작업이 주로 ‘손을 쓰는’ 노동자들에 의해 완수되는 것은 지극히 당연한 일이다. 역사의 손을 완전히 잘라내는 것이 임무인 그 손들의 구체적인 귀환…….

그러자 한편으로는 인간에 의한 역사 제작과, 다른 한편으로는 역사의 종말을 언급하는 두 가지 문제점이——이는 같은 시대의 사회주의에서와 마찬가지로 마르크스주의에서도 찾아볼 수 있는 것이다——나타난다. 어떤 경우에는 동물이 자연의 법칙을 따르듯 인간이 역사의 법칙을 따를 우려가 있다. 또 다른 경우에는 인간과 동물의 차이를 표시하는 역사의 출현이 인간을 인성으로부터 일탈시키지는 않을까?

첫번째 문제는 그 교리들이 주어지는 이중 토대에 관련된다. 그 교리들은 인간이 다시 자기 자신의 운명을 지배할 수 있도록 신에게서 역사의 이성을 빼앗으려 한다. 그러나 이 새로운 진리를 확립하기 위해서는 계시 대신에 과학의 경계가 필요하고, 따라서 그로 인해 인간의 의지보다도 먼저 존재하는 역사적 발전의 안정된 법칙을 입증해야 한다. 그 법칙들은 동물들이 따르는 자연의 법칙들과 기이하게도 닮아 있지 않을까? 여기서 제기되는 문제는 다음과 같은 것이다. 불가피한 것으로 표현된 과학 법칙이라는 형태 아래 묘사된 이 운동 속에서 인간의 몫은 어떤 것일까? 자본주의의 모순이라는 표현으로 경제적인 조건들이 집결될 때, 마르크스와 그 계승자들이 혁명의 치명적인 도래와 동시에 혁명을 이끌어야 하는 프롤레타리아 계급을 위해 사전에 필요한 프롤레타리아의 자각의 필요성을 생각하는 데 겪는 어려움을 우리는 알고 있다. 자연결정론과 인간의 의지주의…… 때로는 혁명은 어떻게든 일어나게 되어 있으니 '팔짱 끼고' 기다리면 된다고 지적하면서도, 동시에 혁명을 개시하기 위해 프롤레타리아를 의식하는 선구자들인 공산주의 정당을 조직하는 레닌에게서도 이와 같은 모호함을 찾을 수 있다. 마르크스주의자가 아닌 사회주의자들의 경우도 모호하기는 마찬가지이다. 이는 모두 토크빌이 주목하는 것처럼 조건의 불평등에서 평등을 향해, 민주주의를 향해 가는 역사적 전개의 진보는 증명하면서도 인간에 대해서는 그 전진에서 효과적인 여지를 보존하려고 애쓰기 때문이다. 그래서 마르크스는 그의 비평에서, '계시자' '선구자' 또는 '예지자'라고 불린 일부 '위대한 인간들'에 대한 비평에서 민중에게 그 운동을 깨닫게 하여 완수할 수 있도록 이끄는 주된 역할을 비웃는 것이다. 곡예에 가까운 많은 인위적인 추론들이 인간의 자유와 과학 법칙들을 양립시키려 애쓴다. 가령 부세의 경우 운동을 예측하고, 경우에 따라서는 폭력 없이 부드럽게 끝날 수 있도록 그 자연의 진보를 동반하기 위해 운동의 법칙에 대한 지식을 얻는 것으로 충분하다. 인간은 정말로 전진의 의미를 결정하는 것이 아니라, 기껏해야 전진의 실현 리듬과 방법에 약하게 영향을 미칠 수 있을 뿐이다.

두번째 문제는 역사의 출현에 대한 의문을 다루고 있다. 이 의문은 그리스도교 신학자들에게는 복수자인 신의 응징으로 점철되는 반면에 모든 사회주의자들에게는 폭력의 전개로 나타난다. 그 역사는 정말로 극적이다. 마침내 행복에 도달하려면 미래 사회 속에서는 모든 폭력을 근절시켜야 하기 때문이다. 이런 것이 바로 역사의 화살 끝이 가리키는 의미이다. 따라서 모든 것은 사회주의자들이 데카르트가 과학의 이름으로 권유하고 18세기초에 철학자들이 추구한 활동을 되풀이하는 것처럼 이루어진다. 폭력을 없애기 위해서 그들은 역사 그 자체를 없애려 하는 것이다. 역사에는 그것의 마지막 자살 외에는 다른 의미가 없다. 그런데 그때 그와 같은 역사철학의 두 가지 토대가 흔들린다. 한편으로는 본래 고정되어 있고 영원한 법칙들이 어떻게 작용을 멈출 수 있는가? 가령 헤겔의 경우는 모든 합(合)이 어떤 역학 속에서 하나의 정(正)이 되었다가, 이번에는 반(反) 작업을 거친 후에 새로운 합 속에서 초월되어야 한다는 변증법 운동이 어떻게 멈추어질 수 있단 말인가? 다른 한편으로는 더 이상 아무것도 결정할 것이 없는 세계 속에서 인간의 자유가 도대체 무엇이란 말인가? 이 문제는 모든 노동이 노동을 없애는 것으로 이루어진다는 노동의 문제와 긴밀하게 연결되어 있다……. 더 이상 '시간 때우기'에 지나지 않는다면 인생이 무엇이란 말인가? 달리 말하면 본질은 그저 시간을 보내는 것에 지나지 않는 것인가? 빈 시간, 죽은 시간, 움직이지 않는 시간은 지극히 만족스럽다. 공상가들이 예견한 공동체들은 완전한 행복 속에서 얼어붙는 듯하다. 비망록은 채워지지 않는 듯하다. 비망록은 언제나 미래 사회들의 묘사 속에서 조심스럽게 시간이 제한된다. 그렇다면 그래도 그것이 여전히 인간의 시간인가? 퐁트넬이나 모렐리 혹은 유토피아를 꿈꾸는 사회주의자들의 18세기 유토피아적인 작품들 속에서야 어떻든, 자연의 리듬에서는 폭넓게 조절된다(카베에게는 기상과 취침을 위한 여름과 겨울의 시간표, 여름과 겨울의 명절들). 푸리에는 위험을 예감하고, 우리가 위에서 보았던 것과 같은 '마음을 끄는 노동' 속에서 다양성을 예견하면서 그 위험을 피해야 한다고 생각한다. 꼼꼼하게 열거되고 조화를 이룬 열정의 유희에서 출발하는 학술적인 조직. 그 사회들에서 뜻밖의 일과 자발성의 자리는 어디인가? 르루는 푸리에의 그 조직을 조목조목 비난하며 인간들은 동물들, 꿀벌들의 지위로 격하되었고, "인간 사회는 벌통과 비슷하다"[118]고 한다. 역사의 출현은 그리스도교 천국의 새로운 해석이다. "오 그리스도, 르루의《신백과전서》의 공동 편찬자여, 그 천국은 나를 두렵게 하고, 나는 여전히 지극히 만족스러운 평화가 있는 그 불멸보다 불운과 고뇌 그리고 고통이 있는 내 인생이 더 좋도다!"[119]라고 장 레노는 외친다.

그런데 그리스도교 세계든 사회주의 세계든 미래의 세계 속에서 실제 동물에게는 정확히 무슨 일이 닥치게 될 것인가? 이 문제는 중세에도 토론된 바 있다. 선량한 그리스도교인은 짐승들과 같이 천국에 가게 되는 것인가? 어떤 귀족 부인은 저세상에 자신의 푸들을, 또는 시골 목사는 자신의 충견을 데려가고 싶어했을 테지만, 그들은 늑대나 기생충의 존재는 용납하지 않는다. 루터는《식탁 담화》에서 여러 차례 되풀이하여 이 문제를 언급하다가 마침내 천국은 동물들로 붐빌 테지만 그 동물들은 원죄 이전의 동물들이고, 오로지 인간의 즐거움을 위해서 존재할 것이라고 결론짓기에 이른다. 즉 독이 없는 뱀들, 양처럼 온순한 사자들, "황금 피부에 보석으로 이루어진 털을 가진 강아지들" 그리고 "해를 입히지 않을 뿐만 아니라 우리가 함께 놀 수 있도록 사랑스럽고 귀엽고 상냥해진 동물들"[120]이다. 가톨릭측에서는

18세기에 난색을 표명한다. 동물의 영혼에 관한 논쟁은 동물들의 불멸을 부정하는 경향이 있었지만, 어떤 성직자들은 주위의 유물론에 맞서 대처하기 위해 인간이 몹시 탐내는 그 불멸성은 주지 않되 동물들에게 영혼을 할애하려고 한 것이다. 달랑베르와 디드로의 《백과전서》의 '짐승의 영혼' 항목을 맹렬히 비판한 부장신부는, 동물들의 영혼을 인정하되 동물들은 이성이 없으니 지상에서 다른 동물로만 다시 태어날 수 있다고 한다……. 공상가들의 미래 사회도 동물들에게 보다 나은 운명을 마련해 주지 않는다. 동물은 인간을 위한 유용성에 의해서만 보존되거나 만들어진다. 그렇듯 푸리에가 상상한 마지막 시기에는 레몬수 바다의 해수 오염 때문에 "갑작스런 죽음을 맞아 바다에서 그 수치스러운 피조물들은 없어질 것"이지만, 북쪽 물결 덕에 대구·청어·고등어·가자미·참치 같이 유용한 종들만은 살아남을 것이라고 한다……. 그리고 새로운 종들이 나타날 것이다. 다시 말하면 대서양에는 "배의 작살과 어부들에게 봉사하기 위한 수륙 양용의 봉사자 무리"가, 그리고 땅 위에도 적잖은 새로운 '봉사자들'이, "완벽하게 쓸모없는" 기린은 "크고 근사한 봉사자 반(反)기린(ANTIGIRAFE)"[121] 속에서 '새로운 창조물'로 대체될 것이다. '유용한'과 '봉사자'는 그러니까 푸리에가 그의 '사회 질서' 속에 보존되고 창조될 당시의 동물들을 평가하기 위해 독점적으로 사용한 표현들이다. 훈련을 받지 않으면 그 자체와 비슷하여 지상에서는 완전해질 수 없다고 선언된 동물은 모든 미래 세계 속에서 바뀌어지지만, 그 목적은 오로지 인간의 보다 나은 도구가 되기 위한 것이다.

천상 혹은 지상의 그 모든 천국에 대한 개념들은 구식이 되어 촌스럽게 보일 수 있다. 그 개념들은 사실 가장 과장된 측면으로는 인간이 스스로 만들어졌다는 생각의 확고부동함을 입증한다. 인간은 아무리 우수한 세계에서라 할지라도 지배하지 않는 자신의 모습은 상상하지 못한다. 평등하고 형제 같아진 인간에 대한 지배, 동물에 대한 지배가 없이는……. 그렇다면 동물을 참조함으로써 윤곽을 뚜렷이 드러낼 수 있는, 인류 내부에 도입된 균열을 어떻게 하면 피할 수 있을까?

* * *

여기까지 우리는 분석의 필요에 따라 인간 신체의 다른 부위들을 통해, 동물 신체와 함께 나타내는 본질적인 차이들을 만일 동물에 대한 인간의 우월성을 입증하고 동물 지배를 정당화한다면, 동물과 생물학적 기능들의 어떤 공통점을 전제할 그 '흩어진 신체 부위들(membra disjecta)'의 신체 대 신체 비교 속에 나열했다. 전체적인 측면으로 볼 때는 아리스토텔레스적인 의미(모든 생명체들, 인간들과 짐승들)에서 '동물의 신체 부분'과 더 이상 다르지 않은 인간은 동물과 완전히 구분된다. 인간의 천재적인 솜씨는 바로 더 이상 동물 기계의 그것과 아무런 공통점을 갖지 않는 육체, 즉 정치적 육체를 세우는 것이다.

3. 정치적 통일체

　머리를 높이 쳐든 합리적인 인간은 생각하고 말을 한다. 그리고 민첩한 손을 가진 인간은 자신, 혹은 다른 이들의 노동으로 자연을 지배하고 스스로 변형시키고 연장하는 제 존재의 동물적 부분을 통제한다. 그러나 그 창조 권력은 외부의 자연이나 자기 육체의 여건을 만들어 내는 데에서 그치지 않는다. 인간은 생물학적이지 않은 몸체를 만들어 낸다. 그런데 그 몸체는 인간이자 살아 있는 것이다. 바로 정치적 통일체이다. 인간은 동물을 연상시키는 기계 장치, 즉 동물 기계가 아니라——진정한 묘기라 할 수 있게도——육신을 가진 인간들로 구성된 관능적이지 않은 몸체를 만들어 내는 것이다. 그 몸체의 특수성은 개인적이지 않고 집단을 이루면서도 그 속에서 각자의 인간적인 독창성이 펼쳐진다는 점이다. 아리스토텔레스의 유명한 표현에 의하면 인간은 '정치적 동물'이고, **준 폴리티콘**(zôon politicon)의 보다 정확하게 여겨지는 해석에 의하면 '정치적 생명체'이다. 따라서 시민적 그리고 정치적 존재 양태는 인간의 속성이고, 어쩌면 가장 본질적인 것이다. 왜냐하면 그 양태는 앞의 장들에서 그랬던 것과 마찬가지로 개별적으로 고려되는 개인들로 가득하기 때문이다. 따라서 개개인의 정치적 정체성에는 타인에게 있는 그와 똑같은 정체성에 대한 인식이 수반된다. 문제는 도시국가의 일부를 이룬다고 주장할 수 있는, 다시 말하면 진정으로 인간적인 많은 지식이 될 것이다.

　이 정치적 공동체는 병렬된 개인들의 단순한 집합체가 아니다. 그것은 모든 부분들이 필연적으로 연결되어 있는 전체를 형성하지만,

그 '전체'는 그리스 저술가들에게 있어서는 아직 '몸체'라고 명명되지 않는다. 오히려 별 가치 없는 생체 기능으로 인해 그다지 관계가 없는 도시국가를 신체에 비교한다는 것은 고대에만 해도 품위가 떨어지는 일이었다. 정치적 의미에서의 **소마**(soma; 신체·육체)라는 단어는 그리스 문헌에는 없다. 로마 제국은 시민들을 구성원으로 하는 **코르푸스**(corpus; 몸체·통일체)를 고려하기 시작한다. 이 단어는 일정한 정치적 공간의 거주자들만을 지칭한다. 그러나 **코르푸스**의 로마적 의미를 엄격히 종교적인 측면 위에 놓고, 그리스도교인들의 공동체로 확장시키면서 육체의 개념을 확고히 하는 것은 그리스도교이다. 성 아우구스티누스는 이렇게 말했다. 교회가 몸이면 그리스도는 머리이다.[122] 그런 은유는 성 바울로에서 제일 처음 나타나 테르툴리아누스나 앙브루아즈와 같은 초기 그리스도교 저술가들에게로 이어진다. 하지만 원래는 '충실한'과 '종속된'이 사실 획일적인 그리스도교 공동체 내에서는 같은 뜻이었던 만큼 정치적 범주로 옮기기가 더 쉬웠을 것이다. "신학과 교회법의 교리는 교회와 그리스도교 사회가 대개 **코르푸스 미스티쿰**(corpus mysticum; 신비체)이고, 그 머리는 그리스도로서, 신학적 영역의 법학자들에 의해 머리가 왕인 국가의 영역으로 옮겨졌다"고 E. 칸토로비츠는 적고 있다. 왕의 분리될 수 없는 두 개의 몸, 즉 자연적이고 신체적이며 죽을 수밖에 없으며 권력의 명백한 화신을 허용하는 몸과 군주 정치를 그것의 영속성 속에 표현하는 정치적 통일체(《"국왕 폐하 서거요, 새 국왕 폐하 만세!"》) 중에서, 다음의 라틴어 법률 격언을 빌리자면 후자가 전자보다 우월하다. "가장 가치 있는 것이 가장 가치 없는 것을 끌어낸다."[123]

그리스도교 단일성의 종말과 정치가의 자치화 및 속화와 더불어 세속적 범주는 독점적인 특권을 가지고, 어찌되었든 점점 '신비주의'가 줄어드는 그 '정치적 통일체'를 회수하게 된다. 과학, 그 중에서도 특

히 의학과 정치적 경제 그리고 '노동의 발견'의 발전은 점점 생리적
인 형세를 띠면서 노화나 죽음처럼 병자들 혹은 유년기의 운명에도
따르는 자연의 몸과 비슷해지는 그 몸체에 살을 붙이는 데 공헌한다.
이와 같이 정치적 공동체와 생물학적 몸 사이의 유사성을 강조하다 보
면, 우리는 자칫 그 정치적 몸체의 본래 정의로부터 멀어질 우려가 있
다. 그토록 동물적인 것이 된 그것이 어떻게 여전히 인간의 속성이 될
수 있는가? 따라서 그 점에 대한 재검토의 장이 열린다. 우리는 동물
은 알지 못하는 정치적 존재의 단수와 같은 종내 동물 집단들의 일관
성에 맞선 정치 사회들이라는 그 표현들의 복수의 유희 속에서 그 모
든 모순들을 발견하게 될 것이다.

정치적 존재의 단일성

정치는 '그리스의 발명품'이고, 모든 사색가들은 심지어 그들이 도
시국가의 자연적인 특징을 반박하거나 고대 시민권의 편협하고 배타
적인 개념을 비난할 때조차도 그 사실을 떠올린다. 그것은 고대가 정
치적 공동체를 인간의 인성이 실현되는 장소로 만들면서, 비단 동물
사회 형태에 대해서만이 아니라 '동물성'에 따라 작용하는 다른 인간
그룹들에 대해서도 그것의 특수성을 표시했기 때문이다. 그렇지만 명
확하게 그 명칭을 사용하지 않고도 도시국가는 태내에 신체적 특징들
이 그후에 뚜렷이 드러나는 '정치적 몸체'를 갖고 있었다.

대부분의 동물들은 외따로 떨어져 살아가지 않고, 심지어 혹자들은
정치 조직과 동일시하기도 하는 대단히 진척된 집단 구조를 갖고 있
는 사회적 동물들도 있다. 가령 아리스토텔레스 이후로 너무도 자주

언급되었던 꿀벌들의 군주제, 사자의 왕위, 독수리의 제국, 푸리에의 감탄의 원천인 '비버들의 국가…….' 과연 정치적인 동물들이 있을까? 아리스토텔레스의 몇 가지 이야기들도 혼란을 야기할 수 있다. 아리스토텔레스는 《동물사》에서 '흩어져 사는' 동물들을 그가 '정치적 동물'이라고 부르는, 무리를 지어 살고 다른 동물들보다 '훨씬 정치적인' 태도를 가진 동물들과 대립시키기 때문이다.[124] 그러나 주해자의 해석처럼[125] 그 형용사는 약한 의미로 쓰였고, 동물들은 결코 **폴리스**를 형성할 수 없다. 생명체들 가운데에서 인간만이 정치적이다. 아리스토텔레스에 이어 대부분의 사상가들은 동물 사회들의 정치적 성격을 부인한다. 그들은 단순히 사교적이고 심지어 사회적이기도 한, 군생하는 '함께 살기'와 양떼나 곤충 사회의 경우와 같은 목적도, 같은 조직도 표현하지 않는 공동으로 살고자 하는 의지를 동일시하지 않으려고 한다.

그런데 도대체 무엇이 그 동물 집단들에게 비인간성이라는 돌이킬 수 없는 타격을 가하는 것일까? 그 집단들을 이루고 있는 동물 신체의 궁극 목적을 재현하는 것은 바로 그들의 생물학적 궁극 목적이다. 동물 사회의 특징을 나타내는 것은 바로 개체나 종의 생존을 위한 효용성이다. "짐승들은 일상의 양식과 용변, 육욕과 관련된 쾌락 외의 다른 기쁨은 없다"[126]고 홉스는 말한다. 따라서 연대성은 본능을 통해 조절된 역학적 성격을 갖는다. 개미나 꿀벌과 같은 '사교적인 동물들'은 "이성이 없는 피조물들이어서 감각과 식욕을 통해서만 움직이고, […] 그들 사이의 화합을 유지하고, 훌륭한 지성을 영원하게 하기 위한 다른 유대는 필요로 하지 않는다."[127]

인간도 마찬가지로 생물학적 육체를 갖고 있고, 이는 동물과의 공통점이다. 또한 인간은 사교성, 즉 정치적이지 않은 공동체 속에서 나타나는 어떤 '자연적인 동지애'를 갖고 있다. 고대에는 **H.** 아렌트가 대단히 훌륭히 파악했던 것처럼 도시국가를 "생존의 욕구를 통해 온 세상(노예들, 그리스인들처럼 야만족들)에 부과된 기본적 집합"인 가족과 또한 마을의 사적인 공간과 구별했다. "가정의 사적인 범위는 생활 필수품과 개체 보존 그리고 종의 연속성을 보장하고 담당하는 영역"이었고, "사적인 것의 특징들 중 하나는 […] 인간이 그 영역에서는 진정한 인간으로서가 아니라 인간이라 불리는 동물 종의 표본으로서 존재했다는 것이다." 따라서 H. 아렌트가 예고한 것처럼 성 토마스 이후로 할애된 해석을 따라 사회적인 것과 정치적인 것을 혼동해서는 안 된다. **준 폴리티콘**(정치적 동물)은 "언어로도, 그리스 철학으로도 대등하지 않다"[128]는 의미의 로마어에서 비롯된 단어인 '사회적' 개체가 아니기 때문이다.

정치적 사회를 인위적 창작물로 간주하는 이들과 마찬가지로 정치적 사회가 자연스러운 것이라고 생각하는 사상가들은, 도시국가 혹은 국가와는 다른 공동체들과 정치적 영역 밖에 놓인 개체들의 동물적인 성격을 주장한다. 시민 계급과 정치인 계급의 기원에 대한 담론(신화적·역사적 혹은 가설적)은, 본원의 공동체들과 거기에서 비롯된 정치 사회 사이의 유사성을 입증하기는커녕 그와는 반대로 정치 이전 집단들의 묘사에서부터 출발해 비정치적인 모든 결합의 동물적인 면을 강조하는 논지들을 제공한다.

플라톤은 《국가》 2권에서 도시국가의 기원을 설명한다. 도시국가는 "자급자족하는 각각의 개개인이 처한 무력감"과 "그들이 느끼는 많은 것들에 대한 필요성"에서 탄생한다. 인간들은 도저히 개인적으로는 보장할 수 없는 가장 기본적인 필요성들을 채우기 위해 서로 단결한다. 그리고 각자의 기질에서 비롯된 어떤 노동 분업이 정착된다. 오로지 경제적인 기능에만 관련된 최소한의 조직에는 장인들과 농민들 그리고 상인들이 포함되고, 통치자나 입법자 혹은 재판관들은 포함되지 않는다. 대화의 상대자들 중 하나인 글라우코스는 그것은 살 찌운 '돼지의 도시'라고 말하면서, 정신의 기쁨을 청하지 않는 간소한 삶의 조잡한 성격을 비난한다. 진정한 인간은 동물처럼 생사에 필요한 최소한의 것으로만은 만족하지 못하고 여분, 즉 '디저트'가 필요하며, 도시국가는 필수 불가결한 것을 넘어서는 것의 추구로부터 태어난다. 그러나 좀더 나중에 보겠지만, '디저트'의 속성은 몇 가지 의문을 유발한다…….

아리스토텔레스는 가정과 마을에서 도시국가를 탄생시킨다. 도시국가의 단계에 도달하면서, 도시국가와 그 초기 공동체들 사이에 단순한 양적인 차이는 없다. 물론 도시국가가 집결시키는 그 원초적인 도시들보다 더 거대한, 완벽하게 자급자족하는 집단은 대개 질적으로 다른 것이다. 그 집단은 자체 내에 목적을 갖고 있으면서 그 부분적인 사회들의 목적을 이루기도 한다. 그것의 위상은 그와 같은 본래의 집합체들에 비해서 이해해야 한다. 그 집단은 연대기적인 측면에서는 나중이지만 "원래는 우리들 개개인이나 가정보다도 앞선다." 그 사적인 단체들은 도시국가가 그것들을 둘러쌀 때 도시국가의 탄생 이전에 갖고 있던 동물적인 성격을 보존한다.

홉스나 루소에게 있어서 인간은 자연 상태에서는 동물의 상태에 있다. 홉스에 의하면, 인간은 다른 인간들과 마주치면 '늑대'처럼 행동한다. 믿음도, 법칙도 없이 자신의 동족들을 죽일 수 있는 가능성과 …… 자기 자신이 죽음을 당할지도 모른다는 끊임없는 두려움을 갖는다. "인간의 삶은 고독하고, 곤궁하고, 고통스럽고, 거의 동물적이며, 짧다."[129] 시민 상태가 인간을 인성에 가깝게 하는 것은 바로 인간이 되기 위한 첫째 조건이 송장이 되지 않는 것이기에 자신의 목숨을 보장한다는 단순한 이유 때문이다……. 루소에게도 자연 상태는 안락하지 못하고 위험하긴 마찬가지이다. 개인은 그다지 마주친 적은 없더라도 자신의 동족들과는 갈등 관계를 유지하지 않는다. 그러나 근본적인 욕구들을 충족시키는 것으로 만족하는 개인은 "우선 순수한 감각들로 제한되어 있는 동물"이어서, "어리석고 제한되어 있는 동물을 지적인 존재이자 인간으로 만들어 주는"[130] 것은 사회 상태로의 이행이라는 것이다.

평화롭건 위험하건 자연 상태라는 명칭 이상으로, 사회 계약 저술가들에게 있어서 인간에게 부여된 동물성의 정도 차이는 저마다 다른 그들의 이론적 구성을 설명한다. 우리가 할 수 있는 생각과는 달리, 루소의 자연 상태의 개인은 홉스의 사나운 '늑대'보다 더 동물적이다. 더 짐승 같기 때문이다. 홉스의 '늑대'는 추론을 하고, 자신의 이익을 추구하고, 따라서 계산을 통해 계약을 체결하기로 결심하기도 하고, 자신의 목숨 보존을 보장해 주는 '자연 법칙'을 위해 '죽일 권리'를 포기한다. 그러므로 이미 인간적인 속성 내의 이성들은 인간을 사회적인 상태로 들어가도록 부추긴다. 루소에게는 그와 같은 것은 없다. 그의 야성적인 인간은 더는 바랄 것도 없이 자신의 욕구를 자원에 맞추고, 동족들을 두려워하지 않으며, 지나치게 제한되어 있어 행복이 무엇인지 알지 못한다 해도 행복하게 살아간다. 그런 인간이 왜 그 상태에서 나오겠는가? 홉스와 달리 루소는 인간들을 결합시키는 자연 재해들을 포함한 외부 사건들에 의지할 수밖에 없고, 경제 정세의 연대성에서 사교성으로 넘어간 인간들은 일단 위험이 지나간 뒤에도 더 이상 서로 갈라지지 않는다. 따라서 그는 농업과 소유권…… 그리고 홉스의 늑대 상황과 비교되는 갈등들이 탄생하는 두번째 자연 상태를 상상한다. 루소는 완성될 수 있는 것으로 가정된 자신의 인간을 인간화하기 위해 그 과도기적인 상태를 필요로 하는 반면, 홉스는 이미 보다 합리적인 개인들을 위해 그런 것을 필요로 하지 않는다.

정치 사회의 기원에 관한 이 모든 담론들 속에 관계되는 것은 인간의 동물성 혹은 그 원초적 공동체들의 동물성이지만, 실제 동물들을 만나게 되는 일은 거의 없다. 그렇지만 어느 신화 속에서는 정치의 탄생이 동물들로 인해, 그리고 동물들에 맞서서 일어난다. 그것은 프로타고라스라는 이름의 대화편에서 프로타고라스가 들려준 도시국가의 탄생에 대한 '아름다운 이야기'이다. 인간들은 프로메테우스가 그들을 위해 불을 훔친 후로 흩어져 살았는데, "도시국가들은 없었고 […] [인간들은] 아직 정치적 기술을 가지고 있지 않았다."[131] 그런 그들을 다시 모이게 해서 도시국가들을 세우도록 한 것은 바로 동물들에 맞서 스스로를 보호해야겠다는 필요성이다.

정치 사회의 기원을 어떻게 상상하건간에 목숨을 보존하고 부지하고자 하는 근심에서 벗어난 인간이 완전한 인간성에 도달하는 것은 바로 정치적 사회 안에서인 반면, 동물적 유형의 조직은 여전히 생존과 번식을 향하여 있다. 아리스토텔레스가 말하는, 오로지 도시국가만이 보장할 수 있는 훌륭한 삶은 질이 다른 것이다. 노예들 덕분에 확실한 노동으로부터 자유로워진 그 삶은 "살아 있는 모든 피조물마다 고유한 보존 본능을 억제하면서 끊임없이 생물학적인 과정을 따른다."[132] 정치적 공동체는 모든 이익 중에서 '가장 뛰어난 것,' 다른 모든 것들의 위에 있는 것[133]을 목표로 삼고, 인간은 자신과 마찬가지로 자유로운 다른 개체들과의 관계 속에서만 비로소 인성에 도달할 수 있기 때문에 도시국가 안에서만 자신의 인성을 실현시킬 수 있으므로 **폴리스**의 목적은 곧 인간의 목적이기도 하다. 그리고 군주는 마침내 인간 '고유의 기능'이자 동물로부터 결정적으로 구별되는 '영혼의 활동'과 합쳐지게 된다. 마찬가지로 M. 페샤르망은 만일 '그 대리인'이 정치적 관계에서 "자신의 본질의 실행, 자신의 존재의 완전성을 찾는다면, 그것은 어떤 이성의 활동이 그 절정에 올랐기 때문"[134]이라고 언급한다.

우리는 여기서 다시 합리적인 담론 속에 표현되는 영혼으로 돌아간다. H. 아렌트에 의하면 "모든 것 중에서 가장 수다스러운 체계"인 도시국가는 발설의 장소이다. 홉스는 발설이 없다면 "인간들 가운데에는 더 이상 사자나 곰·늑대만큼도 국가·사회·계약, 그리고 평화가 없을 것"[135]이라고 적고 있다. 아리스토텔레스에게 있어서 말을 한다는 것은 단순한 음성(phônê)의 발산, 동물들에게서처럼 기쁨과 고통을 지시하는 데 사용되는 소리의 혼합물이 아니다. 그 자체로 제 고유의 목적인 말은 "존재에 의미를 부여하며, 그 존재 속에서 모든 시민들이 갖고 있는 첫번째 근심은 대화이다."[136] "인간은 정치적 동물이다" 혹은 인간은 "담론을 갖고 있는 동물"[137]이라고 말하는 것은 때로는 정치적 관점에서, 때로는 '존재학'적인 관점에서 같은 것을 표현하는 두 가지 방법이다. 그 담론을 통해 시민들은 공통된 가장 고귀한 문제들에 대해 서로 논지를 주고받고, 그 문제들은 플라톤의 《국가》의 부제 《정의에 대하여》가 입증하는 것처럼 선과 정의에 관계된다. 플라톤의 대화들은 그 말이 행해지는 방법에 대한 생각을 분명하게 줄 수 있다. 시민들과 거류 외국인들(다른 도시의 시민들, 그러나 그 이름이 가리키는 것처럼 '더듬대는 것' 밖엔 할 줄 모르는 야만족들과 혼동되지는 않는다)은 피레에프스나, 때로는 향연을 위해 어느 집에 모여 미덕·정의·아름다움을 논하면서 언어 시합을 하듯 서로의 논지를 주고받았다.

따라서 정치의 본질을 이루는 것은 대비를 통해 나타난다. 이는 강자의 권리 배척이다. '무력과 폭력'을 사용하는 것은 '짐승들의 길'을 빌리는 것이므로 "사람들은 정치적 사회에 들어섰을 때 그 사회에서 폭력을 배척시켰다"[138]고 로크는 설명한다. 그런 것이 사회계약설이나, 비록 그것을 거부했다 하더라도 국가를 하나의 중재자로 만드는 이론들 속에서 군주 제도가 갖는 목적이다. 폭력은 사적인 영역에서나, 혹은 시민 사회에서 관계들의 특징을 나타낸다. 고대에 **아르케**(arkhê)라는 단어의 해석으로서, 우리가 볼 때는 F. 샤틀레로 인해 유행하여 더 널리 퍼졌지만 "더 이상 소재 파악이 안 될 정도로 역사 사회학적인 의미들이 너무 많이 실려 있는" 용어인 '권력' 보다 나은 것으로 여겨지는 '지휘권'의 속성은 M. 베버의 용어들에 의해 "합법적인 폭력 실행의 독점"으로 정의내리는 데 지나치게 익숙해 있는 정치의 평화롭게 하려는 속성을 잘 밝혀 준다.

도시국가를 안에서 살펴보면 정치는 J. P. 베르낭이 지적하는 것처럼 '시민들 사이에서의 공공 생활,' 어떤 논증적 활동이다. 폭력은 시민이 아니기 때문에 진정한 인간들이 아닌 존재들에 맞서서 소위 **폴리스**의 외부에서 자행된다. 즉 그 짐승 같은 야만족들에 맞선 전쟁과 넓은 의미에서는 가족 구성원들에 대한 지배를 통해서. 따라서 사적인 질서 속에서의 명령 유형은 도시국가의 내부에 존재하는 것과는 반대이다. 그것은 공유 없는, 자신의 식솔에 대한 **도미누스**(dominus)의 유형이다. H. 아렌트에 의하면 "삶의 구속에서부터 자유로워지려는 선(先)정치 행위"인 폭력은, 인간에게는 타고난 것이자 정치 공동체 속에서 '세상의 자유'¹³⁹⁾에 근접하기 위해서는 사생활에서 필수적이기도 한 것이다.

주인에 대한 가족 구성원들의 무조건적인 복종은 도시국가 안에서의 복종과는 분명히 다른 것으로서 사생활 속에서는 그 명령의 대상이다. 한편으로는 시민은 자발적으로 받아들인 비인격적인 법들에 복종한다. 시민의 자유는 그 법들을 구상하는 데에 참여하면 할수록 그만큼 더 잘 보호되기 때문이다. 다른 한편으로는 특히 민주주의에서 명백한 전환성이 있다. 오늘 복종하는 이가 내일은 행정관들의 순환 유희와, 때에 따라서는 추첨의 유희를 통해 명령을 내리게 될 수도 있을 것이다. 그러나 가족 속에서는 역할이 바뀔 가능성 없이 언제나 남편이 아내와 노예들에게 명령을 내릴 것이다.

그러므로 정치적 활동은 시민들 사이에 수행되고, 시민들은 만일 불가피하게 평등하지 않게 된다 해도 자신들의 관계를 지배하는 정의를 존중하는 동료들이다. 사실 상반된 논쟁들·대립들은, 핀리에 의하면 말을 통해 대립되는 경쟁 관계를 전제하므로 본래 '반항적인' 활동을 표시한다.[140) 그러나 다시 한 번 이 대립은 물리적 폭력에서 생겨나지 않고 원칙적으로 물질적 이해 관계의 갈등을 근거로 하지도 않는다. 대립이 순수 이론이 추측케 하는 사실 속에서 더 난폭한 투쟁적 양태로 행해지든, 혹은 아리스토텔레스가 《니코마코스 윤리학》에서 그렇게도 높이 찬양했던 우정 속에서 더 평온한 투쟁적 양태로 행해지든 논쟁은, 그리고 더 일반적으로는 타자에 대한 필요는 도시국가만이 충족시킬 수 있는 각각의 개인의 부족감에서 생겨난다. 인간들은 완벽하고 자급자족에 입각하여 무엇 하나 더 보탤 필요가 없는 신들이 아니다. 또 그들은 제한된 유기체가 계획되어 있고, 각각의 종(種) 속에서는 구별되지 않는 신체를 가진 짐승들도 아니다. 인간은 도시국가의 일부이지만 자신의 이웃과 비슷한 부분적 존재로서는 아니다. 자신의 동족들에게서 필요한 보충을 찾으면서도 도시국가 속에서 자신의 인성을 실현하기 때문이다. '유일하게 완벽한 공동체'이며, 자급자족에 입각한 도시국가는 모두의 단결을 통해 각각의 인간의 자급자족의 부재를 완화시킨다.

그러므로 도시국가의 화합은 개인들의 차이, 그들의 줄일 수 없는 독창성 위에 세워지는 것이지 동물들에게만 있는 특수한 일관성 위에 세워지지 않는다. 종족에 따라 동물들을 떼로 혹은 무리지어 살 수 있게 하는 일종의 본능이 존재할 수 있다면, 아우구스티누스의 말처럼 인간은 각자의 독특한 성격을 근거로 하기 때문에 인간만이 진정한 사회적인 관계를 맺을 수 있다. "신이 인간을 하나이자 혼자로 만든 것은, 그를 인간 사회로부터 고립시키기 위해서가 아니라 형제 같은 단결과 사회 관계를 더욱 열망하도록 하기 위해서이다."[141]

정치적 통일체가 구조화되기 시작한다. 고대인들은 물질적인 쾌락을 넘어 올바른 삶을 추구했다. 그러나 사실 고대는 저속한 생계 문제들을 정치의 정의로부터 완전히 떼어 놓지 못했기 때문에 '몸체'로서의 정치적 공동체의 이와 같은 변화를 준비했다. 《국가》에서 도시국가의 조직을 초래하는 것은 정신의 기쁨을 나누고자 하는 바람이 아니라 기본적인 욕구들을 넘어 호화로움에 대한 필요성, 대단히 물질적인 '디저트'이다. 필경 그 문헌 속에서는 개인이 도시국가에 비교되는 것이지 그 반대는 아니지만, 다른 대화들 속에서와 마찬가지로 의사들과 위정자들, 신체 건강과 정치적 조화 사이의 상관 관계는 대단히 진척되어 있다. 그리고 육체는 발전한다. 로마 제국과 이어서 그리스도교도국의 차원에서 확대된 육체는, 그때부터 곧이어 신학과 왕의 신체로부터도 자유로워지면서 모든 민중들에게로 확장된다. 그리고 그 무렵인 16세기부터는 정치적 사유 속에서 신체와 정치적 통일체 사이의 생리적인 비교들이 증가한다. 순수한 비교는 없지만 은유는 변형과 정치적 공동체의 개념 자체 속에서의 질적인 변화를 알린다. 한편으로는 이제부터 모든 민중(그들의 노동자들)을 포함시키며, 그 궁극 목적은 다시 생계를 향해 전복된다. 다른 한편으로는 권력은 사생활에서 '명령'을 본보기로 삼는다. 그 몸체를 더욱 물리적이고 더욱 구체적으로 만드는 이중 전복이지만, 그 결과로서 그것의 동물화는 인간의 인성을 실현하는 능력에 대한 의문들을 유발한다.

현대인들은 그때부터 그들의 목적을 최대한 편안한 삶과 생존의 보존으로 제한한다. "현대 사상가들은 더 이상 정의롭고 조화로운 삶을 허용하는 도덕적인 관계들을 추구하지 않고, 생존을 허용하는 효율적인 조건들을 추구한다"[142]고 하버마스는 지적한다. 그들은 정치적 통일체의 궁극 목적 속에 고대 도시국가가 동물성으로부터 벗어나기 위해 맞서서 단련했던 그 속성으로 돌아가며, 그것을 구성하는 생물학적 신체들의 기본적인 욕구들을 도입한다.

노동의 복권과 관련된 그와 같은 움직임은 중농학자들에 의해서 시작된다. 경제 활동은 최소한의 생명 보존에서 최대한의 쾌락으로 넘어가는 과학을 제공한다. 중상주의자들에 맞서서 케네는 생계를 호사로 대체한다. 화폐는 개별적 인간과 리바이어선 사이의 비교를 강조하는 홉스에게는 국가의 피다. 사회 계약을 통해 만들어진 그 '인위적 인간'은 "혈맥으로 신체의 다른 부위들의 피를 받아 심장으로 가져가는 자연적 인간과의 유사성을 유지한다."[143] 비교는 자연법의 모든 이론가들에게서도 계속된다. 그 비교는 로크에게서는 과반수의 법을 설명한다. 개인들이 정치적 공동체를 형성하기로 결심했을 때 "그들은 한데 섞여 **정치적 통일체**를 이루고" "그 몸체가 어떤 식으로든 움직여야만 하는 것처럼" 몸 전체와 마찬가지로 가장 중요한 압박의 방향으로 가게 될 것이다. 따라서 "**대다수의 합의**인 가장 큰 힘이 밀고 당기는 쪽으로 움직일 필요가 있다."[144]

정치적 통일체는 우선 그 구성원들의 삶을 보호하는 기본적인 의무에 부응해야 한다. 홉스의 경우 국가가 설립되는 것이 바로 그 때문이지만, 《리바이어선》의 작가인 그에게 그와 같은 최소한의 숙고는 이미 한계를 벗어났다. 그는 '공권력'이 개인들이 서로간에 저지를 수 있는 '잘못'들을 막는 것이 유일한 임무가 아니라, 그외에도 "그들을 보호해서 그들의 산업과 지상의 산물들을 통해 만족스럽게 먹고 살 수 있게도 해야 한다"[145]고 여긴다. 로크의 시민 정부가 우선적으로 보장하는 것은 인체의 소유권이지만 곧 다른 모든 소유권도 포함된다.

정치적 통일체가 생물학적 신체와의 유사성을 점점 더 뚜렷이 드러내는 한, 그것은 생물학적 신체처럼 질병과 죽음을 맞이하기도 한다. 정치 체제는 태어나자마자 종말을 향하고, 외부 바이러스의 영향 때문이 아니라 내부에서부터 생물학적으로 퇴화된다. 고대인들은 외부 사건들 외에 내면적 이유들로 인해 종말이 설명되는 정치 체제들의 계승과 부패에 대해 의문을 품는다. 루소는 "정치적 통일체는 인간의 신체와 마찬가지로 태어나면서부터 죽어가기 시작하고, 그 자체 내에 파괴 원인들을 품고 있다"[146]고 말한다. 루소는 그 불가피한 퇴화를 기껏해야 아리스토텔레스식대로 지체시킬 수 있는(치료상의 집중?) 방법들을 제안할 수 있었고, 정치 체제들의 불안정성에 불안해하여 그 운동을 지연시키기 위해 부패 원인들을 이해하려고 애쓴다. 인간의 인성과 심지어 단순하게는 인간의 삶이 어떻게 그토록 유약한 정치적 공동체를 통해, 홉스의 표현을 빌리자면 그 '죽을 수밖에 없는 신'을 통해 보장될 수 있단 말인가?

그런데 정치적 통일체의 개념은 이번에는 실제로 권력이 되는 명령의 정의 속에서 다른 부패로 이어진다. 도시국가 속 명령이 사생활 속에서 수행되는 것과 구별되었다면, 이제부터는 그 가족적인 양태(고대의 선정치적이고 비정치적인)가 기원과 동시에 모델 역할을 한다. 그리스도교는 성부와 성자 그리고 성신으로 구성된 묘한 가족의 이미지와 함께 그 역전을 준비했고, 그 중 분명 자애심 있는 아버지는 한편 '복수자'일 수도 있었다. 절대 군주제 이론가들은 권력의 역사적 발생과 동시에 그 수행 속에서 권력의 가부장적인 성격을 주장한다. 보댕은 "가정의 통치권으로 […] 국가의 진정한 통치 모델을"[147] 만들고, 군주의 권력을 '축사'에 대한 가장의 권력과 동일시한다. 즉 아내·아이들·하인들, 그리고 때에 따라서는 노예들에 대한 권력을 일컫는다. '축사'라는 용어가 비록 보댕에게서는 영어 단어 management (경영·관리·지배)에 더욱 부합한다 하더라도 그보다는 훨씬 의미심장하다! 분명 정치 바깥에 있는 가정은 고대에만 해도 가축들과, 그와 동일시되는 다른 존재들을 모아 놓는 장소였던 것이다…….

  사회 계약의 주창자들은 그 사적인 모델을 진정으로 문제시하지는 않지만, 그 공간 속에서의 권력의 속성에 대해 드러난 평가는 문제시한다. 로크가 필머의 《가부장제》를 비판하는 것은 자신의 동료가 사적인 권력 모델을 정치적 단계로 옮겨 놓아서가 아니라, 필머가 자신의 견해에 따르면 오히려 애정에 넘치고 호의적인 가부장적 권력의 속성을 잘못 알고 있다고 판단해서이다. 그래서 로크는 가부장적 권력이 결코 전체적이거나 절대적이지 않았으니 절대 군주제는 잘못된 기원을 본받았다고 논증하며 필머와 같은 영역에 선다. 자연법 이론가들은 자발적인 합의 위에 권력을 세우면서 간단히 권력에 적법성을 부여하지만, 계약의 인위적 수단들과 일부가 주권에 가져 온 한계들에도 불구하고 시민의 복종에 사생활 속에서 언제나 널리 퍼졌던 것과 다른 정의를 내리지는 못했다. 그로티우스의 연합 조약은 종속 관계의 조약을 동반하고, 홉스의 시민들은 그들의 모든 권리를 군주에게 맡긴다. 물론 사상가들은 시민들이 기꺼이 임명된 군주에게 복종하면서도 그들 대표의 과반수법에 의해 그들 스스로에게만 복종한다는 사실을 입증하는 데 총력을 기울인다. 그렇다 해도 루소의 글에서처럼 "자연이 각각의 구성원에게 모든 구성원에 대한 절대 권력을 준 것과 마찬가지로, 사회 조약은 정치적 통일체에 모든 것에 대한 절대 권력을 주는"[148] 것에는 변함이 없고, 그 절대 권력은 고대의 **파테르 파밀리아스**(pater familias; 가장)의 그것과 상당히 유사하다……. 공공 영역의 쇠퇴와 H. 아렌트의 말처럼 "'국가적 살림'[149]으로의 변화," 그 육체에서 점점 더 강조되는 생물화는 19세기와 20세기의 무정부주의자, 사회주의자, 그리고 마르크스주의자들의 교리 속에서 국가 그 자체의 재검토를 준비했다…….

각각의 사람과 각각의 인체의 이와 같은 특이성은 그것들의 집합의 수위에 영향을 미친다. 비슷한 두 몸 또는 같은 종에 속한 동물들의 속성인 유사성이 없는 것과 마찬가지로, 각각의 정치적 공동체는 동물 사회 조직의 획일성과 달리 저마다의 개성을 갖는다. 이 사실이 의미하는 바는 만일 정치적 존재가 독점적으로 인간적인 특징이라면, 그만큼 정치적 공동체들의 다양성을 통해 표현될 뿐이라는 점이다.

정치적 통일체의 다양성

"존재는 많은 방식으로 일컬어진다"[150]고 아리스토텔레스는 《형이 상학》에서 말하고, 정치적 존재는 도시국가들의 다양성으로 '일컬어' 지며 각각의 개성은 그것을 이루고 있는 인간들의 개성 보존의 담보를 제공한다. 자급자족에 입각한 각각의 도시국가는 자급자족을 하는 다른 도시국가들의 존재를 전제한다. 각각의 군주국가는 다른 군주국가들로 둘러싸여 있다. 프랑스 왕들이 교황의 특권을 견제하고 봉건 영주들의 권력을 흡수하기 위해 설립했을 것이 분명한 이 주권은 J. 보댕에 의해 이론화된다. 절대적이고 영속적인 주권은 두 가지 속성으로 나타난다. 바로 **법**과 **전쟁**이라는 두 가지 새로운 인류학적 차이이다. 동물들은 그들의 법을 제정하거나 전쟁을 하지 못하기 때문이다. 그러므로 정치적 공동체들의 다양성은 국가 안에서 그것의 정치적 구성과 입법의 특수성을 통해 나타난다. 그리고 외부에서는 그들 사이에 제각각 무기·전쟁에 호소하는 동등한 권리를 갖는 그 최고의 개체들이 유지하는 관계 속에서 나타난다.

동물은 자신이 정하지 않아 범할 수도 없는 법칙, 자신의 종에게만 유효한 자연과 본능의 법칙에 복종한다. 루소는 이렇게 적고 있다. "짐승은 자신에게 정해진 규칙에서 벗어나지 못한다. 그것이 아무리 자신에게 이롭다 하더라도."[151] 비둘기는 고기 접시 근처에서, 고양이는 산더미처럼 쌓인 과일 접시 근처에서 굶어죽을 것이다. 자신들에게 익숙하지 않은 그 음식들을 시험삼아 한 번 먹어 볼 생각을 하지 못하기 때문이다. 동물 종족의 사회 조직은 그것의 일관성·획일성, 그리고 한 세대에서 다른 세대로의 영속성을 통해 주목할 만하다. 그들을 구성하고 있는 육체와 마찬가지로 동물 사회들은 언제나 같은 역학, 같은 집단 행동을 재현한다. 그러나 인간들의 경우는 전혀 그렇지 않다. 인간들은 시대에 따라 바뀌고 국가에 따라 변화하는 자신들만의 법칙을 만들기 위해 자연으로부터 억지로 떨어지고, 이는 기술적 진보에 대해 그다지 염려하지 않던 고대인들이 완전히 정치에 집중시키는 그 발명 능력의 표시이다. 법은 한 국가의 내부 질서를 조직하는 동시에 특정한 정치 체제를 결정하는 근본적인 규범인 헌법(성문 혹은 비성문, 그것에 도달하기 위한 공식적인 과정이 어떻든)과 민법을 조직한다.

정치 체제들의 다양성은 언제나 철학자들의 관심을 끌었다. 아리스토텔레스는 1백58개의 헌법을 분석했고, 그 중 아테네의 헌법만이 우리에게 이르렀다. 정부 형태의 어떤 결정보다도 앞서는 정치적 존재는 본질적으로 정부의 특정 헌법에 무관심하다. 물론 철학자들은 그들의 기호를 표시(홉스나 보댕의 경우는 절대군주제에 대한)하지만, 정치의 속성은 체제 형태에 영향받지 않을 뿐만 아니라 체제들의 다양성은 오히려 정치의 본질과 일치한다. 홉스는 《리바이어선》에서 군주에 대해 말하면서 "단 한 사람 혹은 단 하나의 집회"를 체계적으로 지적하고, 로크는 다음과 같이 설명한다. "하나의 공동체나 국가를 통해 민주주의도, 어떤 다른 정부 형태도 기대해서는 안 되지만, 일반적으로 라틴 사람들이 **시비타스**(civitas)라는 단어로 대단히 훌륭하게 지칭했고, 우리의 언어로는 어떤 단어로도 **국가**(Etat[Commonwealth])보다 더 훌륭하게 표현할 수 없을 독립적인 사회는 기대할 만하다."[152] C. 슈미트도 정치인이 "경계가 정해진 영토 위에서 합법적으로 조직"되었을 때는 "전형적인 백성의 지위" "그들 특유의 존재 양태"[153]보다 앞선다고 말한다. 본질은 정치적 존재가 이곳저곳에서 빌려 온 형태야 어떻든 다양한 방법으로 일컬어질 수 있다는 것이다.

정치 체제의 다양성은 곧 국가가 선포와 적용을 독점하고 있는 민법과 형법의 다양성이기도 하다. 고대 이후로 사상가들은 언제나 정치에 관해 법의 근본적인 역할을 주장해 왔다. 법을 '주고 깨기도' 하는 권력은 주권의 주속성, "일반적으로 모두에게 그리고 특별히 각자에게 법을 부여하는 힘"[154]이고, 주권의 다른 표시들은 보댕에 의하면 그 첫번째 특권이자 국가 안에서만 유효한 특권에서 유래한다. 로크는 "공화국이나 국가의 신민들에 대해 법 권력을 갖는 법에 의한 합법적인 권위"[155]는 외국인에게는 어떠한 권력도 가지지 않는다고 설명한다.

그 누구보다도 사회 계약 체결 이후에 시민 사회로의 입성의 신호인 입법권, 정치 권력의 특수성을 만든 이는 분명 로크이다. 인간들은 물론 우리가 이미 주목한 바와 같이 자연 상태에서도 소유를 알고는 있었지만, 각자가 자신의 권리를 주장하여 그 소유가 보장되지 않자 홉스가 자연 상태를 지칭하기 위해 사용했던 용어를 빌리자면 오히려 그 본원의 상태를 '위험하고 불편하게' 만든다……. 이미 그로티우스에게는 시민 사회의 변별적 신호였던 재판관에게 하는 청원은 정치의 본질을 이룬다.

이제 우리는 로크에게서의 입법 권력의 중요성을 이해할 수 있다. 최고의, 군주의, "국가의 다른 구성원들의 다른 모든 권력들이 그것에서 파생"되고 그것에 종속되는 권력. 또한 법이 더 이상 어느 한 개인에게서 나오지 않고——"왕이 원한다면, 법이 원한다면"이라는 말은 구체제 시대의 유명한 문구이다——곧 일반적으로 '입법부'라고 부르게 될 의회에서 나올 때 정치 공동체 전체가 '몸체'로 변형되는 것을 용이케 한다는 사실도 이해할 수 있다. **"입법 권력**을 통해 국가 구성원들이 단결하여 하나의 몸체를 구성하게 될 것이다."[156] 심지어 루소의 몸의 은유나 법의 상위권에서도 법은 그 자체가 "몸체를 이루고 있는 민중의 의지"이고 집단적인 개성, 공동의 **나**[157]로 해석되기 때문에 보편 의지의 표현이다.

따라서 아무리 완벽하다 해도 어디에나 수출할 수 있는 결정적이고도 유일한 정치 체제 모델을 부과한다는 것은 생각할 수도 없는 일이다. 그것의 단일성과 불변성으로 인해 동물 조직이 떠오를 테니까. 이는 푸리에나 카베와 같은 19세기 공상가들의 모형이 모든 시대와 장소에 대해서 사회 생활을 결정짓게 됨에 따라 그 밑바탕에서 만들어지게 될 비평이다. 즉 개인들이 벌집의 꿀벌들과 비슷해진다는 것이다. 어떤 이들은 그리스도교 번성기에 신학자들이 애정을 기울여 만들었고, 교황이 이끌었던 보편적 교회에 대한 꿈의 이미지대로 세계적 국가의 창조를 고려하기도 할 테지만, 정치 자체는 그 독특한 조직 속에서 와해되지 않았는가? 이는 고전주의 사상가들에게는 전혀 의심의 여지가 없다. '세계 시민'이 되고자 했던 스토아 철학자들은 그런 이유로 해서 정치 영역 밖으로 밀려나 짐승들처럼 여겨졌다. 도시국가만이 그 특수성 속에서 인간의 인성을 실현시킬 수 있었기 때문이었다. 심지어 세계주의자이자 평화주의자였던 칸트마저도 《영원한 평화 계획》에서 국가들을 단 하나로 세울 것을 권하지 않고, 나름대로의 특수성을 간직하고 있는 주권국가들 사이의 동맹을 예측한다.

그렇지만 실증법의 다양성, 그 상대성은 사상가들에게 자연법과의 관계에 대한 문제를 제기한다. 만일 자연법이 존재한다면(그리고 모든 것 중에서 가장 으뜸인 생명 보존 법칙), 인간에 우선하고 변함없는 그 것은 인간이 동물성으로부터 벗어나기 위해 억지로 떠나려 애쓰는 자 연으로 인간을 되돌려보내지 않을까? 인간으로 하여금 민법과 정치 법들을 받아들이도록, 그리고 인간이 만들지 않았고 모든 인간에게 한결같은 규범에 복종하도록 강요하지 않을까? 자연 법칙은 순수하 고도 단순하게 신의 법을 대체할까? 주창자들은 '인간적 속성'이라 는 그 경이로운 발명에 의존하여 난처함에서 벗어난다. 법은 그렇듯 루소에게는 올바른 이성의 표현이다. 이성을 통해 정의되는 인간들에 의해 만들어졌기 때문이다. 로크에게 실증법은 최초의 상태로 존재하 는 자연 법칙들을 거스를 수 없다. 자연 법칙들에는 그것들을 특수한 형태로 만들고, 무엇보다도 보장하는 목적 외에는 없는 것이다. 헌법 에 명시되어 있거나, 혹은 법규를 통해 원용되는 인간의 권리는 그것 을 선언하는 인간들의 지배 아래 남을 것이고, 그로 인해 그것을 정 의하고 제한하며 보장하기까지 할 것이다…….

　따라서 실제 동물은 본래 권리의 바깥에 있어서 자연적인 것이든 인위적인 것이든 정치적 공동체에는 부재한다. 단 동물들에게 공화국 내에 한 자리를 마련해 주는 미슐레처럼 몇몇 드문 주창자들에게서는 제외하고. 법학자 J. 카르보니에는 "권리가 인간들에 의해 인간들을 위해 만들어졌다는 명증"[158]을 상기시킨다. 동물들 사이에는 어떠한 법 도 존재하지 않는다. "물고기들·야수들·새들이 서로를 먹어치우는 것은 그들 사이에는 정의가 전혀 없기 때문이다. 그러나 인간들에게 는 제우스가 정의를 선물하셨다……"[159]라고 헤시오도스는 말한다. 인 간과 동물 사이에도 역시 권리가 없는 것은 인간은 동물과 아무런 공 통점이 없기 때문이라고 아리스토텔레스는 말한다. 인간들에 의해 만들어진 도덕은 인간들에게만 적용되고, 법은 동물들을 권리의 주체가 아닌 사물(가구)처럼 권리의 대상으로 만든다.

문제는 다시 말과 이성에 관한 것으로 돌아가고 확정 판결이 내려진다. 동물들은 합리성이라는, 특수하게 인간적인 그 속성들이 부족하기 때문에 권리를 박탈당한다. 인간만이 언어를 갖는 것처럼 인간만이 정의와 불의의 감정을 갖는다고 아리스토텔레스는 말한다. 그리고 스토아 철학자 발부스는 키케로의 《신의 본성에 관하여》에서 인간들이 "이성적인 유일한 존재들이고, 법과 정의에 따라 살아가는 유일한 존재들"[160]이라고 진술한다.

그렇지만 또한 고대에 카르보니에가 일컫듯 인간이 '천성적으로 법률적인' 유일한 존재인지도 명백하지는 않다. 그리스인들은 로마인들처럼 야생동물들인 **테리아**(theria; 현재 포유동물에 속하는 수류)와 가축을 구별했다. 야수는 인간의 영역에는 완전히 낯선 존재이다. 어디서 잡든지 타인의 영지에서라도 야수를 사로잡는 자에게 속하는 **레스 눌리우스**(res nullius; 소유주가 없는 물건)이다. 가이우스는 "야생동물이나 새를 포획할 때는 자신의 영지에서 잡았는지, 혹은 타인의 영지에서 잡았는지는 전혀 중요치 않다. 다만 사냥을 하기 위해 타인의 영지에 들어가고자 하는 이가 소유주에게 제지당하는 것이 타당한지만 구분한다"[161]고 말한다. 그리스와 로마법에서 사냥감과 가축 사이의 현저한 차이는 사법적으로 주인에게 달려 있고, 책임감에 관해서 다시 보자면 우리는 여기에서 그 문제의 급소를 다루게 된다. 야수들에게 입은 피해는 불가항력의 경우와 같아서 그들의 '타고난 사나움' 때문에 로마법의 민사 소송은 야생동물들에게는 적용되지 않는다고 《유스티니아누스 법전》에서는 말한다. 반면에 가축으로 인해 입은 손해의 배상은 그 소유주의 책임이다. 그런데 주인의 민사적 책임감의 원칙은 동물성과 인성 사이의 지극히도 신성한 경계를 흐리는 경향이 있는 새로운 요소로 인해 복잡해진다. 즉 짐승을 함부로 유기한 행위. 사실 소유주에게는 침해당한 사람에게 잘못된 것을 보상하거나 또는 잘못을 저지른 동물, 플라톤의 말에 의하면 '직접적인 죄인'을 넘길 수 있는 선택이 있으며, 자신이 그 동물에게 한 행위를 무언중에 인식하는 생각, 즉 플라톤에게는 심지어 형벌이 되는 책임감을 연루시킨다. "만일 짐바리 짐승이든 혹은 다른 짐승이든 어떤 동물이 누군가를 죽인다면 […] 사망자의 친척들은 그 살해자를 살인범으로 추격할 것이다. 그리고 판결은 친척이 지정하는 여러 농학자들이 내릴 것이다. 그리고 죄가 입증된 짐승은 죽임을 당해 영지의 경계 밖으로 내쫓길 것이다."[162] 중세에는 무수히 많았고, 18세기까지 지속되는 동물 소송은 공소의 연출과 형식화 그리고 형벌의 집행을 시행한다. 이와 같은 맹수들과 가축들 사이의 취급 차이는 우리의 주제에 있어서는 중요하다. 좀더 나중에 살펴보겠지만, 두번째 범주에 결부된 인간들인 노예들·여자들 등등은 책임 추궁을 받고 벌을 받지만, '야생'에게 정해진 운명은 더욱 신속할 우려가 있는 것이다! 동물은 그 사법화에서 아무것도 얻은 것이 없다…….

이번에는 동물에 대한 관심 속에서 '동물의 자유' 지지자들이 동물들의 권리를 옹호하게 되고, 1892년에 헨리 솔트는 동물들을 법의 수호에서 제외시키는 경향이 있는(정의의 칼날은 동물들을 내려칠 수 있는 반면에!) 가정들을 나무라는 교리를 발표한다. T. 리건은 데카르트의 동물기계론을 나무라고, 벤담이 '중대하다'고 선언했던 고통의 주관적 표현은 이성과 언어 능력의 범주를 폭넓게 대체한다. 그때부터 동물들은 급진적인 환경생리학자들이 주장하는 것처럼 완전한 권리의 주체가 되지는 못하더라도, 가령 가구와는 다르게 권리가 고려되기 시작한다. M. 아퀼롱은 "오늘의 당면 문제인 인간의 폭력으로부터 동물을 보호하는 일은 […] 이미 지난 세기의 일이었다"[163]고 상기시킨다. 1850년의 가축들에게 가해진 부당한 취급에 대한 그라몽법이 이를 증명한다. 다른 한편으로 언어의 문제는, 혹자들에 의하면 중세에 일부 동물 소송들 속에서 활용되었던 표현대로 다음과 같이 제기될 수 있을 것이다. 들판을 황폐화시킨 메뚜기들이나 밤마다 개굴개굴 울어대는 개구리들이 소환된 법정에 제대로 출두하지 않는다면 변호사가 그들 대신 발언을 할 것이다…….

동물 보호에 대한 생각은 물론 관대한 것이고, 적어도 동물들을 더 고려하도록 부추긴다는 장점이 있지만, 우리는 권리를 통한 그 작업 속에서 박애의 성격을 언급하면서 도덕에 관해서 가졌던 것과 같은 의문들을 다시 떠올리게 될 것이다. 그라몽법에는 교육적인 목적이 있었다. 그러나 **공공연하게** 자행된 부당한 취급에 희생된 가축들(따라서 인간에게 가장 가까운)만을 겨냥하고 있었다. 그 목적은 동물에 대한 연민이 아니라 여전히 그 간접적인 의무 한가운데에 있는 인간의 잘못된 본보기에 대한 두려움이었다. 그 표현도 적잖이 회의적이다. '우리의 열등한 형제들'이 처한 상황은 무능력자·금치산자·심신장애자·노인·유년기 아동들의 상황과 동일시되면서, 거기서 다시 일부 존재들이 완전히 이성적이지 않고 완전히 인간적이지 않다고 선언될 때의 모든 후견을 정당화한다. 결국 가장 급진적인 운동인 **심층생태학**은 동물을 인간과는 다른 '생명체'로서 나무들·돌들·생명권 등등이 그들의 고유한 가치의 이름으로, 인간과 같은 자격으로 권리를 획득한 '생명 공동체' 속에 담그기에 이른다. A. 레오폴트는 "지구의 윤리는 흙·물·식물·동물…… 혹은 집단적으로 지구를 포함시키는 식으로 공동체의 경계를 단순히 확대시킨다"[164]고 적고 있다. H. 요나스[165]는 그와 같은 자연의 권리를 주장하고, 미셸 세르는 《자연계약》을 권하는 한편, J. 로의 《생태권에 대한 범죄들》이나 매리 미즐리가 환경에 대한 범죄를 인류에 대한 범죄와 동일시시키는 저서 《섬에 대한 우리의 의무에 대하여》와 함께 범죄의 개념이 확산된다.[166] 이제 막 되찾은 동물은 다시 사라졌고, 동물 중심주의는 환경 중심주의로 바뀌었다.

　국가의 필연적인 복수성은 그 안에 독립적이고 최고의 권한을 가진 개체들간 갈등의 위험을 간직한다. 전쟁은 외부에 대해 내부에서의 민사적 평화를 보장하는 법의 필수적인 보족이다. 인간의 인성을 실현하는 정치의 본질을 구성하는 전쟁은 따라서 동물들은 알지 못하는 인간의 속성이다. 전쟁의 인간적 특수성은 우선 동물들 사이의 싸움과 구별되는 인간의 속성 속에서 나타난다. 전쟁은 정치 사회들의 기원과 동시에 그 사회들을 유지하는 속에서의 역할을 통해 입증된다.
　어찌되었든 기묘한 역설이다. 한편으로는 전쟁이 법의 전도된 이미지 같으니 말이다. 개인의 생명 보호를 보장하고 살해를 금지하는 공권력이 이 경우에는 타자의 파괴를 명령하고, 시민을 죽음에 노출시킨다. 다른 한편으로는 국가들은 그들간에는 자연 상태로 있으면서 각각의 국가는 분명히 개인들을 끌어냈기 때문이다. 이는 더욱 부적절하고, 추잡하고, 짐승 같은 일이 아닐까? 그리고 인간은 전쟁을 영원히 종식시켜야 인성을 실현시킬 수 있지 않을까? 따라서 전쟁의 문제는 다시 인간 속성에 대한 담론의 모든 모순들을 제시한다.
　전쟁은 어느 시대에나 존재했고, 어느 장소에서든 영속하기 때문에 누구나 '한 가지 생각' 정도는 갖고 있는 전쟁을 정의한다는 것은 《전쟁과 평화》에서 프루동이 강조하듯 쉬운 일이 아니며, 용어의 인플레이션(국민적인 해방 전쟁에서부터 시장에서의 '닭 전쟁'에 이르기까지……)에 관해 우리가 다른 곳에서[167] 언급했던 토론에 돌입하지 않고도 인간의 속성만이 아니라 많은 저술가들이 인성의 구성에 필요한 성분까지도 어떻게든 부각시키려는 제한적인 서술을 충실히 지킬 것이다. 그것은 처음부터 끝까지 어떤 규칙들을 준수하는 주권국가들 사이의 집단적인 무력 투쟁이다. 이와 같은 최소한의 접근은 전쟁을 동물들 사이의 싸움으로부터 구분 짓게 하는 동시에 다른 유형의 전투, 그러니까 충분히 동물성을 반향하는 전투들과 구별짓는 정치적 특색을 강조한다.

혹자들은 전쟁이 동물들, 가령 개미들에게도 존재한다고 한다. 보다 일반적으로 말하자면 K. 로렌츠는 머릿속에 들어박혀 있는 전투 본능은 모든 생명체들이 타고난 것이라고 주장한다. 그러나 이와 같은 타고난 공격성은 본능에 관련된 것으로서 지배 이데올로기로는 분명히 동물의 속성이다. 무엇보다도 공격성은 같은 동물 종족이 무리 지어 정렬된 전투를 하지 못하는 이유를 설명하지 않는 반면, 전쟁의 특색은 독특한 정의를 통해 인간에게 속해 있는 집단들을 명백하게 대립시킨다.

다른 정치적 개체들에 대한 공권력을 통한 중재의 범주와 갈등의 조정은(토마스 아퀴나스에게는 '올바른 전쟁'의 첫째 조건) 동물들의 싸움과, 또 한편으로는 사적인 분쟁 혹은 복수와 같은 다른 갈등 유형들을 전쟁의 개념에서 분리시킨다. 루소는 다음과 같이 언급한다. "전쟁은 국가와 국가의 관계이고, 그 관계 속에서 개인은 간혹 가다가 인간으로서나 시민으로서가 아니라 군인으로서만 적이 될 뿐이다."[168] 다른 한편으로 법과의 관계는 분규가 있는 동안에는 처음에는 관습적이다가, 이어서 학자들·법률가들이 공들여 제작하여 국제법을 통해 공식화되고 교전국들이 받아들인 일부 규칙들을 준수해야 한다는 의무, **주스 인 벨로**(jus in bello; 전쟁 중의 법)를 통해 복원된다. 그러나 무엇보다도 그 두 가지 범주들은 생물학, 본능에 속하고 또한 정치적이지도 엄밀하게 인간적이지도 않은 일부 갈등 유형들을 동물성과 관련짓게 한다.

마키아벨리는 《티투스 리비우스의 첫번째 10권에 관한 논문(로마사론)》에서 생존 전쟁과 정치적 전쟁을 대단히 분명하게 구분한다. 전자인 생존 전쟁은 '기근의 부추김을 받은 한 민족 전체'가 먹고 살기 위해 새로운 땅을 찾을 때나, 자신들의 풍요를 착취하려는 침략자들에 맞서 방어하지 않으면 안 될 때 일어난다. 이런 형태의 전쟁은 전쟁이 아니다. 그것은 생계 혹은 생존을 위한 동물적 투쟁이다. 후자인 정치적 전쟁만이 필요를 넘어 '군주들과 국가들의 야망에서 비롯'[169]되며, 또한 병사들의 야망에서도 발생한다. 전쟁에는 "자신의 동료들보다 더 중요한 것들을 완수하려는 욕망"[170]이 있다고 클라우제비츠는 말한다. 그러나 무엇보다도 전쟁이 인간의 속성인 것은 규칙을 준수하는 경우에 전쟁이 노리는 것은 정복된 재산의 착복(어찌되었든 무시할 수 없는)이나, 적들의 전멸보다는 적의 굴복이기 때문이다. "문명화된 국가들이 채택한 사람들의 권리에 의하면, 전쟁은 개인의 재산을 착복하려는 목적이 아니라 오로지 정치 권력을 탈취하려는 목적을 갖는다."[171]

헤겔에게 있어서 동물은 전쟁을 알지 못한다. 동물은 땅 한 뙈기, 고기 한 점, 혹은 다른 동물들의 암컷을 놓고 다투기는 한다. 그러나 그렇다 해도 욕구와 생계의 수준에 남아 일단 획득한 승리에 만족하고 나면 자연의 질서를 아무것도 바꾸지 않고 떠나간다. 르낭에 의하면 '적'이라는 단어의 동물학적인 의미와 정치적 의미 사이에는 혼란이 있다. 영양과 얼룩말은 그들의 약탈자인 사자의 적이고, 이는 어느것도 바꿀 수 없는 양식의 운명이자 주어진 환경에 제한된 운명이다. 프로이트는 "북극곰과 고래는 전쟁을 할 수 없다. 각자가 자신의 환경에 제한되어 있어 서로 만나지 못하기 때문"[172]이라고 상기시킨다. 인간에게는 분명 자신의 동맹과 적을 선택하고, 그것을 뒤바꾸어 놓을 가능성이 있다. 자신의 생물학적 생존을 위해서가 아니라 타자의 인정을 통해서 자기 자신의 가치를 부과하려고 싸우기 때문이다. 국가의 시작은 주인에 대한 인정과 복종을 위해 이 투쟁을 거친다.

따라서 전쟁은 적의 전멸을 노리지 않으므로 짐승 같은 성격으로부터 비합리적으로 발발하는 것이 아니다. 전쟁은 정치적이고 "다른 수단들에 의해 계속되는 정치의 연장"이라고 클라우제비츠는 말한다. '실제 전쟁'은 결코 그 전쟁을 생각으로 실현시키지 않고, '절대적 전쟁'은 때로는 군인들이 위정자들의 명령으로부터 벗어나고자 할 때 꿈을 꾸기도 하는, 다른 정치적 개체의 완전한 파괴에 이르기 때문이다.[173] 제법 역설적이게도, 원칙의 끝까지 가면 전쟁은 전쟁이기를 멈추기도 한다……. 가령 무고한 민간인들이 피해를 입지 않도록 하라고 명령하는 기본적인 규칙들에도 불구하고 적의 완전한 섬멸 외에는 다른 규칙도 목적도 알지 못했던 루덴도르프[174]가 찬양하는 것과 같은 '총력전'은 더 이상 전쟁이라는 이름을 갖지 못한다.

도시국가나 국가들의 기원 역사 역시 전쟁과 정치의 관계와 전쟁의 순수하게 인간적인 특징을 입증한다. 인간들이 도시국가가 아닌 일시적인 공동체를 이루어 살았다는, 플라톤이 우리에게 전하는 '황금 시대'에 대한 이야기들 속에는 전쟁이 없다. 《프로타고라스》의 신화가 들려주는 바에 의하면, 그 시절에 인간들은 "아직 전쟁 기술이 그 일부를 이루고 있는 정치 기술을 갖고 있지 않았다."[175]

《국가》의 '돼지들의 도시국가'에도 전쟁은 존재하지 않는다. 사치의 욕구에서 태어난 도시국가의 발전과 함께 비로소 경제적이지 않은 기능을 가진 전문인들, 즉 전사들이 나타난다. '화로 가득한' 도시국가는 외국 땅을 탐내고, 병합 시도들을 거부한다. 《국가》에서 길게 분석된 '수호자'이자 '경비견'이 되는 '전사들'의 역할은 군인의 기능을 넘어선다. 그들은 도시국가 내에 질서 유지를 담당하는 이들이기도 하고, 그들 가운데에서 통치자들이 모집되는 것이다.

전쟁은 또한 C. 슈미트에게는 더 이상 신화나 역사에 의해서가 아니라 '정치의 특수한 구별'을 고립시킬 수 있는 원시성의 의미에서 정치적 사회들의 기원이기도 하다. 중요한 것은 '친구와 적을 대립시키는 본원의 윤곽,' 그러니까 전쟁의 가능성이다. 적이 없는 세상은 '정치 없는 세상'일 것이다. 이는 국가들의 필연적인 복수성의 단순한 결과이다. "모든 정치 단위는 가능성 있는 적의 존재와, 따라서 다른 정치 단위의 공존을 내포한다."[176] 레오 스트라우스가 주목하는 것처럼, 정치인을 자체적으로 그 내면에서 정의할 수 없었던 C. 슈미트에게 정치인은 "결정적인 시련을 향해 있는 존재"[177]이다. 정치인은 그 정치 집단의 자율성을 오로지 다른 정치적 개체에 대하여 대립적인 방법으로 구성하기 때문이다. 보댕에게 있어 전쟁에 돌입할 권리를 포함하여 다른 것들을 좌우하는 주권의 주요한 표시인 법은 엄폐된다. 그러나 보댕에게도 전쟁은 더 이상 국가가 필요한 경우에 경제를 일굴 수 있는 주권의 부수적인 표시가 아니다.

정치적 통일체가 생물학적 조직의 외양을 갖출수록, 만일 그것이 적어도 시민들 생계의 필요에 관한 것이 아니라면 전쟁은 우리가 이미 보았다시피 순수하게 내적인 이유들로 온갖 종류의 질병에 노출되어 있는 정치적 통일체의 생존에 관련된다. 전쟁은 질병 예방 형태가 된다. 물론 마키아벨리에 의하면 공국 유지를 위해서는 좋은 법이 필요하지만, 훌륭한 군대가 없다면 무력할 것이다. 그리고 16세기부터는 점점 더 신체적 질환을 앓는 몸체로 변형된 그 정치적 사회를 위해 의학 용어가——소독·구제책·해독제——전쟁을 설명하고 정당화할 목적으로 사용된다. 중상주의자들은 그 중 쉽게 찾을 수 있는 표현으로 전쟁을 통해 환자들의 '불량 체액'[178]을 정화해야 한다고 하고, 이는 보댕에게는 '내란'이라는 '페스트'에 대한 구제책이다. 마키아벨리에게 전쟁은 '내란의 수장들'을 우회시키고, 다시 '외국을 향해 무기를' [179] 들어 내부의 반목을 미리 막는 유일한 수단이다. "분열과 불화가 팽배한 국가들은 자국의 시민들이 단결하여 그때까지만 해도 폭동이나 일으키던 잔인한 풍습을 공동의 이익으로 돌리는 것을 보게 된다." 보댕은 "결코 내란보다 좋은 해독제도, 환자들을 적에 대립시키는 것보다 더 확실한 구제책도 찾지 못했던" [180] 로마인들의 실례를 따라 외부 전쟁을 대가로 치르더라도 내부의 평화를 유지하라고 충고한다. 그리고 만일 적이 없다면 반드시 만들어야 한다. 마키아벨리는 "다른 전쟁으로 또 하나의 전쟁을 감지하지 못하게 할 줄 알았고, 그렇게 해서 신하들이 자신에게 대항할 엄두도 내지 못하도록 절대 틈을 주지 않았던" [181] 페르디낭 다라공을 찬양한다.

헤겔에게 전쟁은 단순히 국가들의 건강을 보호하는 수단이 아니라 '윤리적 건강' 자체를 구하는 수단이다. 주인과 노예의 본래의 전투는 국가를 통해 계속된다. 국가는 민사적 평화와 개인의 구체적인 자유를 보장하지만, 그 자유를 실현하기 위해서는 '다른 개체들과의 관계와 갈등' 에 돌입하면서 죽음의 위험도 무릅써야 하도록 되어 있다.

전쟁은 국가들의 건강을 보장할 뿐만 아니라 국민들의 건강도 책임지고, 개인들이 전장에서 직접 인성에 접근할 수 있도록 한다. 모든 시대를 막론하고 전사는 대개 영웅으로 바뀌어 찬양되었다. 마키아벨리는 지나치게 오랫동안 평화가 유지되었던 시기의 결과를 따져 보라고 말한다. 시민들은 무기력과 사치에 빠져들고 스스로를 보호할 수 없게 되어 보다 호전적인 이웃들의 만만한 먹이가 된다……. E. 윙거와 같은 다른 이들에게 있어서, 대개 미화된 전쟁은 인간이 실력 이상의 힘을 발휘하고 인성을 넘어 결국 자신의 동물적 본성을 만나는 수단이다. 윙거가 그 굉장한 짐승을 찬양하는 바로 그 순간에 그의 일부 동포들은 총력전을 전쟁의 유일한 표현으로 만든다.

고리는 채워지고, 이제 우리는 다시 동물성으로 돌아왔다. 18세기 말엽 클라우제비츠에 의하면, 제한된 무리들만을 적대 행위 속에 개입시키는 '레이스 전쟁'에서 적합하다고 판단된 모든 시민들이 전투에 참여하여 집단적인 민중들의 전쟁으로 넘어가면서 더욱 잔인하고 난폭해진 이와 같은 전쟁의 동물화는 정치적 통일체의 생물화를 통해 준비된다. 물질적인 정복들을 통해 국가 권력을 발전시키고, 방어를 통해 국가의 생존을 보장해야 하는 필요성을 주장하면서 질병과 그 해독제와 구제책에 대한 은유를 증가시키고, 국민들의 건강을 국가의 주된 관심사로 만드는 이들은 분명 중상주의자들이다……. 생존 수단이 되었고, 보다 높은 영적인 가치들을 노렸던 변성된 전쟁은 정치적인 것마저 변질시켰다. 정치 집단은 스스로 몸체가 되면서 상실한 몸체가 되었다. 평화주의자들은 틀림없이 모든 전쟁의 짐승 같은 성격을 고발하려 할 것이다. 인간이 마침내 인간다워지기 위해서는 개인들을 그렇게 했듯이 정치 집단들을 자연 상태에서 끌어내면서 반드시 전쟁을 억제해야 한다. 법의 확장, 국제 규칙들의 계약 설정, 세계 국가와 같은 초(超)중재자의 창설을 통해. 그러면 우리가 위에서 지적했던 것처럼 정치적인 것은 그 본질 속에서 사라질 우려가 있다. 국가의 소멸과 함께 마르크스주의에서는 전쟁은 사실상 더 이상 존재할 자리가 없다.

물론 동물들은 이 모든 토론에 존재하지 않는다. 그렇지만 분명히 전장에는 존재하고, 지난 두 차례의 세계 분규는 군사적 목적에 활용된 동물들(말, 소, 연락용 비둘기……)을 인간의 열 배로 희생시켰다. 전쟁은 인간들 사이의 일이고, 인간들은 동물들과 싸우지 않는다……. 인간들은 동물들을 한계가 없는 다른 종류의 전투로 이끈다. 이것은 단순한 호칭의 문제가 아니라, 여기서도 역시 인간들에게서 결정된 범주들과 함께 이야기할 수 있는 것에 영향을 미친 동물성에 관한 것이다. 일부 개인들의 인성이 의심스럽게 나타나는 때에, 아메리칸 인디언의 예를 들면 그들에 대한 싸움은 과연 전쟁이라고 불릴 수 있을 것인가? 그들에 관해 '정당한 전쟁'의 문제가 제기되어야 할 것인가? 그들에게 **전쟁 중의 법**이 적용되어야 할 것인가, 아니면 그들을 짐승처럼 다루어야 할 것인가?

* * *

　I부의 끝에서 우리는 결핍의 집합체로 규정된 동물을 보고 있다. 동물은 인간과 같은 코도, 이성도, 손도, 정치적 통일체 등등도 없다. 그러나 도중에 동물이 일정수의 특징들을, 물론 부정적이기는(대체물, 유사물, 희미한 윤곽……) 하지만 동물을 구체적인 존재로 만들어 준 특징들도 살펴보았다. 그 특징들은 사실 허공에서 탄생한 것이 아니라 오히려 차이에서, 즉 굴절 그 자체, 인간의 직선 궤적의 이탈을 통해서만 드러나게 할 수 있는 에피쿠로스의 **클리나멘**(clinamen; 직선으로부터의 편위 운동)의 방향에서 탄생한 것이다. 그러나 동물성은 여전히 추상적인 개념으로 남아 있다. 그 개념에 실제 동물들의 표현을 첨가해야 할 것이다. 은유는 구체적인 동물류들을 인간 범주에 접근시키는 작업 속에서 힘을 얻게 될 것이다.

II

동물원에는 어떤 동물들이?

존재하지도 않는 존재들을 어떻게 우리의 동물원에 집어넣고 꼬리표를 붙여 우리 안에 가둘까? 분명히 인간과 비교해서 인간과의 차이를 파악하면서이다. 아리스토텔레스가 말하는 것처럼 동물들은 '인간에 비하면 난쟁이들'[1]이다. 어설픈 윤곽에 지나지 않으니까. 따라서 동물들은 어설픈 윤곽과 완벽한 존재 사이에서, 일반적으로 경멸의 뜻을 나타내는 모든 차이와 함께 동물들에게 인간의 형체를 주어, 인간에게서 빌려 온 특징들을 통해서만 묘사될 수 있다. 인간과의 유사성은 신체적 특징들과 성격들 사이의 닮음의 유희로 가중된다. 아리스토텔레스는 다음과 같이 설명한다. "인간의 경우에 보다 분화된 방식으로 표현되는 영혼 상태는 사실 대부분의 동물들에게도 존재한다. 유순함이나 사나움, 부드러움이나 거칢, 용기나 비겁함, 두려움이나 확신, 대담함이나 간악함, 그리고 지적인 측면에서의 어떤 명민함, 이런 것들은 대다수의 동물들에게서도 볼 수 있는 인간과의 닮은 점들이다."[2]

그렇지만 아리스토텔레스는 여전히 대단히 신중하다. 그는 인간과 동물이 같은 기질을 공유하고 있으나 그 정도가 다양하고, 이는 종들의 연속성 때문이라고 생각한다. 그러나 근본적인 인간의 특수성으로 인해 동물에게 있는 '자연적인 능력들'과 인간의 도덕적 그리고 지적 품성을 혼동해서는 안 된다. 또한 그는 동물에 대해 사용되는 어휘가 적절한 용어가 아닌데도 유사와 은유의 장부에 올라 있다고 지적한다. 이미 앞에서 보았듯이 동물은 본래 도덕의 영역 밖에 있기 때문이다. "짐승은 악도 덕도 갖고 있지 않고" "의미를 확대시키지 않고서는 짐승들이 절제 있다거나 난잡하다고 말하지 않는다"[3]고 《니코마코스 윤리학》에서 상기시킨다. 그래서 그는 동물학자(19세기가 되어서야 나타나는 용어이다)의 중요한 작업의 일부를 이루는 동물들의 행동·습관, 그리고 성격 연구에 지극히 조심스럽게 접근하고 해부학이나 생리학적인 묘사에 치우친 이야기는 자제하라고 권한다.

자연주의자인 아리스토텔레스는 대부분의 작품(《동물사》《동물의 생성》《동물의 신체 부분》……)에 걸쳐 오랫동안 필수적인 참고 자료로 남아 19세기에도 여전히 자주 언급된다. 그의 작품들은 그의 후계자들에 의해 상당한 존경과 함께 다시 인용된다. 1세기에 고대인 플리니우스는 아리스토텔레스를 수정하고, 자신의 목록에 동물들을 삭제하거나 첨가할 때 거의 용서를 구하기까지 한다. 물론 서양에서 고대의 과학적 업적들은 6세기까지 빛을 잃어 가고, 아리스토텔레스의 《동물사》와 《동물의 신체 부분》은 1250년경에야 다시 출간된다. 그러나 고대의 자연주의가 완전히 잊혀진 일은 없었다. 플리니우스의 《박물지》와 솔리누스가 3세기에 간추린 개론은 중세에 내내 다시 정서되고, 동물들에 대한 아리스토텔레스의 증언들은 계속 회자되어 다른 문학 장르들 속에 삽입되는 일도 종종 있다. 16세기까지 꾸준히 참고되었던 7세기 세비야의 대주교 이시도루스는 플리니우스에 따른 고전 해석을 수정한다. 그러니 토마스 아퀴나스와 우선은 그의 스승 알베르투스를 통해 재발견되기 이전에도 아리스토텔레스는 분명히 존재했고, 그 자신이 이미 플라톤이 했던 것처럼 호메로스·이솝 혹은 헤시오도스의 이름들을 늘 거론하지는 않더라도 선조들의 관찰을 종종 수정하며 표현의 영속성에 기여했다.

그와 같은 동물들 이미지의 연속성은 고대인들이 선언했던, 종의 불변성과 이것에서 저것으로 넘어가지 못하는 불가능성의 원칙 때문인 것 같다. 결정론을 따르는 동물은 결코 자신의 자율성에서도, 자신의 행동에서도 그 자체와 달리는 존재할 수 없다. 플라톤은 이솝이 들려준 늙은 사자 이야기를 상기시킨다. 나이를 먹으면서 사자다운 힘을 잃은 그 동물은 여우와 함께 계책을 쓰고자 했으나, 꾀바른 여우는 여우 같은 꾀를 얻지 못한 채 신체적 힘을 잃어버린 사자의 술책을 일찌감치 간파하고 사자를 압도했다. 사자는 여우를 해치울 수도 없고, 더군다나 자신의 주요 속성인 힘을 잃은 터라 더욱 그렇게 하지 못한다. 그래서 사자는 죽을 수밖에 없다. "자연은 언제나 자신의 속(屬)과 종(種)을 보존한다"[4]고 A. 파레는 말한다.

그러나 태곳적부터 오늘날까지 다양한 동물 종들에 대한 표현이 꾸준히 이어졌다고는 해도 그리스도교와 함께 일종의 진보와 때로는 이미지의 돌변을 거부하지는 않는다. 사실 고대의 자산에 접붙여지는 또 하나의 원천이 있다. 그것은 바로 2세기의 한 그리스 그리스도교인의 익명의 저서인 《피지올로구스》로서, 3세기와 4세기에 폭넓게 회자되다가 5세기 무렵에 라틴어로 번역된다. 종들은 그리스도교 상징론의 관점으로 실질적이고 상징적이고 도덕적인 수준에서 연구된다. 이제 집중적인 관심사가 된 것은 동물들의 행동이다. 이는 플리니우스에게는 이미 나타났던 관심사로서, 그 점에서 그는 동물들의 특징 묘사에 신중을 기하라는 아리스토텔레스에게 충실하지 않았다. 로마 제국에서는 그 특징들이 점점 더 강조된다. 의사였던 엘리엔은 《동물의 속성에 대하여》(260년경)에서 동물 우화집들의 중세 동물학을 예고하는 온갖 종류의 도덕적인 일화들을 수집한다. 5세기에서 7세기에 제작되어 그 이후에 대폭 수정된 그 중세의 백과전서들은 우선적으로 우의와 상징을 목적으로 한다. 직접적인 관찰 없이 대개 옛 저서들에 나와 있는 묘사를 옮기면서 정신적이고 도덕적인 가르침을 주려는 의지 앞에 실제 동물은 지워진다. 특성을 통해 인간과의 유사점에 접근하려는 태도는 우리가 위에서 언급한 것처럼 가장 최근의 과학 서적에서도 결코 완전히 사라지지 않는다.

인간은 지적인 능력의 모델로 남은 채 도덕적 판단에 따라 분석된 동물들의 행동은 인간의 행동을 위해 사용된 용어들로만 표현/설명될 수 있다. 동물의 의인화는 더욱 강조된다. 그렇다면 동물들이 인성을 얻게 될 것이라는 뜻인가? 오히려 정반대이다. 고대에서 물려받은 시각들과 그리스도교적 해석이 중첩되며, 동물에 대한 표현에 새로운 방향이 주어진다. 《피지올로구스》가 구분했던 긍정적인 양상과 부정적인 양상 중에서, 일부 종들에 접근하면서 발견하는 양면성을 지닌 요소들을 설명하고 동물에 대한 한결같은 지각과 단절하면서 우위를 차지하는 것은 부정적인 속성들이다. 동물의 특징들은 중세를 거쳐 르네상스 시대에 와서 더욱 굳어지고 어두워진다. 그러자 동물의 위험성과 유해성이 증가한다. 그 특징들은 대단히 일찍이 알렉산드리아의 필론(기원전 40년–기원후 40년)을 통해 1세기에 원죄와 결합되었다가 성 바울로와 교부들을 통해 수정된다. 13세기에도 어떤 동물들은 여전히 원죄를 상징하지만, 유사성은 15세기에 일곱 가지 대죄 속에 고정되어 그 연상은 20세기초까지도 가톨릭에서 사용된다. 동물은 마침내 전형적인 그리스도교의 괴물, 즉 그 태도가 점점 더 짐승 같아지는 악마가 어디에나 모습을 드러내는 시점에 이르자 악을 구현하기에 이른다. 합리주의 사상도 동물들에게는 그다지 더 관대한 모습을 보이지 않는다. 17세기와 18세기 사상가들의 저서에서는 '짐승'이라는 단어에서 '야만적인 짐승'과 짧게는 '야수'라는 표현으로 넘어간

다. 1694년의 아카데미 프랑세즈 사전은 '짐승'이라는 단어와 '야만
적인'이라는 단어가 갖고 있는 똑같은 정의를 고치고, 이미 퓌르티에
르 사전에 나와 있는 가치 판단은 다음과 같다. 짐승 같은 이는 성마
르고, 비합리적이고, 불안하다.

따라서 우리는 이따금 객관적인 실재로부터 대단히 멀어져 있는 상
징의 영역에 와 있다. 그 동물들은 대체로 가상적인 존재들이고, 그 묘
사는 흔히 가장 지적인 작품들에서조차 실제처럼 소개된 전설적인 동
물들, 중세부터는 과학 서적들의 대상이 되는 괴물들에 관한 일부를
통해 연장된다. 그 존재들이 전설적으로 될 정도로 '과학적'인 실재
에서 멀어지면 멀어질수록 그들의 환상적인 위력은 더욱 커진다. "상
징은 그것이 관계되는 실재에서 떨어지는 그 순간에만 충분한 의미를
띤다"[5]고 G. 바타유는 기술한다. 이미지의 위력은 은유적인 양상이
사라지며, 하나의 동물과 하나의 특징 사이에 일반적으로 용인된 대
등함에 자리를 넘기는 만큼 더욱 중요하다. 예를 들면 꾀와 여우, 어
리석음과 당나귀……. 우리가 여기서 단순성, 지나친 단순화에서 효력
을 끌어내는 '죽은 은유'를 다루고 있는 것은 그 은유가 모두에게 특
히 가장 교양이 적은 이들에게 단숨에 이해된, 그러나 학자들에 의해
보존되고 철학자들에 의해 수정된, 일종의 획득된 동일성을 위해 비
교 가치인 차이를 버렸기 때문이다.

따라서 우리의 동물원에 집어넣으려는 동물들을 분류하는 것은 과
학적인 분류학에 속할 수 없다. 그 동물들이 '상상된' 것은 인간에 비
해서이고, 우리가 그들을 소개하려는 것도 인간에 비해서이기 때문이
다. 가축, 야생동물, 괴물, 또는 만들어 내진 동물들. 이 세 가지 범주
는 동물 지시 대상에 대한 의지의 세 가지 측면들을 각각 분명히 드
러낸다. 길들임을 통한 정복 의지, 짐승 같은 성격이나 야만성에 대한

두려움, 정체성의 혼합과 상실에 대한 강박관념. 동물의 의인화는 일부 인간 무리들의 변형을 준비하는 우회에 지나지 않는다…….

우리 동물원을 방문하기 전에 두 가지 명시할 것이 있다. 한편으로는 선택을 내포하는 동물원에 대한 생각이다. 우리는 작가들에게 가장 자주 돌아오는 경우인 종의 선택만을 소개할 것이다. 16세기 게스너의 경우처럼 전반적인 개론을 원할 경우 자연주의자들은 대개 제한된 수의 동물들만을 묘사한다는 점을 주목해야 한다. 가령 아리스토텔레스는 약 5백 종을 다루었는데, 이는 그가 당대에 알 수 있었던 지리학적인 영역에 살던 종들의 1천분의 3에 불과하다.《피지올로구스》와 그 이후 중세의 동물 우화집들은 40여 종 이상을 언급하지 않는다. 표현들의 단순성, 그로 인해 더 충격적이기까지 한 그것은 의미심장한 소수의 동물들에만 관계된다. 그 동물들 각각은 때에 따라서는 부차적인 특징들을 통해 보완되는 주된 특징을 상징하는 것이 분명하다.

다른 한편으로 코끼리에서 뽕나무의 누에나방에 이르는 2백 종 이상의 동물들은 때에 따라서 길들여질 수도 있고, 토끼나 코끼리와 같은 어떤 종들은 가축인 동시에 야생동물들이기도 하기 때문에 때로는 야생동물들과 가축들 사이의 경계가 불분명하다. 그 경계는 실제 동물들과 전설적인 동물들 사이에서도 적잖이 희미하여 일부는 괴물로 바뀌기도 하고, 혹은 유니콘과 같은 일부 가공의 동물들은 실제처럼 여겨지기도 한다. 따라서 우리는 여기서도 역시 과학이 아닌 화자의 입장에 서려고 한다.

1. 가 축

조프루아 생 틸레르가 편찬한 《신백과전서》의 '동물 길들이기' 항목에서 볼 수 있는 것처럼, 가축이란 "집동물들로서 [⋯] 인간이 집 안에서나 집 근처에서 키우는 동물들이다."[6] 아리스토텔레스는 "거의 모든 가축들이 야생 상태로 존재한다 해도"[7] 모든 야생동물들이 길들여질 수는 없을 것이라고 지적한다. 그러니까 순화된 종들은 자연 여건이 아니라 인간의 의지와 행위에서 비롯된다. 따라서 그 두 가지 유형의 동물들을 구분하는 것은, 그들이 진화하는 환경(자연이나 인간 공동체)보다는 차라리 자유냐 종속이냐 하는 그들의 위상이다. 가축은 집에서, 혹은 근처에서 살지만 무엇보다도 주인(dominus)의 지배 아래에 있다.

그 지배는 당연한 듯 보여지긴 하지만 많은 정당화를 촉발한다. 한편으로 너무도 자주 관심을 끄는 〈창세기〉의 문헌은 동물들을 인간에 봉사하는 도구로 만든다. 신은 "그들에게 복종하고 예속되는 성향을 넣으셨다"[8]고 칼뱅은 말한다. 물론 신은 반항자가 된 인간에게 야생동물들을 길들이는 어려움을 주셨음에는 틀림없지만, 일부 동물들은 스스로 길들여지기 때문에 창조의 측면에 따른 동물 예속의 원리는 낙원을 벗어난 이후로도 폐지되지 않았다. 19세기에 조프루아 생 틸레르는 가축수를 40여 종 이상 열거하지 않는다. 18세기에 플뤼슈 사제의 경우는 가축들의 유순함, 적게 먹으면서 일하는 능력, 인간에 대한 타고난 사랑이 그들로 하여금 저절로 인간에 봉사하게 만든다고 한다. 이와 같은 인간 중심적인 궁극 목적론은 이미 동물형태학이 영향을 받은 용도에 부합한다는 생각을 통해 연장된다.

　다른 한편으로 길들임은 짐승에 대한 인간의 자연스러운 우월성을 통해 정당화되고, 이는 동물성으로부터 인간을 구분짓는 이유가 된다. 뷔퐁은 가축들에 대한 자신의 논술 서문에서 "동물들에 대한 인간 제국은 적법한 제국"이라고 선언한다. 그 이유는 다음과 같다. "인간이 지배하고 명령하는 것은 자연의 탁월함에 의한 것이다. 인간은 생각을 하고, 따라서 전혀 생각이라고는 없는 존재들의 주인이다."[9] 이렇듯 자명한 인간의 지배권에 현장 관찰이 덧붙여진다. 즉 개미학자들[10]에 의해 주목된 개미들의 노예 제도의 경우를 제외하고는 동물들은 서로를 길들이지 않는다는 것이다.

　따라서 길들임은 인간의 속성이다. 그러나 그것은 단순한 특권 이상이다. '실제 혹은 꾸며낸 필요성' 혹은 '쾌락'의 만족이라는 공리주의적인 논증들을 넘어 인간으로 하여금 인성에 도달케 하는 것을 이루기 때문에 그 자체로서 하나의 목적이다. 칸트에 의하면 "인간을 동물 사회 위로 완전히 끌어올리면서 이성이 이룬 마지막 진보는 […] 인간이 바로 **자연의 목적**이었음을 깨달았다는 점"이고, 동물들은 "인간의 의지에 맡겨진 수단이자 도구들"[11]에 불과하다는 깨달음이다. 헤겔에게 있어서 동물의 길들임과 비육은 나의 의지가 명백하다는 사실을 입증한다. 역사는 인간의 인간화와 동물의 길들임 사이의 상관성을 확인시켜 준다. 엥겔스는 《가족, 사유 재산, 국가의 기원》에서 푸리에가 서술한 역사적 단계를 용어까지 모방하면서, 문명의 현 단계 이전 중간 단계인 인간이 과일이나 꽃·야생동물들을 먹고 살던 야생 상태를 구분한다. 그런데 동물성으로부터 떠오르는 인간이 가진 야만성의 특징적인 요소는 바로 인류학적인 다른 속성들의 획득과 어깨를 나란히 하는 동물들의 길들임이다. 예를 들어 식인 풍습은 그 중간 단계에서 점차로 사라진다. 그러나 엥겔스는 첫번째 예속인 동물들의 그것과 여자들이나 노예·농노와 임금노동자의 예속의 관계를 명백히 하지 않고, 그 점에 대해서는 후의 논증에서 언급한다. 키스 토머스에게 "길들임은 다른 종류의 사회적 종속 관계의 전형"[12]이 된다. 그 종류는 이 책의 마지막 부에서 다시 보게 될 것이다······.

가축들은 조프루아 생 틸레르에게는 "제2의 창조를 통해 노예들 ······ 그 존재들로 변형되는 인간의 손"을 표현한다. 따라서 인간에 비해서 그 존재들, 그 자연주의자가 설명하는 대로, 다시 말하면 "그들이 속해 있는 고전적인 유형들로 빚어진 추상"[13]에 접근해야 한다. 그렇듯 인간과 가장 가까운 동물에서 가장 먼 동물까지 중에서 인간에게 기쁨을 안겨다 주는 경우에는 애완동물로 분류된다. 그리고 인간의 노동을 돕거나 보충하면 보조동물이고, 고기나 생산물을 위해 유지되면 사육동물이다. 그런데 그 '집동물들' 사이에도 서열이 정해진다. 개나 고양이처럼 주인의 침대 위에서 잠도 자는 전자들은, 레비 스트로스에 의하면 모든 보살핌에 대한 구실이 되는 '인간 사회의 일부가 되어' 집단으로 사육되고 사고되며, 사물처럼 취급받고, '인간 사회의 비인간적인 일부'[14] 속에 정리되는 후자보다 더 우호적인 이미지를 누린다.

과학적인 것과 전혀 관계가 없는 이와 같은 분류학 속에서 범주 사이의 경계들은 서로 영향을 받기가 쉽다. 보조동물이나 식용동물과 같은 것은 일종의 애완동물이 되기도 하고, 혹은 그렇게 될 가능성이 있다. 가령 소는 보조동물에 속하면서도 때로는 사육동물에도 속하는 반면, 젖소는 언제나 사육동물에 속한다. 하나의 같은 분류 속에는 좋은 것들과 덜 좋은 것 혹은 나쁜 것 사이의 대립이 있고, 같은 종 안에서도 수컷과 암컷 중에서 대개 암컷은 동물의 부정적인 특징을 심화시키거나 암컷만이 그 동물을 상징하기도 한다. 다른 한편으로 어느 특정 동물의 표현은 대개 양면성을 갖는다. 끝으로 과학적 담론과 은유의 사용 또는 은유의 사용과 인간들의 실제 행동 사이에는 왜곡이 나타난다.

애완동물

개의 유용성은 이루 헤아릴 수가 없다. 개는 사냥꾼이고, 맹인들의 안내자이며, 양치기이다……. 그와 같은 봉사들도 개에게 품는 애정에 영향을 미치지 않을 수가 없지만, 뭐니뭐니 해도 으뜸가는 것은 아무래도 애완동물로서의 자격이다. 한편 고양이는 제법 최근 들어서야 '다정한 동물'이 되면서 쥐를 잡는 역할은 뒤로 밀려났다. 그렇지만 개와 고양이의 이미지에는 양면성이 있고 진화하고 있어서, 은유들을 보면 언제나 그들의 가장 호감가는 측면에만 관계되지는 않는다는 점을 알 수 있다.

개에 대한 표현은 가장 오래된 고대부터 이중적이다. 《오디세이아》에서는 20년이나 곁을 떠났던 주인을 유일하게 알아보는 율리시즈의 개 이야기를 떠올릴 수 있다. 그러나 《일리아드》는 개에 대한 다른 표현을 전한다. 아킬레스는 헥토르를 '개' 취급하면서 이렇게 말한다. "개와 새들이 너를 갈가리 찢어 버릴 것이다."[15] 그러면서 스스로 개처럼 행동한다. 그러나 우리는 여전히 생생한 영역에 있다. 플라톤은 시적인 차원은 배제되었으나 윤리적이고 정치적인 가치를 갖는 새로운 해석을 한다. 《국가》의 경비견들은 **투모스**, 즉 머리와 배와 성기 사이의 매개체인 심장의 높이에 있다. 영혼의 목자이며, 영혼보다 우월한 이성은 따라서 '목동이 자신의 개를 부르듯'" 투모스를 부른다. 그래서 개들은 "집안 사람들과 자신들이 알고 지내는 이들에게 최대한 다정하면서도 자신들이 전혀 알지 못하는 이들에게는 정반대"인, "자신의 편에게는 다정하면서 동시에 적들에게는 거친"[16] 이중 성격을 보여 준다.

스토아 철학자들이 실제 개를 고려한다면(크리시포스는 삼단논법에 의존할 수 있음을 보여 주는 반면에, 그의 계승자들은 그 감각적인 탁월함은 인정하면서도 그 이성은 부정한다), 키닉학파(일명 견유학파) 학자들은 개를 철학적인 동물의 반열에 올려 놓는다. 오랫동안 그 학파의 창설자로 인정되었던 안티스테네스는 《개에 대하여》라고 명명된 우의적이고 윤리적인 시론을 썼다. 그런데 '키닉학파'라는 호칭(쿠노스(kunos); 개(犬)의)의 기원은, 실상 E. 드 퐁트네가 상기시키는 것처럼 우발적이었다. "그것은 그들이 개의 회랑인 키노사르게스에 모이곤 했기 때문에, 그들끼리도 그 사실을 두고 재미있어 했기 때문에, 그리고 지형학적인 정세의 우연에만 의거하는 그 유추에서 다양한 행동 특성들이 생기기 때문이다."[17] 키닉학자들을 통해서 본 개의 이미지는 대단하게 사람의 마음을 끄는 면도 전혀 없고, 현실과 그다지 부합하지도 않는다. 그 이미지는 개의 특수한 성격들을 갖고 있다기보다는 오히려 일반적으로 동물성으로 간주하는 성격들을 갖고 있다. M. 데티엔은 "날것으로 먹고, 근친상간 금기를 허물며, 식인 풍습을 주장한다"[18]고 요약한다. 이는 진정한 개의 특성이라기보다는 인성과의 단절을 나타내고, 주장된 태도들은 실상 개의 행동과는 별반 관련이 없다. 전체주의적 정치, 반사회성, 금욕주의, 인내력. 그러므로 개는 야만스럽게 만들기에 대한 철학적인 구실로 사용되고 소리 높여 주장된 동물성에 서명하는 것이고, 키닉학자들 자신들도 종종 온갖 다른 종류의 동물들에 스스로를 비교하곤 하였다. 이런 맥락에서 개의 찬미는 오히려 그 동물에게 불리한 이미지를 만드는 데 기여했을 뿐이다……

　그렇다면 전체적으로 복잡한 표현을 이루는 개에게는 정확히 어떤 장점들과 단점들이 있을까? 개는 가축으로서 인간에 대한 태도로 인해 언제나 호감을 받았다. 개는 인간에게 온갖 봉사를 다해, 심지어는 전쟁에서도 플리니우스가 설명하는 것처럼 "임금을 줄 필요가 없는 귀중한 보조자"[19]였을 뿐만 아니라, 무엇보다도 인간에 대한 충성심은 주목할 만한 것이다. 아리스토텔레스에 의하면 '애정 넘치고 다정다감한'[20] 이 동물들은 가축들 가운데에서 플리니우스에게 최초로 대접받은 종이다. J. P. 디가르는 "중세 유럽에서 유복하게 사는 이들은 거의 모두가 친숙한 동물들을 갖고 있었다. 그 중에 가장 높이 평가되는 것이 개들이었다"[21]고 기술한다. 영국 설교사들은 아이들이 강아지들 때문에 어머니에게 홀대받는다고 불평하기까지 했다! 이와 같은 심취는 18세기에는 중산 계층의 마음을 사로잡아 과학자들도 개를 칭찬한다. 뷔퐁은 널리 알려진 바 있는 인간에 대한 개의 우정을 찬양하고, 다윈은《인간의 유래》에서 "생체해부학의 대상이면서도 수술을 집도하는 이의 손을 핥는 개"[22]의 예를 든다. 개들이 19세기 수준으로 도시 속에서 번식하자 영국에서는 1796년에, 프랑스에서는 1855년에 개들에 대한 세금이 생겨난다. 그러나 19세기에는 자유주의가 한창 확대되면서 소유물을 지키는 이미지에 보다 세속적인 이미지가 겹쳐진다. 이미 페늘롱에게는 인간에게 봉사하기 위해 태어난 개에 대한 목적론적이고 인간 중심적인 개념 속에서 개는 인간을 어루만지고, 인간의 재산을 지키기 위해서 태어난 생명체이다. 1875년의 리트레 사전은 이같이 정의한다. "인간에게 가장 애착을 갖고, 인간의 집과 동물 무리를 지키고 사냥을 돕는 네 발 달린 가축."[23] 사회학자 투스넬에게 있어서 개는 "영웅적인 수호자, 소유물의 세심한 감시자"[24]이다.

　그러나 개에 대한 관심은 개의 충성심이나 일상의 봉사에 대한 인식을 넘어선다. 개는 인간의 인성을 구성하는 데 공헌한다. 뷔퐁은 이렇게 자문한다. "개의 도움이 없었다면 인간은 어떻게 다른 동물들을 정복하고, 길들이고, 예속 상태에 놓을 수 있었겠는가?"[25] 조프루아 생 틸레르에게는 개들은 인성을 테스트하기도 한다. 미개 민족의 개들은 여전히 야생 상태로서 늑대나 자칼에 더 가깝기 때문이다. "개의 순화 정도는 인간의 문명화 정도에 완전히 비례한다."[26]

개의 인기도는 지난 몇십 년 동안 꾸준히 증가해 왔다. 이제는 가족 속의 애완동물들에서 으뜸가는 위치에 이르렀다. 심리학자들과 정신분석학자들은 아이들에게 있어서의 개의 역할에 대해 자문한다. 개는 완전히 가족의 일부를 이루고 있어서 이혼할 경우에 친권 문제를 제기하기도 하는 정도이다. 19세기 말엽에는 개 묘지가 생겨났다. 어떤 주인들은 개에게 자신의 재산을 물려주기도 하는데, 한 판사는 1983년 이것에 대해 있을 수 없는 일이라고 판결을 내리며 "많은 동물들을 관리할 능력도 없는 부동산의 책임자로 만드려는 그 움직임"[27]을 중단시켰다······.

많은 미덕들을 앞에 두고, 우리는 볼테르와 마찬가지로 이렇게 자문해 볼 수 있다. "어쩌다가 개가 욕이 되었을까?"[28] 사실상 개들이 점점 더 길들여지고 인간과 점점 더 가까워진 이후로 강화된 긍정적인 암시적 의미로도 모순된 경멸조의 표현을 결코 없애지는 못했다. 즉 개들의 위험성과 사나움. 라신이 《아탈리》에서 언급하는 '탐욕스러운 개들'은 피로 갈증을 채우는 이들[29]이고, 칼뱅에게는 이성이 비어 있는 담론 속에 짖어대는 짐승들이다. 사실 에라스무스는 "모두들 단 하나의 같은 종족 속에 둘러싸여 있는" "무수한 개의 형태들"[30]이 있다고 주목한다. '모두 개라고 불리는' 블러드하운드 · 그레이하운드 · 스패니얼 · 푸들 등에게 맥베스는 다른 성질들을 부합시킨다. 날쌘, 느린······, 그리고 '인간들도 마찬가지'라고 결론짓는다. 이렇듯 종의 다양함 속에서 개는 혼자서 인간 기질의 온갖 색조를 형상화할 수 있을 것이다. 그러나 섬세하기도 한 명암의 차이에 공통된 표현들이 결부되는 일은 드물고, 선악 이원론적인 경향에 따라 나쁜 개들을 착한 개들에 보다 야비하게 대립시킨다. 나쁜 개들은 야성적이고, 늑대와 가깝고, 길 잃은 개들이며, 때로는 오늘날보다 예전에는 훨씬 많았던 광견병을 옮기고, 후자와 달리 주인 없는 개들이다. 뷔퐁은 이 두 가지 유형을 잘 묘사하고 있다. "불같이 화를 잘 내고 사나운데다 잔인하기까지 한 천성은 개를 모든 동물들에게 위험할 정도로 야성적으로 굴게 만들고, 집에서 키우는 개에게는 가장 부드러운 감정들, 애착을 갖는 기쁨, 그리고 기쁘게 하려는 욕망에 굴복케 한다……."

그러나 "주인의 발 밑에서는 용맹함도 버리고 기어와" "주인의 명령을 기다리는"[31] 집에서 키우는 개도 부정적인 상징이 되어 주된 특성인 유순함이 노예 근성, 비겁함이라는 결점으로 뒤바뀔 수도 있다. 개는 주인이 가하는 최악의 굴욕까지도 무엇이든 받아들인다. 루터 아들의 개는 "그 아이의 명령에 따라 무엇이든지 참는다."[32] 그리고 루터는 격언조로 〈창세기〉를 인용하면서 자신의 아들이 그 교훈을 완벽하게 사용한다고 평가한다……. "충성 서약, 단 한 사람의 주인에 대한 결정적인 애착"을 찬양하는 K. 로렌츠도 그 대신에 "길들임으로 인한 개의 유치한 행동"[33]을 지적한다. 길들여지고 실망스러워진 개는 중세에 일곱 가지 대죄 중에서 시기를 상징했다.

야생이든 가축이든 개에 대해서 언급할 때의 언어는 어쩌면 들로르의 말처럼 성서와 이집트의 성견, 즉 자칼 혹은 개의 머리를 한 아누비스[34]에 대한 셈족 세계에서 온 반응처럼 설명될지 모를 경멸의 언어이다. 자신의 토사물을 먹으려고 다시 돌아간다는 성서의 문구는 철학자들의 글에서도 종종 나타나지만, 개에 관련된 표현들 전체가 호의적이지는 않다. 16세기에 게스너는 이미 개와 관련된 독일 숙어 전부와, 1875년의 리트레 사전에 실린 30여 개의 속담 목록에서 개의 충성심을 떠올리게 하는 몇 안 되는 속담들과 개의 사나움, 악의 혹은 노예 근성을 떠올리게 하는 거의 모든 속담들을 조사했다. 그리고 물론 모든 동물들의 경우와 마찬가지로 악이 개입된다. 추잡한 개는 방탕함과 방종함과 연관되고, 암캐, 특히 그레이하운드 암캐는 그 주동자이다……. 개는 정신의학에서는 언제나 원죄와 수치심, 그리고 오점의 상징이다.

따라서 개의 이미지는 이중적인 비틀림을 제공한다. 한편으로는 호의적인 박식한 담론과 경멸적인 공통 언어 사이에서, 다른 한편으로는 박식한 담론 안에서도 남아 있는 불쾌감을 주는 은유들과 개에 대해 늘어가는 애정과 관심을 입증하는 현실 사이에서.

우리는 고양이에 대해 또 다른 비틀림의 유희를 발견하게 된다. 애완동물로서의 고양이는 비교적 최근의 산물이다. 고양이는 이집트와 로마에서 수호 정령이라면, 그리스에서는 그다지 높이 평가되지 않아 문헌에서도 좀처럼 언급되지 않는다. 아리스토텔레스는 고양이를 야생동물축에 놓는다. 고고학 발굴은 고양이가 11세기까지는 동양의 일상 생활에서 드물었다는 사실을 입증한다. 고양이 유골이 거의 발굴되지 않은 것이다. 고양이가 언급된다 해도 앞으로 내세워지는 것은 고양이의 타산적인 성격이다. 6세기 세빌라의 이시도루스에게 고양이는 '쥐 사냥꾼'이고, 11세기에도 그런 동기로 해서 다시 나타난다. 페스트의 책임이 있다고 여겨진 **곰쥐**(rattus rattus)를 제거해야 했던 것이다. 따라서 오로지 쥐 잡는 역할로만 보존된 고양이는 이른바 주거지에서 거리를 두게 된다. 또 콜베르가 선박들 위에 고양이를 의무적으로 두게 한 것이나, 뉴질랜드가 1942-65년 사이에 우편물을 보호하기 위해 우체국에 고양이를 반드시 두게 한 것도 역시 쥐를 잡는 특성 때문이다.

18세기의 과학 저서들은 대체할 수 없는 봉사 때문에 마지못해 받아들여진 고양이에게는 그다지 다정하지 않은 것으로 판명되었다. 농학자 로지에는 고양이가 "시골에서는 너무나 커다란 효용성"을 갖고 있고 그 "필요 때문에 그 동물에 의지할 수밖에" 없지만, 이미 뷔퐁에게서 볼 수 있는 것처럼 "그다지 기분 좋은 장면을 그리지는 않는"[35] "불성실한 가축"이라고 털어놓는다. 뷔퐁은 다음과 같이 고양이를 묘사한다. "고양이는 불성실한 가축이어서 단지 집 안에서 훨씬 더 성가신 다른 적에 맞서게 할 필요성 때문에만 보살핀다."

고양이에게서 가장 사람을 짜증나게 하는 부분은 바로 고양이의 자립적인 성격이다. 고양이를 길들인다는 것은 개들의 경우와 달리 결코 완전치 않다. 뷔퐁은 다시 "모든 구속의 방해물인 그들의 천성은 계속되는 교육을 불가능하게 만들고" "그들은 조금도 온순하지 않다"[36]고 말한다. 또한 그 독립적인 정신을 참기 힘들어했던 로지에 사제가 가장 자주 쓰는 표현이 바로 '온순하지 않다' 는 형용사이다. "인간이 예속시킨 모든 동물들 중에서 유독 고양이만이 그런 자존심과 숲 속에서 누리던 자유에 대한 사랑을 간직하고 있다." 따라서 고양이는 "그 유일하고 독특한 관심을 위해서만"[37] 행동한다.

그러므로 고양이는 이기적인 존재이다. 고양이는 '자기 자신에게만 끌리는'[38] 것 같다고 뷔퐁은 말한다. 고양이는 인간에 대한 관심보다 자신의 이익을 앞세우고, 그런 자기 중심주의는 급기야 고양이를 나르시시즘의 상징으로 만들게 된다. 프로이트에게 고양이는 "우리에게 개의치 않는 것 같은 동물들"[39]에 속한다.

뷔퐁은 고양이들이 사냥을 할 때조차 복종하기 위해 사냥을 하지 않고 '파괴를 위한 일반적인 취향' 으로 하기 때문에 인간에게 유용한 것이라고 흡사 화라도 난 듯 지적한다. 따라서 고양이들은 로지에 사제에게는 '파괴적'이고 '심술궂은 성격'을 갖고 있고, 뷔퐁에 의하면 '제 새끼'[40]마저도 먹어치운다. 그들은 반역자들이고, 음흉하고, '그들의 엉큼한 움직임'과 '의심 많은 눈'에서 볼 수 있듯이 기만적이다.

고양이는 '타고난 교활함' '불성실한 성격'에 서구의 상상적 세계를 끊임없이 맴도는 '사악한 천성'인 음란함을 덧보탠다. 고양이는 "사랑에 대단히 끌린다"고 뷔퐁은 말한다. R. 단턴은 "프랑스 민속에서는 성욕의 개념을 표현하기 위해 고양이에게 은유 혹은 환유로서 아주 각별한 중요성을 부여한다."[41] 게다가 사랑의 성공을 가져다 준다고 여겨지는 고양이들에 대한 중세 궁정풍의 수많은 전설들이 있다. 이런 성적 특질 때문에 중세와 르네상스 시대에 교회는 이교도의 악취(이집트에서 레의 누이이자 딸인 여신 바스트는 고양이의 형상을 하고 있다)를 옮기는 고양이를 악착스레 추격하지 않을 수 없었다. 그래서 교회는 좀더 후에 보게 될 것처럼 악마 혹은 마법사들이 선호하는 은유 중 하나인 고양이를 악마로 모는 데 전념한다.

훨씬 더 심한 것은 암코양이다! 이미 아리스토텔레스는 "암코양이가 천성적으로 관능적"[42]이라고 지적한 바 있었다. 뷔퐁 역시 공통된 표현에 대한 훌륭한 개념을 제시한다. 고양이가 일반적으로 성욕의 이미지를 갖고 있다면, 암코양이는 성욕을 보다 잘 전달한다. 암코양이는 "수컷보다 더 격렬하다. 암코양이는 수컷을 초대하고, 찾고, 부른다. 암코양이는 새된 울음으로 자신의 격렬한 욕망이나 넘치는 욕구를 전달한다. 그리고 수컷이 달아나거나 무시할 때면 쫓아가 물면서, 말하자면 자신을 만족시키도록 강요한다."[43] 다른 암컷들에게도 관련된 그 행동은 영원히 공격당하는 가엾은 인간 수컷들을 불쌍히 여기게 할 기회를 제공할 것이다…….

고양이 성욕의 악마화와 여성화는 역시 좀더 나중에 보게 될 것처럼 고양이가 마녀와 관련된다는 사실을 설명한다. 그렇듯 고양이의 명성은 지독한 것이지만, 18세기부터는 여러 가지 요소들의 영향으로 바뀌기 시작한다. 우선 악마와 동물들의 상징을 뒷자리로 내모는 그리스도교의 후퇴가 있다. 다른 한편으로는 1727년에 곰쥐 대신 들어앉은 **집쥐**(rattus norvegicus)의 집단 침략이 고양이를 사냥에 쓸모없는 존재로 만든다. 그 무시무시한 적에 맞설 만한 크기가 못되기 때문이다. 그러자 고양이가 마침내 "주인의 가정에 받아들여져서 편안하게 쉴 수 있도록" 조건들이 갖추어진다. 18세기에는 친근한 동물들의 소유가 민주화되어 더 이상 개들을 소유한 유복한 사람들만이 아니라 중산 계층에도 파급되고, 고양이는 보다 수수한 예산에 부합한다. 그러자 고양이는 지옥으로부터의 상승을 시도한다. 고양이는 과학자들에게는 인간과 대단히 유사한 방식으로 지각되지만, 고양이의 결점들은 장점들로 바뀐다. 마찬가지로 자유에 대한 감각도 이제부터는 유치하다고 판단되는 개보다 고양이를 우월하게 만든다. 조사에 의하면 약 70퍼센트 가량이 고양이를 개보다 독립적이라고 판단하는, 아이들에게도 고양이는 그런 식으로 보인다.[44] 따라서 고양이는 가축이면서도 꿈꾸었던 자유의 이미지를 주는 것과 동시에, 고양이의 성욕도 거세할 수 있게 되면 더 이상 문제가 되지 않는다.

그러나 옛 상투적인 문구들은 어휘에 고착되어 질긴 생명력을 갖고 있다. '고양이, 암코양이, 새끼고양이'라는 단어들은 "영원히 외설적인 의미를 갖는다"[45]고 R. 단턴은 지적한다. 그리고 일부가 전체를 지칭하면서, 여성과 고양이는 계속해서 긴밀한 관계를 유지하고 있다.

보조동물

그들은 끌거나 운반하는 작업에서의 유용성으로 인해 도구처럼 인간에 의해 길들여진다. "땅을 경작해야 하는 것은 인간이 아니라 말들과 소들이다"라고 중농주의자 케네는 노동이 아직도 인류학적인 특성을 이루고 있지 않던 시절에 썼다. 그러니까 노동은 오랫동안 짐승들의 것이었고, 짐승들의 이미지는 그들이 완수하는 방식에 따라 만들어지는, 심지어 기계나 마력으로 대체된 후에까지도 존속되는 것이다. 그 보조동물 사이에도 우열 관계가 생겨서 그 중 으뜸은 인간과 가장 가까운 말이며, 제일 마지막이 되는 것은 암노새이다.

말은 언제나 가장 높이 평가되어 왔다. 뷔퐁이 논하는 것이 그 첫번째 가축이다. 말은 애완동물과 식용동물 사이의 매개 위치를 차지하고, 점점 더 승마의 인기와 함께 전자 쪽에 동참하고 있기는 하지만 여전히 말고기도 식용되고 있다.

그렇지만 무엇보다도 월등하게 말의 평판을 높여 준 것은 보조동물로서의 특징이다. 말은 그 힘으로 들판 작업에 유용하고, 속도와 운송에 탁월한 승마용 말이 될 수 있는 지구력으로 널리 알려져 무엇보다도 전쟁에서 고귀한 자격을 얻었다. 전장에서는 말을 탄 기사와 거의 대등하게 여겨지며, 기사의 명예를 함께 나누기도 한다. 플리니우스는 알렉산더 대왕이 전장에서 죽은 자신의 말 부케팔로스의 장례까지 치러 주고 무덤을 만들어 그 주위에 도시를 건설했다고 상기시킨다.[46] 롱사르는 일정수의 훌륭한 원정을 수행했던 말들을 위해 보호 시설을 만들 것을 주장하기도 한다. '상이군인'들의 권리라며……. 뷔퐁에 의하면 "그 주인만큼이나 대담"하고 군대의 소음을 좋아하여, "그것을 추구하고 똑같은 열의로 흥분"[47]하는 그 용감한 전투원은 주인의 기쁨을 나누는 데도 동반한다. 사냥, 기마 시합, 산책 등…….

말은 인간과 공통된 특징들을 많이 가지고 있다. 아리스토텔레스는 한 일화에서 근친상간에 대한 혐오를 기록하고 있다. 스키타이의 한

왕은 혈통 좋은 암말 한 마리를 갖고 있었는데, 망아지들 중 가장 좋은 것과 교미를 시키고자 했다. 그런데 그 망아지가 교미를 거부하는 것이었다. 그래서 "어미를 베일로 가린 채 일을 진행하자 망아지는 아무것도 의심치 않았다. 그런데 교미가 끝난 후, 암말이 머리를 드러내자 망아지가 그걸 보고서 달아나 낭떠러지로 몸을 던졌다."[48]

게다가 말은 "머리를 치켜들고 네발짐승인 자신의 처지를 멸시하려는 것 같다. 그 고귀한 태도로 인간을 정면으로 바라보는 듯하다"고 뷔퐁은 말한다. 우리가 앞서 보았듯 인간의 특권인 머리의 높이는 "말에게 고결한 품위를 주는 데"[49] 기여한다. 말은 기억력이 있고(특히 형편없는 대접에 대해서!), 다섯 가지 종류의 울음소리로 감정을 표현한다. 환희·욕망, 혹은 사랑·분노·두려움, 그리고 고통을. 플리니우스에 의하면, 말은 부모를 잃은 슬픔으로 '눈물을 흘릴'[50] 수 있다.

때로는 승마용 말의 경우에만 있을 법한 말과 인간 사이의 유사점들은 언어 속에서도 나타난다. 흔히 말에 대해서 이야기할 때는 다른 여느 동물에 대해서처럼 말하지 않는다. 말의 신체 부위들은 인간 신체 부위에 대해 말할 때와 같은 단어들로 지칭된다. J. P. 디가르는 옛 기마 문화에서도 "절대 말의 주둥이라고 하지 않고 입이라 했고, 짐승의 발이라고 하지 않고 다리와 발이라고 했다"[51]고 지적한다. 자연주의자들도 마찬가지이다. 뷔퐁은 말에 대해 묘사하면서 입의 감수성, "활 모양으로 살짝 휜 코[…], 가는 입술[…], 굵고 두툼한 팔과 넓적다리"[52]를 언급한다.

다른 한편으로 이같은 인간과의 가까움은 다음과 같은 문제를 제기한다. 말을 먹는 것은 일종의 식인 풍습일까? 19세기 중반에는 말고기를 먹는 습성을 둘러싼 싸움이 격렬했다. 귀족 전사들은 민중들과 마찬가지로 적대적인 반면, 이시도루스 조프루아 생 틸레르 같은 학자들은 늘어가는 도시 인구를 먹여 살리기 위해서는 어쩔 수 없는 일이라고 생각했다. 개선시키고자 하는 말 품종과, 더욱 대접을 잘 받는 말들에 대한 관심 속에서도 마찬가지이다. 그러다 1866년 6월 9일자로 말의 식용을 허가하는 칙령이 선포된다. 그로부터 한 세기 후, 영국인들은 여전히 말을 먹지 않으며 프랑스인들도 점점 덜 먹고 있다.

말의 전쟁 참여와 그외의 대단히 인간적인 다른 특성들은 말을 남성성을 상징하는 동물로 만든다. 데스몬드 모리스는 "말은 강력한, 근육질의, 지배적인 동물이어서 남성의 역할에 더 잘 맞는다"[53]고 말한다. B. 베텔하임은 젊은 여자에게 말을 몹시 매력적으로 보이게 하는 그 남자다움을 높이 평가한다. 말에 오르면 젊은 여자는 "남성을 지배하는 느낌을 받을 수 있다."[54]

그러나 사실 말의 그런 모든 장점들은 주된 미덕에 비하면 부차적인 것들이다. 말은 길들일 수 있고, 말이 '자부심 강하고 혈기 넘치는' 만큼 인간이 그 길들임에 도달하는 것은 더욱 가치 있는 일이다. 뷔퐁이 주장하는 것처럼 말이 "인간이 한 것 중에 가장 고귀한 정복"이라면, 이는 무엇보다도 그것이 말 자체에 대한 인간의 승리이기 때문이다. 그 승리는 자연스럽게 가축이 되는 개 종족과는 달리 매번 새로운 망아지에게 새로 시작되어 "인간이 다른 어떤 동물에게도 기울이지 않는 보살핌과 노력을 필요로 한다." 그러나 인간이 스스로 인간임을 보일 수 있게 하는 그런 어려움은 "그 동물들이 천성적으로 온순하여 인간과 친숙해지고 인간에게 애착을 느낄 소지가 충분하다"는 사실과, 결국 말들이 "어떤 예속 상태보다 자유를 선호하는 것 같다"[55]는 사실로 인해 극소화된다.

그러자 다른 사상가들은 그 장점을 결점으로 바꾸어 버린다. G. 르봉은 《현재의 승마술》에서 말을 "복수심이 강하고, 민감하고, 감수성이 강한"[56] 존재로 만든다. 말의 천성은 인솔되는 것이다. 영혼의 부분들을 형상화하는 플라톤의 《파이드로스》의 수레를 끄는 말들의 천성도 그와 같다. 위압적이지만 유순한 **투모스**를 표현하는 백마와, 반항적인 말이며 **에피투미아**(epithumia), 즉 사악한 욕망과 동일시되는 흑마는 인간 마부에 의해 인도되고, 여기서 인간 마부는 영혼의 우월한 부분인 **누스**(nous)의 표현이다. 따라서 말은 이끌리고 지배되어야 할 필요가 있다. 그래서 G. 르 봉은 말을 인간과 비교할 때 그 점을 떠올렸을 것이다…….

당나귀의 명성은 말의 명성만큼 빛나지도 않고, 말의 가치절하로 해석된다. 사실 당나귀는 원래 여러 신화와 종교에서 선망의 자리를 차지했다. 가령 셈족에게는 몰록 신의 파괴력에 대립되는 번식력, 이집트 판테온에서는 죽음의 신인 세트, 고대에는 점복관들의 받침대, 시벨레 여신의 사제들, 마리아와 아기 예수와 함께 헤로데에게서 달아나는 요셉이나 수난 이전 예루살렘에 의기양양하게 입성하는 예수에게는 승마용으로, 그리스도교 초기에 당나귀는 겸손과 빈곤 그리고 평화의 상징이었다.

그런데 같은 장면들에서부터 당나귀의 이미지는 퇴색되기 시작한다. 구유 속 당나귀의 존재는 소의 이로운 성향에 비해 불길한 성향의 표현으로 해석된다. 곧 당나귀에게는 우둔함의 이미지가 연결된다. 갈레노스는 당나귀가 "만장일치로 가장 어리석은 짐승들"[57]이라고 말한다. 플라톤은 평생 이성을 가장 적게 사용하는 사람들은 다시 태어날 때 가장 어리석은 동물로 태어난다고 한다. "과식·음란·과음을 일삼는 사람들의 영혼은 아주 자연스럽게 당나귀나, 그와 비슷한 동물 형태 속에 들어가게 된다."[58] 아리스토텔레스는 "**당나귀는 금보다 밀짚을 더 좋아한다**"는 헤라클레이토스의 말을 인용하여 "당나귀들에게 음식은 금보다 더 기분 좋은 것"[59]이라고 단언한다. 당나귀는 그런 선택에서 아무것도 분별하지 못한다. 루터는 사자로부터 왕의 축제에 초대를 받았지만 로즈메리보다 건초를 더 좋아하는 당나귀의 일화를 들려준다. 때때로 당나귀는 결정을 하지 못하기도 한다. 뷔리당의 당나귀는 물통과 귀리 통 사이에서 선택을 하지 못해 굶어죽게 된다. 이 마지막 경우는 훌륭한 상상 작업의 예이다. 그 중세 철학자가 쓴 작품 속에서 이 일화는 실제는 아무 자취도 없으니 말이다!

이와 같은 당나귀의 보수주의는 피노에게는 그 동물의 정지 상태의 동물성을 나타낸다. 그러나 그 보수주의는 아무리 때려도(당나귀의 가죽은 두껍다!) 앞으로 나아가기를 거부하는 어리석은 고집의 표시이기도 하다. 당나귀는 언제나 순종적이지 않으며, 이는 가축으로서는 가장 심각한 결함이다. 그래서 14세기부터 '게으름'이라고 호칭하기 시작한 그 '안일함'에 강한 인상을 받아 당나귀는 무사태평하다고 말하는 것이고, 일곱 가지 대죄 중에서 게으름은 당나귀로 상징된다.

당나귀의 특이한 기다란 귀는 당나귀의 호기심을 충족시키기 위해 만들어졌다. 아풀레이우스의 《황금 당나귀》에서 루키우스는 당나귀로 변신한다. 인간의 모습을 되찾은 후에도, 그는 아주 멀리서 일어나는 일까지도 모두 들을 수 있었던 커다란 귀를 그리워한다.

결국 그 모든 단점에도 불구하고 당나귀는 동물성, 그리고 음란함과 음탕함에 훌륭하게 미덕을 접목시킨다. 사모사타의 루키아노스의 어느 문헌에서는 한 여인이 실은 변신한 인간인 당나귀와 사랑에 빠진다. 그 당나귀가 본래의 모습을 되찾자 아름다운 여인은 더 이상 그를 원하지 않는다. 그녀는 이렇게 말한다. "나는 당나귀와 함께 잤지, 당신과 함께는 아니었어요. 나는 당신이 내 당나귀와는 다른 멋진 일면을 갖고 있을 줄 알았다구요."[60] 그는 끔찍한 동물이 되고, **M.** 타시나토는 루키우스가 당나귀로 변신한 동안은 지옥 여행으로 해석된다고 상기시킨다.[61]

당나귀의 상징은 르네상스 시대에 폭넓게 다시 쓰인다. 그것은 가장 어리석다고 여겨진 동물보다도 어리석게 처신하는 동시대인들과, 일반적으로 자신이 동물들보다 우월하다고 생각하는 인간의 허영심에 대한 비판 도구로 사용된다. 마키아벨리의 잘 알려지지 않은 시의 의미도 그런 것이다. 그 시가 잘 알려지지 않은 것은 분명 문학 작품들 중에 화자가 이치를 잘 따지고, 자신의 천성을 인간의 것과 바꾸지 않는 당나귀인 《황금 당나귀》가 있기 때문일 것이다. 피노는 마키아벨리의 《군주론》과 《황금 당나귀》를 동시에 해석하면서 "인간과 짐승을 잘 활용할 줄 아는 것"은 당나귀의 자질들을 활용한다는 의미이고, 당나귀는 "그 어떤 동물의 어떤 천성보다도 인간의 천성에 부합한다"고 평가한다. 또한 "인간은 당나귀의 성질을 닮았고, 당나귀는 인간의 성질을 닮았다. 당나귀 없는 인간이나 인간 없는 당나귀를 생각하기란 쉽지 않을 것이다."[62]

그렇지만 당나귀의 명예를 회복시키기보다는 인간의 오만함을 꺾으려는 이와 같은 호의적인 이야기는, 같은 시대에 그 단어가 개신교도들과 가톨릭교도들 사이에 모욕으로 사용되는 만큼 당나귀의 이미지를 다시 빛나게 하지는 못한다. 당나귀는 기껏해야 뷔퐁과 같은 일부 사람들이 당나귀가 제공하는 봉사들을 칭찬하기 위해 우둔함을 잊어버리게 하려는 가축에 지나지 않는다. 플리니우스에게 있어서 당나귀의 주된 쓸모란 당나귀와 암말의 결합을 통한 노새의 번식이다. 그 교미의 산물은 당나귀보다 더 튼튼하기는 하나 당나귀의 나쁜 경향들, 특히 고집센 기질을 강하게 표현한다. 푸리에는 말하기를, 혼성 동물의 특성들에는 더 많은 결함이 있기는 하지만 본래의 종들보다 더 기운차다고 한다.[63] 또한 그 붙임 동물들의 서출이자 잡종이라는 측면은 일반적으로 이종 교배에 대한 불안과 의문들을 유발한다…….

소는 당나귀나 노새만큼 고집이 세지는 않다. 아리스토텔레스[64]에 의하면, 온순하고 무사태평한 그 힘센 경작동물의 형태학은 소가 그런 노동을 위해 태어났다는 사실을 입증하지 않는가? "소에 대해 뭐라고 말해야 할까? 등을 보면 무거운 짐을 지도록 생기지는 않았는데 목을 보면 멍에를 메도록 되어 있고, 널찍하고 기운 좋은 옆구리는 쟁기를 끌기 위해 생기지 않았는가?"[65] 키케로의 문헌에서 스토아학자 발부스는 그렇게 묻는다.

소는 연민을 자아낸다. 플루타르코스에 의하면 인간과 가까운 탓에 노쇠하더라도 선뜻 팔지 못하고 집에 두고 돌본다고 한다. 그래서 사람들은 다 쓰고 해진 신발이나 집기들처럼 소를 내버리지 않음으로써 '인성의 미덕을 실천하는'[66] 훈련을 한다. 그 오래된 훌륭한 박애를!

소를 죽이는 것은 여전히 더욱 불확실하다. 도살은 제물로 바치기 위해서라든가 고기를 식용하기 위해서 행해질 수 있다. 고대에는 "훌륭한 희생동물은 경작 소이다." 그러나 늘 사정이 같은 것은 아니어서 일부 문헌들에서는 그러한 도살을 금하고 있다. E. 드 퐁트네가 상기시키는 아테네의 '부포니' 속죄 의식에서처럼 도살은 "소를 죽이면서 저절로 떠오르는 죄책감"[67] 위에 행해진다. 이런 유형의 희생은 고대에 동물 희생의 필요성에 대한 보다 일반적인 토론 속에 기입된다.

소를 죽이려는 두번째 이유는 보다 평범하다. 이번에는 모든 종교적 숭배의 밖에서 고기를 먹는 문제이다. 키케로의 발부스가 일깨우는 바에 의하면, 황금 시대에는 "결코 소들을 때리는 일이 없었고, 소들은 쟁기의 보습과 함께 흙을 헤치고 나아가곤 했다." "그런 것이 소의 높은 유용성에 대한 의견이어서 쇠고기를 먹는다는 것이 범죄로 여겨졌기 때문이다."[68] 여기서 다시 소의 문제가 보다 폭넓은 논쟁에 들어가지만, 이것은 소 제물의 문제와는 달리 채식주의에 대해서는 여전히 현실적인 문제이다. 비록 그 경작동물이 기계들로 대체되어 들판에서 모습을 감추었다 하더라도, 다소 향수를 느끼게 하는 밭에 있는 소의 이미지는 너그럽고 유순하고 기운 센 봉사자의 이미지로 아련하게 남아 있다.

사육동물

이미 말했다시피 사육동물들은 가축의 단계에서도 하위에 있다. 그들의 존재 이유는 바로 그들의 고기와 산물들(우유·달걀·양모……)이다. 그들은 주인의 거주지로부터 떨어진 곳에서 집단적으로 사육된다. 호칭도 단체로 가축 또는 가금류로 칭해지고, 익명으로 머릿수대로 셈해지며, 물건처럼 취급된다. 그렇지만 모든 사육동물들이 똑같은 운명을 겪지는 않는다. 인간과 보다 가까운 돼지는 대개 모호하기는 하나 중간 자리를 차지하는 반면, 잉어들은 가장 낮은 수준인 물 속에 위치한다…….

야생돼지인 멧돼지는 높이 평가된다. 플라톤은 《라케스》에서 멧돼지에게 **투모스**의 호전적인 급한 성격을 주고, 이는 멧돼지를 우리가 보다 나중에 보게 될 것처럼 존중할 만하고 존중받는 사자와 비교하게 한다. 카이사르는 《갈리아 전기(戰記)》에서 멧돼지의 절대적인 용기를 찬양한다. 그러나 자연주의자들이 멧돼지에서 파생시킨 돼지는 그런 자질들을 갖고 있지 않다. 그 단어가 프랑스에 생겨난 것은 6세기경으로 여겨지고, 사용된 것은 13세기의 일이다. 돼지를 일컬을 때 코숑(cochon)이라는 어휘가 보다 중성적인 단어인 포르(porc)와 경쟁적으로 활용된 것은 무관하지 않다. 〔'포르'는 일상에서 쓰는 말로 '코숑'보다 품위가 있고, 또 식용 또는 기타의 용도에 쓸모 있는 것으로 일컫는다.〕 즉 돼지의 이미지 악화를 설명하는 것이다.

돼지의 평판은 일찍이 헤라클레이토스가 《단편들》에서 더욱 확고

부동하게 하는 속담 "돼지가 진흙 속을 뒹군다"의 일상의 관찰에서부터 세워진다. 돼지와 추잡함의 등가(等價)는 가장 오랜 고대 이래로 **에우독사(eudoxa)**, 즉 현자들도 평민도 문제시하지 않는 공론에 속한다. 이교도 작가들에 의해 꾸준히 다시 취해진 헤라클레이토스의 《단편들》은, 특히 그리스도교인들이 그리스 문화의 토대에 성서 참고 문헌들을 덧붙일 때 가장 다양한 철학적 해석들을 야기한다.

돼지의 행동에는 처음에는 아무런 도덕적 의미도 수반되지 않는다. 돼지는 소가 잠두를 좋아하는 것이나, 당나귀가 밀짚을 좋아하는 것처럼 진흙을 좋아한다. 돼지는 메추라기들이나 자고새들이 먼지 속에서 뒹굴 듯 진흙 속에서 뒹군다. 그것이 돼지의 본성이다. 그것은 돼지의 책임도 아니고, 종들의 생물고정설에 근거하여 그 본성을 바꿀 수도 없으며, 어떤 가치 판단도 본래 도덕에서 제외된 돼지와 반대로 내려질 수는 없다. 그런 행동은 아리스토텔레스에 의하면 다른 온혈동물들과 마찬가지로 차분함과 '진흙 속에서 뒹굴기'[69]가 돼지들을 살찌우는 것이기 때문에 인간에게 유익할 수도 있다. 18세기 초엽에 혁혁한 무공을 세운 공병장교였고, 동시대인들에게는 대단히 놀랍게도 《음란함에 대하여》라는 제목의 책을 쓴 보방이 찬양하는 것도 돼지의 경제적 이익이다. 생식력이 강한 돼지는 기근에 맞서 싸우고, 농민의 위기를 막을 수 있어 국가 경제에 이바지하기 때문이다. 그 저서의 부제이기도 한 '10년 동안에 암퇘지의 생산이 어디까지 갈 수 있는지를 알아보기 위한 추산력'에서 보방은 암퇘지 한 마리의 새끼를 6백만 마리로 어림잡는다!

사실 옛 사람들이 비난하는 것은 돼지를 모방하는 인간의 태도, 즉 **미메시스(mimesis)**이다. 그것은 종들의 생물고정설을 위반하는 일이기 때문이다. 정작 자신의 본성을 따르는 돼지는 비판의 대상이 아니다. 플라톤의 《국가》 2권에서 목표가 되는 것은 돼지 그 자체가 아니다. 돼지들의 도시국가는 진정한 인성에 도달하지 못해, 오로지 기본적인 욕구에 연연하는 사람들의 도시국가이다. 그리고 갈레노스가 2세기에 고발하는 것 역시 돼지의 행동을 모방하는 인간들의 태도이다.

돼지 자체는 의학적 관행들이나 일상 생활, 혹은 학문적인 담론들이 증명하듯 오랫동안 인간과 대단히 가까운 존재로 여겨져 왔다. 아리스토텔레스는 비록 19세기의 수확이 토지 임대차 속에서 명확한 조항들의 대상이 될 정도로 도토리에 대한 돼지의 편애를 강조하기는 하지만, 돼지가 인간과 마찬가지로 잡식성이라고 지적한다. 돼지를 사실상 '인간과 가장 비슷한 동물'로 만드는 내과 해부학 때문에 돼지는 중세의 모든 백과전서들과 개론들 속에 꼭 나타나고, 교회에서 인체 해부를 금지하던 시대에 해부학 교육은 돼지의 사체로 이루어졌다. 그래서 14세기초 파도바대학교와 몽펠리에대학교는 1년에 약 5백 마리의 돼지들을 소비했다…….

돼지는 일상의 풍경에 속한다. 대개 개인적으로 사육되는 돼지는 가정에 속하지만, 계획된 돼지의 도살은 모든 의식을 포함하는 제물과 결연되거나 동물을 사납게 만들어 다시 한 마리 짐승으로 만들기 위한 난폭한 취급에 선행된다. 돼지를 먹는 것은 거의 식인 풍습에 해당한다. 유대교에서 돼지고기를 먹지 못하게 하는 금기는 우리가 마지막 부에서 보게 될, 돼지들에게도 유대인들에게도 이롭지 않을 다른 의문들을 낳는다…….

매일의 일상 속 어디에나 존재한다는 표시로 돼지는 거리들을 돌아다니고, 모든 동물이 그렇듯 돼지 역시 비록 자신의 역사는 없더라도 인간 역사의 흐름을 바꿀 수는 있다. 1331년 비만왕 루이 6세의 왕세자인 왕자 필리프는 산돼지 때문에 낙마하여 죽는다. 그후 왕위에 오르는 이는 죽은 필리프에 미치지 못했던 것 같다……. 12세기부터 서양의 모든 도시들은 그 유랑에 종지부를 찍기 위해 대책을 마련하다가 1539년의 칙령을 통해서야 비로소 실제적으로 실현되고, 그럼에도 수많은 도시들이 프랑스 혁명이 있기까지 돼지우리를 엄폐한다.

중세에 있었던 돼지로 인한 수많은 소송들(사고, 아동 습격, 그리고 간혹 수간 범죄에 대한)은 돼지를 인간과 동등하게 만든다. 1408년 한 아이를 잡아먹은 돼지에 대한 예심은 24일 동안 지속되었고, 그동안 그 돼지는 엄숙하게 형이 구형되어 광장에서 처형되기 전까지 감옥에 구금되어 있었다.

게다가 학문적인 담론들은 돼지의 지적 능력을 언급한다. 성 보나벤투라는 돼지를 가장 완벽한 피조물로 만들고, 중세 스콜라 철학은 돼지를 발달된 감각 능력이 있는 생명력을 가진 우수한 동물들 가운데에 분류한다. 성 알베르투스는 "인간과 아주 비슷한 돼지의 두려움과 불안,"[70] 감수성을 강조한다. 돼지의 지성은 여러 저자들에 의해 기록되고, 이어서 엄폐되다가 19세기말 이후로는 돼지가 분명 농가에서 가장 영리한 동물임이 실험을 통해 입증되기에 이른다.

그렇게도 많은 인간과의 유사성들은 이미 아리스토텔레스에게서 찾아볼 수 있는 근심들, 원숭이에 대해서 더욱 증가한 불신과 같은 유형을 유발하지 않을 수 없었다. 그리스 문화와 그리스도교 문화의 결합은 돼지를 위해 작용해 주지 않는다. 신학자들은 앞을 다투어 성 마르코의 이야기를 상기시킨다. 악마가 인간들에게서 나와 돼지떼 속으로 들어가더니 "절벽에서 뛰어내려 바닷물 속에 빠져죽었다."[71] 돼지는 지옥으로의 추락을 시작한다. 성 아우구스티누스는 신이 돼지떼 속으로, 즉 암암리에 가장 천한 동물들에게로 악마들을 보낸 것이라고 한다. '진창'이 돼지의 타고난 요소라는 것은 전혀 놀랄 일도 아니다. "돼지들은 맑은 물보다도 진흙을 좋아한다"고 알렉산드리아의 클레멘스는 기록하고 있으니까. 진흙탕은 쾌락과, 그리고 맑은 물은 성스러운 빛과 같다. 이는 영혼과 육체의 대립이다. 그렇게 진흙 속에 있는 돼지는 원죄의 상징이 된다.

그러나 진흙으로는 충분치 않다. 그 짐승을 조금 더 본질적으로 헐뜯어야 한다. 게다가 돼지는 오늘날에도 일부 아시아 도시들에서 돌아다니는 것을 볼 수 있듯 검은색이거나 갈색이 아니던가? 분홍 돼지는 18세기에나 나타난다. 따라서 그 더러운 돼지의 결함들을 지적하거나 강조하고, 혹은 사악함을 만들어 내야 한다. 돼지에게 예리한 시력이 없음(이는 중세에는 결함이다)이 강조되며, 돼지를 두꺼비나 올빼미 그리고 지옥과 친숙한 다른 동물들과 같은 어둠의 동물들 쪽으로 내쫓는다. 분명 그런 약점은 대단히 발달된 후각으로 보상이 되었지만, 위에서 보았다시피 시각이 순수하게 인간적인 속성에 합류되는 반면, 후각은 모든 감각들 중에서 가장 동물적인 것으로 과소평가된다. 돼지의 콧등은 중세에는 악마적인 특징을 표시한다.

그러나 무엇보다도 돼지를 짐승 그 자체의 극치로 만드는 것은 배와 성기와 관련된 두 가지 특징이다. 즉 폭음·폭식과 음탕함. 일곱 가지 대죄 중에서 돼지가 대식(大食)을 상징한다는 것은 전혀 놀라운 일도 아니다. 돼지에 대한 장에서 도방통의 도움을 받은 뷔퐁은 중립적인 관찰 입장을 포기하고 "그 추잡한 취향"과 "짐승 같은 대식"에 격분하며, "눈앞에 있는 것은 무엇이든지 닥치는 대로 먹어치우다 못해 방금 태어난 제 새끼까지도 먹어치운다!"고 한다.

더욱 심각한 것은 돼지의 왕성한 번식력이 입증하는 그 '굉장한 음탕함'[72]이다. 돼지는 그야말로 '돼지'이고, 동물학적인 실재와 이미지 사이의 차이를 입증하는 과학적 교정이야 어떻든지 그 이미지는 오늘날에도 여전히 지속되고 있다. 돼지는 정신분석의 '그것'이고, 무의식적이고 차마 말하기 부끄러운 모든 충동들의 집합소이다……

그러니 더 이상 감히 어느 누구도 돼지에게 할애하려 하지 않았던 지성을 돼지에게서 빼앗을 일도 없는 셈이다. 이미 플리니우스는 단호하게 "동물들 중에서 가장 우둔하다"[73]고 단언한다. 중세에 돼지는 천하기 때문에 우둔하다고 선포된다. 20세기에도 르네 지라르는 성 마르코의 돼지떼가 갈릴리 바다 속에 빠진 이유를 자문한다. 그 대답은 그에게는 자못 명백하다. "갈릴리라는 이름은 군생(群生)하는 정신이라는 뜻이어서 바로 그로 인해 무리를 짓고, 달리 말하면 모방에 저항할 수 없는 경향을 만드는 것이다."[74] 그리고 깊은 바다 속으로 뛰어들었다는 것은 마지막 새끼돼지까지 열정적으로 변형시키는 것이다!

돼지의 비천함은 일반적으로 암돼지에게서 강조된다. 제 새끼들을 잡아먹는 것은 무엇보다도 암돼지가 하는 일이다. 콜루멜라의 증언에 의하면, 모든 짐승들 중에서 유독 암돼지가 배고픔을 가장 못 견디기 때문이다. 알렉산드리아의 클레멘스에게는 대식의 상징 또한 암돼지이다. 그리고 루터는 성서에 대단히 충실하면서도 성 마르코 이야기의 악마들을 용어의 총칭적인 의미로의 돼지들이 아닌 암돼지들 속에 집어넣는다!

이렇듯 돼지는 가장 비열한 동물이 되었다. 돼지는 인간에 대해 가장 합리적이고 가장 비판적인 이야기를 하는 몽테뉴가 주장하는 것처럼, '우리와 동물들 사이에 일치하는 대등함'이 있음을 입증하려는 이들처럼 짐승 같은 성질을 표현하기 때문이다. 16세기에 아미요가 번역한 《모랄리아》의 일부인 플루타르코스의 〈브루타 라치오네 우티〉, 소위 〈그릴루스〉에서 그릴루스는 돼지로 변신한 율리시스의 동료이다. (게다가 그리스어로 **그릴로스**(gryllos)는 돼지를 뜻한다.) 그러나 플루타르코스는 그렇듯 모습이 바뀐 그릴루스에게 동물의 우월성이라는 테제를 전달함으로써 《오디세이아》 이야기를 분산시킨다. 플루타르코스는 르네상스 시대에 가장 번역이 많이 된 작가들 중 하나이므로, 아풀레이우스의 《황금 당나귀》보다 《그릴루스》로부터 더 많은 것을 받은 마키아벨리의 《황금 당나귀》 속에서도 같은 표현 기교를 찾아볼 수 있다 해도 이상한 일이 아니다. 게다가 마키아벨리는 이야기를 키르케에게 설정하고, 시 말미에서 인간이 자랑으로 여기는 그 모든 인간적 속성들을 재검토하기 위해 표현되는 것은 "오물과 진흙으로 잔뜩 더러워진 추한 콧잔등"[75]을 쳐드는 돼지이다. 볼테르는 그 단락을 모방해 어느 돼지로 하여금 이렇게 말하게 한다. "인간이 우리들보다 더 비천하고, 고약하고, 야만적이야."[76]

다른 가축들은 학문적인 담론에서 돼지만큼 충분한(그리고 때로는 모순적인) 대접은 받지 못한다. 물론 플루타르코스는 젖소들이 수를 인식한다고 입증하려 하지만, 그런 지각은 결국 통용되지 않아 오늘날 역시 어느 누구도 기차가 지나가는 것을 보는 젖소가 열차 칸을 세고 있다고는 생각하려 하지 않을 것이다……. 이미지 구성에 고유한 배합의 유희 속에서 젖소는 우리가 이미 보았다시피 보조동물이기 때문에 보다 평판이 좋은 소와 구별될 뿐만 아니라, 그것의 힘센 파트너인 황소와도 구별된다. 플리니우스는 이집트에서의 아피스〔황소신〕숭배를 떠올리며 이렇게 평한다. 그 동물은 '사랑받기를 원하는' 것 같다. 오늘날에는 투우를 하는, '전투를 요구하는'[77] 황소는 거의 신격화된다. 이 경우에는 E. 아르두앵 퓌지에에 의하면 '상승하는 범주의 초월성'[78]을 목격하게 된다. 소들에게 있어서 암컷과 수컷이 얼마나 다른지!

양은 집단적으로, 그리고 자연의 궁극 목적론이 다시 한 번 인간 중심주의와 맞닿는 공리주의적인 관점에서 고려된다. 키케로는 이렇게 자문한다. "준비되고 짜여진 양모가 우리에게 의복을 공급하지 않는다면"[79] 그 동물이 무슨 소용이 있겠는가? 칸트에 의하면, 인간은 양에게 다음과 같이 말한다. "네가 걸치고 있는 가죽은 너를 위한 것이 아니라 나를 위해 자연이 네게 준 것이다."[80] 그러므로 옷을 해입기 위해서 양의 가죽을 벗기는 것은 당연한 일이다. 양들은 선과 악이라는 가축과 야생동물의 이원적인 시각에서 그들의 적인 늑대가 없으면 생각할 수도 없다. 양모의 순백색은 양들의 순수함의 증거이다. 양떼는 신의 자녀들, 충직한 이들, 사탄인 늑대로부터 보호될 필요가 있는 존재가 된다. 어린 양은 더욱더 순수하다. 그리스도는 '신의 어린양'이 아닌가? 분명 그는 혼자서 양들의 이름 없는 다른 모든 새끼들에게 시기심을 불러일으키지만, 그 표현 자체는 우리가 교회들과 상징들로부터 짐승들을 몰아내면서 점점 덜 통용되는 경향이 있다가 20세기에는 의식을 제외하고는 완전히 사라진다. 양들은 보호될 필요도 있지만, 인도될 필요도 있다. 맹종적인 태도는 양들의 특성을 나타내고, 결국 양을 모든 네발짐승들 중에서 가장 바보 같다고 여겼던 아리스토텔레스와 그에 이어 플리니우스가 "면양류 동물들이 가장 어리석다"고 기록했던 이후로 의견은 거의 바뀌지 않았다. '매애매애 울다'라는 단어가 언제나 좋게 들리는 것은 아니다…….

염소는 이미 양보다 더 약삭빠르다. 두 마리 염소가 서로 엇갈려 지나갈 수 없는 다리 위에서 마주 보고 있다가 한 마리가 몸을 숙여 다른 한 마리가 제 위로 지나갈 수 있게 해주었다는, 고대 이래로 줄곧 회자되어 온 이야기는 지적인 특징으로 해석되었다. 플리니우스는 염소들이 양들보다 사랑에 있어서 훨씬 열렬하다고 기록하고, 염소는 대죄 중에서 음탕함을 상징한다. 그러나 슬픈 운명을 가진 염소에 대해서 뭐라고 말하면 좋을까! 염소는 냄새가 고약해서 그 이미지 역시 그다지 향기롭지 못하다. 보댕에게 염소는 '냄새나고 음탕'[81]하다. 사실 16세기 의학자들에게는 대단히 정열적인 염소의 본성이 음란함의 상징이 된다. "염소 여러 마리에 대해서 하나면 족하다." 방탕한 생활에 대한 염소의 대단한 열정은 결코 식지 않는다. 또한 16세기 종교 재판소 판사들과 마찬가지로 보댕에 의하면 악마는 그 '냄새나고 음탕한 짐승'의 형태를 즐겨 빌렸다고 한다. 염소, 진정한 '속죄의 염소'가 무엇 때문에 서구에서는 그 정도로 증오와 혐오를 굳혔는지, 그 '타고난 생식력'이 어떻게 '추행'으로 바뀌었는지 자문해 볼 수 있을 것이다. 헤겔은 헤로도토스에 비추어 보아 이집트인들에게는 염소 멘데스가 '신과 동등하게 숭배'[82]되었고, 그 '열렬한' 동물은 다른 문화들에서는 태양과 동일시되었음을 상기시킨다……[83]

마찬가지로 성욕과 긴밀하게 연관되어 있는 토끼는 그나마 덜 혹독한 평가를 받는다. 사람들은 오랫동안 빠른 증식을 할 수 있는 산토끼만을 알았었고, 16세기 중반에 동물학자 콘라드 게스너가 묘사한 것도 역시 산토끼이다. 토끼(lapin)는 스페인어에서 비롯되었다. 스페인에서 나온 페니키아인들은 그곳에서 '스판(sphan)'이라고 불리우는 시리아의 작은 포유동물을 보았다고 생각했다. 히스파니아(이베리아 반도)는 곧 스판의 나라가 된다. 그 작은 설치류는 6세기 이후 서구에 전파되고, 중세 말엽에 길들여지기 시작해 토끼 군서지에서 사육이 시작되다가, 19세기 이후로 점점 더 수준이 높아진 토끼장이 완성된다. 플리니우스는 그것을 **쿠니쿨루스**(cuniculus)라 명명하고, 그 이름으로 토끼가 파놓은 굴, 지하도를 설명한다. 토끼는 중세에는 '코닌(connin)'이라고 불리다가 16세기에 와서야 '라팽(lapin)'이라고 불린다. 그런데 플리니우스에게는 굴을 지칭하는 코닌은 중세에 여성의 구멍을 지칭하기 위해 비롯된 것으로 토끼에 대해 만들어진 명성에 의미심장한 역할을 한다. 그 연상은 굴, 쿠니쿨루스, 모든 자연주의자들이 입증하는 토끼의 '이루 헤아릴 수 없는 번식력'[84]과 성욕, 즉 음탕함 사이에서 이루어진다. 토끼는 별수없는 '정력가'이다. 그 분야에서만큼은 토끼를 능가하는 것은 암토끼뿐이다.

총괄적으로 고려되는 가금류는 우둔함으로 특징지어진다. 닭은 알을 낳고 꼬꼬댁거릴 때만 좋다. 다행히도 가금 사육장에서 거만한 수탉은 질서를 잡고, 인간에게 유용하게도 기상 시간을 알려 준다. 그런데 일반적으로 동물들의 평가가 끊임없이 줄어드는 데 비해서, 수탉은 프랑스에서 교회 종탑 꼭대기 위에 군림할 정도로 오른다. 다시 한 번 어휘의 위력이 표시되는 순수하게 국가적이고 고유한 상황들을 살펴보면 '갈리아(gaulois)'와 '닭(coq)'은 둘 다 모두 라틴어로는 **갈루스**(gallus)로 말해진다. 조금 더 나중에 보겠지만, 특히 프랑스 혁명 이후에 닭을 단연 프랑스의 것으로 만드는 그 상징론은 68년에 리옹의 갈리아 반란에 이어 **갈루스**에 대한 언어 유희가 유포될 때인 네로의 통치 마지막 해에 생겨난 것으로 여겨진다.

거위들은 "개들이 공익 수호의 입장을 침묵으로 저버리던 순간에 카피톨리움을 수호함으로써 입증된 세심함"을 보였다. 또한 성 아우구스티누스는 "거위를 기리며 엄숙한 축제를 제정했다"[85]고 상기시키고, 플루타르코스는 그의 시대에도 거위들의 세심함과 개들의 태만함을 거위 한 마리를 장엄한 침대 위에 올려 놓고 십자가에 못박은 개를 내보이는 행렬로 기념했다고 들려준다.[86] 그러나 순전히 로마의 것이고, 게다가 그리스도교가 진압하려 애쓰던 동물 숭배를 드러내는 그 사건도 가금류 이미지의 전체적인 전략으로부터 거위를 구하지는 못한다. 거위는 무리를 지어 이동하기 때문에 어리석음과 맹종의 동의어가 된다.

칠면조도 그다지 영리하지는 못하다. 칠면조는 비교적 최근의 동물이다. 크리스토퍼 콜럼버스가 1492년 아메리카 해안에 접근하면서 야생 상태의 칠면조를 발견했다. 최초의 식민지 개척자들에게는 그 크기와 풍성함으로 볼 때 뜻밖의 수확인 셈이었다. 예수회 수도사들은 16세기에 칠면조를 스페인으로 가져간다. 칠면조의 이름은 오랫동안 그들과 연관되어 남아 있어서 17세기에는 칠면조가 아메리카산이라는 사실조차 잊는다. 칠면조는 소란스러운 동물이고——"큰 놈들은 계속해서 소리를 지르고, 작은 놈들은 쉴새없이 삐약거린다"[87]고 샤를 에티엔은 1564년에 기록한다——뷔퐁이 그 격렬한 발작을 묘사하는 것처럼 겁 많고, 성미 급한 동물이다. 엉덩이를 '뒤뚱거리는' 방식은 일부 인간 암탉들의 몸짓을 떠올리지 않을 수 없게 한다……. 적잖이 거만한 동물은 꽁지를 부채같이 펴고 '으스대며 걷는'(이 단어 (pavane)는 도시 파도바에서 왔을 수도 있다) 공작새이다. 공작새는 사자가 더 널리 알려져 그 대죄의 이미지를 대신하기 전까지 오랫동안 거만함을 상징했다. 공작새는 음란하고 잘난 체한다. 그렇지만 아름다움에 대한 명성은 감히 흉내낼 수 없지 않은가? 푸리에는 '두 발의 추함'을 기록하면서 다음과 같은 의문을 던진다. "어째서 추한 두 개의 버팀목이 그런 화려함을 받치고 있는가?" 마찬가지로 "그 혐오감을 일으키는 고함, 가장 불쾌한 소리와 가장 화려한 깃털과의 대비는 어쩐 일인가."[88]

끝으로 문제되는 동물인 잉어가 특별한 표현의 원인이 되는 범위 내에서 다른 유형의 사육에 대해 한마디 해야겠다. 잉어는 송어나 곤들매기보다 탁월한 민물고기로 널리 알려져 있다……. 이는 수도사들이 세웠던 양어지 때문인 것 같다. 육식이 금지된 수도사들은 잉어를 통해 필요한 단백질을 섭취했던 것이다. 침묵을 강요당한 수도사들이 간접적으로 잉어의 이미지를 만드는 데 일조한 것이 아닐까? 어쨌든 다른 물고기 종류들이 거의 다 수다스러운 반면에 침묵을 드높인 것이 잉어임은 사실이다. 데카르트는 《방법서설》에서 일반적으로 잉어에게 있는 그 사소한 특징을 지적하려 하면서 까치도 잉어보다는 수다스럽지 않다고 설명하여, 그 '새로운 동물'의 명성이 이미 확립되었음을 증명한다…….

＊ ＊ ＊

이 세 가지 범주 가축들의 위상은 십 년 사이에 눈에 띄게 바뀌었다. 애완동물들은 늘어났고 다양해졌으며(사실 개와 고양이에 온갖 카나리아, 인도산 돼지들, 금붕어, 거북, 땅거미, 또는 다른 이국적인 작은 짐승들을 첨가해야 할 것이다), J. P. 디가르의 표현에 의하면 '황금 실업'[89]의 혜택을 받는다. 보조동물들은 기계들로 대체되었다. 예전에는 제한된 집단 속에서 사육된 수입원인 동물들의 경우, 이제는 대규모 기업적 사육의 대상이 되어 인간 세계로부터 완전히 고립된 채 인간 세계와 단절된 공포에 가까운 혼잡함 속에 갇혀 있다. 대개 '비개성적인 회사'가 되어 인간적인 감정을 상실한 주인에게는 오로지 그 고기만이 중요할 뿐이다. 그렇지만 처우에서의 발전은 가축들의 서로 다른 계급 사이의 전통적인 우열 관계를 확고히 하고 심화시키기만 한다. 애완동물에 대한 과대평가에는 농민들의 종말을 보는 세계에서는 결코 없었던 사물로 취급되는 사육 동물들에 대한 무지와 부차성이 대응된다. 때로는 떠들썩하기도 한 동물 보호 운동은 전통적인 표현들을 다시 문제삼지 않는다. 그들은 개나 고양이의 친구 협회로 무리지어 사냥꾼들에 대해서만 행동을 취할 뿐, 닭이나 돼지 사육에 대해서는 그다지 위엄 있는 주장을 내세우지 않는 것 같다……. 길들임의 원칙 자체가 제고되지 않았기 때문이다. 그렇지만 애정으로 대하는 동물들과 고기로 취하는 짐승들 사이 분리의 급진화와, 우리가 같은 하나의 종에 대해서 종종 지적했던 양면적인 이미지들의 기원에 있는 것은 바로 그 원칙이다. 즉 장점들은 어떤 관용이나 부여된 권리와 함께 인정되지만 단점들은 경멸과 함께 지적된다. 야생동물들에 대한 표현들은 다른 원동력들에 영향을 미친다. 감탄 혹은 두려움…….

2. 야생동물

야생동물들은 가축이 아닌 동물들이다. 단숨에 그들의 무용성과 함께 위험성을 표시하는 부정적인 정의이다. 야생동물은 단순히 인간에게 봉사하지 못하는 것뿐만 아니라 특히 인간의 지배를 받지 않는다. "자연에만 복종하는" 야생동물은 "욕구와 자유의 법칙 외에는 다른 법칙들을 알지 못한다"[90]고 뷔퐁은 적고 있다. 야생동물은 언제나 인간에게 위협적인 존재이고, 쓸모없다는 말은 해가 될 수 있다는 말과 동의어가 된다. 리트레 사전에 의하면, 야생적이라는 것에 할애되는 세 가지 수식어는 다음과 같다. '동물'이나 '거칢과 난폭함,' '짐승'이나 '무능, 무지, 이성의 부재,' '야수'나 '사나운 성급함과 제멋대로의 방종과 함께 맹목적인 잔인성.'

그렇지만 야만스러움에도 정도가 있고, 어떤 종들은 적어도 부분적으로라도 호의나 심지어 감탄과 함께 높이 평가될 수 있다. 또한 인간과의 유사점에 관한 관점에서 특별한 종들을 통해 형상화되는 여러 가지 다른 태도들과 특성들을 야기하는 다양한 야만 형태들도 있다. 야생동물에 대한 표현은 두 가지 상반된 특색에 영향을 미친다. 근접성과 거리. 일부 동물들과 인간 사이의 해부학적·정신적, 혹은 사회조직의 근접성은 그 두 가지 계 사이의 경계를 혼란스럽게 하고, 인간과 짐승을 구분하기 위해 보다 큰 주의를 요구할 우려가 있다. 지금 먼저 시작하려 하는 원숭이가 바로 그런 경우가 될 것이다. 그리고 지리학적인 거리는 가축들에게는 존재하지 않는 원칙에 따라 사자나 코끼리와 같은…… 야생동물들에 대한 많은 표현들의 빈도와, 함축성과 유럽 지역에 코끼리가 거의 없다는 사실 사이의 간극을 만들어 낸다. 늑대처럼 오늘날에는 서양에서 대거 사라진 일부 동물들은 그들의 이미지와 그들이 유발하는 여전한 두려움을 남겼다. 그 거리는 인간에게 귀속되어 얼마 남지 않는 실제 동물을 근심하는 상징의 임무를 증가시키는 것 같다.

그래도 그 종들은 자연주의자들의 관측을 통해 알려진다. 그렇지만 수중 세계의 경우는 사정이 다르다. 중세에 알려진 물고기들은 몇십 종밖에 되지 않고, 그들에게는 대개 지상 동물들의 이름을 붙여 주었다. 늑대 · 노새 · 해마……. 예외를 제외하고 물고기 · 연체동물 · 갑각류 등은 총괄적으로 취급된다. 따라서 수중동물에 대한 표현은 그다지 많지 않다. 근면하고 사교적인 해마나 가짜 눈물 때문에 위선적인 악어(미슐레에 의하면 레오뮈르에 의해 아직까지는 곤충들 속에 분류되어 있는)가 자주 나타나는 강기슭에서의 표현이 약간 더 많은 정도이다. 많은 동물들을 잃었던 그리스도교는 초기 그리스도교 공동체들의 집결 신호였던 물고기를 상상으로도 구하는 데 성공하지 못한다. 아우구스티누스가 상기시키는 바에 의하면 "그리스도를 상징적으로 표현하는 이름인 물고기"[91]를 의미하는 그리스 단어 **익투스**(ichtus)는 Jesus Christos theou uios sôter(예수 그리스도, 구세주 신의 아들)의 머리글자들을 병렬시켜 놓은 것이라고 한다. 테르툴리아누스는 그리스도를 작은 물고기들로 둘러싸인 물에서 나온 큰 물고기라고 생각한다. 그러나 물의 맑음과 세례의 기호 이상으로 수중 세계는 여전히 어둡고 낯설고 신비롭게 남아 있어서 우리가 다음장에서 보게 될 것처럼 괴물들의 출현에 유리하다. 우리가 여기서 언급하게 될 유일한 수중동물인 문어는 이미 그 증거를 가져다 준다.

인간적인, 너무나 인간적인: 원숭이

원숭이의 인간과의 닮은꼴은 언제나 인간을 불안케 하여, 그 혼란은 다윈론과 함께 원숭이와의 혈연 관계가 밝혀졌을 때 더욱 깊어진다. 그 어떤 동물에 대해서보다도 원숭이에 대한 연구는 인간에 비하여 이루어진다. 지난 몇십 년의 행동학 작업과 함께 더욱 간격이 커진 원숭이의 이미지는 이중 담론으로부터 단련되고 공고해진다. 한편으로 인간과의 가장 혼란스러운 유사성은 줄일 수 없는 차이들로 전도된다. 다른 한편으로는 인간과의 유사점에 관한 경멸조의 특징들을 부여받아 은유 속에 기입되고, 심지어 말로 변형되기도 한다.

아리스토텔레스는 그 중심이 된다. 그가 원숭이들이 인간 형태를 갖추고 있음을 인정하는 것은 그 유사의 희화적인 측면을 주장하기 위해서이다. 원숭이는 두 손과, 인간의 것과 비슷한 손가락과 손톱을 가지고 있다. "그 모든 부분들은 그저 보다 짐승 같은 양상을 띨 뿐이다."[92] 발은 "뒤꿈치의 약하고 불완전한 모방인 굳은살로 끝난다. 그러니까 원숭이에게는 진정한 손이나 발이 없는 셈이고, 원숭이가 확실히 인간이 아니라는 증거는 원숭이에게 엉덩이가 없다는 사실이다."[93]

원숭이가 짐승에 불과하다는 것을 입증하기 위한 갈레노스의 추론도 같은 유형이다. 당시에 인체 해부 시행 금지에 맞서, 그 의학자는 인체해부학을 연구하기 위해 동물 모델들의 유효성을 토의하고 인간과의 가장 커다란 상동(相同)을 나타내는 동물들을 포획할 것을 제안한다. 원숭이는 둥근 얼굴, 작은 송곳니, 평평한 가슴, 긴 쇄골 때문에 인간과 가장 가깝고, 두 발로 걷고 뛸 수도 있다. 하지만 갈레노스는 출발에서부터 인간과의 차이를 고려해야 한다고 충고한다. 그는 특히

손의 분석에 집착한다. "손의 작용을 통제하는 엄지가 원숭이의 손에
서는 미완 상태"이기 때문에 원숭이의 손은 가짜 손, 기이한 모방에
불과하다. 그리고 "원숭이의 몸 전체는 인간의 우스꽝스러운 모방"[94]
이라고 결론짓는다.

　과학의 진보와 더불어 점점 더 많은 원숭이 종들을 열거하는 것과
동시에 그들 일부와 인간 사이의 강한 유사점을 드러낸다. 꼬리 달린
원숭이들은 그리스인들이 이미 했던 것처럼 꼬리 없는 원숭이(민꼬리
원숭이)들과 구별된다. 뷔퐁에게 있어서 영국인들이 **멍키(monkeys)**라
고 부르는 전자들은, 인간과 더 가깝고 더 영리한 **에이프(apes)**[95]라고
불리는 후자들과는 다른 것으로 진정한 원숭이들이 아니다. 린네는
후자를 '영장류'라는 이름으로 지칭하여 그들이 그 종에서 먼저임을
분명하게 지적한다. 침팬지·고릴라·오랑우탄이 인간과의 근접성
때문에 우선적으로 과학자들의 관심이 집중되는 그 범주에 속한다.
뷔퐁은 오랑우탄들로 원숭이 연구를 시작하면서 이들이 "모든 원숭
이들 중에서 인간과 가장 흡사하고, 따라서 관찰하기에 가장 적합"[96]
하다고 선언한다. 그래서 그는 타이슨[97]이 1699년 오랑우탄과 인간
사이에서 밝혀냈던 마흔일곱 가지 유사점들을 반박하는 데 전념하여,
그 원숭이의 "형태·기관 일치의 유사성들에도 불구하고" 인간과 원
숭이를 갈라 놓는 거대한 간격이 있다고 결론내린다.[98]

　그렇지만 뷔퐁 역시 뒷걸음을 치기 전만 해도 인간과 원숭이 사이
의 혈연 관계에 대한 생각을 표명했다. 그러나 자신의 의지와 상관
없이 긴 논쟁을 유발하면서 폭탄을 던지는 것은 다윈이다. 그의 의지
와 상관 없다는 것은 그의 저서 《종의 기원》이 대단히 일시적인 방법
으로만 인간의 기원 문제에 접근하기 때문이다. 런던 아타네움의 그
의 적들은 그를 조롱하기 위해 다음과 같은 유명한 말을 던진다. "인

간은 원숭이의 자손이다.” 그러나 다윈은 입을 다물고, 그의 제자들
인 헉슬리(인간과 원숭이의 두뇌 윤곽이 닮았음을 입증한다)와 헤켈은
인간을 인간이 아닌 영장류들에 결부시킨다.《종의 기원》이후 12년 만
에 다윈은《인간의 유래》에서 자신의 입장을 분명히 밝힌다. 만일 “인
간이 인간의 형체를 가진 원숭이들과 닮았다면,” 그 많은 유사점들이
혈연 관계를 드러낸다면 “그로 인해 우리의 자존심은 어떤 상처를 입
겠지만, 우리 태초의 조상들은 당연히 원숭이라는 이름을 갖고 있었
을 것이다.” 또한 “인간의 정신과 가장 고매한 동물들의 정신 차이는
분명히 종이 아니라 정도의 차이에 지나지 않는 것이다.” 다윈의 적들
이 안심시켜야 했을, “가장 미개한 인간의 지성과 가장 고매한 동물
의 지성 사이”의 차이가 ‘거대한’ 만큼 그 혈통을 입증하는 데에는 어
떤 수치심도 없고, 원숭이에게는 정신이 말(그렇지만 원숭이는 발성 기
관을 갖고 있다)만큼이나 거의 발달되지 않았기 때문에 그 짐승과 ‘우
주의 경이와 영광’ 으로 남아 있는 인간 사이에는 여전히 ‘심연’[99]이
존재하는 것이다.

　다윈의 이론은 일상적으로 조롱의 대상인 원숭이를 중시하는 장점
이 있다. 원숭이는 학자들과 신학자들 사이의 논박과, 심지어는 소송
의 중심에 놓인다. 1925년 미국에서의 ‘원숭이 소송’ 은 진화론 논문
을 발표했던 한 교육자에 대해 제기되었다. 그러나 그 식민지 건설의
팽창 시기에 모든 인간에게 공통된 기원을 부여한다는 것은 정치적
문제를 제기하기도 한다. 그래서 아리스토텔레스가 이미 ‘인간과 네
발짐승 사이의 매개자’[100]로서의 본성을 부여했던 원숭이들에 대해
‘부족한 고리’ 에 대한 의문이 제기된다. 영장류들은 인성에 도달하지
못하기 때문에 진정으로 인성을 향한 사다리를 오르지 못하지만, 다
소 이국적인 일부 인간들은 동물성을 향해 계단을 다시 내려갈 우려
가 있다……. 제법 확고해진 원숭이의 이미지는 사실 다윈론을 통해

진정으로 재검토되지는 않는다. 사상가들은 낡은 은유의 바닥에서 계속해서 길어 오고, 그들의 이야기는 여전히 대단히 인간 중심주의적이다. 가령 다윈을 주의 깊게 읽은 엥겔스는 《자연변증법》에서 "원숭이의 인간으로의 변형 속에서 노동의 역할"에 대해 자문하고, '인간 비슷한 원숭이'나 우리의 '원숭이 같은 인간 조상들'보다 인간이 동물성에서 '억지로 떨어진' 방식에 더욱 관심을 갖는다.

그래서 원숭이의 이미지는 상대적으로 여전히 안정적이다. 그 이미지는 부수적인 특징들이 가담하는 한 가지 주요 특징을 둘러싸고 구축된다. 원숭이는 무엇보다도 모방으로 정의된다. 그 자체가 신체적으로 인간의 모방인 원숭이는 모방자로서만 존재할 수 있다. 그 의태 특징은 고대 이래로 모든 저술가들에 의해 기록되고 있다. 다른 동물들보다 복잡한 원숭이의 두뇌는, 헤르더에 의하면 원숭이로 하여금 대단히 많은 책략들을 실행할 수 있게 해준다. 그러나 그 모방에는 한계가 있다. 결코 원숭이는 자신의 고유의 것이 아닌 것을 만들지 못하고, 또는 자신의 '무언극'을 통해 '몸짓으로 객설을 지껄이거나'[101] 이야기하지 못한다. 스스로 개선될 수 있는 가능성이 없기 때문이다. 뷔퐁은 보다 혹독하다. "원숭이 종에게서 가장 현저한 특성이자 가장 인상적인 속성으로 여겨지고, 일반 대중은 원숭이의 유일한 재능으로 부여하는" 그 모방은, 원숭이의 신체 구조가 인간과 비슷하기 때문에 둘 다 "그다지 유사하지는 않지만 같은 방식으로 움직이기"[102]만을 바란다.

기원이 어떻든간에 그 모방은 언제나 불완전한 것으로 평가된다. 그래서 원숭이에게는 이런 또 하나의 특징이 부여된다. 어리석음. 철학자들이 종종 되풀이하곤 했던 이솝 우화에서 원숭이는 늘 여우의 꾀에 넘어간다. 모방을 하려는 원숭이의 의지는 대개 실패로 끝나고, 그

덕분에 사냥꾼들의 덫에 빠지는 것은 원숭이이다. 그런 우둔함은 원숭이의 허풍과 아첨꾼 같은 면에서 더욱 드러나지만, 이것저것 손해를 보기는 매한가지이다. 원숭이의 우둔함에 대한 그와 같은 주장은 대단히 의미심장하다. 해부를 통해 인간의 두뇌와 커다란 유사성을 발견하게 되는, 인간과 가장 가까운 동물을 우리는 신체적인 유사성 너머 지성의 결핍을 통해 인류 밖으로 내동댕이칠 수 있는 것이다. 일부 원숭이들에게서 가장 열등한 인간들을 발견할 수도 있는 "거대한 여론으로 속단이 내려진 […] 신체적 유사성"에도 불구하고, 원숭이에게는 생각과 말 그리고 "질료, 즉 육체의 형태나 조직으로부터 독립적인 고유의 작용을 하는" 영혼이 없다고 뷔퐁은 경고한다. 그리고 원숭이의 우둔함은 마치 인간과 혼동될 위험이 절박하면 할수록 희화적인 특징을 왜곡해야만 하는 것처럼 희화적으로 변한다. 롬브로소는 《천재》에서 원숭이들과 바보들을 비교 검토한다.

빈약한 무언극과 모델 간의 괴리에 기괴함이 포함된다. "원숭이는 우스꽝스러운 동물"[103]이라고 A. 파레는 선언한다. 우리와 그렇게도 닮았지만 우리가 되어서는 안 되는 원숭이에 대한 가장 확실한 무기는 바로 웃음이다. 갈레노스의 말을 빌리면 "우리는 대부분의 세세한 부분에는 충실하지만 본질적으로는 거짓인 모방을 일소에 붙이기" 때문이다. 원숭이는 "인간이 하는 모든 동작을 따라 하려고 애쓰지만 이내 틀리고 말아 웃음을 자아내기 때문에"[104] 아이들에게는 장난감이다. "인간의 모든 몸짓을 흉내내려고 하지만 결국 해내지 못하는 원숭이는 자신을 바라보는 이들을 즐겁게 한다"[105]며 A. 파레는 한술 더 뜬다. 그리고 플루타르코스는 말하기를 원숭이는 너무도 어리석어서 "제 자신이 농담과 조롱의 대상으로 보이는 것을 견뎌낸다."[106]

끝으로 원숭이의 신체와 행동을 참조케 하는 다른 두 가지 특징들이 있다. 어떻게 하면 신체적으로 그렇게도 비슷한 것 속에 상이함과 비인간적인 것을 넣을까? 우선 미학적인 판단을 통해서이다. 우리가 이미 강조했던, 인간의 아름다움과 상반되는 신체의 우스꽝스러운 면에서 찾아볼 수 있는 원숭이의 추함. 소크라테스는 《성년 히피아스》에서 미에 대한 정의를 찾아 헤라클레이토스에 의거한다. "가장 아름다운 원숭이도 추하다." 그리고 G. 바타유는 원숭이의 추함이 "우리를 난처하게 하고, 끊임없이 우리의 머릿속을 떠나지 않는다"[107]고 기술한다. 결국 윤리적 판단이 결정적으로 원숭이를 동물성으로 돌려보낸다. 과학자들에 의하면 현실과 그다지 부합하지 않는 원숭이의 자유분방한 성욕은 원죄의 상징이 되고, 이는 데스몬드 모리스에 의하면 아마도 "사과에 대한 두드러진 취향 때문일 것"[108]이다! 우리는 좀더 나중에 원숭이가 악마와 연관되는 것을 보게 될 것이다. 따라서 우둔함과 상반되는 원숭이의 마지막 특징이 나타난다. 그것은 플루타르코스가 이미 지적했던 교활함, 장난이나 농담이 아니라 심술궂음과 악의인 교활함이다. 이미 그다지 아름답지 않은 원숭이의 이미지는 원숭이의 도덕적 특성들을 통해, 아니 보다 정확하게는 무도덕성으로 인해 시간이 갈수록 더욱 굳어진다.

지난 40여 년 동안 영화와 다큐멘터리들로 교체되어 영장류에 대해 실행되었던 실험과 관측들(1960년대에 가드너 부부의 침팬지 워쇼에 대한 무성 몸짓 신호 학습이나 프리맥이 사라에게 했던 시각적인 상징 조작 학습, 도구 취급이나 약초 사용의 발견과 같은 종에 속한 원숭이 그룹들 속에서 서로 다른 문화의 발견……)은, "얼마 전까지만 해도 상상도 할 수 없을 정도로" 원숭이를 '인간화' 시켜서 D. 레스텔이 발표한 것처럼 원숭이에 대한 우리의 표현이 '근본적으로 바뀌지' 않았던가? 하지만 그것은 낙관적인 시각일지 모른다. 이미지란 질긴 생명력을 갖고 있기 때문이다. 특히 중세에 아리스토파네스를 통해 《개구리들》에서 만들어진 '흉내내다(singer)'라는 동사와 '우스꽝스러운 짓(singerie)'이라는 단어와 같은 말들 속에 이미지가 굳어지고 말았다. 〔프랑스어로 원숭이는 singe이다.〕 그 이미지들은 앞서도 말했다시피 상징적인 임무가 현실과 차이가 깊어질수록 더욱 커지는 만큼 더욱 생명력이 강하다. 다시 한 번 말하지만 중요한 것은 실제 동물이 아니라 인간의 행동을 해석하거나 사람들을 평가하는 데 도움이 될 상상의 동물이기 때문이다……

동물의 왕은 누구인가: 곰, 수리, 사자, 아니면 코끼리?

권력의 문제에 집착한 사상가들은, 심지어 동물들의 정치적인 성격을 부인하던 이들조차 동물의 왕이 누구인지 자문한다. 인간과 유사한 동물의 왕국은 동물의 신체적 힘의 범주에 따라 평가된다. 따라서 가장 힘이 센 동물이 어떤 것인지, 다시 말하면 다른 동물들에게 패배하지 않고 제압할 수 있는 것이 어떤 동물인지를 아는 것이 문제이다. 우선은 곰과 수리·사자 사이의 경쟁이 있다가 곧 사자가 우세해진다. 반면에 우리는 어째서 위압적인 코끼리가 한번도 왕으로 승격되지 못했는지 궁금해진다…….

곰은 인간과의 어떤 유사성을 강하게 드러낸다. 아리스토텔레스가 말한 것처럼 곰은 "한동안 직립 자세로 서서 두 발로 걸을 수 있기"[109] 때문이다. 인간의 경우와는 경쟁이 되지 않는 일시적인 두 발로 서기. 아리스토텔레스에게 강한 인상을 주었던 것은 곰의 힘이다. 곰은 사슴·멧돼지·황소들을 공격한다고 아리스토텔레스는 기록한다. 곰은 게르만과 켈트족의 유럽에서는 숲의 제왕이다. 그러나 곰의 이미지는 점차적으로 가치가 떨어진다. 고대 이래로 입증되어 온 꿀을 좋아하는 취향은 곰을 대식가 동물로 만든다. 곰은 잔인하고 심술궂은 동물이 되고, 동물성으로 인해 어쩔 수 없이 음탕하다. 다른 한편으로 곰은 몸을 세울 수가 있지만, 이 점은 왕으로서도 그다지 적합하지 않을 뿐만 아니라 오히려 곰을 조롱거리로 만든다. 곰은 경우에 따라서 아이들에게 이끌리는 장터의 주인공이 된다. 그래서 누군가를 "곰을 끌고 다니듯 마음대로 부린다"[110]는 말은 하나의 속담이 되었다. 그렇지만 곰의 이미지는 모든 저술가들이 새끼를 세심하게 돌본다고 기록하고, 에라스무스에게서 교육의 상징이 된 암곰의 이미지로 인해 균형을 이룬다. 어쩌면 그런 이유로 해서 소비 회사가 털북숭이 곰 인형 **테디 베어**를 아이들의 침대 속에 던져넣었을 것이다. 그렇게 해서 제왕은 분명 폐위당했다…….

수리는 언제나 감탄의 대상이다. 수리는 "최대한 넓은 면적을 포용하는 방식으로 대단히 높이 난다. 그렇기 때문에 우리는 수리가 모든 새들 중에서 신성한 새가 될 수 있는 유일한 새라고 말하는 것"[111]이라고 아리스토텔레스는 말한다. '꿰뚫어보는 눈빛'과 함께 '위엄 있는 수리'의 그와 같은 특징들은 오랜 세월 동안 확고부동하게 부여되었다. 예를 들어 18세기 관상학자 라바터의 묘사에서도 입증된다. "수리의 빛나는 눈은 번갯불 같지 않은가? […] 두더지의 눈앞까지 내려오는 그 눈을 보라——지평선 전체를 포용하는 단호하고 빠른 그 예리한 눈빛을 또 어디에서 찾는단 말인가?" '반격을 불허하는 힘'[112]을 지닌 그 '무시무시한 약탈자'는 왕국과 제국의 상징이 된다. 중세 말엽에 대단히 유행하는 학문 장르가 된 해몽 개론에서 '일반적으로 왕을 뜻하는' 그 '약탈자 새'인 수리 꿈을 꾸는 것은 곧 명예, '세력가의 이득'[113] 그리고 통치권을 예언한다. K. 로렌츠도 '영웅의 용모를 갖춘 수리'에 대해서 언급한다. 때때로 게르만 문화에서는 매와 경쟁이 되기도 하는(그리고 해몽의 학문적 종합인 《아크메개론》에서는 새매와도 경쟁이 된다) 그 새가 언제나 그와 같은 왕의 이미지를 누린다 해도 수리에 대한 표현은——민주주의의 진보?——19세기에 독수리처럼 평판이 덜 나쁜 다른 맹금류들과 합류할 정도로 가치가 떨어진다.

따라서 그 자리는 사자의 것이 분명하다. 사자는 아리스토텔레스나 플리니우스에게는 아직 동물의 왕이 아니지만, 아주 오랜 고대 이래로 사자의 호전적인 혈기와 도도한 면모를 강조하는 《일리아드》의 판화의 연장에서 그 위력만큼은 확인되었다. 플라톤에게 사자는 심장을 형상화한다. 남성적이고 영웅적인 미덕의 극치인 사자의 승급은 서구 그리스도교 국가 왕조들의 문장(紋章)들이 증명하듯 훌륭한 문장의 형상이 되는 12세기로 거슬러 올라간다. 따라서 곰에 대한 사자의 승리는 확실하다. M. 파스투로에 의하면 그것은 게르만족의 감수성에 대한 로마의 감수성의 승리요, 야만족의 유럽에 대한 그리스도교도 유럽의 승리이다.[113] 그 승리는 또한 한동안 사자와 쌍벽을 이루었던 표범에 대해서도 확실해진다. 암사자와 수표범의 서자인 표범은 플리니우스와 솔리누스 그리고 세비야의 이시도루스에 의하면 마침내 나쁜 명성을 얻고(사악함의 상징인 표범처럼), 플랑타주네 왕가의 왕들은 그 세 동물들의 그림을 문장의 상징도로 보존하면서도 그때부터 그것들을 '사자들'이라고 부른다. 승급이든 가치 하락이든, 사자는 거만함을 상징하면서 일곱 가지 대죄의 첫번째가 된다. 거만함은 심지어 여덟번째 원죄, 혹은 더 정확하게는 다른 모든 것들이 파생되도록 하는 경향을 갖는다. 그러나 원죄와의 부합이 중세 이후로 대거 사라지면서 속화된 사자는 흠 하나 없는 완벽한 광채를 되찾는다. 포르타는 1586년 《인간관상학》에서 넓은 가슴에 벌어진 어깨를 가진 사자의 위력과 관대함을 강조하고, 이는 곧이어 그와 같은 면을 갖춘 사람들을 평가할 수 있게 한다…….

그 '동물들의 왕'은 뷔퐁에게는 힘과 용기, 그리고 외양과도 어긋나지 않는 고귀함을 결합한다. "사자는 위압적인 면모, 확신에 찬 눈빛, 거만한 걸음걸이, 무시무시한 음성을 갖추고 있다."[114] 곧이어 문학과 만화 속에서 통속화되는 이와 같은 사자에 대한 표현은 오늘날까지 그대로 남아 있다. 그러나 그것은 어디까지나 실재와는 다른 순수 구성의 문제이다. 동물의 왕위가 수컷에게만 속할 수 있다는 사실을 입증하는 사자는, 과학자들에 의하면 오히려 무사태평한 동물이다. 오히려 사냥에서 더욱 적극적인 역할을 하는 것은 암사자인 것이다…….

코끼리는 실제 존재에 비해 균형이 잡히지 않은 우리의 상상 속에서 중요한 자리를 차지한다. 코끼리는 서양과 지중해 세계에서는 역사 시대 이전에 모습을 감추었다가 아프리카나 아시아에서부터 재도입되고, 16세기만 해도 후피동물의 발가락이 다섯 개임에도 불구하고 코끼리는 단제류(單蹄類) 동물(한 개의 발가락, 한 개의 발굽)로 분류되었기 때문에 코끼리의 해부적 구조는 그다지 잘 알려지지 않았다. 동양의 일부 국가에서는 왕의 위엄을 갖춘 동물이어서 하루에 "많은 양의 음식을 먹고" "포도주 12파인트"[115]를 마시는데도 불구하고 왕의 선물로 이용되었지만, 포르투갈 왕이 루이 14세에게 선물로 바쳤을 때도 베르사유 우리에서는 몇 년간만 살았던 것처럼 코끼리는 서양에서는 결코 왕의 칭호를 바랄 수 없었다. 그렇지만 굉장한 감탄과 연민을 누린다. 아리스토텔레스가 코끼리의 명성을 만들고, 이는 그의 계승자들을 통해 확고해진다. 코끼리의 몸집과 힘은 굉장하다. 그 어떤 동물도, 심지어 사자라 할지라도 거기에는 맞서지 못할 정도이다. 그리고 코끼리의 기억력은 가히 전설적이어서, 플리니우스에게 코끼리는 '인간의 능력과 가장 가까운' 정도이다. 뷔퐁에 의하면 "코끼리는 크기에 있어서 지상의 모든 동물들을 능가하고, 지성으로는 인간과 가깝다."[116] 그는 여기에 순수하게 인간적인 다른 장점들을 덧붙인다. 새끼들에 대한 애정, 무리들의 연대성, 부상자들 돕기, 종교심, 물안개 속에서 행해지는 교미의 은밀함……. 코끼리는 몽테뉴를 통해 다시 쓰인 플루타르코스의 일화에서, 어느 꽃 파는 여인에게 사랑에 빠진 코끼리가 자신의 코로 그 여인의 가슴을 살며시 쓰다듬었다는 이야기가 증명하는 것처럼 위대한 감정들을 가질 수 있다.

그 장점들 중 일부는 때때로 반박되기도 한다. A. 파레는 플리니우스와 플루타르코스가 말하는 후피동물의 굉장한 미덕들과, 특히 그것의 종교적 의미에 대한 담론을 전재한 후에 마침내 그것의 이성과 종교를 부인하기에 이른다. 후피동물에게 종교를 할애한다는 것은 '언어의 남용과 단순 비교'에 속한다. 코끼리는 태양을 숭배하여 태양을 향해 몸을 돌리는 것 같지만, 실은 "태양이 몸에 좋기 때문에 본능적으로 그런 몸짓을 하는 것"이다. 그러나 거기에는 동물의 왕위로부터 코끼리를 떼어 놓으려는 동기는 없다. 오히려 "누군가 코끼리를 선동하지만 않는다면 절대로 해를 끼치지 않는" 것은 "그렇게도 평화로운 본성"[117] 때문일 것이다. 초식동물인 코끼리는 죽은 동물의 고기로 먹고 살지 않는다. 코끼리는 자신을 보호할 줄은 알지만 공격할 필요를 느끼지는 않는다.

그리고 무엇보다도 코끼리는 길들이기가 쉽다. 그렇기 때문에 인간에게 그토록 호감을 주는 것이다. 그래서 아리스토텔레스에 의하면 영리하게 보이는 것이기도 하다. 코끼리는 명령을 알아들으니까. 뷔퐁에 의하면 코끼리는 '가장 순종적인 동물'이다. "사람들은 코끼리를 줄로 수레·배·권양기에 붙들어맨다. 그러면 코끼리는 질리는 줄도 모르고 계속해서 잡아당긴다."[118] 또 코끼리는 군대에 봉사할 수도

있다. 그러나 코끼리를 얼떨떨하게 만드는 소음을 내는 화기가 도입
되면서 전쟁에서 코끼리를 쓸 수 없게 되었다. 따라서 코끼리는 '자
연의 신기, 기적'으로 여겨질 수도 있지만, 코끼리의 길들임은 왕이
라는 직함에 어울리지 않게 만들었다……. 코끼리가 민주주의 정치
사전에 실려야 한다면, 그것은 미국과 프랑스에서 한 정당의 상징이
되어 장수를 보장하는 것이 무게인지, 아니면 장수하기 때문에 그런
무게가 생기는 것인지 알 수 없는 정당들의 일부 중진들을 지칭하기
때문이다…….

잔인성과 꾀: 늑대, 여우, 문어, 그리고 뱀

　잔인성과 꾀는 일맥상통하는 부분이다. 늑대로 상징되는 전자는 속
임수의 의미 없이는 통하지 않는다. 여우로 형상화되는 후자는 잔인
성과 악의의 정상에서 문어와 뱀과 맞먹는다.

　늑대는 오늘날에도 수많은 환상들을 구체화시키고 있다. 인간에게
사나운 늑대의 이미지 구축은 실재와는 여전히 차이가 난다. 자연주
의자들은 늑대가 꼭 필요한 경우에만 인간을 죽이고, 짐승들의 우두
머리로서 보다 쉬운 먹이들을 더욱 선호하여 인간에게 그리 관심이
많지 않다고 기록한다. 게다가 고대에 늑대는 양만을 공격했고, 먼 중
세에 필경 늑대들의 새로운 종족으로 보다 사나운 무리가 서양에 도
착했을 때부터 비로소 인간을 공격했다. 그러자 늑대 사냥 지휘자들
을 만들었던 샤를마뉴부터 나폴레옹에 이르기까지, 늑대들은 체계적
으로 추격된다. 종교 전쟁 끝 무렵에 군대들로 인한 황폐화, 16세기
말의 궁핍이 수많은 증언들[119]을 통해 입증된 늑대들의 침략과 늑대들

이 만들어 낸 두려움의 증폭을 야기한다.

그 시대에 늑대는 홉스 덕분에 철학적 위상과 그 철학자로서는 필경 예상하지 못했던 "인간에게는 인간이 늑대이다."[120]는 표현을 얻게 된다. 늑대는 인간의 자연 상태이기도 한 타고난 잔인성을 표현한다. 사실 앞에서 언급된 문구는 《시민론》의 헌정 서간 '대단히 고귀한 데 번서 백작 윌리엄에게'에서나 나타나고, 우리가 홉스의 작품에서 약간의 경우들만을 지적했던 '늑대'라는 용어는 《리바이어선》이나 《시민론》에서는 그 일반적인 의미로는 좀체 나타나지 않고, 보다 정확하게는 '이교도들' 즉 개신교도인 그 철학자에게는 가톨릭교도들을 지칭한다. 다른 한편으로 홉스는 늑대들이 서로를 공격하는 것처럼 자연 상태에서 인간이 서로를 죽인다고 말하려는 것은 아니다. 일부 저술가들이 되풀이하듯 늑대들은 "저들간에는 서로를 먹지 않기"[121] 때문이다. 홉스는 단지 인간들이 서로간에 흡사 늑대들이 인간에게 행동하듯 한다고 말하려는 것이다. 자연 상태에서 인간들은 심지어 스스로를 방어해야 하는 '선한 야수들'의 경우에도 '힘과 책략'을 사용할 수밖에 없는 '야수들의 탐식'으로 처신한다. 《리바이어선》의 서문에서 명시하듯 동물들이 무엇을 하든 "그로 인해 그들이 냉혹하다고 평가되어서는 안 되기 때문에, 그리고 동물의 본성에서 오는 영혼의 애정들은 그 자체로는 결코 악하지 않기 때문에"[122] 늑대 자체는 모든 도덕적 판단으로부터 동떨어져 있다.

그렇지만 오해로 인해 무거워진 늑대의 철학적 운명은 상식을 통해 회자된 이미지와 동반되어 이루어진다. R. 들로르는 두려움이 아리스토텔레스 이전 상상의 세계 속에 존재하고, 18세기 말엽에 자연주의자들은 감수성이 당시에 갖고 있던 약간의 해부학적인 세부 사항들을 변형시키기 때문에 피실험체를 길들일 수 없음을 밝히고 있다고 기록한다.[123] 뷔퐁은 그 점에 있어서도 좋은 실례이다. 자연주의자인 뷔퐁은 늑대 가죽은 조잡한 모피 옷들을 제공하고, 그 살은 "너무 형편없어서 모든 동물들에게 혐오감을 일으킨다"고 생각해서 일반적인 오류를 재현한다. "기꺼이 늑대를 먹는 것은 늑대밖에 없다"는 것이다. 그 결론은 늑대 표현에 대한 훌륭한 생각을 준다. "결국 전체적으로 혐오스럽고 비열한 얼굴, 야만적인 면모, 두려움에 질리게 하는 음성, 참기 힘든 냄새, 사악한 본성, 잔인한 풍습을 가진 늑대는 밉살스럽게도 살아서는 해로우며 죽은 뒤에는 쓸모가 없다."[124] 한편 암늑대는 그 모든 결점들에 음탕함을 덧붙인다. 암늑대(louve)는 매춘을 떠오르게 하고, 성 아우구스티누스가 상기시키듯 '사창가(lupanar)'[125]라는 단어의 기원이다.

그런데 그 표현은 늑대가 유럽 지역에서 사라지고, 과학자들이 오류를 바로잡은 후에도 여전히 존속된다. 늑대는 아이들의 동화 속에 끊임없이 등장하고 우리의 악몽 속을 늘 떠돌아, 프로이트는 특히 늑대에 대한 인간 꿈의 분석에서 다시금 늑대에게 생명력을 부여한다.

그러나 잔인한 짐승들의 부차적 특징인 꾀는 일부 동물들에게는 주된 것이 되기도 한다. M. 데티엔과 J. P. 베르낭이 고대의 **메티스**를 연구했던 여우와 문어의 경우가 그러하다. 메티스는 지성의 특별한 형태이고, 유동적이고 변화하는 현실을 지배하는 사려 깊은 신중함이며, 2세기 오피에누스에 의하면 힘의 관계를 변형시킨다. "신으로부터 제 몫의 힘을 받지 못하고, 스스로를 방어하기 위해 예리한 가시를 전혀 갖추지 못한 것들은 지략과 술책이 풍부한 지성이라는 자원을 무기로 갖는다."[126] M. 데티엔과 J. P. 베르낭이 기술하듯 여우와 문어는 '동물의 세계에서 꾀의 화신'[127]으로서, 그리스 사상에서는 전형적인 가치를 가지고 있다.

아리스토파네스에게는 승리의 명수이고 "머릿속으로 신의가 없는 계획들을 궁리하는" '교활한 여우'는, 오피에누스에 의하면 "야생동물들 중에서 가장 꾀바르다."[128] 옛 우화에 가장 많이 등장하는 주인공인 여우의 기술은 바로 반전이다. 여우는 죽은 척하거나 자는 척해서 새들이 접근하게 한 다음에 이빨 가까이 다가왔을 때 순식간에 사로잡는다. 그 속임수 능력은 일반적으로 용인되어 있어서 꾀는 그리스어로 **알로펙**(alopek), 즉 여우를 뜻하는 죽은 은유의 훌륭한 예이다. 여우는 마키아벨리가 말하는 것처럼 "올가미로부터 자신을 지킬 줄"[129] 알기 때문에 붙잡히지 않고 상대를 사로잡을 수 있는 동물이다. 호메로스 이후로 오늘날까지 '예민하고 꾀 많은 동물'[130]인 여우의 이미지는 놀라울 정도의 일관성으로 지속되고 있다. 게다가 짐승들을 경멸하는 일반적인 움직임 속에서 여우는 조금 더 심술궂은 거짓말쟁이에다가 사기꾼이 된다.

그 이미지가 완전히 전도되는 문어의 경우는 사정이 다르다. 고대까지만 해도 호의적이었던 문어의 이미지는 19세기에 문어라는 용어가 '피외브르(pieuvre)'에서 '풀프(poulpe)'로 대체되면서 두려움 속에 빠져든다.

다형물질인 문어는 좀체 붙잡을 수가 없다. 문어는 추격자들로부터 달아나기 위해 바위에 달라붙어 있다가 자신보다 더한 약자들을 먹고 살기 위해 다시 모습을 바꾼다. 그것은 자신의 지지체 색과 결합하는 카멜레온과 같은 두려움이 아니라 꾀이다. 오피에누스는 말하기를, 문어의 변화는 "순수하게 신체적인 증상이 아니라 일종의 처세술"[131]이다. 그래서 고대에 문어는 신중함과 교묘함의 표시이고, 플루타르코스에게는 정신력의 신호이다. 그 묘사들 속에는 두려움이나 혐오감은 없다.

그러다가 그리스도교가 그 이미지를 반전시키기 시작한다. 문어가 바위색에 적응하는 것은 적들을 피해 달아나기 위해서가 아니라 자신의 먹이를 속이기 위해서이다. 그래서 4세기에 성 바실리우스는 문어를 기만적인 존재로 만들고, 성 앙브루아즈는 원죄에 비교한다. 그러나 무엇보다도 끈덕진 것은 소위 문어의 음탕함이다. 문어는 녹초가 되도록 즐긴다고 오피에누스는 기록한다. 알드로반디는 1606년에 출간된 연체동물들을 다루는 그의 《박물지》 일부에서 고대인들이 문어에 대해서 말했던 모든 것을 요약한 다음에, 수중동물들 중에서 문어가 가장 음란하다고 여겨지고 문어의 살은 성욕을 촉진시킨다고 단언하며, 문어를 조리하는 몇 가지 방법들을 일러 주기도 한다…….

처음에는 영리하다고 알려졌던 문어의 음탕함은 계속해서 증가한다. R. 카이유아가 말하듯 "포옹하기에 그렇게도 많은 팔과 빨아먹기에 그렇게도 많은 입을 가진 동물이 음란함을 상기시킨다는 것은 전혀 놀라운 일이 아니다." 그러나 그 이미지는 다시 한 번 현실과 명백히 모순된다. 문어들의 교미에는 포옹도, 심지어 신체 접촉도 없기 때문이다. 남근이 없는 수컷은 그 효과에 영향을 미친 촉수들 중 하나를 빌려 자신의 파트너에게 정숙하게 씨를 내려놓는다. 이렇듯 R. 카이유아는 "깜짝 놀랄 만한 현실과 유연한 몸체들과 부드러운 숱한 팔들, 그리고 탐욕스러운 입들을 통해 어쩔 수 없이 음란한 몽상이 개입되는 쾌락과 격정의 이미지들 사이의 대비는 설득력이 있다"[132]고 기술한다. 정신분석학은 성적인 이미지를 수정한다. 문어의 촉수들은 남근의 부재를 보완하고, 어머니의 환각과 거세의 공포를 가리키는 그만큼의 작은 남근들이 된다고 한다.[133]

18세기 말엽 플리니우스의 묘사에서 고취된 또 하나의 이미지가 나타난다. 칸트가 1756년에서 1796년까지 강의한 내용을 옮겨 1802년에 출간된 《지리학》에서, 그 철학자는 우리에게 "나무처럼 거대한 이빨"을 가진 "문어, 세상에서 가장 거대한 동물"[134]을 소개한다. 그러나 문어를 위한 결정적인 전환기는 드니 몽포르의 《연체동물들의 자연스럽고 특별한 역사》(1802)와 함께 맞게 된다. 최초로 문어는 "파괴를 위해 파괴"하는 앙심 깊고 사나운 괴물 같은 동물, "살해와 피로 살아가는 […] 전문 살인자"로 소개된다. 미슐레는 1861년 《바다》에서 그 묘사에 고취된다. '살인적인 독기'를 품은 짐승은 괴물로 변모한다. "심지어 포식을 하여 지쳤다 하더라도 문어는 또 파괴를 한다."[135] V. 위고는 어휘집을 포함해 이러한 급격한 변동을 훌륭하게 마친다. 그는 1806년 《바다의 노동자들》에 앵글로색슨족의 섬에서 유래한 피외브르(pieuvre)라는 용어를 도입한다. 그때부터 풀프(poulpe)라는 단어는 낚거나 시장에서 사는 문어를 지칭하게 된다. 1878년 리트레 사전에 채택된 이름의 변화는 끔찍하고 불길해진 문어의 이미지 전도를 각인한다. V. 위고에게 있어서 "문어는 증오한다" "절대 속에서 흉측스럽다는 것은 증오하는 것"이기 때문이다. 외면이 내면을 배신한다…….

괴물은 계속해서 자라난다. 그 괴물은 뱃사람들이 제멋대로 꾸며낸 북유럽 전설의 큰 바다 괴물의 거대한 몸집을 빌린다. 그리고 그 몸집은 그것의 잔인성의 위력과 동등하다. 그때부터 그 이미지가 굳혀진다. 그리고 그 이미지는 문학, 특히 쥘 베른의 《해저 2만리》와 영화로 이어진다. 비록 피외브르가 오늘날 보다 합리적인 크기로 되돌아왔다 하더라도 교활한 풀프를 대체했다……. 그렇기 때문에 시대에 따라 풀프나 피외브르에 비유되는 것은 같은 범주의 개체들이 아니다.

끝으로 뱀은 대단히 부정적인 것이 되어 계속 그런 식으로 유지되는 양면성을 지닌 이미지의 좋은 실례를 제공한다. 그 파충류에 치명타를 가하게 되는 것은 유대 그리스도 절충교이다. 고대 그리스에서 뱀은 숭배 속에서 중요한 역할을 담당했다. 뱀은 "웅장한 희생들 속에서 유독 사랑받는 정령처럼 개입"하고 대개는 사원의 세심한 문지기라고 헤겔은 기록한다. 일상 생활에서 집에서 키우는 뱀들은 아이들과 함께 잠을 잘 수도 있었다. 그렇지만 학문적인 담론은 이미 뱀에게 그다지 호의적이지 않았다. 인간들이 전생에서 살았던 방식에 따라 윤회가 이루어진다는 플라톤의 《티마이오스》에서는 땅에서 가장 가까운 동물들은 가장 어리석은 동물들이다. 발이 없어 기어다니는 생물들이 바로 그런 경우로서 물고기들과 조개류 바로 앞에 놓인다. 아리스토텔레스는 뱀들의 '포도주에 대한 무절제한 사랑'을 확인하면서 '신의 없는 배신자' [136]들이라고 말하지만, 플리니우스는 그 '가장 잔인한 종족들' [137]이 아직은 그후에 그들이 유발할 것과 같은 혐오의 대상은 아니라고 덧붙인다. 로마에서는 뱀이 번식력과 쇄신·불멸성을 구현하지만, 술어학을 통해 해석되는 이미지는 변화하기 시작한다. 뱀은 **페루스**(ferus; 야만적인)·**아트록스**(atrox; 혐오감을 주는) 그리고 **호렌두스**(horrendus; 고약한)가 되어, 그 변화는 고대 세계의 마지막 세기들 속에서의 전통적인 종교적 가치들의 실종을 통해 설명될 것이다. 그렇게 해서 그 영역은 유대 그리스도 절충교의 표현을 맞아들일 준비를 하는 셈이다.

그렇지만 그 전통 속에서도 뱀은 우선은 완전히 혐오스러운 존재는 아니었다. L. 보드선[138]은 뱀의 유익한 역할과 치유자로서의 힘을 상기시키는 《구약성서》의 일화들을 언급한다. 뱀은 그리스도를 예고했고, 우리는 주교들의 사목(司牧) 지팡이와 같은 성스러운 상징들 속에서 뱀을 다시 발견하게 된다. 〈창세기〉의 이야기는 뱀과 악마 사이의 명백한 관계를 설립하지는 않는다. 1세기부터 그 둘 사이의 접근과, 심지어 동일화가 이루어지면서 교부들의 주석을 통해 조장된 증오가 절정에 달한다. 그리고 성 아우구스티누스에게는 마치 모든 동물들이

'유순하고 위험하지 않았던' 천국에서 뱀에게 가해진 저주가 이미 굳혀진 것처럼 모든 일이 진행된다. 악마가 여자에게 속임수의 말을 건네기 위해 자신의 계획에 적합한 것으로 "구불구불한 사리를 틀며 미끄러지듯 움직이는 동물인 뱀"[139]을 선택했기 때문이다. 빙겐의 힐데가르트는 지상 낙원에서는 뱀들에게 '아무런 독'도 없었고, 다만 '기분 좋은 액체'[140]가 있었다고 설명한다. 원죄 이후로 신은 뱀을 저주하여 기어다니며 흙을 먹도록 벌을 내린다. 뱀은 이브를 유혹했고, 그때부터 뱀은 인간의 적이 된다.

주석학자들에 의하면 뱀은 그렇게 해서 근본 진리들 사이로 슬그머니 끼어드는 존재가 된다. 유혹 · 책략 · 사기 협잡 · 기만이 뱀을 정의한다. 루터는 '비뚤어진' 거짓말은 "기어다닐 때나 몸을 세울 때나 결코 바르게 될 수 없는 뱀처럼 휘어진다"[141]고 말한다. 푸리에에게 뱀은 '중상모략의 상징'[142]이다. 위험하고 욕망을 나르는 뱀은 음탕함 자체가 된다. 뱀은 관능적인 움직임, 우리에게도 내재할 수 있는 짐승들과 공통된 그 **관능성**(sensualitas)과 악의 경향을 표현한다. 뱀의 불길한 요인은 좀더 나중에 보게 될 것처럼, 악 그 자체인 악마와 직접적으로 관련된 중세 말기와 르네상스 시대에 증대된다. 뱀의 이미지는 그리스도교가 후퇴하면서도 거의 완화되지 않는다. 니체는 필경 그리스도교적인 시각을 조롱거리로 만들기 위해서 차라투스트라의 그 충실한 동반자를 '태양 아래 가장 현명한 동물'[143]로 만들어 보지만, 소용 없이 뱀은 "계속해서 근본적으로 부정적인 반응들을 고취시킨다."[144] D. 모리스에 의하면 뱀이 "동물 생활의 모든 우월한 형태들 중에서 가장 미움받는 형태가 되었다"는 사실은, 뱀의 '현저한 성적인 상징'의 특성을 통해서가 아니라 그 파충류에 대한 '우리 종족의 선천적인 혐오 반응'[145]을 통해 설명된다. 그 동물학자에게는 그것이 영장류들을 위하여 서구인들 혹은 비서구인들의 옛 '문화들'의 관찰을 기꺼이 제외시키면서 침팬지나 고릴라 혹은 오랑우탄들의 태도로 부터 독단적으로 단언하는 자연 상태이다……. 파충류들은 특정 종들로 명명되기보다 뱀들의 종속명으로 더욱 자주 언급된다. 불가피하게 음탕한 살무사를 제외하고…!

사회적 곤충들: 개미와 꿀벌

사회적인 곤충들에는 지구상에 제일 먼저 출현한 흰개미들과 그뒤를 이은 사회적 막시류(膜翅類; 꿀벌·말벌·호박벌), 그리고 마지막으로 나타난 개미들이 포함된다. 파괴력을 지닌 흰개미는 참고 자료들 속에서는 두번째로 밀려나는 반면에, 종종 관련지어지는 개미와 꿀벌은 집단 작업과 사교성으로 우리를 매료시킨다. 때로는 거의 신성하기까지 한 꿀벌의 이미지가 고대 이후로 계속해서 호의적인 것은 아마도 코끼리와 같은 연유일 것이다. 즉 인간에게 유용하기 때문이다. 꿀벌들은 진정으로 길들여지지는 않지만 사육되어 꿀과 밀랍을 생산할 수 있다. 그러나 시대 속에서 표현의 이중 전복을 겪는 개미들에게는 상황이 다르다. 고대에만 해도 아리스토텔레스나 《박물지》의 한 장 전체를 개미들에게 할애했던 플리니우스 혹은 엘리엔이 입증하듯이 수많은 미덕들로 찬양되었던 개미들이 중세에 와서는 불길한 것이 된다. 사람들이 개미의 독과 심한 공격을 두려워하여 그들에게 할애된 글도 거의 없는 것이다.[146] 그러나 칸트가 콩고에서는 "소 한 마리나 병든 사람을 통째로 먹어치울 수 있는 커다란 개미떼"[147]를 볼 수 있다고 단언했을 때, 그 표현에는 여전히 때때로 끔찍한 점이 있다. 그 이미지는 중세 말엽부터 다시 바뀌어 13세기에는 자연주의자들(굴드나 레오뮈르 같은)의 과학 자료들을 통해 보완된 고대 이미지와 합쳐진다. 그리고 개미학이라는 새로운 학문이 생겨난다. 개미는 공통된 근심 속에서 꿀벌과 맞닿아 이 두 종들은 한편으로는 작업의 완벽성과 조직 상태의 전형을, 다른 한편으로는 그 정치적 특성이 토의되는 사회의 전형을 제공한다.

플루타르코스에 의하면 직물을 짜고 우리에게 '직물의 결'을 가르쳐 준 누에나 거미와 같은 일부 곤충들에 관한 저서들은, 물론 사상가들의 사색에 자양분을 공급하지만 그 산물들은 여전히 개인적인 작품들로 남아 있다. 개미와 꿀벌에게서 주목할 만한 것은 그들의 조직과 고대 이래로 입증되어 온 분업이다. 아리스토텔레스는 그 두 가지 종을 "모든 곤충들 중에서 가장 근면한 종들이고, 심지어는 그들과 비교할 수 있는 다른 모든 동물들 중에서도 가장 근면할 것"[148]이라고 한다. 그러나 그 곤충들이 중세 말엽의 어느 시기, 우리가 이미 보았다시피 노동의 새로운 가치가 부여되는 시기에 와서야 진정한 관심을 불러일으키기 시작하는 것은 결코 우연이 아니다. 카푸친회 소속 파리의 수도사 이브는 다음과 같이 기록한다. "동물들 중의 소수인 곤충들은 더욱 큰 근면함으로 자치하는 존재들이다. 그들은 우리로서는 모방하기 쉽지 않은 공예의 최초의 달인들이고, 그들의 본능은 우리의 발명품들을 능가한다."[149] 바라테는 "그 부지런한 곤충들이 하필이면 18세기, 주교들이 휴업 축일들 중 일부를 삭제하는 시기, 명상 수도사들이 게으름뱅이들로 여겨지는 시기, 철학자들이 노동과 산업을 옹호하는 시기에 부각되었다는 사실은 의미심장한 일"[150]이라고 지적한다. 노동의 세기인 19세기에는 사회주의자들뿐만 아니라 사회생물학자들의 선구자들도 사회적 곤충들에 대한 그와 같은 관심을 쇄신하게 된다.

그 다음에 우리는 고대인들의 관측을 재발견한다. 엘리엔은 개미집이 무엇으로 보아도 이집트나 그리스의 조형물들 못지 않다고 단언하며, 가장 화려한 인간의 거주지들을 떠올리게 하는 방과 회랑의 복잡성을 주장한다. 19세기에 우생론 의학자 A. 포렐은 개미들에게서 방적공, 푸주한, 버섯 정원 설계사들을 관측하기도 한다…….[151]

사회학자들은 푸리에가 말하는 것처럼 "꽃 위에 앉아 우리에게 일깨워 주는 노동의 예와 사회적 조화 사상을 통해"[152] 매혹시키는 꿀벌을 선호하는 것 같다. 꿀벌은 노동의 행복한 분업과 연대성의 전형이다. 또한 우리는 19세기 전반에 걸쳐 '라베유(L'Abeille; 꿀벌)' 혹은 '라뤼슈(La Ruche; 벌통)'이라는 간판을 내건 공제조합과 협동조합들이 발전하여 오늘날까지도 공제조합과 보험회사들이 그 이름을 차용하고 있는 것을 볼 수 있다.

그러나 모든 꿀벌들이 벌통 속에서 똑같은 위상을 누리는 것은 아니다. 고대인들은 일찍이 일벌들을 수컷들로부터 구별했다. 과학자들은 일벌들이 꿀벌과의 진정한 대표들인 '수컷 꿀벌'이라고 하지만, 아리스토텔레스는 이들을 '호박벌'이라고 부른다. 하지만 잘못된 호칭은 사상가들에게서도 여전해서 수컷 꿀벌들의 게으름이나 기생 상태를 지칭한다. 가령 라보에티는 "부르날(bournal; 벌통)에서 쓸모없는 호박벌들이 꿀벌들에게 덤벼든다"고 말한다. 따라서 같은 벌통 속에서도 꿀벌들과 그뿐만 아니라 말벌들에게 붙여진 속된 이름인 무늬말벌들처럼 다른 막시류 종들과도 구분지어진다. 말벌들은 일을 하지 못하여 타자의 일을 가로채려 하는 것으로 간주된다. 또한 술어학적인 모호함은 19세기에도 분명한데, 이는 푸리에가 라뤼슈(la ruche; 꿀벌의 벌집)를 르게피에(le guepier; 말벌의 벌집)와 대비시키며 '비생산적인 활동을 형상화하는'[153] 호박벌을 무늬말벌과 혼동하기 때문이다……. 생 시몽은 꿀벌과 무늬말벌 사이의 대비를 기생 상태와 생산적인 노동의 대비로 만든다.

노동과 연관된 그 곤충들의 사회 조직은 학자들과 철학자들의 관심을 끌어 그들의 단결을 정치 사회들에 비유하게 한다. A. 파레는 "자신들 사이에 작은 공화국을 형성하는 꿀벌들의 지혜"[154]를 찬양한다. 사람들은 벌통을 다스리는 왕이 여왕벌임을 19세기에야 비로소 발견하게 된다……. 꿀벌들은 O. 드 세르에게는 "한 왕에게 복종하여 […] 질서정연하게 다스려지는 공화국의 전형"[155]을 보여 준다. 그리고 《꿀벌의 우화》에서 만데빌레가 "불만스러운 벌통"의 우두머리로 꼽는 것 역시 왕이다. 벌통은 "그 곤충들이 인간들처럼 살았고, 우리의 모든 행위들을 작게 완수하므로"[156] 인간 사회의 은유로 사용된다. 벌통과 개미둑은 자신들 나름의 계급 제도를 갖고 있고, 그 일원들은 그들 자신의 집단 속에 분명하게 포함된다. 켈수스는 개미들이 자신만의 언어를 갖고 있다고 지적한다. K. 폰 프리슈는 꿀벌의 춤에서 가장 현저한 동물 언어의 예를 보게 된다. 언어학자들은 20여 종의 꿀벌들에게 여러 가지 '방언들'이 존재한다고 밝혀냈다. 그리고 물론 푸리에의 경우, 꿀벌들의 훌륭한 사회 조화에는 말벌들의 사회를 지배하는 불협화음이 대립된다. "벌집이 저절로 파괴되는 끔찍한 혁명 속에는 무지와 불화의 상징들이 보인다."[157]

만일 꿀벌이나 개미 나라에서는 모든 것이 훌륭히 작용된다고 한다면, 그것은 그 곤충들에게 정의 감각과 도덕적 그리고 심지어 종교적인 기질이 있기 때문이다. 꿀벌은 가족과 성실을 상징한다. 그리스도교 교회는 꿀벌을 순결의 상징으로 만든다. 마리아처럼 순결한 꿀벌은 그리스도라는 꿀을 만든다. 꿀벌은 성직자들의 귀감이고, 교회는 거대한 벌통으로 변모한다. 개미들의 종교적 의미에서는 특히 그들의 장례 의식이 종종 강조되었다. 1885년에 E. 앙드레는 개미들이 시체들을 치우기 위해서 '때로는 믿을 수 없을 정도의 곱절의 노력'을 기울이고, 대부분의 종들은 묘지를 만든다고 말한다. 초기에는 상징파

시인이었다가 이어서 《꿀벌의 생활》(1901)과 《개미의 생활》(1930)에 대해 저술한 **M**. 메테를링크에게 개미는 "원시시대 거대 종교인 토템 숭배에 젖어들어" 있다. 거기에서 개미의 토템은 개미둑의 영혼이고, 꿀벌의 토템은 벌통의 영혼이다.[158]

그러나 꿀벌이나 개미의 완벽성에는 한편으로는 동물성의 한계이기도 한 한계가 있다. 많은 사상가들은 그 종들 앞에서 경탄하기를 거부하거나 마음속 감탄을 억누른다. 그 곤충들에게는 인간적인 속성인 이성이 결핍되어 있기 때문이다. 하이데거는 꿀벌은 제대로 된 수꽃술을 알지 못한다고 말한다. 켈수스를 반박하는 오리게네스는 꿀벌들이 분별 있는 생물들의 모방을 통해 행동한다고 한다. 그들은 본능에 따라 행동하고, 파스칼에 의하면 그렇기 때문에 변함없이 같은 일을 하는 것이다. "꿀벌의 벌통들은 1천 년 전에도 오늘날과 마찬가지로 정연하고, 그것들 각각은 처음 것이나 마지막 것이나 마찬가지로 정확하게 육각형을 이룬다."[159] 마르크스는 《자본론》에서 동물의 근면한 활동과 인간 노동을 명백하게 구분지으려 한다. "꿀벌은 벌집 구멍들을 만들면서 한 사람 이상의 건축가를 수치스럽게 한다. 그러나 최고의 꿀벌과 가장 형편없는 건축가를 구분짓는 것은, 건축가는 자신의 조형물을 현실에서 세우기 전에 먼저 상상으로 그것을 올린다는 점이다. 우리는 각각의 작업 과정 끝에서 시작할 때 이미 노동자의 상상 속에 존재했던 결과를 얻지만"[160] 본능만을 따르는 꿀벌의 경우는 그렇지 않다.

그들 조직의 정치적 특징은 많은 저술가들에게는 헛된 것이다. 홉스에게 개미와 꿀벌의 '통치 형태'는 '유일한 의지'가 아니라, 하나의 같은 대상을 향하는 여러 의지들의 단순한 결합이다. 그는 《시민론》에서 그 곤충들의 집합들은 "시민 사회라는 이름을 얻을 자격이 없고, 조금도 정치적이지 않다"[161]고 단언한다.《리바이어선》에서 그는 이성과 말이 결핍되어 있는 그 피조물들이 정치 사회가 아닌 사회를 형성하는 다섯 가지 이유를 열거하면서 "그 피조물들의 합의는 자연스러운 반면, 오로지 협정에서만 비롯되는 인간들의 합의는 인위적"[162]이라고 결론짓는다. 고비노는 꿀벌들이 "자신들의 본성에 가장 적합한 삶의 방식"을 바꿀 수 있다는 점을 인정하지 않는다. 또한 "그들의 군주 정치"는 "결코 사회 혁명이 아닌 군주들의 파멸을 맞는다"[163]고 말한다.

이런 모든 미묘한 차이들에도 불구하고 사회성 곤충들은 계속해서 매력을 발산한다. 자연 선택을 통한 진화론 옹호자들은 그들의 생활 방식에 관심을 갖고, 그들에 뒤이어 사회생물학자들은 동물들에게 그다지 호의적이지 않은 일반 경향을 전도시키고, 머지않아 보게 될 것처럼 지배 담론 못지않게 수상쩍은 학설들 속에서 그 곤충 사회들을 인간을 위한 전형들처럼 소개하게 된다.

참을 수 없는 존재의 가벼움: 새와 나비

직립 자세, 육체에 비해 높은 머리는 인간이 하늘과 공모할 수 있게 보장해 준다. 그러나 새나 나비 같은 존재들은 직접 창공을 선회한다. 그런 특권은 대개 다른 동물들에 비해 하늘을 나는 종들이 누리는 보다 호의적인 평가를 설명해 준다. 그러나 우리가 이 책에서 보았던 메커니즘에 의하면, 어떤 이점이든 그것을 기술하는 저술가들에게 있어서 그 종들을 인간보다 대단히 열등한 존재들로 소개하도록 되어 있는 결핍들의 확인을 통해 완화된다. 다른 한편 짐승들의 가치절하라는 일반적인 운동을 따라 다소 긍정적으로 표현되던 일부 동물들의 이미지는 경멸적으로 변해 간다. 새들이 일반적인 방법과 동시에 그만큼의 개별적인 특징들을 나타내는 여러 종들 속에서 언급되는 반면, 나비들은 거의 언제나 총체적으로 고려된다.

새들에게는 여러 가지 호의적인 표현들이 부여된다. 플라톤이 생각하는 인간은 날개를 잃은 신이다. 《티마이오스》에 기술된 윤회에서 비교적 덜 비열한 영혼들은 새들로 환생한다. 새들은 대기 중에서 신과 가까워지고, 이는 그리스도교 초기에 더욱 분명하다. '소박하고 순결한 새들'인 멧비둘기와 비둘기는 성 아우구스티누스에게는 영적인 사람들을 예시하는 두 가지 상징이거나,[164] 혹은 많은 신학자들에게는 이리저리 날아다니는 성인들의 영혼을 표현한다. 성령인 신에 결부된 비둘기는 성신 강림 축일에는 교회 창설의 화신이 되기도 한다. 그리고 속화된 흰 비둘기는 오늘날 인간들 사이의 평화를 상징한다.

새들은 그들의 주된 특징을 이루는 하늘을 나는 능력 외에 다른 으뜸패들, 즉 인간과의 유사성도 갖고 있다. 아리스토텔레스는 그들이 두 발을 가졌음을 강조한다. 새들은 "두 발을 갖고 있고, 이는 그들을 동물들 가운데 가장 뛰어난 동물로 만든다."[165] 어떤 행동들은 적잖이 놀라울 뿐만 아니라 지성을 드러내기도 한다. 새들은 영리하거나 근면할 수 있고, '인간적인' 감정들을 드러낼 수도 있다는 것이 그것이다. 올빼미는 고대에는 지혜를 표현했고, 플라톤이 만일 그들이 표현할 수 있었다면 인간을 어떻게 평가했을까 자문하던 학은 아리스토텔레스에게는 총명함을 나타냈다. A. 파레는 새들의 둥지가 모든 석공들·목수들·건축가들을 능가한다고 생각했다. 둥지를 만드는 데 있어서 대단히 노련한 제비는 애기똥풀잎으로 새끼들의 붉은 눈을 뜨게 해줄 줄 안다. 일부 종들은 학·백조·펠리컨처럼 사회 형태를 알기도 한다.

그러나 본래 인간에게 가장 의문을 품게 하는 것은 새들의 노래하는 능력과, 심지어 종종 인용되는 예로 나이팅게일의 경우 새끼들에게 노래를 가르치는 능력, 그리고 일부 새들의 말하는 능력이다. 아리스토텔레스는 "동물들 중에서 인간 바로 다음의 첫번째 등급을 차지하는 새들의 어떤 종들은 분절된 소리를 낸다"[166]고 기술한다. 앵무새는 그 중 가장 빈번하게 인용된다. 플리니우스는 앵무새가 "인간의 목소리를 가장 잘" 흉내내고, '대화'를 이어나갈 수 있으며 "특히 포도주를 마시면 열변을 토하기도 한다"[167]고 기술한다. 로크는《인간오성론》에서 한 앵무새가 나사우의 모리스 왕자와 나누었다는 지적인 대화를 들려주면서, 그 새가 '수다쟁이'[168]였다는 사실을 의심하지 않는다. 까치는 플리니우스에게는 "보다 표현이 풍부한 수다를 떨 수 있는"[169] 새이고, 엘리엔은 특히 까치가 인간 언어를 흉내내기에 적합하다고 생각했다.

이와 같은 모든 징후들은 분명 인간에게 경각심을 일깨우는 듯하다. 그렇기 때문에 새와 거리를 유지해야만 하는 것이다. 그러자면 고전적인 도식대로 그 장점들을 결점으로 바꾸거나, 인간에게서는 완벽한 것의 어설픈 형태로 나타내고, 또는 그들의 모든 이점을 완전히 부인하는 것으로 족할 것이다. 플라톤은 새의 이미지를 무너뜨리려는 시도를 시작한다. 물론 지렁이에 비하면 새로 환생하는 것은 분명 더 바람직한 일이지만, 역시 동물로 환생하는 일이므로 여전히 전락이라는 잘못된 환생이다. 아리스토텔레스의 다음과 같은 추론은 흥미롭다. 새의 장점은 그 장점과 아무런 관계가 없는 어떤 결핍에 견주어 가치가 떨어진다. 가령 새는 인간과 공통적으로 두 발을 갖고는 있지만, 그 발은 손의 결핍이라는 '중대한 약점'을 보완해 주지 못한다! 그렇게 해서 날개라는 특혜는 점잖게 침묵 속으로 사라졌다……

새들의 상황은 시간이 흐를수록 나빠진다. 밤에만 날아오르는 미네르바의 새 올빼미는 지혜를 잃고 저속한 밤의 동물이 되어, 수상스러운 활동들을 내포하는 그 모든 것과 함께 암흑이나 어둠과 동일시된다. 플리니우스는 인간이 어떤 이득을 위해서가 아니라 오로지 즐거움을 위해 찾아다녔다고 지적했던 총명한 학은 중세 말엽과 르네상스 시대의 꿈의 해석론에서 질병과 불행의 조짐이 된다. 그렇다면 제비들은 어떤 지성을 나타내지 않는가? J. 마리탱은 제비들이 종의 이익을 위해 천사들에 의해 무장되고 교육받았다고 대답한다! 위풍당당한 새들의 경우는 이미 살펴보았다시피 탐욕스럽고 무자비한 독수리처럼 저속한 약탈자의 지위로 격하된다.

그러나 논쟁이 집중되는 것은 역시 노래와 말이다. A. 파레는 "모든 새들을 모아 놓은 것보다도 비교도 할 수 없을 정도로 더욱 조화로운"170) 인간의 음성이 만들어 낼 수 있는 합창에 비해 새들의 노래의 불완전성과 때로는 단조롭기도 한 제한된 성격을 입증하려 애쓴다. 꿈의 개론에서는 한데 모인 새들이 삐약거리면 그 새들은 '불화, 해로움'171)을 표현한다. 물론 A. 파레도 "까마귀와 까치 혹은 일부 다른 새들은 인간의 언어를 몇 문장 학습한다"는 점을 인정은 하지만, "그들은 많은 것을 기억하지는 못한다. 그들은 아무래도 이성이 없는 동물들이기 때문이다."172) 한편 앵무새의 경우는 횃대에서 끌어내려야 한다. 이는 결국 언어에서 출발하여 인간과 동물의 구별을 허물려 했던 로크의 옹호가 귀착한 바이다. '재치와 상식이 풍부한'173) 앵무새의 말은 인간처럼 여기기에는 불충분한 것으로 확인된다. 얼굴도, 인간 같은 신체도 갖지 못했으니까! 로크의 의도는 그 출발은 관대했지만 어떤 동물에게서 한 오라기의 정신성이라도 발견할라치면, 갑자기 신체로 화제를 바꾸며 같은 말을 반복하는 지배 담론의 인습에 다시 빠지고 만다. 동물은 돌이킬 수 없는 부정 속에서 그 신체를 통해 이해되는 동물로 선언된다. 결국 인간이 아닌 것이다! 그렇다면 앵무새의 말에 대해 장황하게 이야기를 늘어놓아 봤자 무슨 소용이 있겠는가? 결국 벙어리보다도 더 말이 없는 데카르트의 앵무새와 같은 동물인 것을……

이제는 새의 특수성을 확립하는 점을 공략하는 일만 남은 셈이다. 바로 인간이 항공 엔진을 만들 수 있기까지 오랫동안 부러워했던 하늘을 나는 능력이다. 새가 하늘로 날아오를 수 있는 것은 새에게는 비중이 없기 때문이다. 이는 새의 가벼움 때문이다. 그런데 그 물리적인 가벼움은 곧 도덕적인 경박함으로 변질된다. 플라톤의《티마이오스》에서 하늘에 있는 것, 새의 형태로 다시 태어나는 것은 사물에 관심을 갖는 경박한 인간들이고, 그들에게는 털 대신에 깃털이 자라난다. 그래도 플라톤에게 있어서 그 사람들은 아무런 악의도 없는 이들이다. 단순한 가벼움은 이내 음탕함으로 감형된다. 아리스토텔레스는 일부 새들의 사악한 습성들을 지적하고, 오리게네스와 교부들은 그 중 자고새를 악의와 결합시키는 반면에 플리니우스는 자고새를 모성애의 예로 언급했다. F. 베리오는 꿈의 해석론에 대해서 그것이 유포시키는 것은 새의 상승하는 상징이 아니라 언제나 부정적인 메시지라고 기술한다.[174] 그리고 이번에도 역시 그 이미지가 굳어지는 것 같다.

그보다도 가벼운 것은 끊임없이 이리저리 날아다니는 나비들이다. 가벼움은 우연히 발견되고 자연스럽게 미와 결합되지만 그 아름다움도 가벼움으로 인해 완화된다. 그래서 아름다움은 단숨에 음탕한 품행에 대한 생각을 단숨에 끌어들이고, 다른 표현들과 모순적인 개념에서도 동물성을 표시하는 것은 추함이다. 여기서 문제가 되는 것은 상징들 사이의 긴밀한 결합도, 동물적인 이미지와 그 이미지가 형상화하는 것이 틀림없는 인간들, 이 경우에는 곧 보게 될 것처럼 여성들과의 일치도 아니기 때문이다……

어찌되었든 19세기부터는 철학에서 보다 추상적이고 긍정적인 또 하나의 이미지가 주목을 끈다. 그것은 바로 '눈부신 나비로 바뀐 흉측한 애벌레'[175]의 이미지, 헤겔과 대부분의 19세기 사회주의자들에게서 찾아볼 수 있는 역사의 진보적 운동의 상징이다. 가령 푸리에의 경우는 미래의 '보편적 조화로 변모한' 현재의 '역겨운 문명의 상징'[176]이다. 그 철학적 의의는 상식적인 것이 아니고, 사상가들에게 있어서도 그 은유들은 더더욱 나비의 아름다움·가벼움 그리고 불안정성을 가리키고, 혹은 덜 경멸적인 방식으로는 푸리에의 '나비 같은' 열정의 변화를 가리킨다. 변신의 개념 자체는 오랫동안 커다란 불안을 야기했다. 사람들이 간파했던 것은 동물성의 후광에서 벗어난 인류의 집단적이고 정신적인 출현이 아니라, 곧 다음장에서 보게 될 것처럼 동물로의 개인적이고 신체적인 변형이다. 그러니 사탄이 안식일에 나비로 모습을 바꾼다는 것은 전혀 놀랄 만한 일도 아니다. 그것이 악마의 미이니까.

3. 괴 물

괴물은 동물이나 인간의 자연스러운 기준에 비해 차이를 '보이는' 것이다. 과잉·결핍·부분 기형, 혹은 더 심하게는 다른 계에 속하는 부위들의 잘못된 추가. 17세기 괴물 전문가 리체티는 "일부가 절단되거나 훼손된, 과도한, 두 가지 성질의, 모양이 바르지 못한, 일정한 모양이 없는, 거대한" '균일한 괴물'과 "다양한 부위들로 이루어졌지만 종에 있어서는 근접한 같은 유형에 속하는" 혹은 "근접한 다른 유형의 부위들로 이루어지거나 본성이 완전히 다른 유형에서 증대된" '다형 괴물'[177]을 구분한다. 실제 비정상(다리 다섯 개 달린 양, 다지동물……)은 결국 빈번하지는 않지만 분명 그 소지자들의 속성에 당황케 한다. 그래서 대단히 그리스도교적인 서구에서는 인간의 몸에서 태어난 이들에게 세례를 해야 하는 것인지 자문한다. 만약 그렇다면 샴 쌍둥이에게는 이름을 하나를 주어야 하는 것일까, 아니면 두 개를 주어야 하는 것일까? 18세기초에 왕립과학아카데미에서는 해부된 비정상적인 존재들의 크로키들이 전시되며, 기형의 정의에 대해 충분히 형이상학적인 특징을 가진 논전이 진행되어 아카데미를 온통 뒤흔든다. 결국 기형은 아무리 특별하다 하더라도 그 존재들을 인류로부터 끌어내서는 안 된다고 결론내리게 된다.

그러나 대부분의 괴물들은 가장 다양하고 공상적인 형태를 한 가상의 개체들, 전체 혹은 일부 동물들로 구성된다. 우리는 앞에서 동물 표현의 영향이 충격적인 만큼 더더욱 동물학적인 현실로부터 멀어졌음을 보았다. 전설적인 존재들의 경우, 그들에 무엇 하나 구체적으로

부합하는 것이 없기에 그 거리는 무한하다. 눈에 잘 보이지 않을수록 (그렇기 때문에!) 더 믿는 법이니까. 그리고 비록 회의적인 사람들은 대단히 일찍부터 일반적인 혹은 일부 괴물들의 현실에 회의를 품고 환상, 악마의 조작 또는 망상을 비난했지만, 오랫동안 증언들의 신뢰성에 의지했던 학문적 담론은 전설에 그 권위의 무게를 가져다 준다.

괴물들에 관한 학문이며, 그 호칭보다 더 오래된 기형학(실상은 19세기초에 괴물들을 '처치하기' 위해 조프루아 생 틸레르[178]에 의해 창시된)은 고대에 그리스 신화의 산물들을 되찾는다. 로마 작가들에 의해 전해지고, 지리학과 자연사 작업 그리고 여행기들로 더욱 풍부해진 그리스 신화는 중세에 괴물들에 대한 해석의 토대를 세운다. 그 주제에 관한 최초의 전문서는 9세기의 것이지만 기형학은 특히 12세기에 발전하고, 과학적 담론으로도 오늘날까지 여전히 상상을 제거치 못하는 표현들이 고착되는 중세 후기와 르네상스 시대에 절정에 달한다. 예전에 괴물은 언제나 자연사 개론에서 선택의 위치를 점유했다. 플리니우스는 분명히 한정된 종들보다도 '괴물'에 더욱 관심을 기울였고, 우리가 언급했던 것처럼 소수의 40여 종을 포함하는 중세의 동물 우화집에는 이국적이고 전설적인 동물들이 대다수이다.

괴물들은 그들이 (완전하게) 인간이 아닌 한은 동물성으로 밀려날 수밖에 없다. 따라서 동물에 대해서와 같은 해석 방법론이 적용될 것이다. 그들 역시 그들 현실의 증거보다 본질적인 것, 즉 도덕적 교훈을 유포시키도록 되어 있는 인간과 유사한 특징들을 부여받는다. 학자들은 그들의 신체적 그리고 도덕적 특징들을 고정시키려 하면서, 그들에게 이성을 되돌려 주고 일정한 방향으로 이끌려 노력한다. 사실 그들이 초자연적인 한 대략 신화의, 혹은 19세기까지 사람들이 존재한다고 믿던 꼬리 달린 인간군처럼 먼 옛날의 그들은 즉각적인 위험을 나타내지는 않는다. 또한 원래 괴물이 꼭 불길하지는 않았다. 그러나 괴물에 관해서도 실제 동물들의 이미지에 관계되는 것과 같은 불명예스러운 움직임이 관찰되고, 괴물은 점점 더 체계적으로 짐승 같은 성질로 배척된다.

인간 괴물들의 경우는 발전이 명백하다. 예를 들어 거인은 처음에는 단순히 다른 사람들보다 큰 사람으로 인식되었다. 그러다가 그 신체적 외모가 작가들의 펜에 의해 변형되면서 거인은 위험한 태도는 말할 것도 없이 완전히 '짐승,' 즉 야만인의 모습을 갖춘다. 그와 같은 움직임 속에서 짐승들도 격이 한 급 떨어지면서 괴물들로 변모한다. 동물들은 그들의 잠재적 해악의 증가와 평행하게 터무니없을 정도로 커지기 시작한다. 이미 앞에서 살펴보았던 칸트가 묘사한 콩고의 개미들이나 거대한 낙지 괴물로 변모한 낙지의 경우가 그렇다. 그리고 거대해진 신체에 종종 온갖 종류의 기괴한 사지가 결합되는 것도 볼 수 있다.

그리스도교 초창기에 교회는 백성들 속에 확고하게 자리잡은 괴물에 대한 믿음 속에서 근절시켜야만 할 이교와 미신의 낌새를 발견한다. 하지만 근절시킨다는 것은 힘겨운 시도이자 불가능한 시도였다. 그러자 교회는 괴물들에 대한 판단을 완화시키기로 하고, 제일 먼저 성 아우구스티누스는 그들의 본성에 관해 신학적인 관점으로 의문을 제기한다. 즉 그는 우선 《신국》에서 다양한 증언들까지 상세히 기재하면서 그것이 실존인지 적어도 가설을 인정한 것이다. 그렇다면 이런 질문이 제기된다. 선량하신 신이 어떻게 추함과 심지어 공포를 허용할 수 있는가? 다른 식으로 말하자면 어떻게 신이 악을 허용할 수 있는가? 좀더 나중에 보게 되겠지만 인류로부터 괴물 인간들을 배척시키지 않는 아우구스티누스는, 본인이 의도하지 않았더라도 그의 계승자들이 발전시키게 되는 영역을 준비한다. 만일 괴물이 있다면 그것은 분명 악의 화신임에 틀림없다는 것이다.

그리고 옛날의 괴물들을 간단하면서도 말끔히 없애지 못하자 교회
는 그것들을 자신들의 괴물, 즉 악마로 대체하기에 이른다. 악마가 일
으키는 두려움은 용어의 도덕적 의미에서의 기형, 그 무한한 악 속에
만 있는 것은 아니다. 그 두려움은 달리 보다 심각하고 더욱 심오하
다. 사탄은 혼자서 우리가 우선적으로 검토하게 될 예전의 두 가지 강
박관념을 구체화시킨다. 즉 잡종들 속에서 이루어지는 혼합에 대한
강박관념과 자아와 타자의 이타성에 대한 두려움인 변형에 대한 강박
관념. 서로 다른 종들에 속한 부분들의 결합은 변형 속에 한 종에서
다른 종으로의 이행처럼 종들의 불변을 보장하는 원칙에 상반된다.
동물과 괴물들에게 불리한 움직임은 우리가 세번째로 접근할 것이며,
서양 문명에서는 근본적인 역할을 하는 악마 속에서 완성된다. 그때
부터 악마화와 동물화는 심지어 교회가 중세 이후에 그 거추장스러운
인물을 뒷면으로 쫓아내거나, 혹은 그리스도교 자체로부터 쫓아낼 때
에도 집단적인 표현들 속에서 어깨를 나란히 한다. 괴물들은 언제나
언어 속, 타자의 오욕 속, 그것에 가해진 취급 속에 존재한다. 르네
지라르가 기술한 것처럼 "신화의 괴물들은 더 이상 우리에게는 초자
연적인 종들이나 혹은 심지어 자연적인 종들이 아니고, 더 이상 신학
적이거나 혹은 심지어 동물학적인 유형들이 아니라 언제나 상상에 준
하는 유형들, 신화 그 자체보다 더 신화적인 무의식 속에 쌓인 '전설
적인 원형들' 이다.[179]

잡 종

잡종에는 두 가지 범주가 있다. 확실히 동물성 쪽에 놓이는 합성동

물들과, 부분적으로는 인간이고 부분적으로는 동물이며 그 두 계 사이의 경계를 흐리는 괴물들이다. 실제 동물들에 대해서와 마찬가지로 우리는 두 가지 중에서 가장 의미심장한 일면들만을 소개할 것이며, 그 일면들은 문헌들에 가장 자주 소개되는 것들이고, 그 표현과 상징은 현재의 상상 세계에서도 여전히 정신에 작용하고 있다.

 땅은 동물 잡종들만으로도 넘쳐나고, 하늘은 그보다는 한산하고, 해저는 가장 끔찍한 괴물들을 포용하고 있다.

 유니콘은 상상력에 강한 인상을 주는 존재의 좋은 예를 제공하지만, 그 위상은 오랫동안 현실과 허구 사이를 오락가락한다. 유니콘의 기원은 아리스토텔레스의 생물학 저서들[180] 속에서 유일한 가상의 동물인 대영양(大羚羊)일 것이다. 이것은 일종의 뿔 하나 달린 영양으로서, 플리니우스는 다음과 같이 묘사한다. "몸은 말과 흡사하고, 머리는 사슴과, 발은 코끼리와, 그리고 꼬리는 멧돼지와 흡사하다. […] 길고 검은 뿔 하나가 이마 가운데에 솟아 있다."[181] 중세의 동물 우화집들은 2세기의 《피지올로구스》를 인용해 그 동물을 잡는 방법을 이렇게 설명한다. "유니콘 앞에 처녀를 놓으면 유니콘은 그 처녀의 무릎 위에 웅크린다. 그러면 처녀는 사랑으로 유니콘을 품에 안아 넋을 빼앗는다."[182] 유니콘의 명성은 모든 괴물이 다 해로운 것이 아니라는 사실을 입증한다. 그리스도교 서구에서 유니콘은 어머니 품속에서 안식을 찾는 그리스도를 상징하기 때문이다. 그러다가 코뿔소의 존재를 알게 되자 의혹이 싹트기 시작한다. 이런 의혹들은 A. 파레의 글에서 찾아볼 수 있다. 어떤 이들은 "외뿔의 유니콘이 코뿔소와 닮았다고 한다."[183] 그 우둔한 동물로의 실추는 13세기 이후로 유니콘의 뿔로 치료해 온 약제사들에게는 만족스럽지 못한 것이었다. 포르투갈 왕은 교황에게 코뿔소를 선물하지만, 그만 제노바 근처에서 배가 난파하는 바람에 교황은 그 동물이 고대의 유니콘인지 아닌지를 영영 확인할 수 없게 되었다. 의혹 다음에는 확신. 유니콘은 그리스도교 속에서의 동물 상징들과 그 종교 자체의 후퇴에 이어 그리고 동시에 유니콘이 존재하지 않음을 입증하는 과학의 무자비한 타격 아래 사라진다. 퀴비에는 유니콘을 두 뿔 가진 저속한 네발짐승으로 만들어 버리지만 옆모습으로 그려지는 바람에 그나마도 곡해되고 만다……. 그렇게 해서 유니콘의 이미지는 문학적 혹은 예술적 모티프로서 외에는 희미해져 간다. 그외에 무시무시한 다른 괴물들은 사람들이 더 이상 그들의 존재를 믿지 않음에도 불구하고 상상의 세계에서 더욱 생생하게 살아남는다.

음험한 명성을 얻은 뱀을 상기시키는 기어다니는 모든 동물들의 경우가 그렇다. 피에르 드 보베는 자신의 동물 우화집에서 사자가 동물의 왕이듯 두꺼비가 품고 있던 달걀에서 탄생한 바실리스크는 뱀들의 왕이라고 설명한다. 바실리스크의 호흡은 공기를 오염시키고 눈빛으로 상대를 죽일 수 있는, 오늘날의 말로 하면 '눈빛만으로 살인이라도 할 수 있는' 특징을 갖고 있다. 이는 중세의 시각의 중요성을 인식할 때 '사나운 눈초리'로 어떤 사람들이 필요로 하는 것을 알아낼 수 있는, 우리는 전혀 갖지 못한 마술과도 같은 엄청난 힘이다…….

바실리스크는 물론 우리 시대에 와서는 많이 잊혀졌지만 괴물 중의 괴물인 용의 이미지를 만드는 데 기여했다. 그리스어 **드라콘**(drakon)은 뱀을 의미하고, 이는 실제 동물이다. 그 평범한 파충류는 플리니우스와 함께 변모하기 시작한다. 플리니우스는 용이 어쩌다가 여름마다 코끼리의 피(차가운)를 찾아다니게 되었는지 들려주고, 소송에서 승소하고(용의 심장 주변의 지방으로), 악몽과 싸우기 위한 마법의 묘약 조제법(말려서 꿀에 섞어 놓은 용의 눈을 주로 한 조리)을 일러준다……. 세비야의 이시도루스와 같은 이들의 묘사가 우선적으로 고려하는 것은 용의 몸집이다. 하지만 용에게는 발이 없다. 알베르투스는 8세기까지만 해도 "용은 길쭉한 여러 개의 작은 발들로 앞으로 나갈 수 있었을 것"이라고 생각한다. 그러다가 발이 그 뱀과 결합되면서 일부 저술가들은 용에게 스무 개 남짓한 발과 심지어 발톱과 막(膜) 모양의 날개까지 부여하는 반면, 주둥이는 입김을 내뿜어 악마와 지옥의 모든 불길의 상징인 무시무시한 짐승으로 보이기 위해 터무니없을 정도로 커진다. 16세기에 C. 게스너의 대단히 완전하고 진지한 《동물사》에서 실제 성격이 인정된 그 괴물은 오늘날에는 육체의 굳건함을 모두 상실했지만, 동화에서는 물론이고 정신의학과 정신분석에서도 여전히 상징적인 존재로 남아 있다.

또 수중 세계 속에서도 앞서 말했던 것처럼, 그 깊은 해저에서 오랫동안 알려지지 않은 채 온갖 위험들을 내포하고 있던 용을 찾아볼 수 있다. 토머스 드 캉텡프레는 바다용이 '지상의 용과 비슷한' 크기이지만 '날개가 없다'[184]고 말한다. 지상 동물들은 앞서 보았다시피 종종 수중생물들에게 이름을 빌려 준다. 지상 괴물들이 모델로 사용되기 때문에 더욱 그렇다. 예컨대 비단 바다용만이 아니라, 몸의 끝부분이 물고기 꼬리로 되어 있는 두 발 달린 해마, 톱상어와 황새치처럼 뿔로 배의 뼈대도 뚫는 바다 혹은 수중 유니콘…… 실제 수중동물도 괴물로 변할 수 있다. 히드라(hydrus; 히드루스)는 머리가 여럿인 용(hydra; 히드라), 천 개의 머리를 가진 무시무시한 히드라가 된다.

그러나 바다 괴물들 중에서 가장 널리 알려진 것은 〈레위기〉에서 유래된 리바이어선이다. 때로는 고래이고, 때로는 거대한 바닷뱀 혹은 기다란 뿔과 멧돼지의 콧마루를 가진 네 발 달린 양서동물인 리바이어선은 야훼에게 적대적인 불길한 세력을 구현한다. 보댕의 표현에 의하면 그 '구불구불한 거대한 뱀'[185]은 성전 속에 파묻혀 있을 수도 있었겠지만, 홉스는 그것의 운명을 바꾸려 한다. 홉스가 분명 늑대에게 했던 것처럼 전혀 예측하지 못했을 기이한 운명 탓인지 그 괴물은 그로 인해 상상의 세계 속에 안락하게 자리를 잡기는 하지만, 대신 이미지의 근본적인 변화를 대가로 치른다. 홉스는 자신의 사상을 모두 내포하고 있는 주요 저서에 《리바이어선》(1651)이라는 제목을 붙인다. 그러나 전서에서는 거의 언급도 되지 않는 그 성서 괴물은 처음의 형태학을 잃고 대단히 추상적이 된다. 그것은 모든 정치적 권력을 수렴하는 군주인 불멸의 신[186] 아래 '죽을 수밖에 없는 신'이다. 그 은유는 앞에서 보았던 것처럼 별 의미 없는 아무런 생명체와의 생물학적 비교를 통해 보완된 채 거기서 멈춘다. 그 신과 같은 인간의 이미지는 분명한 윤곽은 없지만, 책표지에 실린 삽화는 눈에 띄는 특징들과 함께 그것에 대한 새로운 정체성을 사람들의 정신에 정착시킨다. 그 삽화에는 수많은 사람들을 에워싸고 왼손으로는 주교의 홀장(笏杖)을, 오른손으로는 칼을 들고 있는 거인(성서의 괴물로부터 물려받은 유일한 신체적 특징)이 표현되어 있다. 그 종교적·정치적 권력의 상징들은 다음과 같은 부제를 해설한다: 《교회 및 시민 공동체의 내용과 권력론》. 결국 그 철학적 괴물의 형태를 결정하는 그림이다. 정치철학 사전에 일반 명사로 받아들여진 리바이어선은, 그때부터 그 이미지로 계속하여 국가와 국가의 절대 권력을 줄여 말하는 방식이 되고 있다. 심지어 현대에 와서 홉스를 비방하는 이들이 조잡한 오역도 두려워하지 않은 채 그것을 전체주의의 상징 자체로 취급하지 않을 때조차도.

리바이어선의 쾌거가 흥미진진한 것은, 성서에서 리바이어선에 대응하는 베헤못과 똑같은 운을 겪지 않았기 때문이다. 베헤못은 예전에는 일종의 거대한 코끼리와 동일한 것으로 여겨졌다가 17세기부터는 하마와 때로는 그 둘의 혼합으로 여겨졌고, 몇몇 주석학자들은 그것을 오히려 물소와 비교했다. 악의 세력을 상징하는 베헤못은 리바이어선과 똑같은 위협적인 힘과 똑같은 불사신의 기질을 갖고 있다. 홉스는 리바이어선에 대해서와 마찬가지로 베헤못을 자신의 저서들 중 하나의 제목으로 삼았다. 그러나 그의 시대 상황과 더 많이 관련된 그 저서는《리바이어선》이나《시민론》과 같은 명성은 얻지 못하였다. 베헤못은 그로 인해 시달림을 받았고, 20세기에 F. 노이만의《베헤못》[187]이라는 제목으로 다시 등장한 베헤못은 1933-44년대에 국가사회주의에 대한 노이만의 분석을 드높이기는 했지만, 그 괴물을 리바이어선의 심각한 경쟁자로 만드는 데는 성공하지 못했다…….

지옥의 존재보다는 성스러운 존재에 더 가까운 하늘의 괴물들은 새들의 호의적인 이미지의 혜택을 입는 듯하다. 혹시 그들의 수가 워낙 적어서 덜 괴물같이 여겨지는 것일까? 칼라드리우스와 이크테로스, 즉 질병을 예고하거나 치유하는 '의술의 새들'은 중세 이후에 학술서들에서 자취를 감춘다. 독수리의 얼굴과 발톱을 가진 날개 달린 네발짐승으로서, 사자와 독수리의 결합으로 인해 왕권을 상징하던 독수리사자의 경우도 마찬가지이다. 왕위의 이미지가 결정적으로 사자로 안정되면서 그후로는 더 이상 독수리사자를 필요로 하지 않게 된 것이다.

그러나 그 철학적인 새는 페니키아에 그 이름을 내주었을 불사조(phoenix)로 남아 있다. 헤로도토스는 전설의 최초 형태를 고정시킨다. "날개의 깃털은 황금빛이고, 다른 깃털은 진홍빛이다." 그러나 그 새를 직접 보지는 못했고, 그 새는 "5백 년 만에 한 번씩 이집트인들을 찾아온다"고 전한다!──그는 불사조 탄생의 '믿을 수 없는 이야기'에 관해서는 회의적이다.[188] 헤로도토스에 의하면, 불사조의 생식에 사용된다는 알은 이후 1세기의 교황 클레멘스나 플리니우스에 의하면 벌레로 탈바꿈한다. 죽음에 임박한 불사조는 제 무덤을 준비하고는 죽음을 맞기 위해 그곳에 틀어박힌다. 이어서 불사조의 육신에서 벌레 한 마리가 태어나 성장한 다음 날아올라 불사조의 무덤을 태양의 제단으로 옮아가고, 그곳에서 불사조는 다시 태어난다고 한다. 중세에는 그 불멸의 새가 재 속에서 되살아난다. 그때부터 그 해석이 고정된다. 그래서 불사조는 그리스도의 상징이다. 테르툴리아누스나 성 앙브루아즈는 불사조를 육신의 부활 증거로 여긴다.

그러나 불사조 전설이 중세에 와서 우리가 오늘날 알고 있는 결정적인 형태를 찾는 반면, 진홍빛 몸체와 목 주변에 황금빛 깃털을 가진 그 새는 그리스도교 시대까지 남아 상징으로 사용되지 못했고, 그 상징은 모든 종교적 지시 대상의 밖 잿더미에서 다시 태어난다. 고대에 불사조는 우주의 거울이자 우주 역사의 이미지였다. 타키투스와 플리니우스는 태양과 달 그리고 행성들이 처음의 위치로 돌아가기 위해 필요한 시간에 따라 우주의 생애를 계산한다. 고대인들은 그 천문학적 순환이 이루어지면 역사가 행성들의 운동의 귀환으로 인해 다시 되풀이되리라고 생각했다. 만일 역사의 순환 개념이 직선적 시각에 자리를 넘겨 주었다면 불사조는 그만큼 날아오르지 못했을 것이다. 불사조는 언제나 위기와 격변에도 불구하고 결코 멈추지 않는 역사의 영속성을 표현한다. 이렇듯 우리는 19세기 역사철학, 특히 헤겔이나 사회주의자들의 철학 속에서 불사조의 은유를 빈번하게 찾아볼 수 있다.

인간과 동물의 잡종들은 대부분의 표현들 속에서 인간의 머리와 동물의 하체를 갖고 있다.

사티로스, 목신(牧神), 실바누스, 머리에 두 개의 뿔이 나 있고 염소의 발굽을 가진 작은 인간들이 숲 속에 우글거린다. 그들은 음란하며, 주정뱅이들이다. 그들은 켄타우로스와 명백한 혈연 관계를 갖고 있고, G. 뒤메질은 심지어 그들과의 '호환성'에 대해서도 언급한다. 차이점이라고는 켄타우로스가 신화의 인물이 된 것에 반해, 사티로스는 "결코 재미있고 장난기 있는 존재, 익살스럽고 위선적인 악마 같은 존재가 아니었다"[189]는 점이다.

켄타우로스는 거의 전부가 말이지만, 가령 플라톤이 더 정확하게는 히포켄타우로스라고 지칭하는 이들과 대조해 언급했던 보다 드문 오노켄타우로스(당나귀 인간)나 이크티오켄타우로스(물고기 인간)의 존재를 간과해서는 안 된다. 게다가 "네 개의 말의 발이 달렸으며, 가슴팍은 인간의 상체로 연장되고, 인간의 머리와 팔을 갖고 있는 말 켄타우로스"의 유형은 뒤늦게 설정된다. 그전에는 두 발로 서 있는 완전한 인간의 허리로 연결되고, 말 엉덩이 쪽으로 두 개의 뒷다리가 있기에 토대 자체는 인간이다. 그때부터 네 개의 말의 발이 달려 하체는 완전한 짐승이 되는 켄타우로스의 점진적인 변화는 다시 괴물들이 동물화되어 가는 전형을 보여 준다. 이 동물화는 켄타우로스의 경우에도 그리스 신화에서 이야기된 성스러운 기원을 버리는 것으로 표시된다. 그러나 그들을 올림포스 산, 즉 초자연적인 것에서 잘라냄으로써, 그리고 그들을 다시 땅 위로 내려오게 함으로써 우리는 그들에게 실재를 부여하거나 실재에 대해 자문하게 된다. 히에로니무스는 의문을 품지 않는다. 그가 자신처럼 사막에서 살아가는 은자 바울로를 찾을 때, 두 마리의 켄타우로스가 연이어 그에게 친절하게 길을 가르쳐 준다. 루크레티우스는 인간과 말은 잉태 기간과 수명이 다르기 때문에 그런 조합이 불가능하다고 판단한다. 그렇다면 그것은 우리의 상상력의 산물, 환영이다. "그런 동물은 결코 존재하지 않았으므로 물론 켄타우로스의 이미지는 살아 있는 모델에서 비롯된 것이 아니다. 만에 하나 말의 이미지가 인간의 이미지에 근접할 경우에만 그것들은 곧 아무 어려움 없이 서로 굳게 결합될 것이다."[190]

그러나 결국 오늘날에는 더 이상 믿지 않는 그 잡종의 존재에 관한 토론은 중요하지 않다. 중요한 것은 그 표현이다. 켄타우로스의 기질상의 모호함은 고대 이후로 작가들과 철학자들을 난처하게 했다. 한편으로는 선량하고 지혜로운 켄타우로스들로서 아킬레스와 아스클레피오스를 가르친 키론이나 헤라클레스에게 희생된 폴로스가 있고, 다른 한편으로는 난봉꾼들, 주정뱅이들, 여성들을 약탈하는 광적인 무리가 있기 때문이다. 인간이자 동물인 켄타우로스의 양면성은 그것의 식이요법에서도 잘 드러난다. 첫째로 켄타우로스는 인육을 먹지 않고, 둘째로 켄타우로스는 날고기만 먹는다. 그래서 폴로스는 제 주인에게 익힌 고기 요리를 바치지만 정작 자신은 날고기를 먹는다. 켄타우로스는 마키아벨리의 글에서는 철학적인 괴물, 인간 짐승의 이미지 자체가 된다. "그래서 군주는 인간과 짐승을 자주 접촉할 필요"가 있고, 그에 의하면 키론의 교육은 "양쪽 본성을 활용할 줄 알아야 하고, 한쪽 없이는 다른 한쪽도 오래 지속될 수 없음"[191]을 알아야 한다는 뜻을 분명히 표시한다. 헤겔에 의하면, 분명히 키론을 제외한 켄타우로스에게서는 "관능과 욕망의 자연스런 측면이 […] 우세하게 보이는 반면, 정신적인 측면은 다음 순서로 밀려난다."[192]

스핑크스는 언제나 많은 사람들을 매혹시켰다. 아폴로도로스는 스핑크스가 여성의 머리와 가슴, 사자의 몸체와 꼬리를 가졌다고 묘사한다. 그 괴물은 오이디푸스에게 다음과 같은 유명한 질문을 던진다. "아침에는 네 발로 걷다가, 오후에는 두 발로, 저녁에는 세 발로 걷는 동물이 무엇이냐?" 다양하게 언급된 그 은유는 단 하루로 농축된 인간의 삶과 역사 자체의 문제를 가리킨다. 그러나 그 수수께끼의 옛 해석은 J. L. 보르헤스에 의하면 이렇게 될 것이다. "네 발이나 두 발 혹은 세 발을 갖고 있으며, 발이 많을수록 더 약해지는 것은 무엇이냐?"[193] 하지만 잘못 알려진 첫번째 표현이 우리가 볼 때는 두번째 것보다 더 풍부하게 여겨진다. 두발짐승의 문제를 가리키면서도 네 발로 땅을 기어다닐 때는 물론이고, 지팡이를 짚고 곧 다시 돌아가야 하는 한 줌의 먼지를 향해 구부정해졌을 때면 '약하고' 동물적인 인간을 잘 표현하고 있기 때문이다. 그래서 철학과 정신분석학에서 그 잡종을 독점하지 않을 수가 없었다. 헤겔에게 스핑크스는 "들짐승의 맹렬함과 힘을 벗어나 어떤 통로를 만들고자 하지만, 여전히 자기 자신의 타자와 관련되어 있기 때문에 자신의 자유와 유동적인 자기 자신의 형상의 완벽한 표현에 도달하지 못하는"[194] 인간 정신을 입증한다. 페르세폴리스·이집트·그리스의 벽에서 발견할 수 있는 그 '불가해한 것의 상징'은, 고비노에게는 '명백하게 백인종에게 공통으로 속해' 있고 '그들 유산의 일부'이다. 또한 "그것이 보이는 곳에 아리안족역시 있었다." 그러나 가슴 달린 스핑크스는 이미 아리스토텔레스가《자연학》에서 기술하는 것처럼 사실 여자 스핑크스인데, 그 여성성을잊는다는 것은 놀라운 일이다. 그렇게 지적인 질문을 던진다는 것이암컷에게는 어울리지 않는다고 여겨진 때문일까? 재검토가 요구되는것은 그 신화보다는 차라리 신화의 남성적인 문법이다……

반면에 툭 터놓고 여성으로 소개되고 자신들의 성에 알맞게 행동하는 세이렌·님프·하르피이아들은, 몇몇 인격화를 제외하고는 무리지어 총체적으로 고려된다. 세이렌들은 세월의 흐름 속에 형태가 바뀌기도 한다. 고대에는 반은 젊은 여인이고 반은 새(오비디우스에 의하면 붉은 깃털이 달린)였던 세이렌들은, '꿀처럼 달콤한'[195] 목소리로노래해 난파당한 사람들을 유혹한다고 《오디세이아》는 전한다. 위험한 유혹자들. 그들은 곧이어 위험하기는 마찬가지인 뱀 꼬리 달린 여자들이 되었다가, 이어 독수리 발이 달린 물고기 꼬리 여자들이 되고, 그 다음으로 오늘날 간직하고 있는 물고기 여자의 이미지가 고정된다. 정신분석학에서는 그들에게서 여성성의 매혹적인 형상과 폭력에 사로잡힌 꿈의 피조물들(그들의 동물적인 부분의 야만 상태에 있는본능의 폭력)을 찾아내고, 그들에게 희생되는 이들은 가엾은 남성들이다. 긴 다리에 하이힐을 신은 스타들과 뱀프〔요부역의 여배우〕들은 그들의 현대 후예들인 셈이다.[196] 그러자 그토록 많은 인간에 대한 권력은 이론상에서 약간의 결핍으로 보완되어야 했다. 세이렌의 꼬리는 다른 부속 기관의 부재를 아쉬워하는 여성의 거세 콤플렉스의 형상화에 다름 아니라는 것이다. 정신분석학의 '징후'가 된 안데르센의 인어공주 동화는 '여성 발달의 사고 과정을 훌륭히'[197] 설명해 줄 것이다.

지상 혹은 물(바다나 강)의 님프들은 형태의 미로 특색지어지고, 그런 사실로 인해 콜랭 드 플랑시의 《지옥사전》에는 '여성 악마들'[198] 범주 속에 정리된다. 게다가 세이렌들로부터 멀지않은 곳에서 영향력을 행사하는 카리브디스와 스킬라는 가장 널리 알려진 축에 속한다. 스킬라는 허리부터 짖어대는 개들로 모습이 바뀐다. 스스로 그와 같은 변신에 아연실색한 스킬라는 이탈리아와 시칠리아를 가르는 해협에 몸을 던지고, 그때부터 끔찍한 울음소리를 내며 그곳을 지나는 뱃사람들을 삼켜 버린다. 정신분석학은 거기서도 신화를 포착한다. 소름 끼치는 소리들은 "번식하는 방식으로 본 성행위의 명백한 환기"[199]가 되고, 이는 일부 사람들이 괴물 스킬라의 변형을 성전에서 규칙을 무시하고 저지른 성행위 탓으로 돌리는 만큼 더욱 뻔한 것이 된다.

고르곤들 중에서 가장 유명한 뱀 머리카락의 메두사(그 이미지를 문어의 이미지와 비교하는 정신분석학에 의하면 그만큼의 페니스)는 눈빛으로 사람들을 마비시킨다. 프로이트는 그 신화를 여성의 성기를 본 남성들의 거세 공포의 형상화로 해석한다…….

한편 사전에 보통 명사로 인정된 하르피이아는, 젊은 여인의 얼굴에 구부러진 날카로운 발톱을 가진 새들로 연회 테이블에 달려들어 울부짖으며 자신들이 먹은 것을 모두 배설물로 바꾸어 놓는다.

끝으로 키마이라라는 단어를 언급해야 한다. 키마이라는 한 가지 묘사 속에 고정되지 못하고, 세월이 흐르면서 너무도 많은 구성이 변화하기 때문에 일종의 전설 잡종의 이상적인 유형을 이루기 때문이다.

사자의 머리와 뱀의 꼬리를 가졌고, 《일리아드》에서는 그 사이가 염소의 몸으로 되었다는 키마이라는 불을 뿜는다. 또 아폴로도로스가 사자의 몸과 뱀의 머리를 가졌다고 하는 키마이라는 중앙에 염소의 머리를 또 하나 갖고 있고, 헤시오도스는 세번째 머리가 또 있다고 한다. 14세기에 철학자 뷔리당은 우선 그 괴수를 이렇게 묘사한다. "키마이라는 사자의 머리, 젊은 여인의 가슴, 뱀의 꼬리로 이루어진 동물이다." 이어서 뷔리당은 보다 일반적인 서술을 한다. "키마이라는 그것들끼리는 구성될 수 없는 부분들로 이루어진 동물이다."[200] 플라톤은 이미 추상적인 방식으로 '단 하나의 몸에 여러 가지 형태들'[201] 을 모아 놓은 키마이라에 의거하여 하나의 이미지에 대한 생각을 통해 구성 방법을 설명한다. 뷔리당의 사고 방식은 중세까지만 해도 혼동되었던 존재와 이름, **노멘**과 **오멘**을 결합시키기 시작한다는 면에서 흥미롭다. 그의 정의는 우리가 경우에 따라서는 유니콘처럼 그 존재를 논박하는 하나의 대상을 명명하는 것으로 그치지 않고, 결코 존재한다고 주장할 수 없는 하나의 대상을 생각하고 말하기 때문이다. 거기에는 괴물들에 대한 토론으로 그들의 현실이나 비현실을 면밀히 조사하던 시대에만 해도 극히 새로운 어떤 것이 있다. 그때부터 사람들의 정신 속에는 전설적인 것이 전설적인 것으로 존재할 수 있게 되고, 키마이라는 잘못된 생각이나 공연한 상상을 지칭하는 일반 명사가 된다. **오멘**(존재)과 **노멘**(이름)의 분리, 혹은 보다 정확하게 말하자면 **노멘**(이름)을 **논오멘**(비존재)으로 번역하는 것은 그 자체로 더 이상 뚜렷한 윤곽이 없는 키마이라를 죽이고, 상상적이고 유토피아적인 위조로 지칭되는 모든 것의 허울 역할을 한다. 특히 16세기와 17세기에 개신교도들과 정교도들 사이의 전쟁에서 많이 활용된다. 가령 칼뱅주의자들에게 키마이라는 성변화〔聖變化; 빵과 포도주의 변질이 그리스도의 살과 피로 변하는 본질의 변화〕이다.

변 신

　잡종들은 여러 종들에게서 특성들을 빌려 오기 때문에 종들 사이의 중간 부분 속으로 집어넣으려 아무리 애써 보아도 충분히 분류할 수가 없다. 변신의 경우, 개체는 한 종에서 다른 종으로 옮아가므로 종종 본의 아니게 타자의 모습이 되어 처음의 정체성이 타인에게 알려지지 않게 되기도 한다. 변형된 존재는 좀처럼 종잡을 수가 없는 것이다. 그래서 돌연변이들은 때에 따라 발견되는 경우에만 조사되고 검사될 수 있을 뿐이다. 오비디우스의 《변형담》은 최근의 철학자들을 포함한 철학자들에게 사색의 보고를 제공하고 대단히 다양한 해석을 전해 주지만, 리칸트로피〔자신을 늑대라고 생각하는 정신병〕 사건처럼 어떤 시대에 괴물을 화형에 처하는 소송의 경우에는 신화가 직접적인 증언으로 대체된다. 비록 변신이 본래 무한히 불안정한 질서에 속한다 하더라도, 변형된 존재의 기원과 종착지와 관련해서는 하나의 계에서 다른 계로의 이행 속에서 일부 영속적인 특징들을 간파할 수 있다. 즉 잡종성의 특수성과 본성의 결정 속에서 타자의 시선의 역할.

　원칙적으로 모든 개체는 어떤 생물로든 혹은 무생물로든 변형될 수 있다. 바위나 산·동상 혹은 월계수를 포함해서…….[202] 그러나 가장 빈번하게 언급된 변신들은 인간/동물의 관계를 언급하기 때문에 동물로 변하는 인간의 변신이다. 이는 대개 한 방향으로 작용하는 변신이다, 인간에서 동물로. 그 방향이 바뀌는 경우는 거의 찾아볼 수 없고, 그런 경우들은 어떤 의미를 띠지 않는다. 오비디우스가 들려주는 전설에서도 미르미돈족으로 모습이 바뀐 개미들에서 그 곤충들을 선택한 결정적인 이유는 그들이 수가 많기 때문이었다. 그 개미들은 단

순히 페스트로 무수히 죽어간 인구를 대체하도록 되어 있었고, 미르
미돈족은 개미들 고유의 특성을 무엇 하나 간직하지 않는다. 심지어
자발적으로 인간 상태에서 동물 상태로 옮아가는 것이 불가능하기도
하다. 아름다운 황소에게 빠진 파시파에는 암소가 되고 싶어하지만,
결국 그렇게 될 수 없자 그 씨를 받을 수 있는 작전을 쓸 수밖에 없게
된다. 자기 설득도 충분치 않다. 중세와 르네상스 시대에는 자신이 이
런저런 동물이라고 생각하는 사람들의 경우가 많다. 스스로 암말이라
고 생각하고 주위 사람들도 그렇게 느꼈던 여인의 경우도 그런 식이
었다. 그녀는 완강한 신부의 노력 덕택에 자신이 암말이 아니라는 사
실을 깨닫지만, 이번에는 집단 환영에 빠진다. 종교재판소 판사들과
귀신 연구가들은 진짜 변형들과 그 신뢰도가 손상될 수 있는 그런 거
짓 변형들을 구별하려고 애쓴다. 따라서 모든 변형이 외부에서 부과
되어야 하는 것이지 주체 자체에서 생겨날 수는 없는 것이 분명해진
다. 심지어 당사자가 합의하는 경우에도, 곧 보게 될 것처럼 악마의
개입이 필요한 것이다. 돌연변이는 전략을 구체화하기 때문에 어떤 동
물 속에서 일어날 수밖에 없다.

  '인간의 모욕적인 형상' 으로서의 변신은 헤겔에게는 '동물계의 전
락,' "오비디우스가 우아하고 영적인 방식으로 다듬어 놓은 그 수많
은 변신의 역사 속에서" 직접적으로 명시되었다고 생각하는 그 '동물
영역의 하락' 을 입증하는 새로운 방식이다. 헤겔에 의하면, 일부 신들
의 변신(이는 자유 의지에 의한 것이다. 그들은 신이므로……) 속에서
동물이 얼마나 더 천한 것을 표현하기에 이르렀는지 가늠할 수 있다
고 한다. 그 신들이 성적인 사건들에서 동물의 형태를 취하는 것은,
언제나 '그리 우아하거나 자연스럽지 않고 형이상학적이지도 않은
의도' 에 의해서이다. 그렇듯 제우스는 에우로파를 유혹할 때는 황소
의 모습으로, 레다에게 접근할 때는 백조의 모습으로 변신했고, 그와

같은 '신들의 아버지의 방탕함' 은 신의 형태로도, '더군다나 대개는 인간적인 행위로' [203] 이루어진 것도 아니었다. E. 드 퐁트네는 헤겔이 오비디우스를 플라톤 철학처럼 신봉했다고 비난하면서도 《변형담》은 우리보다 열등한 형제들에게 좀더 연민을 갖도록 권하는 '가장 설득력 있는 동물 우화집' [204]이라고 생각한다.

그러나 논쟁은 그 수준에 머무르지 않는 것 같다. 문제는 단순히 동물화(품위를 떨어뜨리는, 혹은 반대로 아마도 변장한 인간들이 아닐 동물들에 대해 더 많은 이해심을 갖도록 부추기는)가 아니라 새로운 동물의 몸속에서 예전의 정체성의 일부를 간직하고 있는 변형된 존재의 잡종성의 문제이다. 그것이 바로 그의 불행이다. 사실 그런 존재를 이해하려면 변신과 윤회를 구분해야 한다. 비록 오비디우스는 그의 저서 15권에서 피타고라스에게 자리를 넘겨 주고 있긴 하지만. 윤회에서 변형은 개인이 죽어서 레테 강을 건넌 다음에, 다시 말하면 전생에 대한 완전한 망각을 통해서 이루어진다. 플라톤에게는 영혼이 전생에 저지른 잘못만큼 더욱 비천한 동물의 육체 속으로 떨어질 것이고, 동물의 몸속에 자리잡은 개인은 인간 고유의 기억인 의식을 잃는 것이었다. 그 과정은 변화 후에 자신의 이전 상태를 기억하는 살아 있는 인간에게 일어나는 변신과는 완전히 다르다. 동물의 몸속에 갇힌 개인은 이성을 잃지 않았다. 심지어 그것이 그에게 남은 인간적인 것의 전부이기도 하다. 그러니까 특별한 잡종이 된 셈이다. 육체로는 완전한 동물이지만 영혼은 인간이니까. 그 잡종은 다른 이들에게는 그런 식으로가 아니라 그저 한 마리 동물로서 인식될 수밖에 없다. 그의 이성은 대개 그것과 연관되어 있는 언어를 빼앗겼기 때문에 표현수단 없이 남아 있기 때문이다. 오비디우스에 의하면 젊은 여인 이오는 암소로, 악타이온은 사슴으로 바뀌었고(알몸으로 목욕하다가 젊은 사냥꾼 악타이온에게 들키자 화가 난 디아나에 의해), 그들은 스스로도 놀랄 정도로 자신들의 동물 외모에 맞는 이상한 울음소리를 낸다.

이중의 비극. 그 변신한 존재들에게 온전하게 간직되어 있는 이성, 모든 이성적인 존재와 마찬가지로 그들을 인간으로 느끼게 해야 할 그 이성이 변형된 존재에게는 분명히 그가 본래의 자기 자신과 다른 한 마리 동물이라는 사실을 납득시키는 데 쓰인다! 그는 본래의 자신이 아닌 낯선 존재라는 사실을 깨닫는다. 《오디세이아》에서 키르케는 율리시스의 동료들을 돼지로 바꾸어 놓았다. "그들은 돼지의 머리와 음성, 그리고 뻣뻣한 털을 지니고 있었다. 그들은 돼지처럼 행동했다. 그러나 그들에게는 여전히 예전의 정신이 남아 있었다. 그들은 울부짖었다……."[205) 이오가 암소가 된 자신의 새로운 몸을 발견했을 때, "그녀의 얼굴에서는 눈물이 흘러내렸지만, 그 얼굴은 더 이상 예전의 얼굴이 아니었고, 오로지 이성만이 그대로 남아 있었다."[206) 자신이 자기 자신과는 완전히 다르다는 사실을 아는, 그 견딜 수 없는 존재의 모순은 이제 두 가지 방법으로 귀착될 수밖에 없다. 이오의 경우처럼 전환성을 통해 **해피엔드** 속에서 인간의 형태를 되찾든가, 아니면 자신의 개들에게 갈가리 찢겨죽는 악타이온의 운명처럼 짐승으로 죽든가…….

그리고 우리는 언어의 제거와 관계가 있는 비극의 두번째 측면을 접한다. 변형된 개체는 자신과 다른 존재인 타인과 의사 소통을 할 수가 없다. 그의 측근들은 눈에 보이는 것에 충실하고, 그들이 보는 것은 개별화되지 않은 동물에 불과하다. 암소·사슴·당나귀·돼지…… 그리고 그들은 그를 그런 종의 다른 동물들과 마찬가지로 대한다. 변신된 존재가 당하는 그 끔찍한 신체적 동물성의 고통에 동물/인간의 잡종성에 대한 타인의 무시라는 고통이 추가된다. 그런데 이와 같은 인식은 그 개체에게는 본질적인 것이다. 그런 인식이 일어났을 때 변신이 전도되어 그 개체가 다시 인간이 된다는 점이 그 증거이다. 언어를 빼앗긴 이오는 모래사장 위에 발굽으로 자신의 슬픈 이야기를 쓰기에 이른다. 그러다 마침내 그녀는 인식되어 다시 처녀의 형태를 되찾는다. 중세와 르네상스 시대에 여러 책에서 두루 반복되었던 한 가엾은 청년의 결말도 마찬가지이다. 어느 마녀의 주술로 당나귀로 변한 청년은, 그 마녀를 위해 짐을 져나르는 신세가 된다. 《말레우스 말레피카룸(마녀의 망치)》이 전하는 바에 의하면, 그는 당나귀같이 굴기는 했어도 "자신이 인간이라는 사실을 잊을 정도로 이성이 결박되지는 않았다."[207] 물론 어느 누구도 그를 알아보지는 못했다. 그러던 어느 날, 그는 미사를 마치고 나오면서 교회 앞에서 뒷다리를 꿇고 기도하듯 가지런히 앞발을 모았다. 그 종교적인 표시는 그가 당나귀가 아님을 분명히 입증한다. 그러자 저주에서 풀려나 인간의 모습을 되찾는다……. 반면에 그가 인정받지 못했다면 변신된 존재는 짐승으로서 죽음을 맞았을 것이다. 악타이온은 자신의 개들에 의해 죽음을 맞게 되는데, 이야기의 아이러니는 그 젊은 사냥꾼이 그 개들 각자에게 고유한 이름을 주어 이를테면 인간화시켰다는 점이다…….

이제 우리는 타인의 시선의 중요성을 가늠할 수 있다. 또한 그것의 자의성 또한 가늠할 수 있다. 타인의 인식은 우선 모든 추론에 앞서 신체적 형태의 인식을 거친다. 타인을 만나는 사람은 단숨에 그를 자신과 닮은 사람으로 표시해서 그를 죽이려 한다거나 '사냥감처럼' 먹으려 하지 않고, 그런 인식은 본능적으로 이루어진다고 피히테는 말한다. 인식이 일어나거나 "아니면 전혀 일어나지 않는다."[208] 무서운 딜레마이다. 왜냐하면 E. 드 퐁트네가 기술하는 것처럼 인식이 이루어지지 않을 때는 "오로지 동물들에 대해서인가, 아니면 아이들·미개인들·미치광이들에 대해서도 마찬가지인가?"[209] 하는 것이 문제이기 때문이다. 그리고 우리가 미처 인성을 인식하지 못했을 이들의 운명은 악타이온의 운명과 흡사하게 될 우려가 크다…….

그런데 언어가 없거나 다른 언어를 갖고 있는 이에 대한 그런 지각은 말로 표현된다. 동물성과 기괴함을 결정하는 이는 화자이고, 말을 하는 이도 괴물을 만들어 내는 이도 화자이다. 중세 시대 세례의 예는 우리가 이미 지적한 바 있는 호칭의 그 마법과도 같은 위력의 좋은 예시를 제공한다. 성직자들에게 신중함을 권고하기 위해 종종 연상되곤 하는 한 사건에서, 부모들과 성직자들은 유난히 모습이 흉측한 신생아 앞에서 당황한다. 그 아이는 괴물인가 아닌가? 그렇다면 그 아이에게 세례를 줄 것인가 말 것인가, 그 아이를 짐승처럼 다루지 못하게 하고 죽음의 위험을 모면케 할 인간들의 그리스도교 공동체 속에 들여보내야 할 것인가? 숱한 망설임 끝에 아이는 세례를 받는다. 퍽 다행스럽게도 아이는 후에 볼품없는 외모에도 불구하고 높은 지성과 함께 완전한 '인간'임을 보인다.

호칭이 그런 위력을 갖고 있는 것은 **노멘**이 존재인 **오멘**을 말한다고 여겨지고, 엄밀하게는 자의적인 결정으로 일어나지 않기 때문이다. 달리 말하면 변신의 경우에 돌연변이체는 아무 의미 없는 동물의 허울이 아니라, 이미 자신의 성격에 부합하는 동물의 허울 속에 도달하는 것이다. 종종 그런 경우로 예정된 이름을 가진 뮤즈의 신들(Les Piérides)은 까치(pie)로 변형되고, "오늘날에는 새의 형태로 예전의 객설, 목쉰 수다, 지껄임에 대한 무절제한 기호를 간직했다"[210]고 오비디우스는 이야기한다. 변신에 대한 불안은 실제로 존재했던 과거의 모습에 비하면 새로 변한 모습과는 그다지 관련이 없고, 이미 지배를 받고 있기 때문에 앞으로 변할 수도 있는 모습에 관계된다. 어느 누구도 변형으로부터 안전하지 않기에 그에 대한 두려움은, 자신이 동물이라고 착각하는 사람의 자기 설득의 경우에서 확인할 수 있듯 점점 더 은폐되어, 이런 경우는 우선적으로 신학자들에 의해 고발되고, 이어서 의학자들에 의해 병리학으로 다루어진다. 정신분석학도 거의 바로잡지 못한다. 정신분석학 역시 자신을 암말이라고 생각하는 여자에 대해서처럼 말과 자각을 통해서만 내몰 수 있는 고약한 충동의 형태로 인간에게 짐승을 기숙시킨다.

그러나 변신은 단순히 인간 본성에 대한 형이상학적인 토의나 신화혹은 전설의 대상이 아니다. 중세와 르네상스 시대에 변신은 '돌연변이'라는 이름으로 대단히 실질적인 소송의 핵심에 놓여 소위 돌연변이체들을 죽음으로 내몬다. 우리는 그 변형의 문제에 대하여 시대의 퇴보와 함께 인간 정신의 진보를 거스르려는 것으로 여겨지는 진화를 주목한다. 초창기에 저술가들이 변신의 실재에 대단히 회의적인 채 전설적인 이야기들에서 합리적인 설명을 구하려 했던 반면, 르네상스 시대에 와서는 그들의 존재가 더 이상 의심되지 않는다. 마찬가지로 성서의 이야기에 의하면 7년 동안 소로 변해 있었던 나부코도노솔에 대하여, 성 히에로니무스나 성 토마스는 그 군주가 이성을 잃었을지라도 신체 형태는 아무런 영향도 받지 않고 오로지 상상력만이 상처를 입었다고 생각하는 반면, 보댕은 소로서의 그의 실재를 단호히 단언한다. 마찬가지로 성 아우구스티누스는 "스스로 선택하고 응해 오는 나그네들에게 치즈를 내어주고 그 즉시 짐승으로 바꾸어 필요한 짐들을 모두 지게 한다"는 이탈리아에서 들은 '여인숙 아낙들'의 이야기를 들려준다. 그런 증언들은 그에게는 "잘못된 것들이거나 너무나 특별해서 믿지 못하는 것이 당연한"[211] 것들이다. 그러나 그런 유형의 사건들은 손님들을 양이나 닭으로 바꾸어 장에 내다판 두 명의 로마 여인숙 아낙들에 대해 들려주는 뱅상 드 보베의 펜 아래에서는 사실적인 것이 된다. J. 보댕의 작품 《마법사들의 빙의 망상에 대하여》는, 의학자 J. 바이어가 저서 《악마들의 사기》에서 돌연변이에 대한 설명들을 합리화시키고 돌연변이들을 병리학적인 상태, 특히 마녀 재판에서 고문에 못 이겨 아무것이든 자백하지 않을 수 없게 되어 스스로 동물이라 믿고 동물처럼 행동하는 '우울증'으로 귀결시키자 그의 주장에 반박하기 위해 쓰여졌다. 보댕은 그에게 고대인들의 권위, 즉 여러 세기를 걸쳐 반복되어 온 진실(사실 로마 여인숙 아낙들의 이야기처럼 대단히 오랜 민속에서 끌어낸 이야기들은 수도사들에 의해 다시 베껴지고, 대단히 진지한 저술가들에 의해 다시 쓰인다)과 동시대의 증언들을 입증할 이야기들을 반론으로 내세운다. 결국 그 논쟁에서 이긴 사람은 비록 우리가 오늘날 《빙의 망상》(이 책은 게다가 옛 프랑스어로만 읽을 수 있다)의 기이한 주장들을 점잖게 묵과하고는 있지만 그 유명한 주권이론가 보댕이다. 그리고 사탄의 존재를 재검토하지 않았던 J. 바이어의 책은 금서로 지정된다.

그런데 대단히 인상적인 동시에 대단히 재치 있는 점은, 그 모든 이야기들 속에서 무엇 하나도 결코 변형 그 자체의 과정을 입증하지 않았다는 것이다. 허구 영화들이 나오고 나서야 비로소 특수 효과 덕택에 변형이 선보일 수 있게 되었다……. 피차간에 서로 관계 없이 지각되는 것은 변형되었다고 여겨지는 인간과 동물이고, 변신이라고 결론지을 수 있게 해주는 것은 그 둘 사이에 수행된 접근이다. 그런 경우에는 인간과 동물 사이에 일종의 개체의 영속적인 전환성이 일어난다. (대개 낮에는 인간의 모습으로, 밤에는 동물 가죽을 쓴 채로.) 그들의 공통 정체성의 증거는 가령 짐승의 발이 달려 있지 않나 생각되는 동물에 이른 후 까닭 없이 인간의 다리에 상처를 입은, 그 짐승일 것이라고 추측되는 인간을 다시 찾게 될 때 주어지고, J. 보댕은 "짐승의 형태로 상처입고, 후에 인간의 형태로 상처입은 채 다시 바뀐"[212] 개인들에 대한 나름대로 진지한 많은 예들을 제시한다.

리칸트로피〔늑대망상병〕는 짐승 변형에 대한 모든 불안들을 구체화시키고, 1589년에서 1610년대에 절정에 도달했던 꽹장한 유행병과 대단히 실질적인 소송들의 원인이 된다. 물론 그 시대까지 늑대인간들은 나타나지 않았고, 고대에도 이야기만 풍성하여 변형의 확실성은 꽤 일찍부터 의심받았다. 플리니우스는 이렇게 빈정거린다. "인간이 늑대로 모습이 바뀔 수 있고, 곧이어 제 형태를 되찾을 수 있다는 것은, 그토록 오랜 세월 동안 거짓말임을 증명했던 모든 우화들을 인정하지 않고서는 한치의 망설임 없이 잘못된 것으로 여겨야 하는 믿음이다." 그리고 그는 이렇게 결론내린다. "그리스인들의 고지식함이 어디까지 갈 수 있는지 놀랍다. 아무리 뻔뻔스럽다지만 목격자가 없으면 거짓말이 아닌가."213) 그런데 몇 줄 아래에서는 그런 그가 몸 양쪽으로 머리가 하나씩 달린 쌍두뱀을 대단히 진지하게 묘사하고 있다! 초기 그리스도교 주석학자들은 리칸트로피를 믿지 않았다. 성 아우구스티누스는 "아무리 일부 고대인들이 그와 같은 변신을 믿었고, 그것의 진실성을 단언했다 하더라도 인간이 늑대로 변할 수 있다고 주장하는 것"214)은 터무니없는 일이라고 판단한다. 그 의견은 창조주의 개입 없이는 한 종에서 다른 종으로의 이행이 불가능하다고 선언하는 종교회의를 통해 추인된다.

그렇다면 중세 후기와 르네상스 시대의 그 갑작스런 리칸트로피 바람은 무엇 때문이었을까? 그것은 우리가 보았던 이유들로 늑대 공포와 관련된다. 즉 종교 전쟁으로 황폐해진 지방에서 잔뜩 굶주려 더욱 사나워진 늑대의 침략에 대한 공포이다. 다른 한편으로 기근은 굳이 리칸트로피를 거치지 않고도 19세기에 찾아볼 수 있는 식인 풍습 사건들을 유발한다. 보댕은 리칸트로피에 대한 믿음을 퍼뜨린다. 법정에서 단죄된 늑대인간들이 있으니 늑대인간들은 분명 존재한다는 것이다……

당시에 다니엘 도쥬가 논평했던 1574년의 유명한 소송 '늑대인간의 모습으로 아이들 여럿을 잡아먹고 다른 범죄들을 저질렀던 질 가르니에에 대한 잊을 수 없는 판결'은, 실효를 띠기 위해 피의자의 동물화를 거쳐야만 하는 박해의 메커니즘들을 잘 보여 준다. 피고인은 늑대의 모습으로 범죄들을 저질렀다고 여겨지지만 늑대의 모습으로 체포되지는 않았다. 그렇지만 그의 변이의 진실성은 어떤 의심도 받지 않았다. 그의 행동과 마찬가지로 특징들이 그 사내가 이미 늑대였음을 증명하기 때문이다. 우선 그의 이름부터 가르니에이다. 다니엘 도쥬에 의하면, 가르니에와 가루(늑대인간을 뜻하는 '루가루(loup-garou)'의 줄임말)는 '그 이름이 숙명적인 늑대인간'임을 나타내는 기원이 같은 유음이의어이다. 게다가 "법정에 알려진 늑대인간들은 거의 모두가 가르니에나 그르니에라는 이름을 가지고"[215] 있고, '늑대 애호'의 경향이 있었다. 아르카디아의 폭군 리카온 역시 특이한 운명을 타고난 이름을(늑대를 뜻하는 **루코스**(lukos)에서 비롯된) 갖고 있었다. 그는 늑대가 되었을 때도 '본래 형태의 흔적을 지니고' 있었고, 인간의 모습일 때부터 이미 지니고 있었던 늑대의 면모인 '사나움의 생생한 이미지 그대로'[216]였다. 앞서 말했던 날짐승의 태도를 갖고 있던 숲의 사내 가르니에의 경우도 마찬가지였다. 그러나 무엇보다도 그의 짐승 같은 성질을 드러내는 것은, 그의 범죄보다도 음식을 섭취하는 태도이다. 그는 인육을, 그 소년의 '허벅지와 팔의 살'을 먹었고, 심지어 아내에게 일부를 가져다 주기까지 하며 식인 풍습을 나타냈던 것이다. 다른 소송에서 한 피고인은 자신이 "변호사들, 검사들, 그리고 집달리들을 먹었다"고 말하며, "그 중 집달리들의 고기는 굉장히 질기고 냄새가 나서 도저히 소화시킬 수가 없었다"[217]고 고백한다. 두 번째로 가르니에는 그 살을 날로 먹었다. (일부 교묘한 마녀들은 아이들을 커다란 냄비에 넣고 삶는다.) 끝으로 신성모독의 심각한 상황은 '그날이 금요일이었음에도 불구하고' 그 고기를 먹었다는 점이다!

　모든 담론은 상반된 담론으로의 특유의 반전을 유발한다. 동물 그 자체가 가치가 떨어지기 때문에 동물 변형은 인간의 실추를 표시한다. 변신과 변신담들의 의미에서의 변신을 통해 모든 사조는, 마키아벨리의 표현에 의하면 사실 너무나 '하찮은' 인간의 우월성에 대해 유포되는 의견을 재검토한다. 우리는 이미 위에서 아풀레이우스의 《황금 당나귀》와 마키아벨리의 동명 시, 그리고 특히 호메로스의 일화를 변형한 플루타르코스의 《그릴루스》를 언급했다. 돼지로 모습이 바뀐 율리시스의 동료들은, 플루타르코스의 이야기에서는 율리시스가 키르케로부터 인간 형태로의 회복을 얻어냈으나 더 이상 인간으로 되돌아가기를 원하지 않는다. 돼지로 모습이 바뀐 율리시스의 동료 그릴루스는 처음에는 그 변신을 원하지 않았다. 어떻게 인간이었던 그가 언제나 초라한 것으로 소개되는 동물 신분으로, 더군다나 가장 천한 짐승인 진흙탕에서 뒹구는 돼지의 신분으로 떨어지기를 바랄 수 있었겠는가? 그러나 일단 돼지가 된 그릴루스는 인간과 동물의 두 가지 속성을 알고 그 둘을 비교한 다음 선택을 내린다. 그는 마키아벨리의 당나귀와 돼지와 마찬가지로 인간의 면모를 되찾기를 바라지 않는다. 그리고 《오디세이아》의 돼지들처럼 예전의 신분을 애원하며 청하지도 않는다. 라 퐁텐은 《율리시스의 동료들》에서, 페넬롱은 《율리시스와 그릴루스》에서 각각 그 주제를 다시 취한다. 볼테르 이후에 그 풍자 장르는 쓰이지 않게 되는 것 같다. 그렇지만 그 수법은 억압된 담론들 속에서 덜 문학적인 형태로 다시 태어나고, 그 하급 인류는 지배 담론을 역전시켜 압제자들의 짐승 같은 성격을 가리킨다.

　인간의 동물로의 변형들은 앞서 말했듯 외적인 개입을 필요로 한다. 중세와 르네상스 시대에는 비록 변형된 개체가 합의하에 어떤 협정을 맺었다 하더라도 그 개입은 악마의 개입이 된다. 악마가 없다면 리칸트로피는 박해의 전형 구실을 할 수밖에 없었을 것이다. 그러나 돌연변이에 영향을 미치는 사탄은 변형 그 자체로서 가능한 온갖 형태를 빌려 줄 수 있다. 변신은 이제 동물적인 것이 아니라 악마적인 것이다.

악 마

그리스도교의 핵심 인물인 악마는 최고 악의 상징으로서 판화를 통해 그나마 최근에 만들어진 것이다. 악마의 모습과 특징은 11세기와 17세기 사이에 고정된다. 17세기부터는 더욱 추상적인 존재가 되지만, 악마의 표현은 정신분석을 통해 활성화되어 오늘날에도 여전히 생생하게 우리의 언어 속에 표현되어 적을 '악마화'시키는 데 사용되며, 보다 현대적인 명칭들로 온갖 종류의 주문(呪文)·종교 재판·박해를 받게 한다. 악마 이미지의 진보는 동물이 점점 더 가치가 떨어지는 것과 같은 때에 악마의 신체적인 외모의 증가해 가는 동물화와 어깨를 나란히 한다.

이교도의 고대에는 착한 악마들과 못된 악마들이 공존한다. 비록 그 둘 모두 쫓으려 애쓰긴 하지만 말이다. 2세기에 소크라테스의 악마는 아풀레이우스의 《소크라테스의 신에 관하여》가 입증하듯 새로운 평판을 얻는다. 아우구스티누스는 그 신성이 "자신이 계획한 행동이 실패임이 분명할 때는 행동할 것을 포기하라고 미리 경고했다"[218]고 언급한다. 조로아스터교와 마니교는 동등한 힘을 가진 착한 신성과 못된 신성들을 대립시킨다. 유대교와 그리스도교는 뒤늦게 '해결책'으로 악을 신에게 종속시켜 꼼짝 못하게 만들 방안들을 구상한다. 한때 마니교에 유혹되었다가 후에는 그것에 더욱 강경하게 반박하는 성 아우구스티누스는 《신국》 9권에서 착한 악마들의 존재가 신학적으로 불가능하다고 입증한다.

그러자 그 사건은 그리스도교에 알려진다. 착한 악마들은 없을 것이다. 그렇다고 해서 악마가 단숨에 괴물 같은 면모를 갖추었다는 말은 아니다. 게다가 악마는 《구약성서》의 종규에 맞는 문헌들에는 거의 전무하다시피 하다가 《신약성서》에서야 요란하게 등장(G. 미누아에 의하면 1백88번 언급[219])한다. 악마는 《요한묵시록》의 용이나 히드라 혹은 뱀에 대한 묘사를 제외하고는 동물 형태로 나타나지 않는다. 그것의 속성——영혼, 단단한 육체, 에테르…?——에 대해 여러 세기 동안 대단한 신학적 논쟁이 지속되다가 결국은 어떤 영적 존재이나 신체적 형태를 빌릴 수 있는 것으로 결론지어진다. 악마는 가장 자주 그 힘에 굴복하는 변신된 개체들과는 달리 대단한 힘을 가지고 있기 때문에 자신의 형태를 선택할 수 있는 영원한 돌연변이체이다. 그리고 악마가 어떤 모습으로 슬그머니 숨어들던가 하는 것은 우리에게는 악마에 대한 표현의 진보에 있어서 의미심장하다.

사탄은 그 역사적인 활동 초기에는 매력적인 청년이나 아름다운 처녀의 외양을 빌리기를 좋아한다. 타락한 천사인 그는 여전히 천사의 아름다움을 갖고 있다. 속임수의 명수인 악마를 숭배하게 만드는 것은, 그 사랑스러운 외모와 그의 영혼과 계획의 음흉함 사이의 불균형이다. 악마는 우선적으로 자신의 최고의 으뜸패들 아래로 자신을 소개하고 싶은 마음이다. 악마는 두려움을 자아내지 않는다. 오히려 끌어당기고 유혹한다. 그는 아픔을 주지 않는다. 다만 아픔을 주게 만들 뿐이다. 악마는 초기 그리스도교 예술에는 거의 모습을 드러내지 않고, 모습을 나타낼 때에도 전혀 불쾌감을 주지 않는다. 그때까지만 해도 악마는 동물적인 속성들로 치장하지 않고 있어서 이후에도 그렇게 그려지게 된다. J. 르 고프의 표현을 빌리자면 최초의 커다란 '악마적 돌발'은 11세기와 12세기에 생겨나서, 그때부터 악마는 어찌되었든 그 당시에만 해도 겁에 질리게 만들기보다는 우스꽝스러운 동물 가죽을 입기 시작한다. 악마가 진정으로 악마적으로 되는 것은 14세기의 일이고, 악마의 기괴함은 그가 영향을 미치는 형태들로 터져 나온다. 가장 혐오스러운 짐승들 혹은 다른 종들의 역시 적잖이 혐오스러운 혼합물들. 발트뤼사이티스는 일반적으로 괴물의 표현과도 같은 악마의 표현이 14세기와 16세기에 동양에서 온 요소들로 풍부해졌음을 보여 주었다. 박쥐의 날개, 용…….[220] 이와 같은 동물 가죽에 대한 악마의 편애는 신학적으로 설명된다. 악마는 인간을 좋아하지 않아 지옥에서 죄인들은 짐승이 된다고 한다. 따라서 1597년에 예수회 수도사 리케오메가 담론을 통해 결론짓듯 지옥의 악마들이 지상에 그 형태를 빌려 준다는 말은 논리적이다. 그러나 사탄은 여전히 매력적인 인간의 몸속에 들어갈 가능성을 보유하고 있다. '19세기의 악마 노이로제'에서 프로이트가 연구한 소유의 경우, 악마는 우선은 '아름다운 기사'의 외양으로 나타나서는 곧 더욱 동물적이고 괴물 같은 특징들을 취한다.

악마의 속임수를 특징짓는 것은 더 이상 아름다운 외모와 현실 사이의 불균형에 있지 않고, 그의 다양한 변형 행위들에 있다. 우리는 악마가 지금 어떤 모습인지 결코 알 수 없다. 모든 괴물과 마찬가지로 악마는 종잡을 수가 없다. 그리고 악마는 연속적인 변신의 가능성에다 동시에 어디서든 나타날 수 있는 능력을 덧붙인다. 루시퍼는 하나인 동시에 여럿이다. 그는 사람들이 정확하게 그 수를 헤아리려 애쓰는 다수의 악마들을 거느린다. J. 바이어는 그들이 정확하게 7백40만 9천1백27명이라 하고, 신학자 수아레스는(국제법의 선구자로 더욱 알려져 있는) 각각의 인간이 악마 역할을 한다고 생각한다. 사탄과 그

의 악마 부대 사이에는 어떤 관계가 있을까? 사실 우리는 그 악의 제
국 속에서 아름다운 무질서를 상상할 수도 있을 것이다! 하지만 전혀
그렇지 않다. 반대로 모두들 그들 공동의 적인 인간에 맞서 굳게 결
속되어 멋지게 일치하여 행진한다. 종교재판소 판사들인 앵스티토리
스와 슈프링거에게는 '단 하나가 그 추잡한 작업들을 주재'[221]하고,
보댕은 "늑대들이 저희들끼리 서로 먹지 않는 것처럼 사악한 정신을
가진 자들은 사악한 정신을 가진 자들을 내쫓지 않는다"고 설명한다.
악마들의 자발적인 복종과 '사악한 정신을 가진 이들끼리의 상호 이
해'[222]가 있다는 것이다. 따라서 악마에 대해 말할 때는 단수를 사용
하든 복수를 사용하든 상관 없다. 악마는 일종의 종족이며, 모든 악
마들은 서로 닮았으니까…….

　반면에 신체 형태에서 악마의 표시를 간파할 때 가장 파악하기 복
잡한 것은 악마가 정확하게 어떤 역할을 맡고 있는지를 아는 것이다.
고양이로 변신하는 마녀들의 경우에서처럼 한 개체에서 다른 개체로
의 전이를 도왔을까? J. 바이어가 다른 예들을 제시하자 《마녀의 망
치》의 종교재판소 판사들이 그에 대해 경계시켰던 개인적 혹은 집단
적 환상인, 자신이 암말이라고 착각하고 주위 사람들로 하여금 마침
내 그런 모습으로 자신을 보게 했던 여인처럼 침울한 사람들을 설득
해 그들이 어떤 동물이라 하고 그 사실을 타인에게 믿게 했을까? 동
물 혹은 괴물인 그것은 하나의 상징에 지나지 않거나, 아니면 때로는
악마의 대리인 혹은 상징 혹은 악마 그 자체인 뱀의 경우에서처럼 어
떤 짐승을 악마와 동일시하는 것은 물론 육체 속 악마의 실질적 존재
가 있지 않을까? 악마는 육신의 모든 조각을 만들었을까, 아니면 어
떤 실제 존재를 '소유' 했을까? 모든 문제들은 대답으로 악마를 몰아
내기에 적합한 처리를 구하지만, 그 문제에 관한 문헌들은 대개 여전
히 모호하다.

그러나 다양한 메커니즘들(사탄은 능수능란하다)보다 중요한 것은 중세부터 점점 더 긴밀해지는 악마와 동물 혹은 괴물의 결합이다. 콜랭 드 플랑시는 1819년의 《악마의 자화상》에서 악마의 변신에 많은 부분을 할애한다. 염소, 두꺼비, 검은 고양이, 곰, 돼지, 원숭이, 집 지키는 개, 벼룩, 용, 말, 말벌, 대구, 처녀, 상추, 개구리, 독수리, 마르모트……. M. 푸코가 《말과 사물》[223]의 서문에 다시 실었던 《옛 중국 백과전서》의 기이한 분류를 조금도 부러워할 것 없을 뿐만 아니라, 오히려 괄태충 · 박쥐 · 암탉 · 늑대를 더 보완해야 할 것 같은 열거이다…….

그러나 짐승이기 때문에 모든 동물이 악마화될 수 있다 해도 사탄에게도 기호가 있을 테니, 물론 가장 흉측하고 가장 혐오감을 주는 동물을 선택할 것이다. 지옥은 어둠의 제국이므로 중세의 흔한 생각에 의하면, 그 제국의 마왕인 사탄은 야행성 동물들(올빼미, 박쥐……)과 신의 모습대로 만들어진 인간(유일한 인간인 백인종)의 피부와 대조적인 색을 가진 검은 동물들을 좋아한다고 한다.

악마는 유연하고 차갑고 끈적끈적한 동물들을 좋아하여…… 두 발과 뜨거운 피, 건조한 피부, 단단한 살을 갖고 있는(이 마지막 세 가지 특성들은 오로지 남성적인 것이어서, 차후에 보게 되겠지만 여성들에 대한 수식으로는 아무런 영향도 미치지 못한다) 인간과는 영 대조적인 기어다니는 동물들 · 벌레들 · 괄태충들을 좋아한다. 《리바이어선》은 기어다니는 모든 것이 더럽고 불순하다고 지적하고, 중세의 백과전서들과 동물 우화집들은 비늘이 '악마의 사지의 상징' 인 리바이어선과 같은 성서 괴물들을 오염된 눈으로 '중앙의 공기' 를 오염시키는 바실리스크와 같은 전설의 뱀들과 마찬가지로 악마와 같다고 여긴다. 그러나 실제 뱀, '사탄이자 악마이며 인류의 적인 교활한 뱀'[224]은 우리가 이미 언급했고, 문헌들과 증언들 속에 대단히 빈번하게 나타나는 이유들로 인해 특히 저주받는다. 악마에 대한 생각을 머리에서 떨쳐내지 못해 악마와 함께 오랜 대화를 나누었고, 악마를 화나게 했다고 주장하는 루터는, '마귀 들린' 여인의 머리맡에서 뱀 형태의 악마를 만났다고 한다. 악마는 우선 청년의 태도로 모습을 드러내다가 뱀으로 모습을 바꾸어 여인의 귀를 문 뒤 사라졌고, 루터는 귀에 난 물린 상처와 흘러내리는 피를 보았다…….[225]

악마는 원숭이, 루터에 의하면 '우리 주 하나님의 원숭이,' 예수회 수도사 리케오메에 의하면 신을 '흉내내는' '지옥의 원숭이' 이기도 하다. 물론 안식일에 교회의 의식들을 우스꽝스럽게 흉내내는 기괴한 모방자이다. 거꾸로 하는 미사, 검은 성체 빵……. 그러니 원숭이의 경우는 인간과의 지나치게 가까운 혈연 관계에 대한 모든 모호함을 걷어내거나, 그 기만적인 외모를 설명하기 위해 부족한 것은 그런 악마와 같은 속성뿐이었던 셈이다. 그러나 보댕은 우리에게 말하기를 악마는 "염소의 모습으로 가장 자주 나타난다"고 한다. 염소는 분명히 '냄새나고 음탕한 동물'[226]이기 때문이다. 바라테는 17세기에 그리스도교 문학에서의 '염소의 대단히 빈번한 활용'에 대해 자문한다. 성서가 제시하는 부정적인 이미지는 그 고정관념을 설명하지는 못하지만, 그에 의하면 그리스와 이어서 그리스도교 세계에서 "염소는 악·방탕함·음탕함의 상징이다."[227] 언제나 모든 관심은 성에 초점이 맞추어져 있고, 악마가 인간의 모습을 취할 때 '호색한 사티로스'와 관련이 없는지 보려면 그의 발을 봐야 한다. 그는 아마 모습과는 영 다른 발굽을 지니고 있을 테니까…….

이 모든 것은 지나간 과거에 속하는 듯하고, 특히 르네상스 시대는 악마와 거래를 했다고 비난받았던 이들(무엇보다도 우리가 더 나중에 보게 될 것처럼 여성들)에게는 고통스러웠던 과거였다. 종교의 퇴보는 믿을 만하기에는 지나치게 고약한 냄새를 풍기는 악마의 퇴보,《19세기 라루스 사전》에서 해석하는 '인간의 어리석음에 대한 생각'을 주는 그 '미신적 개념들'[228]의 퇴보를 초래하는 것 같다. 사실 악마는 17세기에는 성직자들에게서 힘을 얻은 움직임 속에 동물이나 괴물 형태가 사라지는 경향이 있는 반면, 시민들은 마법의 고발을 폐지한다. 뱀의 이미지는 덜 활용되고, 용들은 감소한다. 성직자들은 이전 세기 의학자들의 터무니없다고 판단된 이야기들을 다시 결합하며, 사탄이 염소나 괴물 형태로 출현하는 것은 외양에 불과하다고 인정시키려 노력하고, 의학자들은 종교재판관들을 대체하려 하는 반면 환자들은 소위 마법사들의 자리를 차지한다. 악마라는 거대한 돌연변이체는 따라서 '진보의 위대한 법칙을 벗어나지' 못한 것이다. J. 튀르멜이 제1·2차 세계대전 사이에 출간한 저서에서 주장하듯이 악마의 실추는 '역할의 결정적인 억제 때문'[229]이라는 말일까? 그것은 조금 성급한 것 같다. 악마는 죽지 않았다. 속임수의 대가인 사탄은 여전히 환상들을 만들어 낼 수 있다. 그는 돌연변이들을 만들지는 않지만, 그의 기술은 그가 그런 것들을 만든다고 믿게 하는 데에 있다. A. 파레는 그의 저서의 한 장의 제목을 〈악마들은 어떻게 우리를 속일 수 있는가〉라고 정하고, 그 다음장은 〈악마의 환상들〉이라고 정한다. 악마는 동물들로부터 멀어지고, 종교로부터는 점점 더 완전히 버림받아 자신이 '소유'하거나 미치게 만드는 인간 속에 즐겨 자리잡는다. 그는 확실한 형태를 띤다. 그는 점점 더 추상적으로 되어가지만, 무신론을 포함하여 악의 상징 형태로 남는다. 그는 키마이라의 경우처럼 어느 누구든 악마화의 목적에 집어넣을 수 있을 편리한 범위가 된다. 잘 알려지지 않은 소논문 《악마옹호론》(1795)에서 B. 에르하르트(이 사람은 칸트와 서신을 주고받았고, 피히테는 그에게 찬사를 보낸다)는, 하나의 개념이 된 악마를 가장 커다란 악의의 관념으로 만든다. 악마는 더 이상 "동물의 개념처럼 외적인 신호들로 이루어지지 않고, 결코 그 이름

으로 나타나지 않는 내적인 기질에 관계된다." 악마는 인간의 속성이
다. "악마에 대한 믿음의 보편성은 비록 그것이 하나의 환상으로 존
재해서는 안 된다 하더라도, 적어도 그 환상이 인간 고유의 것임에
틀림없다는 사실을 입증한다."[230]

정신분석학은 악마에게 신체적 특징들과 새로운 젊음을 다시 부여
하기에 이른다. 프로이트는 《마녀의 망치》나 J. 보댕의 《마법사의 빙
의 망상에 대하여》의 탐독을 통해 르네상스 시대의 종교적 가설의 연
속선상에 놓인다. 심리적 표현이 성직자의 가설을 대신한다. 악마는
무의식이자 억압된 충동들이며 노이로제나 꿈속에서 사탄이나 동물
의 표현으로 나타나는 가장 동물적인 본능이다. 그의 작품에는 악마
에 대한 인용들이 많이 나온다. 그 중 60여 개의 인용구들은 괴테의
《파우스트》의 메피스토펠레스에서 차용되었다. 주해자들은 다른 해
석들의 중복과 때로는 프로이트의 악마에 대한 모순들, 억제된 충동,
무의식, 아버지, 죽음의 충동……을 주목했다. 한 가지 확실한 것은 나
중에 다시 보기도 하겠지만, 악마가 '뱀처럼 생긴 거대한 페니스'[231]
를 가진 남성이라는 사실이다. 다른 한편으로 악마는 노이로제 환자
들뿐만 아니라 "이것에 대한 나의 나약함, 우리에게 존재하는 악마
같은 사람에 대한 이성적인 것의 나약함" 때문에 모든 개인들에게서
도 있을 곳을 선택한다. 마법사들이 없기 때문에 악마를 내몰기 위해
서는 다른 개체들에게로 내보내는 것이 더욱 시급해진다…….

* * *

우리 동물원의 동물들과 괴물 손님들의 방문에 대해서 세 가지 주
된 결론들을 끌어낼 수 있다. 한편으로는 우리가 I부에서 관찰했던
일반적인 동물의 가치절하와 짝을 이루는 특정 동물들의 이미지 하락

이다. 그리고 점점 더 불길해져 가는 괴물들의 하락도 마찬가지이다. 따라서 짐승들은 더욱 괴물 같아지는 반면, 괴물들은 점점 더 짐승 같아지는 것이다.

두번째 결론. 이와 같은 동물들의 이미지 하락과 그들에게 주어진 음탕함의 증가 사이에는 상관 관계가 있다. 성욕에 대한 강박관념은 괴물들의 기원인 기형 발생과 관련된다. 우리는 노새와 같은 실제 잡종들뿐만 아니라 짐승 같은 성질에서 비롯될 수 있는 괴물들, 곧 Ⅲ부에서 보게 될 일반적인 혼합에 대한 온갖 질문들을 제기하게 하는 인간과 동물의 교미에 대해서도 의문을 품게 된다.

끝으로 우리는 이미지가 점점 실재로부터 멀어져 희화적이 되거나 괴물 같아지는 지경에 이른다는 점을 주목한다. 우리는 그 점에 대해 여러 가지 사례를 제시했고, 그것은 도덕적 상징을 전달하는 문제였으므로 본래의 과학적 진리는 그다지 중요하지 않다는 점을 입증했다. 그 이미지들은 과학의 진보와 자신의 상징들마저 보다 추상적으로 만들었던 종교의 퇴보와 함께 오늘날에는 신빙성을 잃었다. 그렇지만 이미 현실과 유리되었으므로 분명 여전히 존속하고는 있다. 그 이미지들은 자신들의 창조주로부터 해방된, 피란델로〔《작가를 찾는 6명의 등장 인물들》이라는 희곡을 쓴 이탈리아 작가〕의 작가를 찾는 등장 인물들처럼 그들 자신의 존재를 조종하고, 대신에 그 표현들이 인간과 닮은 만큼 더욱 쉬운 이행으로 동물들이나 괴물들은 물론이고 인간들에게도 놓일 수 있다. 그러므로 우리는 동물들뿐만 아니라 동물화된 인간들을 관찰하면서 또 하나의 이정표를 따라 우리 동물원을 관람할 수 있다.

III

어떤 인간들이
동물원에 보내졌나?

데카르트가 세운 인간성과 동물성 사이의 근본적인 단절은 언제나 인간 중심적인 관점에서 인간들에게 호의적인 영향을 미쳤을 수 있다. 사실 인간과 동물보다는 인간과 인간 사이에 더 큰 차이가 있다고 단언했던 몽테뉴와 달리, 데카르트는 인간들 사이의 평등을 가정한다. 심지어 미치광이들이나 벙어리들 할 것 없이 모두가 한결같이 동물보다는 우월하다. 그렇지만 동물에게 불리한 중간 휴지(休止)가 인류 전체에게 유리하지는 않았다. 데카르트에도 불구하고 일부 부류의 개인들은 인류로부터 배척되어 동물성으로 보내졌던 것이다.

도대체 무슨 일이 있었던 것일까? 우선 그것은 규탄해야 마땅한 분할선이다. 중립적인 지적 행위인 그 예비 **정리** 작업은 두 범주에 등급을 두어 **정리**하고, 다른 하나에 대한 하나의 우월성을 단언하는 가치판단과 어울린다. 우리가 이 책의 인류학적 차이에 대한 담론에서 보았으며, 플라톤의《국가》초반부에서 분명히 밝히는 것이 바로 이 메커니즘이다. 소크라테스는 자신의 입장과 반대되는 입장을 받아들이는 체하며, 우선은 이분법을 사용하여 인간의 편과 상대방인 동물의 편을 구분한다. 대화의 상대방은 그에게 두 부분으로 나누는 것은 공평하게 절반씩 나누는 것이지, 한쪽으로는 한 가지 종(인류) 아래에 한 가지 요소만을 놓고 다른 한쪽으로는 그 종이 아닌(다른 동물 종들) 모든 존재들을 놓는 것은 아니라고 대꾸한다. 그 논리의 오류는 무엇보다도 우리가 보았다시피 인간의 자기 찬미 의지를 해석한다.

그런데 사람들은 동물종의 다양성에 맞서서 그 불평등한 분할의 사악한 결과인 무의식적인 모방을 통해, 플라톤의 판단에 의하면 우롱된 평등 논리를 설립하는 우회적인 방법으로 인간에 변별성을 도입하려 하지 않았는가? 그리고 승인되지 않은 그 대칭 유희에 이어, 굴이나 해면동물과 같은 불완전한 동물들과 훨씬 복잡한 동물들을 구분하는 데카르트와 마찬가지로 인간들 사이에서도 계급을 세우려 하지 않았는가? 철학자이자 여행가인 F. 베르니에가 1684년 종족 이론과 우수한 종족 옹호에 대한 최초의 저서인 《지구의 새로운 분할, 그곳에 거주하는 서로 다른 종들을 통하여》를 출간한 것은 단순한 우연의 일치였을까?

그러므로 다음 단계는 인류에서 열등한 종족들을 추려내는 일이 될 것이다. 그들을 도입하면 인류의 단일성 논리와 순수성을 반박하는 것이 되기 때문이다. 그 시도는 한나 아렌트가 현대성의 시작으로 꼽는 진정한 개인주의의 탄생과 함께 첨예해진다. 《인권선언》이 모든 인간의 평등함을 선포하고 그들 사이의 모든 차별을 엄숙히 금지하는 반면, 개인주의는 각 개인의 환원할 수 없는 독창성을 주장한다. 따라서 우선 인류의 영역에서 꺼내고자 하는 개인을 비개성화해야 할 것이다. 또한 그 존재를 어딘가에 다시 분류해 넣어야 한다. 그래서 인성과 동물성 사이의 매개 범주들을 검토한다. 이들은 '빠진 고리들'이지만, 동물성과 가장 가까운 기능이 확인되는 범주들이다. 따라서 가장 간단한 것은 기형이나 마법을 포함한 동물성에 있어서 '우리와 같지 않은' (최고의 기준인 서양인) 그 개체들을 내쫓고, 각자의 독창성을 이루는 것을 통해 특색을 규정짓는 것이 아니라(인간에게 예정된 접근 방식) 우리가 서슴지 않고 생물학적 범주에 따라 규정하려 하는 어떤 그룹, 어떤 종의 익명의 일원들로 간주하는 것이다. 이것이야말로 태고 이래로 근본적으로 새로운 것이자, 개인주의의 대두라는 예기치 못했던 결과를 이루는 것이다. 인간은 개별적으로만 접근할 수 있기에 '비인간화' 시키고자 하는 이들은 신앙의 상실과 관계될 개별적 실수 외에는 짐승과 마찬가지로 단숨에 집단적으로 다루어지게 된다.

동물은 동물계 속에 인간군 전체를 도입하는 그 전략에서 본질적인 역할을 한다. 그러나 상대적으로 새로운 담론의 형태로 신체적 특징들 속에 짐승의 전통적인 표현들이 고스란히 드러나고, 그 신체적 특징들은 일반적으로는 동물성에 대하여, 그리고 특별히는 인용한 동물에 대하여 I·II부에서 입증했던 심신 관계와 도덕적 특징들을 반향하고 결정짓는 것으로 여겨진다. 대신에 인간적인 특징들을 걸친, 인간과 닮은 동물은 그에 수반되는 가치 판단과 함께 인간과 닮은꼴이 된 일부 동물들을 규정하는 데 활용된다. 동물심리학과 은유의 경우는 여전히 수상쩍은 유추 관계 속에 있다. 관상학은 고대 관상학자들이 개개인의 미래를 예측하던 신체와 정신 사이의 엄격한 결정론을 상정한다. 보댕은 결정론의 일부이기도 할, 이마의 주름살로 보는 관상과 마찬가지로 그 결정론의 활용을 추천한다.[1] 관상은 1586년에《인간관상학》을 출간하는 G. 델라 포르타에 의해 하나의 학문으로 승격된다. 이미지들이 뒷받침되는 그 책은 '동물성의 혈통들,' 즉 인간 얼굴과 동물 얼굴의 신체적 특징들 사이의 대응 관계를 설립한다. 화풍으로 표현된 그 생명계들 사이의 연속성은 동물에게도 유리할 것은 없지만 어쨌든 인간의 일부 범주들을 깎아내리는 데 사용된다. 포르타의 계승자인 라바터는 유전에서 나온 신체적 특징과 정신적 기질 사이의 조화를 상정한다. 관상학은 "내면과 외면의 관계, 눈에 보이지 않는 것을 포함하는 면과 보이는 면의 관계를 가르치는 학문"이다. 보다 제한된 의미에서 관상학은 "얼굴 특징들과 그것들의 표현에 대한 지식"이다. 금지되었던 그 학문은 우리가 이미 말했다시피 다른 이름들로 다시 살아나지만, 여전히 깊숙한 뒷전에서 우선은 타자의 신체적 파악 속에 보편적으로 존재하고 있다.

그렇기 때문에 굳이 관상학이나 그것의 흥망성쇠를 거치지 않고도 우리 동물원을 인간들로 가득 채우기는 쉽다. 그렇다면 어떤 인간들로? 우리는 인성의 개념이 제한되어 있는 만큼 더욱 밀도 높고 순수(분명하고 확실하고 순결한 생각)하다고 지적한 바 있다. 수적인 빈곤은 질적인 풍요를 보장하고, 이는 레비 스트로스가 상대적으로 최신의 특성을 들어 고발하는 과정이기도 하다. "지난 4세기의 서구 역사에 비해 나을 것 하나 없는 서양인은 동물성으로부터 인성을 근본적으로 분리할 권리를 가로채고, 한쪽에서 빼앗았던 것을 모두 다른 한쪽에 할애함으로써 비로소 저주받은 순환을 열리라는 사실을, 끊임없이 뒷걸음쳤던 같은 경계가 인간들을 다른 인간들에게서 떼어 놓는 데에, 그리고 그 원리와 개념을 자기애에서 빌려 왔기에 탄생하자마자 이내 부패된 휴머니즘의 특혜를 언제나 더욱 제한된 소수의 이익이 되도록 요구하는 데에 사용되리라는 사실을 이해할 수 있다."[2] 인간은 스스로를 제한한다. 여자들, 야만족들, 그리고 민중들, 우리가 연달아 검토하게 될 이 세 범주들은 하나의 같은 동물 종족 속에도 여러 종이 있을 수 있듯 마지막 두 범주들이 아종(亞種) 혹은 강(綱)으로 나뉘기에 동물원에서 실제 동물들이나 괴물들 쪽에 자리잡을 수 있다. 성질이 다른 사회 그룹들의 소수화와 배척 현상은, E. 발리바르에 의하면 서로에게 독립적인 일련의 대상들에 적용된 **단순히 유사한**[3] 행동과 담론의 병렬을 나타내는 것이 아니라 서로 **관련된 배척과 보완적 지배**의

역사적 체계를 나타낸다. 동물화된 개체들의 위험성에 따라 대우도 다양해서 심하게는 전멸까지도 갈 수 있다. 그러나 한편으로는 인간적 동물에서 끌어낼 수 있는 유용성에 달려 있기도 하다. 길들임은 경제적 이익을 가져오는 동시에 모든 지배에서와 마찬가지로 길들이는 사람의 인성을 단련하는 데 기여하기 때문이다.

우리는 우리의 동물원에서 미치광이들과 범죄자들을 내쫓을 것이다. 그리고 그들을 은신처나 감옥에 내팽개칠 것이다. 그 장소들은 감금의 공간들이기도 하고, 푸코가 지적한 것처럼 자르댕 데 플랑트[파리 식물원]의 동물원을 모델로 사용한 현대 동물원의 출현은 정신병원의 설립과 징계 체계의 강화와 유사하다. 그런데 정신병자들과 범죄자들은 정상인에 비한 개인적 일탈을 표현하고, 결국 의사나 판사에게 상태에 따라서 대우를 받는다. 사실 그 '비정상성'은 아무리 어떤 과학이 그 유전적 특성을 입증하려 한다 하더라도 우연한 일들이다. 그러나 광기나 범죄 행위처럼 자신들이 한 일로 인해서가 아니라 생물학/동물학 정의에 따라 존재가 간주되어 동물원에 집단으로 들어가는 인간 범주들의 경우는 완전히 다르다. 그들에게는 미치광이들처럼 치유되거나 범죄자들처럼 행실을 고칠 가능성도 인간 사회에 합류할 가능성도 전혀 없다. 피난처나 감옥이라면 벗어날 수도 있겠지만 일단 동물원에 들어가면 더 이상 나오지 못하기 때문이다. 폭동이나 도피가 아니라면 그곳에서 살다가 그곳에서 죽게 마련이다.

창살 뒤에 갇혀 동물화된 인간들이 압제의 사슬을 끊기 위해 생각하는 것이 바로 그런 것들이다. 그들은 지배자가 그들에게 활용했던 논증과 은유들을 되돌려 주며 폭력과 병행하여(그들은 '짐승'이니까) 그릴루스식의 담론을 할 것이다. 우리는 위에서, 사르트르에게 있어서 사물의 조건에서 타인의 시선이 어떻게 자아를 비하시키는지 보았다. 그 반응은 나 자신의 주관성을 포착하는 이를 대상으로 포착하고,

타인을 대상으로 이해하면서 타인을 위해 나 자신의 소외에 반응을
보이는 데에 있다. 사르트르가 일반적인 방법으로 묘사한 그런 유형
의 태도를 동물화된 인간에게 옮길 수 있다. 동물화된 인간은 자신을
짐승같이 만든 상대의 짐승 같은 성질을 참조하면서, 한편으로는 자
신이 동물처럼 간주되고 취급된 메커니즘을 사용 불능케 하고, 다른
한편으로는 그런 태도에서 타인이 어떻게 스스로 짐승처럼 처신하는
지를 보여 준다.

그러나 그렇게 행동하면서 동물화된 존재는 전략이 아닌 전술을 활
용하여 상대방의 영역에 들어선다. 그 전술은 M. 드 세르토에게는 사
물의 질서를 뒤집으려 애쓰는 약자들의 마지막 수단이다. "전술적인
장소로는 타인의 거처가 제격이다."[4] 이는 적의 시야 안에서, 그리고
적에게 통제되는 공간 속에서의 움직임이다.

그런데 그 영역은 우선 말의 영역이다. 그 내용이야 어떻든 개인은
말을 통해 대단한 인간주의 관점에서 자신이 동물이 아니라고 입증할
것이다. "언어 표현은 인간을 **해방**시킨다. 자신의 감정을 나타내지 못
하는 사람은 노예이다. […] 말을 하는 것은 해방 행위이다. 언어 표
현은 그 자체가 해방이다."[5] 그리고 되찾은, 그 회복된 언어 표현을 통
해서 인간은 마침내 동물들을 명명했던 아담처럼 자신의 압제자들을
짐승이라 지칭할 수 있을 것이다.

그러나 그 말은 지배 담론에 대한 또 하나의 역전이다. 동물화된 피
지배자들은 개체들로서가 아니라 어떤 종의 일원으로 취급되었고, 따
라서 그들은 '돼지' 그릴루스가 모든 돼지들과 심지어 모든 동물들을
대신하여 말하듯, 개인적으로가 아닌 그 자격으로 스스로를 표현할
것이다. 자신이 가진 이름으로 남성이라는 성과 서양의 백인이라는
점, 그리고 우월한 계급으로 귀착되는 인간의 보편성에 대해 장광설
을 늘어놓는 서양 남성에 맞서서, 다른 이들은 자신들이 갇혀 있는 자

질을 들어 주장한다. 여성들을 위한 익명의 여성들, 유대인들을 위한 유대인들, 노동자 계급을 대변하는 프롤레타리아들…….

착취자들에서부터 피압제자들에게까지 우롱당한 동물은 언제나 도구로 사용된다. 동물은 지배를 위해 활용되었고 해방을 위해서도 그럴 것이며, 또한 확장되고 민주적이며 마침내 자기 자신에게 되돌아간 인류가 자신을 주장하는 것도 동물의 등 위에서이다.

1. 여자, 무력한 밑그림…

만일 다윈이 단언하듯 인간이 스스로 자기 자신의 분류자가 아니었다면, 인간은 분명 생명체들의 계급에서 정상에 자리잡을 수 없었을 것이다. 종속명으로 생각했을 때의 인간은. 하지만 명백히 설명하자면 다음과 같다. 만일 인간 남성이 스스로 자기 자신의 분류자가 아니었다면…? 앞에서 언급했던 인간 본성이나 동물들 혹은 특정 동물들의 본성에 대한 그와 같은 장광설에서, 여성들은 우리가 지금까지 언급했던 모든 사상가들에게서 예외를 표현한다. 우리가 일부러 그렇게 선택한 것은 절대 아니다. 여성 저술가들을 마주치기가 그토록 힘들었던 것은 여성들이 오랫동안 인간의 속성이라는 말을 빼앗겨 왔기 때문이다. 여성들이 실제로 발언권을 갖기 시작한 것은 제법 최근의 일로서, 그들이 단순히 페미니스트들의 주장에만 관련되는 것이 아닌 주제들에 대해 말을 하기 시작했을 때에도[6] 그들의 말은 귀 기울여 경청되지 않았다. 오히려 그들의 말이 까치들의 재잘거림과는 확연히 다르다고 느껴지자 두려움을 일으키기 시작한다. 어서 그들의 주둥이를 닫아야만 하는 것이다. 프랑스 혁명가들은 그 위험을 분명히 감지하고, 1793년의 칙령을 통해 여성 클럽과 단체들을 금지한다. 그러나 여성들이 다시 수다를 떨기 시작하자, 19세기 남성들의 담론은 다윈의 원숭이와 동시에 자신들의 인성을 침범하기 시작한 여성들과 대면하여 우스꽝스러울 정도로 경직된다. 그러자 그들의 본성을 상기시키고 새장의 창살을 강화하는 일이 훨씬 더 시급해진다.

물론 그 새장들은 때로는 여성이(남성의 공상 속에서) 동물의 지위에서 단숨에 여신의 지위로 넘어갈 정도로 굉장한 성소가 될 만큼 금박으로 칠해지기도 한다. 그런데 정작 여성들이 자신들을 자신들에게 걸맞은 자리로 내쫓으려는 남성적인 지배 담론을 신봉하기도 한다. 그것이 바로 모든 이데올로기의 속성이다. 역사학자들은 "자신들의 무력감을 해결하지 못하는 여성들의 문제"[7]를 기록했고, 이는 신비주의 여성들이 자신들이 글쓰기에 적합하지 않다고 선언하면서 스스로를 표현하는 중세 말엽에 특히 명백하다. 대다수의 여성들은 남성에 대한 종속을 정상적인 일이라고 여긴다. 굳이 그들에게 직접 복종을 강요하지 않아도, 아이들에게 그렇게 가르침으로써 여성들 자신이 계급 체계를 갱신토록 하는 것이다.

그러나 대단히 일찍부터 고립되어 있던 목소리들이 커지면서 그 상황에 이의를 제기한다. 1400년경 크리스틴 드 피장은 처음에는 여자로 태어난 것을 한탄한다. 그리고는 자신의 동료들, 즉 '괴물들'에게까지 혐오를 확장시킨다. 그 다음에는 신을 탓한다. 그 시대에 탄생했다고 여길 수 있는 그 '여성들의 싸움'에서 여성들은 때로는 상대방의 영역에 놓이기도 한다. 짐승이나 괴물 취급을 받기도 했던 여성들이 짐승 같은 성질과 괴물 같은 기형을 남성 진영으로 돌려보내는 담론의 역전 현상이 일어난다.

몇십 년 전부터 성의 평등은 최소한 이론적인 면에서는 완전히 획득된 것처럼 여겨진다. 남성들은 심지어 그들 자신이 양도했다는 그 증거가 자꾸 되풀이되는 것을 듣기조차 조금 성가셔 한다. 그렇지만 그들 사이에서도 프랑수아즈 바레 뒤크로크와 에블린 피지에가 서로 다른 영역에서의 1백여 명의 '앞선 여성들'[8]에 대해 했던 조사가 입증하는 바와 같은 사실들에서는 확실치 않은 것은 아무것도 없다. S. 팔루디의 작품 《백플래쉬》를 되찾기 위한 불안한 퇴행, 남성들의 설욕. 여성들의 진전의 필연적 결과로서 1980년대 이후로 여성들의 권리가 재검토된다고 생각하는 《여성들에 대한 냉전》[9]은 여성들의 보다 오래된 근원에 대한 고고학적 탐색을 필요로 하는 여성들에 대한 담론의 연속성을 입증한다. 사실 당연히 자연계에 속해 있는(동물처럼, 비록 동물은 더 이상 그만큼 명백히 이야기되지는 않지만) 여성의 본성에 대한 고전적인 주장들이 다시 대두된다. 이는 담론을 넘어서 분명 여성들을 인류로부터 끌어내려는 관행들을 정당화하는 문제이다. 생각하고, 일하고, 정치에 참여하는 진짜 인류 말이다.

여성들을 인류로부터 끌어내는 것은 분명한 사실이지만, 그렇다면 그들이 있을 곳을 어디에 다시 마련한단 말인가? 선사 시대 모권제 이후 필연적으로 시작되는 인류사 초기 이래로 남성적인 담론은 여성들을 동물성이나 동물성의 다른 특징들 또는 매개 인종으로, 즉 그것이 남성들의 흉계가 아니라면 일종의 동물과 남성 사이의 빠진 고리로 쫓아보내려고 시도했다. 따라서 그 (강력한) 논리는 우리가 처음 I부에서 보았던 것처럼 인간과 동물을 구별할 수 있게 해주는 것과 마찬가지이다. 동물은 결국 인간[un homme; 프랑스어로는 인간의 뜻과 남성의 뜻을 동시에 가짐]이 아닌 존재이다. 여성도 인간이 아니다. 인간의 지시 대상이 남성이 되는 그 삼단논법에서 결론을 끌어내기란 쉬운 일이다. 동물성이나 혹은 지난 세기 저술가들에게는 보다 명백한 여성의 최소한의 인성에 대한 그 담론이야말로 그것이 오늘날까지도 여성들을 특정 동물들과 관련짓는 은유들, 오늘날에도 언제나 모욕적인 취급 속에 처방하고 있는 은유들 속에서 발산되고 숨쉬고 있는 한 우리가 우선적으로 검토하려는 바이다. C. 토마세는 이렇게 쓰고 있다. "여성 표현의 역사는 단순한 생각들로 좌우되고, 그렇기 때문에 집단 의식에서 도려내는 것이 불가능하다."[10]

우리의 의도는 새삼 남성 지배를 고발하거나, 대상으로서의 여성 운명을 한탄하려는 것은 아니다. 여성의 대상화에서 출발한다는 것은 올바른 접근으로 여겨지지 않기 때문이다. 인간에 대한 문제는 엄밀히 무생물이 아닌 생명체에 관련되는 것이니까. 그 존재를 법률적으로 물건 취급하거나, 로마법의 연속선상에서 동물들처럼 그 소유주와 활용법을 통제하는 가구들 속에 분류하기 전에 우선적으로 동물화시켜야 할 것이다. 혼자서 움직일 수 있는 그 가구는 길들여져야 하고, 좋든 싫든 간에 남성에 의해 움직여져야 한다. 그래서 여성은 대뜸 가구처럼 취급되는 것이 아니라 거의 동물에 가까운 지위에 맞게 하나의 대상으로 취급될 것이다. 우리가 볼 때 수많은 페미니스트들에 의해 무시되었던 것이 바로 그 중간 단계이고, 이는 우리가 두번째로 고려하게 될 여성들에게 가해진 취급들을 이해하기 위해서는 필수 불가결한 단계이다. 그 취급들은 사실 여성들이 야생동물들이나 가축들과 동일시된다는 점에 따라 다양하고, 그 까다로운 훈련은 여성의 다루기 힘든 성격에 달려 있으며, 여성을 말처럼 남성의 가장 아름다운 정복으로 만든다.

여성의 '비남성성'

남성 족속에 의해 영원히 부추겨지는 〈창세기〉의 이야기에 의하면, 여성은 남성에게서 꺼내어졌지만 남성의 가장 좋은 부위에서 꺼내어진 것은 아니다. "여성은 굽은 늑골, 즉 남성과 반대로 비틀린 가슴의 갈비뼈에서 만들어졌다"[11]고 《마녀의 망치》의 종교재판소 판사들은 설명한다. 또 보쉬에는 여성이 여분의 갈비뼈에서 나왔다고 상기시킨다. 창조 순서에서 두번째인 여성은 부차적인 존재이다. 여성은 짐승과 마찬가지로 남성을 위해 창조되었고, 남성은 짐승들에게도 그랬던 것처럼 여성을 명명함으로써 다시 한 번 여성을 창조했다. 아담은 에

덴에서 나오면서 최초의 여성을 '이브'라 불렀고, 이것은 곧 보게 되 겠지만 모순적인 의미들을 가진 중요한 이름이다. 그녀는 모든 암컷 동물과 마찬가지로 번식 기능을 통해 인류에 봉사하도록 예정되었다. 그녀는 자신의 특별한 남성에게 봉사토록 예정되었고, 그에게 복종하 고 순종해야 할 것이다. "너는 남편을 사모하고, 남편은 너를 다스릴 것이니라"고 〈창세기〉(3장 16절)는 다시 분명히 알린다.

이미 여성들을 무겁게 짓누르는 이 유대 그리스도 절충교의 전통에 여성을 천성적으로 '결핍된 남성'으로, 중도에 중단된 발전으로 인해 결코 남성의 완벽함에 도달하지 못할 남성의 밑그림으로 만드는 고대 에서, 주로 아리스토텔레스로부터 물려받은 학문적 담론이 추가된다. 고대의 전통과 유대 그리스도 절충교의 전통은 여성이 남성이 아니라 는 단 한 가지 이유로 의기투합하여 여성에게 진정한 인성을 거부한 다. "남편과 아내의 관계는 최대의 것과 최소의 것, 완전한 것과 불완 전한 것의 관계와 같다"고 15세기 철학자 뷔리당은 단언한다. 우리의 《마녀의 망치》의 종교재판소 판사들은 여성이 '언제나 실망시키는 […] 불완전한 사람'[12]이라고 맞장구치듯 응수한다. 그러나 여전히 그 '비남성성,'[13] 어떤 논평도 불필요한 것이 자명한 그 사실이 성서들은 물론이고 과학에 근거해서도 분명히 열등하다는 점을 입증하는 일이 남아 있다. 그 논증은 대개 신체적·지적, 그리고 도덕적인 세 가지 측 면에서 행해진다. 우리는 우리의 여성 혐오자들이 노련한 논리로 수 놓은 고전적인 Ⅲ부 캔버스를 되찾아 동물을 그리는 그 담론(때로는 호의적이고 보호적인)이 어떻게 해서 여성에 대해 구축되었으며, 앞서 도 말했다시피 그 선들이 어떻게 해서 오늘날까지도 지워지지 않았는 지를 입증할 것이다. 우리는 여성의 결핍들을 철저히 열거하지는 않 을 테지만(끝도 없을 테니까!), 남성적 담론의 궁색함과 부조리들이 표 시하는 일부 특징들을 고려할 것이다. 특히 남성적 담론이 특유하게 부족한 인간적 특성들을 역전시킬 수밖에 없을 때, 따라서 그 특성들이 여성들에게 더 현저하게 존재하여 반대로 남성의 인성보다 우월한 여성의 인성을 표시할 우려가 있을 때의 특징들을 고려할 것이다.

여성이 신체적으로 약하다는 것은 새삼 강조할 필요도 없다. 어차피 제일 먼저 눈에 띄는 사실이니까. 프루동은 여성이 "바로 그런 이유로 남성 앞에서는 열등한 신체적 구성으로 이루어졌다"고 단호하게 일격을 가한다. 여성의 신체는 남성에 비하면 '축소판이자 아목(亞目)'[14]이다. 남성의 보잘것없는 밑그림인 여성의 신체에 견고함과 힘은 없고 '나약함'으로 특징지어진다는 고대 이후로 회자되어 왔던 의견을 다시 되풀이하는 그 이야기에서 특별히 독창적인 것은 아무것도 없다. 16세기 의학자 J. 바이어는 바롱이나 락탄티우스·아우구스티누스 또는 그라티아누스에 의거하여 "라틴 사람들이 여성을 나약함을 뜻하는 단어 **몰리시에스**(Mollicies)에서 온 […] **물리에**(Mulier)라고 명명한 것은 괜한 일이 아니다"[15]라고 설명한다. 19세기에 프루동은 다시 말하기를, 여성에게는 "근육들이 없어지고, 남자다운 품이 둥글어졌으며, 표현이 풍부하고 강한 선들이 부드러워지고 나약해졌다"[16]고 한다. 물론 여성의 가슴이 더 크지만, 아리스토텔레스에 의하면 남성 흉근의 단단함과 견실함이 부족하다. 물렁물렁하게 융기된 여성의 가슴은 무르고 힘이 없다. 앞서 보았듯이 아리스토텔레스나 뷔퐁에게는 중요한 인간적 속성을 이루며, 여성에게는 남성보다 부피감이 있는 엉덩이도 여성이 남성보다 우월한 인성을 가졌다는 논리는 되지 못한다. 그 부위는 조용히 묵과되거나 여성의 나약한 다른 신체 부위들과 마찬가지로 취급된다.

남성보다 섬세한 여성 피부의 경우(두꺼운 짐승의 피부로부터 유리하게 차별화시키는), 그것 역시 여성의 대단한 인성의 신호가 되지는 못한다. 장점으로 추정되는 것을 결함으로 전복시키는 유형의 논리 작업이 또 진행된다. 10세기의 사제 오동 드 클뤼니는 "만일 남성들이 그 피부 밑에 감추어진 것을 본다면 여성을 보기만 해도 욕지기를 일으킬 것"이라 강조하며 서슴없이 여성의 피부를 똥통에 비유한다.[17] 르네상스 시대까지는 남성의 열기와 대립되는 여성의 차가운 피로 젖비린내나는 그 부드럽고 매끈한 피부를 설명한다. 그런데 인간의 취약한 다모성(多毛性)은 부분적으로 원숭이와 구별되는 요소들 중 하나를 이룬다. 그렇다면 털이 더 적은 여성은 남성보다 더 인간적인 것일까? 그 경우에도 그것은 여성의 차가움에 기인한 약점의 결과에 지나지 않는다. 뜨거운 남성은 불온한 부분을 제거해야 할 필요가 있기 때문에 턱수염과 털이 있다는 것이다…….

그 나약함을 우리는 여성의 내부 구조에서, 그리고 특히 생식기에서 다시 찾아보게 된다. 아리스토텔레스와 특히 갈리에누스 이후로, 그리고 르네상스 시대까지 여성의 생식기는 언제나 여성 특유의 어떤 것으로서가 아니라 남성 생식 기관에 비해 그것의 빈약한 유사물로 이해된다. 즉 난소는 실패한 고환이고, 바깥을 향해 뻗친 기관인 남성의 음경은 여성에게는 자궁의 형태로 오그라진 채 안으로 숨는다고 한다. 우리는 위에서 짐승의 특징들 중 하나가 자신의 수치스러운 부위들을 내보이는 것임을 보았다. 그렇다면 남성은 그것들을 정숙하게 안으로 집어넣고 있는 여성보다 더 동물적일까? 전혀 그렇지는 않다. 그 외향성은 남성에게는 완성의 표시인 반면, 여성의 유사한 기관은 수축시키고 졸라매는 그것의 습기로 인해 17세기까지 종종 활용되었던 비교에 의하면, 햇빛을 받지 못해 결코 피어날 수 없는 꽃과 같다. 16세기에 A. 파레는 여성이 타고난 '어리석음' 때문에 남성처럼 자신의 성기 밖으로 내뻗지 못한다고 설명한다. 그리고 또한 프로이트나 라캉에게 있어서 여성은 남성의 기관에 비해서 규정된다. A. 푸케는 이렇게 말한다. "정신분석학으로는 여성이 태어나지 않는다. 다만 거세된 사내아이가 태어나는 것이다. 그런 관점에서 '여성적'인 정체성은 부차적이고 부정적인 정체성일 수밖에 없다. 음경과 대등한 것의 결핍 혹은 불충분함을 통해 결정되기 때문"이다. 그리고 이는 "순수한 거부이다. 그렇지 않다면 어떻게 어머니이자 여성인 존재가 자신의 퇴폐적인 상상 속 외에는 결코 갖지 못했던 페니스를 거세당할 수 있었겠는가 말이다."[18] 인간이란…….

그런데 여성성은 분명 훼손된 기관이라는 바로 그 자궁에서 정의된다. 자궁은 때로는 자신의 생명을 '불안정한 동물 속에서 방황하는 동물'[19]인 여성의 신체 안으로 끌어들이는 것 같고, 18세기에도 어쩔 수 없이 다음과 같은 질문을 다시 제기토록 하는 성미 급하고 전제적인 내장이다. 여성은 분명히 인간적인 피조물인가? 어차피 번식은 여성의 주된 기능이다. 아이들을 출산하고 양육하는 것은 자연의 질서를, 그리고 암묵적으로든 명시적으로든 동물성의 질서를 가리킨다. 가령 불임 여성에 대한 논의들을 제시하며 종종 로마의 불임 여성 노예의 판매에 대한 사법 소송을 참고한다. 그 비교점은 암퇘지의 판매였는데, 법은 만일 판매자가 구매자에게 그것의 불임을 알리지 않았을 경우에는 다시 인수토록 했다. 19세기의 다음과 같은 쇼펜하우어적인 이야기는 여전히 그 명확한 의미를 전하고 있다. "여성들은 오로지 종의 번식을 위해 창조되었고, 그들의 소명은 그 점에 집중되어 있으므로 여성들은 개체로서보다는 종족으로서 살아가고, 개체의 이익보다는 종족의 이익을 더욱 심각하게 생각한다."[20] 심지어 여성들조차 종종 그 논리를 받아들인다. 독립적인 여성 G. 상드까지 여성의 기능은 우선적으로 아름답고 건강한 아기들을 출산하는 것이라고 생각하여 "공적인 기능들이 모성의 의무들과 양립될 수는 없다"[21]고 판단한 것은 놀랄 만한 일이다…….

그런데 남성에게 한 가지 첨예한 문제가 제기된다. 생명을 준다는 것은 그 독점권을 어머니들에게 넘기고 자신의 몫으로 빼앗아 오지 않기에는 너무나 엄청난 특권인 것이다! 그래서 오랜 세월 동안 생명을 주는 것은 사실 남성이고, 여성은 그곳, 자궁 '가운데'에 유입되는 남성의 씨를 기르는 집적소에 지나지 않는다는 생각이 지배적이었다. 《에우메니데스》에서 아이스킬로스는 "자식이라 부르는 존재를 만드는 것은 어머니가 아니다. […] 어머니는 가슴속에서 씨앗을 양육하는 자이다……. 자식을 만드는 것은 수태시키는 남성이다. 이방인과 같은 어머니는 어린 묘목을 지키는 것뿐이다."[22] 약 25세기 후 프루동이 하는 말도 크게 다르지 않다. 자연은 "남성에게만 그 수정의 미덕을 준 반면, 그 미덕은 여성을 수동적인 존재, 남성만이 만들어 내는 씨앗들을 위한 집적소, 밀알을 위한 땅과 같은 부화의 장소로 만들었다."[23] 여성의 수동적인 질료는, 아리스토텔레스에 의하면 남자 정액의 활발한 요소를 통해 알려진다. 본래 차가운 여성에게는 생명의 열기가 결핍되어 여성을 소화에 적합치 못하고 익히는 데 무능하게 만든다. (그리고 익히기는 인간의 속성이 아닌가?) 마찬가지로 뷔리당은 이렇게 요약한다. "남편은 아내에게 자식을 주고, 여성은 남편에게서 그것을 받는다."[24] 중세의 전통적인 은유는 숲에서 작업을 하는 목수에 대한 것이다. 그리고 숲 혹은 질료 혹은 배아를 길러 주는 환경은 월경이다. 만일 여성에게 씨가 있다면 월경을 하지 않아도 되고, 자신의 씨를 가진 여성은 남성이 개입하지 않아도 아이를 낳을 수 있지 않겠느냐는 점은 그 시절만 해도 분명한 증거였다.

그리고 남자 없이도 자식을 낳을 수 있을지 모른다는, 그 자체로 종결된 여성성에 대한 위협적인 생각은 남성들의 강박관념 중 하나이다. 제우스에게 복수하기 위해 상대방 없이 혼자 헤파이스토스나 아레스를 낳았던 헤라처럼 단성생식 임신을 두려워할 수 있을까? 단성생식으로 번식을 하는 동물들은 없을까? 중세에는 성 아우구스티누스가 언급하는 종마 없이도 바람의 작용으로 수태할 수 있는 카파도키아의 암말들을 예로 들며 여성들에 비유했다. 오늘날 정액이나 복제 은행의 활용에 대해 취해진 대책들은 생물 윤리의 일반적인 근심에서 생긴 것이라 해도, 역시 무의식적으로는 그와 같은 예전의 두려움들과도 관련이 있을 것이다.

여성 정액의 존재를 인정할 수밖에 없게 되었을 때는, 1267년 로마의 질이 《자궁 속 인체 형성에 대하여》에서 그랬던 것처럼 그것의 유용성을 부정하기 위해서이다. 몇 세기 후 자연주의자들의 담론도 거의 달라진 것이 없었다. 경우에 따라 여성 정액에 어떤 역할을 부여해야 하는 반면, 귀중한 남성 '정액'의 역할은 여전히 더한 무게를 갖고 있다. 중세에 빈번하던 여성과 암말의 비교는 뷔퐁에게서도 찾아볼 수 있다. 그는 "수컷이 암컷보다 생식에 더 많은 기여를 한다"는 증거로 "암말들은 대개 모든 면에서 종마와 흡사하거나, 아니면 언제나 어미보다 아비를 더 닮은 망아지들을 생산한다"고 기록한 후, 심지어 인간의 경우도 "생성물의 형태에 있어서 남성이 여성보다 훨씬 더 많은 영향을 미친다"[25]고 결론내린다. 1984년의 《세계백과사전》 '번식력' 항목을 보면, 난자와 정자의 만남을 활발한 요소에 의해 활기를 띨 필요가 있는 무력하고 식물적인 질료와 생명을 가져다 주는 에너지와의 만남으로 소개하고 있다. 프랑수아즈 에리티에는 이 항목을 언급하며 이렇게 논평한다. "나는 거기서 철학적 인식의 잔재가 아닌 좁힐 수 없는 성의 차이에서 출발한 해석 도표의 무의식적인 발현을 발견한다."[26]

19세기초까지 논쟁을 일으키게 될 배아의 전존재 이론은, 사실 말과 당나귀의 특징을 갖고 있는 노새에 대해 제기된 질문인 자식과 어머니의 가능성 있는 닮음과 충돌한다. 또한 딸들의 탄생에 대해서 제기되는 질문이기도 하다. 어떻게 완벽한 남성이 여성이라는 그렇게 불완전한 존재에게 생명을 줄 수 있단 말인가? 따라서 사후에 태아에 개입하고, 특히 기형의 경우에 아이를 품고 있는 어머니의 탓으로 돌려지는 우발적인 상황들의 우연한 결합을 방편으로 내세워야 한다. 남성 정액의 힘은 여성적인 질료를 통해 완벽을 기하고, 심지어 로마의 질이나 성 토마스에 의하면 마스 오카지오나투스(mas occasionatus; 남성이 되지 못한 상실된 기회), 즉 여성 존재에게 생명을 주는 계획 속에서 대립될 수 있다. 아리스토텔레스의 순수한 연속성 속에서 여성은 곧 그 생성이 대립될 수 있는(어머니를 통해) 잠재적인 남성이며, 기력 없는, 불완전한, 훼손된 존재이다. 원인들 중에는 나쁜 자세, 임신중 자궁 수축, 양액(養液)의 영향이 개입된다. (오늘날에는 어머니의 식이요법이 아이의 성 결정에 미치는 역할을 연구하고 있다.) 마찬가지로 노새가 암말을 닮은 것은 태아가 그것을 퇴화시킨 말의 피로 양육되었기 때문이다. "아이가 어머니를 닮는 것은 어째서일까?" 프루동은 이렇게 묻는다. "그 설명은 꿀벌들을 통해 찾을 수 있다. 바로 음식의 영향이다……."[27]

그러나 모든 이탈에 결정적인 역할을 하는 것은 무엇보다도 어머니의 상상이다. 이미지는 질료에 형태를 준다. 다시 말해 줏대 없는 이들 여성은 온갖 종류의 인상들을 받아들일 수 있다. 르네상스 시대에 괴물에 관한 저서들은 임신중 혹은 그후에 어떤 이미지를 보고 어떤 동물에 대해 생각했다가 짐승 혹은 괴물 같은 아이를 출산한 어머니들에 관한 증언들로 가득하다. A. 파레는 개구리의 용모를 지닌 한 아이의 경우를 다음과 같이 들려 준다. 아이의 어머니는 임신중 고열에 시달리다가 몸을 식히기 위해 손에 냉혈동물을 쥐었었다고 한다. J. 바이어는 어머니가 산토끼를 상상하면 아기는 "윗입술이 두 갈래로 갈라질 것"[28]이라고 주장한다. 17세기의 또 다른 의학자는 한 어머니가 원숭이 용모의 아기를 출산했다고 하면서, 그녀가 곡예를 부리던 원숭이를 한참 동안 바라본 적이 있었다고 말하였다. M. 엘러는 1756년의 베를린 아카데미 문집에 〈태아에 대한 임산부들의 상상력에 대한 연구, 괴물 같은 개의 경우〉를 발표한다. 또한 모페르튀는 《물질적인 비너스》(1745)의 '어머니들의 상상이 유발한 사고들'에 관한 장에서, 사람들은 "보통 보기만 해도 놀라거나 겁에 질릴 수 있는 흑인이나 원숭이 혹은 다른 동물이 임산부의 눈에 비치는 것"을 두려워한다고 이야기한다. 그러나 의구심이 들기 시작하자 모페르튀는 호랑이가 유발한 두려움이 '반점이 있거나 맹수의 발톱이 있는'[29] 아이를 태어나게 할 수 있다는 사실을 믿지 못한다.

본래 여성은 빈약한 신체를 가질 수밖에 없게 되어 있어서 아름다움으로 보상된다. 프루동은 "여성은 아름다운 동물이지만, 그래도 결국 동물이다"[30]라고 적으면서 아름다움이 여성의 특징이라면, 힘과 지성은 남성의 소유물이라고 한다. 그러나 그 아름다움은 덧없고 치명적인 것이다. 아담은 정신을, 이브는 육신을 표현하고, 육신은 소멸하기 쉬운 것이다. 여성은 뱀처럼 피부가 바뀐다. 라므네에 의하면 "가볍고, 아담하고, 눈부신 나비"[31]의 아름다움은 그 초시류(翅翅類)의 생명만큼이나 덧없는 것으로 종종 비교된다. 맨몸의 동물에 비해 인간의 인성을 표시한다고 여겨지는 의복은 여성에게는 문명의 신호가 아니라 퇴행과 실추의 신호인 장신구가 되었고, 직물의 마모되기 쉬운 특징은 여성과 육신의 부패하기 쉬운 성질 사이의 관계를 강화시킨다. 중세의 윤리학자들은 그 장식물의 짐승 같은 성질을 강조하게 된다. 치렁치렁하게 끌리는 옷(cauda)은 동물 꼬리와 비슷하고, 깃털 달린 머리쓰개는 농장 안뜰이나 혹은 영원한 희생자들인 남성들을 때리고 괴롭히는 악마들의 양쪽이 뾰족한 모자를 상기시킨다.

이와 같은 여성의 신체적 나약함은 물론 지적인 우월성으로 보상되지 않는다. I부 앞부분에서 우리는 동물에 비했을 때 인간의 타고난 방어 결핍의 핸디캡을, 사상가들이 살아남기 위해 보호 수단을 만들고 제작해야 했던 인간의 유리한 점으로 어떻게 바꾸었는지 살펴보았다. 마찬가지로 인간은 이성을 개발하여 동물에 대한 우월성을 뚜렷이 나타냈다. 그러나 이런 유형의 논리는 여성에게는 통하지 않는다. 그렇지 않다면 남성보다 더 나약한 여성이 더 강하고 지적인 존재가 되었을 테니까.

따라서 남성 사상가들은 다른 식으로 그 문제에 접근하기를 더 좋아한다. 즉 유추 논리를 통해서이다. 로마의 질은 "영혼은 육체의 기질을 따른다"고 설명한다. 그런데 "여성들은 나약하고 불안정한 육체를 갖고 있다."[32] 19세기에 신체와 정신 사이의 관계를 연구한 카바니스는 "여성의 뇌수는 다른 부위들의 나약함의 성질을 닮는다"고 주장하고, 그의 동료인 비리는 그 '나약한 섬세함'이 여성을 추론과 주의에 적합하지 않게 만든다고 강조한다. 프루동에 의하면 "여성의 머릿속에는 혈액 속에 담긴 배아보다 더 많은 생각이 들어 있지"[33] 않다. 단순한 '수용성'인 여성에게는 '정신의 생식 능력'이 결핍되어 있다. 남성은 천재적일 수 있지만, 여성은 여전히 생식에 관련될 뿐이다. 19세기에도 여전히 고대의 도식 속에 머물러 있다. 산파의 아들인 소크라테스는 여성은 형이하적인 육체의 번식을 하지만 남성은 사상을 만들어 내며, 이는 임산부의 작업보다도 더 고통스럽고 길고 복잡한 출산이라고 말한다.

게다가 뇌마저 축소된다. 아리스토텔레스는 "인간들의 경우, 남성들은 여성들보다 더 부피가 있는 뇌를 갖고 있다"고 말한다. 보댕은 "남성들의 외골격이 훨씬 더 커서 남성들은 여성들보다 높은 지능과 신중함을 갖고 있다"[34]고 한다. 또 프루동은 한술 더 뜨듯 여성들의 뇌가 무게가 덜 나간다고 말한다. 결국 경험을 믿어야 한다. 그러자 조제프 드 메스트르는 "여성들은 어떤 장르에서도 아무런 걸작도 만들지 못했다"고 하며 다음과 같이 자문한다. "일류 학자들 중에서 손꼽을 수 있는 여성들이 몇 명이나 되는가?"[35] 프루동은 《도색 정치》에서 제출된 발명특허권의 수를 지적하며 더욱 상세히 설명한다. 1791년 이후로 6만여 명의 남성에 비해서 여성의 경우는 기껏해야 패션 항목에서 6,7명에 지나지 않는다는 것이다……

푸리에가 정곡으로 지적하는 것처럼, 여성들의 천재성에 대한 문제는 여성의 영혼에 대한 낡은 토론의 쇄신된 형태에 지나지 않는다. 이 사회학자는 "여성들에게 영혼이 있는지 토의"하고, "긍정은 세 표의 차로 과반수만을 넘어선"[36] '진정한 반달족 공의회'인 그 유명한 585년의 마콩 공의회를 상기시킨다. 사실 여성 영혼의 지지자들이나 반대자들이 무척 자주 언급했던 그 공의회 기록을 회상하면, 그것은 단순한 형식상의 문제였을 뿐 실은 투표가 없었다는 사실을 간파하게 된다……

그러나 역사적 진위를 넘어 진술된 문제는 분명 생명체들 가운데 여성의 지위에 관한 문제이다. 16세기의 한 소논문은 "여성이 남성에 속해 있다"는 사실을 입증하려 했다. 그런데 논쟁의 발단이 흥미롭다. 실상 우리가 보았다시피 동물 소송들이 여전히 빈번하던 그 시대에는 짐승들에게 영혼이 있는지, 따라서 그들에게 책임을 지게 해야 하는지를 아는 것이 문제였다. 그런데 만일 동물들에게 영혼을 부여한다면, 여성들은 물론이고 인디언들과 흑인들에게도 영혼을 부여해야 할 것이다……. 그렇기 때문에 르네상스 시대에 그 논전이 왕성했고, 결국은 그들에게 영혼을 부여했던 것이고(그렇다고 해도 여성들이 무엇보다도 그들의 육체를 통해 정의된다는 사실은 전혀 바뀌지 않는다), 19세기 제2공화국의 한창때에는 여성들이 국민의회 법정까지 뛰어들어 로랑 드 라르데슈와 크레미외 논쟁을 일으키기도 했다. 당시 사회주의자들이 좋아하던 출판업자인 귀스타브 상드레는 그 주제에 관한 두 권의 책을 지명하며 사실상 논쟁의 결론을 내린다. 결국 여성들 자신이 영혼을 갖고 싶어하지 않는다는 것이다. 이 결론은 불행하게도 선천적 범죄자에 대한 이론가의 딸이자 남성의 영혼과 여성의 영혼이 같지 않음을 증명하기 위해 《여성의 영혼》이라는 책을 쓴 지나 롬브로소와 같은 일부 여성들에 의해서 확증된 듯하다…….

사실 대단히 오래전부터 그 문제는 더 이상 전부 아니면 전무라는 식으로 무뚝뚝하게 제기되지는 않았다. 당연히 여성들에게는 영혼이 있으니까. 그렇지 않으면 여성들은 벌을 받거나 맞을 수도 없었을 테고, 이브는 원죄를 짓지도 않았을 테니까. 그런데 남성들의 영혼과 여성들의 영혼이 정말 완전히 같은 것일까? 우리가 보았다시피 예수회 수도사인 부장이 서툴게 시도했던 것처럼 일부 사람들은 동물들에게도 영혼을 다시 부여하려 하지만, 어디까지나 그것은 열등한 영혼이다. 말브랑슈에 의하면 여성은 똑같은 이해력을 타고나지 못하여, 여성에게는 온갖 고도의 사색과 학문 그리고 철학이 영 낯설기만 하다. 사상가 풀랭 드 라 바르는 《성의 평등에 대하여》(1673)에서 자신의 '방식' 대로 두 성의 능력의 일치를 단언하지만, 사람들로부터 거의 이해를 받지 못해 무용지물이 된다. 물론 18세기에는 이성은 보편적인 것이므로 모든 인간들에게 존재한다고 주장되지만, 거기에서도 상황은 더욱 민감해지며, 이성의 단련은 성에 따라 다르다고 한다. 루소는 여성들이 수단에 대한 지식은 갖고 있지만 목적에 대한 것은 갖고 있지 않다고 가르치고, 칸트는 여성들의 실용적인 이성에 사색적인 이성(남성들에게 한정된)을 대립시킨다. 남성들에게는 추상적인 생각들을, 여성에게는 저속한 구체적인 문제들을. 여성들이 자신들이 정치에 들어서면 모두가 이익을 볼 거라고 설명하면서 여성 속성이 조

금씩 파괴되어 가는 길에서 길을 잃고는, 여성이 더 실용적이고 일상
과도 가까우므로 정치에 새로운 것을 가져다 줄 것이라고 주장하여
문화 현상 혹은 자연 현상 사이에 모호함이 감돌게 하자…… 동등함
에 대한 논쟁에 있어서 오히려 그 모든 구별들이 다시 나타나는 것을
우리는 보았다…….

남성이 되지 못한 여성은 그를 모방하려 애쓴다. 프루동은 여성이
"자신의 성(性)에서 벗어날 때," **"수탉을 찬양하는 것은 암탉이다"**라
고 몰리에르의 《여학자들》의 마르틴을 사실과 다르게 인용하며 설명
한다. 그러나 "자신의 성은 바꾸지 못하고," "그렇게 하는 여성은 추
녀, 미친 여자, 창녀, 암원숭이가 된다."[37] 여성은 남성을 흉내낼 수밖
에 없다. 조제프 드 메스트르가 표현하는 것처럼 "여성이 남성과 경
쟁하려고 드는 이상 원숭이에 지나지 않기"[38] 때문이다. 원숭이는 여
성이 특히 남성 고유의 영역, 즉 저술 영역에서 모험을 할 때 가장 자
주 비교되는 동물이다. 심지어 우리가 페미니즘이라는 용어를 만들어
냈다고 여기는(실상 이 용어는 50여 년 후에 어느 의학 논문에서 만들어
진다……) 푸리에는 여성 작가는 남성의 우스꽝스러운 모방밖에는 될
수 없다고 주장하고, 프루동은 조르주 상드를 지칭할 수 있는 동물들
의 이름이 부족하자 그녀를 가장 불결한 동물 기능으로 귀착시킨다.
"그 여자는 오줌을 누는 것처럼 글을 쓴다"[39]고 자신의 《수첩》에 우아
하게 적고 있다.

그러나 여성은 글을 쓰기 이전에 말을 한다. 까치나 앵무새 혹은 잉
꼬들처럼 아무 말도 하지 않기 위해서 꼬꼬댁거린다. 사회언어학자들
은 오늘날 여성의 경솔한 수다는 여전히 여성이라는 종족의 특수성,
'종족의 특징'[40]이라고 강조한다. 분명 그 바보 같은 재잘거림은 이
따금 귀가 멍멍하기도 하지만, 그것이 그렇게 무의미하다면 무엇 때문
에 그토록 거기에 집착하는가? 그 지나친 말은 실상 파괴적인 미끼를

내포하고 있다. 아담은 생명체들과 사물들, 그리고 이브를 명명했다. 이브는 아담에 의해 세워진 언어를 활용하고 자식들을 낳는 것으로 만족해야만 했을 것이다. 그런데 그렇게 하기는커녕 그녀는 사과에 대해 아담이 기질상 잘 듣지 못하는 위험한 대화를 시작했다. 욥은 자신의 아내에게 침묵을 명령함으로써 더욱 신중하다는 점을 증명했고, 모든 남성들이 그 거짓된 말의 유혹에 넘어가지 않기 위해 그런 식으로 그 종족에게 침묵을, **타키투르니타스**(taciturnitas; 과묵함)를 강요하였어야 했다. 그리고 여성은 자신을 명명한 이로 인해 무엇보다도 여성에게 대답할 권리를 금지하면서, 여성의 명예를 훼손하는 데 사용되는 그 '다양한 말들'[41]로 계속 일컬어질 것이 틀림없다며 크리스틴 드 피장은 탄식한다.

남성의 모방자인 여성은 거짓 꾸밈과 은폐를 겸비한다. 이는 여성에게 이성이 없기 때문에 활용하는 서글픈 방편이다. 쇼펜하우어는 사자와 코끼리·멧돼지, 그리고 심지어 뼈오징어가 갖고 있는 각자의 방어 수단들을 열거한 후에 여성에게는 그와 같은 것이 없다고 결론짓는다. "자연은 여성에게 스스로를 보호하고 방어하기 위해 은폐 외에는 아무것도 주지 않았다. 그리고 그 능력은 남성이 사지의 기운과 이성에서 끌어낼 수 있는 힘의 부족을 채운다."[42] 또한 여성은 짓궂고 음흉하다. 프루동은 말하기를, 여성은 사나운 동물이어서 길들여진다 하더라도 때때로 자신의 본성으로 돌아간다고 한다. 따라서 "이기적이고 개인적이고 거만한 특성, 성격의 악착스러움, 마음의 잔인성, 한마디로 여성의 사나움이 나타난다. 흔히 그런 여자를 두고 이렇게 얘기한다, 암코양이라고."[43] 이성이 부족해도 만일 그 공백이 도저히 어쩔 수 없는 사악함으로 메워지지만 않는다면 그다지 지장은 없을 테니 곧 지성의 영역에서 도덕의 영역에 이른다.

사실 그것은 여성이 갖고 있는 비남성성의 세번째 특징이다. 인간과 동물을 구분하는 것은 인간이 도덕을 갖고 있다는 사실이다. 그런데 여성은 부도덕하다. "여성이 선과 악이라고 이해하는 것은, 남성이 선과 악이라고 이해하는 바와 정확하게 같은 것이 아니어서 상대적으로 여성은 부도덕한 존재로 불릴 수 있다"[44]고 프루동은 말한다.

육체의 유형성 속에 포함된 총체인 여성은 중세에는 악과 동화되던 육신, 여성의 특징을 정의하는 그 내장과 번식에 사용될 뿐만 아니라 여성에게는 충분한 이성이 부족한 탓에 억누르지 못하는 짐승 같은 쾌락에도 사용되는 성을 가진 저주받은 육신이다. 너무나 오랫동안 차가운 피로 특징지어졌던 여성은 언제나 암내를 풍긴다. 그러나 무엇보다도 르네상스 시대까지는 여성에게 성행위에 무제한의 능력을 주는 지나친 습기가 돋보인다. 유베날리스에 의하면, 여성은 **만족을 모르는 존재**[45]이다.

루소에 의하면, 남성에게 있어서 성적인 욕구는 신체적인 것이 아니지만 그것은 여성을 정의한다. "성의 중요성에 관해서는 두 성 사이에 아무런 유사성도 없다. 남성은 어떤 본능들에서만 남성이고, 여성은 평생 혹은 적어도 젊은 시절 동안 여성이다. 그러나 여성에게는 모든 것이 쉴새없이 자신의 성을 일깨운다."[46] 루소는 여성의 무한한 욕망들은 넘치는 성욕으로 인해 비록 전통에는 부합한다 하더라도 방탕한 활동을 하게 하고, 남성은 성행위에서 능동적인 역할을 하지만 여성은 수동적이고 약하다고 생각한다. 어렸을 때부터 남자를 기쁘게 하려고만 하던 여성은 언제나 위협받는 남성을 끊임없이 선동한다. 몽테스키외에 의하면 장신구와 화장으로 과장하는, 이성과 양립할 수 없는 여성의 아름다움은 그녀를 유혹의 존재로 만든다. 그렇기 때문에 유혹자인 악마가 아름다운 여성으로 변장하기를 좋아하는 것이라고 데제르의 교부들은 지적했다.

그 아름다움은 여성을 나비와 결부시키지만 여성의 기질이 더 변덕
스럽다. 성미 급한 기관의 변덕에 복종하는 여성은 차분하거나 꾸준
하지 못하다. 만일 남성이 그 만족을 모르는 동물의 반복된 돌격을 당
해야 하지만 않았더라도 이 모든 것은 조금도 중요하지 않았을 테지
만, 그렇지 않기 때문에 칸트에 의하면 "남성의 성적 능력에 대한 여
성의 지나치게 빈번한 요구들로 인한 정력의 소모"[47]가 생긴다. 프루
동은 이렇게 불평한다. "여성이 남성을 찾는 것이다. […] 솔직히 털
어놓자면 자연이 확립하고 사회가 사로잡는 그대로의 여성에 대해서
는 사정이 다르다."[48] 그녀는 남성을 향해 '짖고,' 여성은 "남성에게
간청하고, 성가시게 굴고, 자극한다. 여성은 남성을 지긋지긋하게 하
고 귀찮게 군다. 계속해서, 계속해서, 계속해서."[49] 따라서 피곤해진
남성은 자신의 에너지가 인간의 속성인 노동에서 벗어났음을 깨닫게
된다. 여성, 그 야생동물은 경제적 그리고 사회적인 위험이다. 고전적
인 담론을 재현하는 J. 드 메스트르에 의하면 여성은 전체 문명의 실
추의 원인이 아닌가?

그러나 경박하고 음탕한 여성의 주제와 평행하여 전자와는 완전히
모순되는 또 하나의 담론이 오로지 남성에게만 성욕에서의 쾌락을 남
겨두며 발전한다. 우리는 I부에서 종교의 퇴보와 함께 육체의 복권,
예전에는 짐승들에게 비난되었던 성의 자유가 어떻게 인간의 독점이
되었는지, 동물은 자연의 결정론을 따른다고 여겨지는데 어떻게 해서
인간에게는 쾌락이 점점 더 생식으로부터 분리되었는지를 살펴보았
다. 그와 같은 움직임 속에서 여성도 동물성의 쪽에 남아야 하기 때
문에 쾌락을 박탈당하게 된다.
이미 중세에 사람들은 여성 정액의 존재를 발견한 이후, 정액이 쾌
락의 기원으로 여겨짐에 따라 여성이 남성보다 두 배로 즐기지 않나

불안해했다. 이는 여성 자신의 정액에 상대방의 정액이 덧붙여지기 때문이다. 18세기에 여성의 쾌락은 결국 언제나 불만족스러운 외연적인 것인 반면에 진정한 인간인 남성의 경우는 강렬하다고 설명하고, 19세기에는 성행위에서 여성의 쾌락이 생식에 필수적인 것은 아니라는 사실을 발견하면서 '불감증'이라는 신조어가 나타난다. 남성에게는 쾌락의 독점적인 혜택이 인간적인 소유물이 된다. 지각이 없는 동물들은 그런 의식을 가질 수 없기 때문이다. 반면 여성에게는 우리가 언급했던 여러 세기를 거친 논쟁들 이후로 번식을 위한 역할이 마침내 남성의 역할과 동등하게 인식된다. A. 콩트에 의하면 여성에게는 남성의 특권인 성욕이 없다. 모성이 성욕을 대체하고, 19세기 의학자들은 여성에게 부차적인 성욕만이 있을 뿐이고 남성의 쾌락과 남성의 관능적 욕구의 어렴풋한 모방에 매여 있다고 주장한다.

프로이트는 그 담론을 마무리한다. 즉 리비도는 오로지 남근의 것이고, 그것은 악마를 "특히 남성적인 성격, 성욕 이론의 학설을 지지하는 것, 그에 따라 리비도가 어디에서 나타나든 언제나 남성적인 것"[50]으로 만들기 위한 이유들 중 하나이다. 그 주장들에서 우리는 여성이 앞서 동물의 경우에서 보았듯이 소유하고 있지 않은 것, 즉 이 경우에는 페니스를 통해 정의되고, 따라서 거세 콤플렉스가 있음을 알 수 있다. 따라서 프로이트에게 여성은 결여이고, 라캉에게는 '공백'이다. 그리고 D. 모리스는 '오르가슴을 알지 못하는' 암컷 영장류들을 기준으로 "어찌되었든 본래 여성의 오르가슴은 남성에게서 '빌린' 과정"[51]이라고 서술한다.

사회생물학자들은 지난 몇십 년 동안 교대로 동물들의 태도를 기준으로 성 역할의 분배를 설명한다. 여성은 기르는 자이고 남성은 자연히 변덕스럽고 일부 다처이며, "인간들은 그 생물학적 원칙을 충실히 따른다"[52]고 윌슨은 결론짓는다. M. 뵈이유는 "남성을 향해 솔직하게 곁눈질하는 학문적 담론"이 얼마나 "종종 여성차별주의자들의 부주의처럼 보이는" "남성들과 여성들의 전략"[53] 목록과 함께 사회생물학의 신용을 손상했는지 지적한다. 그러나 사회생물학자들은 다음과 같이 항변한다. "만일 남성과 여성의 차이점들이 성 차별적이라면, 그 비난은 모든 부인들 중에서도 가장 성 차별적인 자연이라는 부인이 받아야 마땅하다."[54] 다시 그 점을 확인할 기회가 있겠지만 자연이나 동물의 입장에 놓이는 것이 모든 인간들에게 유리한 것은 아니다…….

그 세 가지 관점——신체적·정신적 그리고 도덕적, 특히 성적——에서 여성은 남성적인 담론, 즉 지배 담론에서 주로 자연의 질서에 속하는 동물적인 존재로 나타난다. 악과 유혹의 소질로 뱀과, 반복적인 수다 때문에 다른 새들과, 번식력 때문에 암퇘지와, 기사가 올라타기 때문에 암말과, 남성을 모방하기 때문에 원숭이와——그리고 이 목록이 전부가 아니다——동일시되는 여성은 결정적으로 인간과는 그다지 닮지 않았다. J. 바이어는 그들의 '불구'에다 '어리석은' 속성으로 인하여 "플라톤은 다소 무례하게 여성을 어떤 수로 헤아려야 하는지, 혹은 이성을 갖고 있는 동물들의 수에 넣어야 하는지, 아니면 야수들에 넣어야 하는지 회의하는 것 같았다"[55]고 단언한다. 그 회의는 프루동에게는 더 이상 허용되지 않는다. 여성은 "그(인간)와 동물 사이의 경계 수단에 지나지 않는다." 또한 "여성은 인류의 **반**(半)이 아니다. 이 표현은 더 이상 왜곡할 수도 없는 것이다. 따라서 남성과의 관계 속에서 여성의 권리는 원칙적으로 동등하지 않다."[56] 그렇다면 그 열등한 피조물에게는 도대체 어떤 처우가 예정되어 있을까?

무엇이 여성을 만드는가?

여성은 야생동물들, 즉 위험한 동물들로 간주되거나 번식 문제가 해결되어 더 이상 그들의 동물적 기능을 거칠 필요가 없어지면 쓸데 없다고 판단되어, 남성들은 꿈에서나 현실에서나 귀찮기만 한 여성들을 떼어낼 생각을 한다. 그러나 그보다는 그들을 길들이는 편이 한결 유리하다. 그 작업은 자신의 자리를 지킬 생각은 별로 없고, 자신의 우리에서 달아나려 하고, 사적인 공간을 떠나 공적인 영역을 침범할 생각만 하는 여성이라는 그 종족에게는 험난한 것이 분명하다. 그들의 창조자들에 의해 활용되고 정당화된 수단들은 그 까다로운 훈련과 견줄 만하다.

남성들은 오로지 남성적인 세계, 과거나 미래 속에 놓인 천국을 꿈 꾸는 일이 종종 있다. 그리스 신화들은 인간들이 창조되기 이전, 여자가 없는 세상에 대한 시각을 오늘날의 모습처럼 전달했다. 《티마이오스》에서 플라톤은 인류 초기에는 성의 분할이 없었다고 상기시킨다. 여성들의 **제노스**(genos; 씨족)에는 퇴행성 손상이 개입된다. 즉 전생에 무기력한 영혼들이 우선 여성의 육체로 부활하고, 이는 동물로의 실추와 그에 이어 새에서 지렁이까지 가는 윤회의 첫 단계라는 사실을 기억해야 한다. 여성 족속은 인간들에게 자급자족의 종말을 가져다 준다. 선천적인 완벽성으로부터 결정적으로 갈라진 틈인 그 새로운 **씨족**, 그 족속은 육체에 결핍을 부여하였고, 헤시오도스에 의하면 그 구성 재료인 "여성들이라는 저주받은 종족, 족속, 죽음을 면할 수 없는 인간들 가운데에 자리잡은 끔찍한 재난"[57]은 인간 비탄의 발단이 된다. 그리스도교에서 이브는 생명(vita)과 동시에 불행(vae)을 의미한다. 프루동은 인류의 초기를 성의 구별이 존재하지 않던, 혹은 보다 정확하게는 인류가 남성이라는 단 하나의 성으로 귀착되었던 '에로틱한 범신론'의 형태로 상상한다. 동성애자들에게 20년형을 요구하는 그는, 일부 유명인들을 위해 대단히 신중하게 남성적인…… '동성간 사랑의 순수함'[58]을 주장한다.

그 황금 시대는 어쩌면 우리 앞에 있는지도 모른다. 2세기에 아시아의 그리스 작가인 사모사테의 루시엔은 오로지 남성들만 살아가는 세계를 (달에서) 꾸며낸다. "결혼이 남성들 사이에서만 이루어지기 때문이다. […] 그들은 배가 아닌 장딴지로 아이를 잉태한다."[59] 과학의 진보는 쉼없이 인간들로 하여금 꿈을 꾸게 하고, '임신한' 남성들을 보여 주는 공상과학 작품들 혹은 영화들은 그들의 환상에 구체적인 형상을 부여한다. 천국에서 부활하는 이들의 육체적인 성격에 관한 그리스도교 초창기의 논쟁들도 여성을 그 자체로서 제거하려는 그와 같은 근심을 보여 준다. 천사들의 성별에 관한 논전 이후에 최후의 심판에 이어 여성들의 성에 관한 논전이 생긴다. 죽은 자가 부활할 때는 우리 머리에 머리카락 한 올도 부족하지 않을 것이라고 씌어 있는 한, 여성들의 육체 또한 그와 같은 완전함 속에서 되살아나야 할 것이다. 그렇지만 오리게네스는 여성들이 남성의 형태로 다시 부활한다는 가설을 내세운다. 성 아우구스티누스는 《신국》에서 그 문제를 검토한다. 그에게 여성들은 그들의 여성적 형태를 다시 걸치지만, 천국에서는 생각도 할 수 없는 **리비도**와 음란함은 없다. 그러므로 천국에는 두 개의 성이 있지만 섹스는 없는 것이고, 여성들은 원죄 이전의 동물들만큼이나 해롭지 않게 될 것이다…….

사실 여성이라는 성의 이름으로 한 집단 제거는 비록 명백하게 말해지지는 않았다 하더라도 마녀 사냥 때에 구체적으로 행해진다. 지난 몇 년 동안에는 회상의 의무와 관련된 기념제들이 늘어나고, 다양한 뉘우침과 회개가 표현되는 것을 볼 수 있었다. 그러나 우리는 특히 진정한 여성 학살과 그것의 폭이 어떠했는지를 잊었던 것 같다. 우선은 그것의 지속 기간부터. 14세기부터 17세기까지 4세기 동안 계속된다. 곧이어 그것의 지리적 면적. 그것은 온 유럽과 심지어 살렘 마법사들의 뒤늦은 소송과 함께 미국에까지 관련되고, 개신교도들은 마법에 관해서는 가톨릭교도들보다 더 관대하지 않은 것이 명백하다. 그러나 일반적으로 엄폐되어 있는 것은 모든 여성들, 심지어 장작더미 위에서 죽지 않은 이들까지도 희생자들이었다는 사실이다.

사실 잠재적인 마녀로 여겨진 모든 여성이 단순한 밀고나 소문의 작용으로 실제 마녀가 될 수 있던 그 시절에 세력을 떨쳤음이 틀림없는 혐의와 공포의 풍토를 상상해야 한다. 몇 가지 예외를 제외하고, 오늘날의 역사학자들은 마녀가 조직적인 야연(夜宴)을 믿던 미슐레(만일 그것이 수확물이나 가축에 대한 불길한 힘에 속하지 않는다면)가 일종의 이상형을 세운 기존 질서에 대한 '반역자'가 아니었다는 점을 입증했다. 그러나 역사학자들이 기록하지 않은 것은 그 시대의 의학자들, 법률가들, 종교재판소 판사들, 귀신 연구가들(J. 바이어·J. 보댕·보디게·P. 드 랑크르·H. 앵스티토리스·J. 슈프링거 등)이 여성들의 '우울증'을 주장한 방식이고, 그들이 볼 때는 심지어 그로 인해 여성들이 그 모든 악의 경향을 갖게 된(이상한 결론이다!) 그 성별을 갖고 있는 것이다. 그런데 분명 실질적으로 보였던 그 우울증은 차라리 당시에 소송을 통해 무죄를 밝힐 희망도 없이 어느 날 갑자기 마녀로 몰려 기소될지 모를 모든 여성의 두려움을 증명하는 것이 아닐까? 일단 체포되어 '정체가 폭로된' 마녀는 종교재판소 판사들이 분명 지킬 의도도 없이 목숨을 살려 주겠다며 권하는 약속에도 불구하고, 결국은 화형 장작더미로 인도하는 고백을 얻어내기 위한 고문을 받는다. 대개는 억지로 얻어내기 힘든 고백이다. 그 이유는 말할 필요도 없다! 그래서 마녀는 '과묵한 마법'이라는 비난을 받는 반면, 대개 사람들은 여성들의 병적인 수다를 비난하여 당시 일부 남편들은 성녀 바비유에게 아내를 위해 **침묵**의 띠를 달라고 애원하기도 했다!

역사학자들에 의하면 마법으로 고발된 피고들 중에는 여성들이 약 80퍼센트에 달했다. 당시에 가장 탄압이 심했던 종교재판소 판사들, 의학자들 그리고 법률가들은 그 수적인 우세(법률가들은 마녀 10명에 대해 남자 마법사 1명의 비율을, 보댕은 50명에 대해 1명의 비율을 냈다)에 대한 설명으로 여성의 본성을 가리키며, 심지어 그로 인해 그 '종족'이 목표가 되는 것이라고 입증했다. 약하고, 상처받기 쉽고, 무기력하고, 감수성이 강한 여성은 남색마[여자 마녀와 성교하는 남성 악마]들과 결합하려는 유혹을 더 많이 받는다. 물론 그런 여성은 그 조약에서 자신들의 적들에게 복수할 수 있는 불길한 위력을 얻지만, 그것이 본질은 아니다. 우선 모든 반대론에 앞서 단속관들의 눈살을 찌푸리게 하는 것은 쾌락의 욕망이다. 남성들은 기꺼이 악마들(이 경우에는 여색마가 된다)에게 몸을 맡기지 않는다. "그런 내통은 남성이 여성보다 우월하다는 이성의 힘으로 인해 몹시 혐오감을 일으키기 때문"[60]이라고 종교재판소 판사들인 앵스티토리스와 슈프링거는 설명한다. 보댕은 한걸음 더 나아간다. 사탄과 여성들의 조약의 기원은 그들에게 변명거리를 줄 수 있는 나약함이 아니라 오히려 '그들의 짐승 같은 탐욕'[61]이라는 것이다. 모든 여성은 이미 본성적으로 마녀이다. 그 본성이 음탕하고, 곧 동물적이기 때문이다. 그래서 악마는 다른 어떤 동물에게나 마찬가지로 그들에게 기거하고, 그러면 마녀들은 동물로 변신할 수 있게 된다. 고양이, 뱀, 두꺼비…….

그렇다면 악마가 마법을 행하기 위해 여성을 거쳐야만 하는 이유를 생각해 볼 수 있지 않을까? 악마들만큼이나 이미 악과 동일시되어 있는 여성들을 만드는 것이 더욱 간단하지 않았을까? 중세에 아버지와 동시에 어머니가 되고자 하는 이들에 대해 남성성을 수호하는 교회의 신은 그에 대항하여 마녀를 만들어야 하지 않았을까? 중세에 사탄은 이따금 두세 개의 가슴을 가진 것으로 표현되지만 전체적으로는 여전히 남성이다. 프로이트는 '17세기의 신경증'에서 사례를 연구하는 남성이 갖고 있는 가슴 달린 악마에 대한 시각을 견디지 못한다. "뱀과 같은 거대한 페니스"를 가진 "거대하고 강력한 인물인 악마를, 지옥의 주인이자 신의 적인 그를 남성과 달리 표현하는 것 같지는 않다."[62]

우리는 어쩌면 거기에서 성별로서의 여성에 대한 마녀 사냥이라는, 극단적인 움직임의 수수께끼에 관한 열쇠를 언급하고 있는지 모른다. 즉 지배 담론에서 여성과 힘 사이의 도저히 돌이킬 수 없는 부조화가 그것이다. 그리고 만일 사탄이 불길한 것이라 해도 힘을 표현한다면, 여성은 악마가 될 수 없고 기껏해야 그 힘의 약간의 조각이라도 얻기 위해 악마와 결합할 수 있을 뿐이다. 그리고 여성과 힘을 분리해야 한다면, 그것은 아마도 당시에 남성들이 여성들의 잠재적인 힘을 두려워하기 시작한 때문일 것이다. 우리가 볼 때에는 겉보기에 대수롭지 않은 짧은 문구 하나가 《마녀의 망치》 전체를 잘 보여 주는 듯하다. "요즘 시대는 '여성의 시대'이다"[63]라며 우리의 종교재판소 판사들은 그들의 규범들을 상술하기 전에 탄식한다.

사실 조직화된 무리도 아니고, 성에 대한 의식을 가지고 있는 것도 아닌 여성들은 자신의 존재를 뚜렷이 나타낸다. 종교적인 측면에서 여성들은 자립과 교회 안에서의 표현의 자유(15세기 탁발수도회의 3분의 1이 여성이다)를 요구했고, 크리스틴 드 시엔이나 브리지트 드 쉬에드와 함께 예언 운동의 출현은 자신들의 독점권을 염려하는 성직자들을 불안케 한다. 여성들은 정치 무대의 전면을 차지하고 '여인천하'에 대한 두려움을 양성한다. 칼뱅주의자 존 녹스는 메리 튜더 · 메리 스튜

어트 그리고 카트린 드 메디시스의 통치하에 살았고, 1558년에는 그들의 통치를 자연에 반한다는 의미에서 '괴물 같다'고 평가한다.[64] 따라서 너무도 자주 대립되었던 교권과 속권은 마녀 탄압의 판결 집행을 민권에 넘기며, 피를 쏟을 수 없는 교회라는 관련된 부분을 갖게 된다.

끝으로 역사학자들이 분석한 바에 의하면, 대부분 농사를 짓던 유럽의 마을에서는 남편의 활동을 보완하는 활동을 해 가정에 틀어박혀만 있지 않은, 생산자로서의 여성의 지위 자체가 심오한 변화의 시대를 맞아 재검토된다. R. 무켐베드에 의하면 "따라서 사형에 처해진 마녀는 역사학자에게 마을에서의 여성 조건의 평가절하의 문제를 제기한다." 이제부터 "당대의 사회적 그리고 정치적 엘리트들의 의지"는 "들판에서 남성적인 힘이 승리를 거두게 하는 것"[65]이다. 산업화와 자본주의 체계로의 이행이 이전에 존재하던 조화를 깼을 것이다. 여성들이 경제적·사회적·정치적 권력의 위치를 점유하고 있던 중세 말엽과 르네상스 시대의 그 중대한 시기에 르네 지라르가 암시하는 바와 같이 "문화 질서를 규정하는 법칙들과 '차이들'의 종말"[66]인 사회 문제 자체의 근본적인 파멸, 거대한 집단 박해를 일으키는 위기의 특성들이 있지 않았을까? 그리고 본질적인 차이인 성의 차이가 있지 않았을까?

라블레·몽테뉴·보댕·티에르 신부 등에 의하면, 어쩌면 남성의 상상이 과장한 그와 같은 여성들의 힘의 상승은 상당히 약해진 남성들의 성적 능력에 타격을 입히고, 당시 남성들을 억제했는지도 모른다. J. 들뤼모에 의하면, 그 남성 '불감증'은 "선교사들과 귀신 연구가들의 여권 신장 반대 담론"[67]을 통해 야기되었을 수도 있다. 다소 간략한 설명이다. 그 강론들은 오히려 이미 존재하는 현상 중에서 여성들에게 책임을 지우려는 노력을 상기시킨다. 만일 남성들이 자신들의 입장에서의 어떤 부족을 인식하지 못했다면 무엇 때문에 악마와 마녀라는 괴물 같은 결합을 꾸며냈을까? 어째서 중세에 말하던 것처럼 '이름 모를 괴상한 물건'이 남성들에게 쓸모없어졌을 때, 여성들의 만족할 줄 모르는 욕구를 통렬히 공격한 것일까? 짐승은 언제나 인간 남성을 이룰 수 없는 것 속에 있다. 그리고 왜 '쇠붙이 마술'이 마녀들에 대해 가장 빈번한 기소장의 소인인 것일까? 쇠붙이는 끈, 다시 말해서 바스크 지방의 종교재판소 판사 피에르 드 랑크르의 말에 의하면 '사탄의 노끈'으로서 마녀가 결혼식 동안 신랑이 모르게 그것으로 묶어 놓아, 《마녀의 망치》에 의하면 "번식력 있는 결합에 필요한 부위의 발기"[68]를 방해하여 흔한 일은 아니지만 이따금 불임 여성들에게도 영향을 미칠 수 있었다고 한다. E. 르 루아 라뒤리는 "사회적 그리고 지리학적으로…… 폭넓게 입증"되었다고 상기시키는 쇠붙이 공포는 마침내 거세될 것을 두려워하는 이를 성교 불능으로 사로잡고, 역사학자들(남성들!)은 그것에 대한 설명을 간파하기에는 다소 속수무책이다. "그 불안은 어떤 심오한 심리학적 여건에 해당되었을까? 나는 그 질문에 대답할 수 없음을 느낀다"[69]고 E. 르 루아 라뒤리는 털어놓는다. 그런데 그와 같은 기능 억제들은 여성들의 힘의 상승에 대한 두려움만이 아니라, 무엇보다도 대단히 남성적인 논리로 힘이 역전되어 남성들이 여성들의 자리에 놓일지 모른다는 생각에서 그 근원을 찾을 수 있을 것이다. 어쨌거나 남성들이 마녀들에게 복수를 한 것은 사실이고, 이제 거세 콤플렉스를 갖고 악마의 중재가 아니라 과학의 중재로 여성들을 무력하게 만들려 했던 것도 그들이다.

1682년 칙령은 마법의 사실들을 삭제한다. 마녀는 사라진다. 여성은 종교재판소 판사들의 손에서 의학자들의 손으로 넘겨진다. 그러자 여성은 가두어야 하는 히스테리 환자가 된다. 책임감을 상실한 히스테리 환자로부터 사람들은 마녀에게 인정했던 그 영혼을 빼앗았다.

비록 그 영혼이 마녀를 고문과 죽음으로 이끌어야 했더라도. 여성은 물론 거기에서 생명을 얻었지만, 이제부터는 그리스도교 종교 제물에서 제외된 동물의 경우와 마찬가지로 여성의 상징적 지위는 더욱 떨어진다.

종교 재판에 관해서 말하자면, 그것은 역사에서 완전히 넘겨진 페이지인가? 여성들이 1936-45년 사이에 25만 명의 아기들을 공급했던 나치의 **생명의 샘**(lebensborn)에서이든, 아니면 보다 최근에는 여성들이 이슬람교도이기 때문이 아니라 어린 세르비아인들을 만들어 내기 위한 종축들이기 때문에 감금되었던 옛 유고슬라비아 수용소에서 짐승들에게 걸맞은 집단적인 취급을 받은 것은 분명 여성으로서이다. 다른 한편으로 여성이 더 이상은 마녀로 밀고될 두려움 속에 살지 않는다 해도 여성에게는 잠재하고 있는 불안이 영원히 깃들여 있다. 남성과 공식적으로 평등한 지위에도 불구하고 여성은 여성이라는 성 때문에 여전히 남성들의 잠재적인 희생자로 남아 있다. 모든 사회 환경에서의 강간·야만성·근친상간의 수치는 증가하고 있다. 그 범죄들은 이제 과감하게 그것을 '고백'하는 희생자들을 통해 더욱 쉽게 신고되기 때문이다. 국제 공동체는 그 상황을 법적으로 인정했다. 특히 **UNO**(국제연합기구)의 두 글, 1979년의 《여성들에 대한 모든 형태의 차별 제거 협정》과 1993년의 《여성들에 대한 폭력 제거에 대하여》에서,[70] 이 자료들은 한 여성이 여성이기 때문에 처하는 위험이 언제나 도사리고 있다는 사실을 입증한다. 끝으로 종교 재판은 20세기 전체주의 체제들에서 여성들과 다른 범주의 개체들에게 사용된 방법들의 모델 구실을 했다. 밀고·고문·자백·전멸…… 그리고 이 세번째 천년의 벽두에서 그 수법들은 옛 유고슬라비아에서든, 아니면 체체니아에서든 그 경우들만 예를 들어도 여전히 활용되고 있다.

그러나 여성은 그들이 가진 성으로 인해 단순히 잠재적인 공격 대상이 될 뿐만 아니라, 여성을 가두는 우리를 금빛으로 칠하려 애쓰면서 여성의 복종을 얻어내려는 남성에 의해 길들여지기도 한다. 19세기만 해도 그다지 악마적인 존재로 평가되지 않았던 여성은, 유토피아를 꿈꾸는 사회주의자 카베나 프루동에 의해 가정의 여신으로 승격되고, 심지어 A. 콩트에 의해서는 인류 그 자체의 화신이 되어 가정에 남아 있는 여성이 없다 해도 숭배될 수 있다……. 발자크는 다소 냉소적으로 상황을 이렇게 요약한다. "여자는 왕위에 앉힐 줄도 알아야 하는 노예이다."[71] 그 신성함의 숭배는 사실 여전히 언어적이다. 실상 여성은 보조동물의 지위로 격하되었기 때문이다. 이성의 논지들이 속도를 잃은 종교 관행들을 대신한다. 최근 시대까지 법과 사상가들의 논증은 여성들이 노동과 정치의 공적인 영역을 향해 달아나지 못하도록 하는 가장 확실한 수단인 가정으로의 유배에 공헌한다. 19세기는 새로운 신인 과학의 후원을 빌려 그 영역에서 유독 장황해진다.

온 유럽과 이후에 그 너머에서까지 모델이 된 1804년의 민법전은 예전의 관습법에 비해 눈에 띄는 퇴행을 이루었다. 기혼녀의 무능력, 복종의 의무, 구직 허가증 등. 1838년 《여성신문》은 다음과 같이 확인한다. "여성들은 구체제 때 이상으로 모든 권리들을 박탈당했다."[72] 여성은 아버지에 의해 남편에게 팔려가 남편이 마음대로 사용할 수 있게 된 남성의 소유물이라고 푸리에·르루 그리고 오귀스트 콩트는 비판한다. 그러나 오늘날에는 완전히 구식이 되었을 뿐만 아니라, 무수한 글에서 분석된 나폴레옹 법전의 항목들을 넘어 우리에게 의미심장하게 여겨지는 것은 그 조처들의 새로운 정당화이다. 여성은 논쟁의 시각인 소유주가 마음대로 사용하는 대상으로서가 아니라 남성들의 보호를 필요로 하는 나약한 생명체로서 간주된다. 그 동물은 타고난 허약함에 위탁된다. 따라서 남성들은 그 피조물들에 대해 보호받는 종족의 이익을 위해서만이 아니라, 여성은 무엇보다도 자궁을 갖고 있으므로 인간의 이익인 생식 보존을 위해서 후견을 맡는다.

그러므로 인류의 운명과 관련된 운명을 가진 여성 자신의 관심 속에서, 여성을 동물원에 집어넣거나 가정으로 쫓아보내서 공적인 공간인 노동의 세계와 정치권에 접근하지 못하도록 차단해야 한다.

엄밀히 말해 노동 문제의 상위 부분에는 우선적으로 딸들의 교육문제가 제기된다. 분명 여성이 직업을 가져선 안 된다면 교육은 거의 쓸모가 없을 것이다. 그러나 사정은 그런 식으로 일컬어지지 않는다. 모든 보호 담론은 19세기에 교육이 여성의 번식이라는 동물적 기능과 여성의 건강에 해롭다는 사실을 간략하게 보여 주려 애쓴다. 신체와 정신 사이의 관계에 의해 "생식기는 더 많은 용량을 획득하고, 그뒤에는 뇌수 체계가 가장 제한되어 있는 존재들에게서 더욱 풍부한 번식력을 개발한다"[73]고 의학자 비리는 설명한다. 가장 우둔한 동물인물고기는 가장 번식력이 강하기도 하다……. 비리는 다시 설명하기를 "자기 자신을 위해서가 아니라 종의 증가를 위해 사는" 여성은 인류의 생존을 위해 작은 뇌를 갖고 있을 뿐만 아니라 그래야 마땅하다. 그러므로 여성은 자신의 두뇌 활동에 특권을 주어서는 안 된다. 1801년 딸들에게 읽는 법을 가르치는 것을 금지하기 위해 정부 제출 법률안을 제시했던 바뵈프주의자 실뱅 마레샬은, 언어를 배우려고 시도했다가 사망한 한 소녀의 비장한 사례를 언급하기도 한다…….

우리는 여전히 그런 각도에서 여성 노동에 관한 최초의 법들을 분석할 수 있다. 쥘 시몽은 1890년의 노동 입법에 관한 국제협회에서 '인류의 보다 나은 이익을 위해'[74] 출산 휴가를 요구한다. 이와 같은 보호가 필요한 것은 여성 노동의 현실을 고려하지 않을 수가 없어서이지만, 전체적으로 여성 노동은 여전히 그다지 환영받지 못하고 있는 상태이다. 진정한 여성은 일을 하지 않고, 심지어 프랑스에서 프루동의 영향을 강하게 받았던 19세기 노동자들에게도 이상형은 아내가 가정에 남아 있는 것이다. 그 무정부주의자에 의하면, 아내가 가정에서 벗어나 고용주에게서 임금을 받는 것은 매춘부 같은 처신이다. 그녀는 사실 남편의 '영원한 피부양자'로 남아야 하는데도 한 남자에게서 돈을 받는 공창(公娼)이 된 것이다. A. 콩트에 의하면 **"남성은 여성을 부양해야 한다. 그렇게 하는 것이 감정적인 성별을 가진 본질적으로 가정적인 존재와 조화를 이루는 우리 종족의 자연 법칙이다."**[75] 노동은 남성, 다시 말하면 남성이라는 완전한 인간의 속성이다. 여성이 활동해야 하는 곳은 가정이다.

고대에 인간의 속성이 일하지 않는 것이었을 때 여성은 일을 했다. 그러나 노동이 우리가 위에서 서술했던 진보에 의해 인류학적인 범주가 되자 여성은 일을 그만두고 있다……. 내내 같은 일들을 하면서도 말이다! 가정에서 여성은 아무 일도 하지 않고 빈둥대서는 안 되기 때문이다. 남성은 여성이 팔짱 끼고 가만히 있으면 보호해 주지 않을 테니까! 여성은 애완동물(그리고 프루동은 끊임없이 들볶이는 남편에게 무슨 동반자냐고 생각한다)이 아니다. 프루동에 의하면 여성은 오히려 남편에게 좋은 비프스테이크를 구워 주도록 되어 있고, 푸리에의 빈정대는 표현에 의하면 '낡은 바지를 다시 깁는' 보조동물과 흡사하다. 여성의 가사노동은 더 이상 암소나 만마(輓馬)의 노동 같은 것처럼 부기로 표시되지 않는다. 게다가 한 여성을 집에 전념하게 하는 것은 그녀가 집에서 나갈 생각을 하지 못하게 하는 가장 좋은 방법이다.

이 모든 것은 과거라고, 거의 우스꽝스럽기까지 한 과거라고 말할지도 모른다. 그러나 과연 사태가 그렇게 근본적으로 바뀌었을까? 실업 시기에 사람들은 마치 남성이 우선적으로 일자리를 가져야 하고, 그 다음으로 여성은 혹시 자리가 남을 경우에나 일하는 것이라고 여성의 노동을 비난한다. 임금의 불평등, 고위직 여성의 부재는 여성들의 능력 부족 탓으로 돌려지는데, 그 무능력은 더 이상 변함없는 자연 현상이 아닌 그들의 경험 부족에서 기인한 과도적인 문화 현상의 탓으로 돌려진다는 차이가 있다. 그러나 이따금 자연이 다시 찾아오기도 한다. 조사 결과 20대 청년들은 만일 재정적으로 가능하다면 여성이 있을 곳은 집이며, 여성의 자연스런 기능은 아이들을 기르는 것이라고 생각하고 있음을 보여 준다.

사상가들의 교묘한 솜씨는 여성들로 하여금 그들의 남성적인 이데올로기를 받아들이게 하는 데에 있다. "겸손은 배운 것을 너무 빨리 잊지 않는 것"이고, 우리는 "인간적인 것과 남성적인 것의 1천 년 전부터의 혼합"[76]물을 그렇게 쉽게 떨쳐 버릴 수는 없다고 A. 모그는 적고 있다. 일을 하는 여성들은 따라서 불가능한 '슈퍼우먼'이 되어 직업과 함께 가사노동과 자녀 교육을 양립하려고 애쓰는 반면, 대신에 집안일에서 남성들의 참여에 대해서는 그다지 강압적인 태도를 보이지 않는다. 또한 A. 모그는 이렇게 기록하고 있다. "그 고집스런 겸손의 학습으로부터 페미니스트들 자신이 가장 해방되기 힘들어하는 것으로 보이고, 그렇기 때문에 그들은 역설적이게도 이중의 나날을 보내고 이중의 일을 할 권리를 위해 투쟁하게 된 것이다."[77] ……우선권이 있다면 그것은 가족이 될 것이다. S. 아가쟁스키는 다음과 같이 분명하게 진술한다. "아이를 키우는 데 전념하는 것은, 내게는 일을 하는 것만큼 중요한 일인 듯하다."[78] 그러나 그것은 물론…… 아버지에게도 마찬가지이다!

어찌되었든 여성들은 비록 그들에게 최상의 조건에서는 아니라 하더라도 노동의 세계를 침범(30년 전 활동 인구의 34퍼센트에 비해 44.5

퍼센트의 여성들[79])했다. 남성들이 집착하고 있는 보루이며, 여전히 보다 공적인 마지막 공간은 역시 정치권이다. 정치 생활에서 여성들의 배척은 사실 오늘날 역할들의 성적 구조를 지닌 분배에서 가장 눈에 띄는 양상이다. 동등함에 대한 최근의 토론들에서 특히 폭넓게 고발된[80] 그와 같은 배척을 토대로 고대 민주주의가 세워졌고, 심지어 북유럽에서 가장 앞선 국가들에서조차 정치 권력의 여성 참여가 남성들과 공평한 민주주의는 현재 어디에도 존재하지 않는다.

정치에 여성들의 접근을 금지하거나 후보들을 낙선시키기 위해 남성 사상가들이 활용한 무기는 놀라울 정도이다. 이는 우리를 필연적 귀결처럼 자연 법칙에 따라 무엇보다도 어머니인 여성들을 위해 가정의 소환이라는 다소 명백한 바람과 함께 어쩔 수 없이 인간의 속성, 그러니까 여성의 보다 덜 인간적인 속성으로 다시 데려간다.

콩도르세는 생물학과 관련된 동기들에 관해 여성들을 의회로부터 떼어 놓으려 하면서 모든 논지들을 반박했다. 그는 다른 것들 중에서도 끊임없이 핑계로 주장되는 여성들의 육체적 불편과 임신을 많은 의원들이 근무를 감당할 수 없게 만드는 통풍과 비교한다. 르루는 1851년 국민의회에서 비록 시 단위이기는 해도 여성들을 위한 투표권을 획득하려는 희망으로 콩도르세의 논증을 비난하지만 좌초되고 만다.

그러나 남성들이 주장하는 것 역시 그들의 본성이다. 사회생물학자들은 우리에게 남성들은 다른 모든 동물 수컷들과 마찬가지로 지배자들이고 보다 호전적인 반면 여성은 '소극적'이라고 말한다. 이는 이미 아리스토텔레스가 수컷과 암컷 뼈오징어들 사이의 비교를 통해 기록하였고, 인간들은 보다 완성된 존재들이기 때문에 인간들에게서 더욱 명백하게 여겨진다고 한 태도이다.[81] 남성들은 권력의 분배나 혹은 정치, 달리 말하면 지배의 공평한 참여를 생각지 않고 있다. 그들은 여성들의 정치 접근이 힘의 역전을 의미하여, 여성들이 권력을 빼앗아 이번에는 그들이 남성들을 정복하고 동물화시킬까봐 두려워한다. 그들이 정치적인 것을 세우는 지배는 스스로는 원하지 않는 피지배자들을 요구한다. 순수하게 그리고 단순하게 여성들에게 자리를 빼앗길까봐 걱정하는 남성들의 강박관념을 해석하는 그 깊은 오해는 J. 보댕의 기본 저서《국가론》에도 나와 있다. 그 텍스트에서 우리는 무엇보다도 군주론을 기억하고 다음장들은 무시한다. 그런데 보댕은 난해한 용어들로 그가 남성적일 수밖에 없다고 입증한 칭호인 주권이 만일 여성들의 손에 떨어져 모든 재난의 기원이자 클레오파트라의 통치와 같은 일부 통치들이 좋은 실례를 제공한 '여성 정치'에 자리를 내준다면 어떤 일이 생길지를 묘사한다.

끝으로 무시할 수 없는 것은, 남성들이 아내가 너무 자주 가정 밖으로 나가 보조동물로서의 임무를 등한시할까봐 두려워하고 있다는 사실이다. G. 상드의 불확실한 아카데미 프랑세즈 입회에 대해, 바르베 도르비이는 곧 남성들이 오이절임에 잼이나 만들게 될 시대가 올 것이라고 예견했고, 제1·2차 세계대전 사이에 프랑스 상원의원들은 자신들의 양말 수선을 염려했다. 그러자 여성들은 상원에서 여성 참정권에 관한 법을 심의하던 날(표결에 붙여지지는 않는다) 뤽상부르 궁의 정문에서 상원의원들에게 새 양말을 주면서 반격한다.

이렇듯 성의 평등을 위해 남성들 자신들에게서 나오는 점점 더 많아지는 변호에도 불구하고, 여성들은 오늘날에도 만일 그것이 지배 담론에서 공공연하게 남성의 집단 상상 속에 있지 않다면 여전히 보노보(영장류 원숭이들 중에서 가장 영리하다고 밝혀졌다)와 인간 남성 사이의 매개자인 그 기묘한 존재로 남아 있다. A. 푸케가 했듯이 반론을 내세울 것까지도 없이 여성들에게 부여된 거세 콤플렉스에서 남성들의 '자궁의 욕망'은 그들이 인간의 출산이라는 가장 인간적인 산물을 낳지 않기 때문에, 수 세기 동안 남성들이 여성들에게 생식에서의 모든 역할을 거부하기 때문에, 과학에 모든 희망을 걸어도 아이를 낳을 수 있는 가능성을 갖지 못하자 남녀 양성의 세계를 상상하기 때문이 아닐까? 남성은 자궁이 없기 때문에 상징적으로 여성을 창조하여, 우리가 앞서 보았던 것처럼 인간의 형체를 띤 동물적인 속성에서 대거 가져온 모든 특징들을 입혀 놓았다. 그러나 교육의 권리와 법률을 제정하는 대단히 잠재적인 권리 등 여성에게 점점 더 많은 권리를 양도하면서 남성은 자신의 의도와 상관 없이 여성을 인간으로 끌어올려 주었고, S. 큐브릭의 《2001년 스페이스 오디세이》에 나오는 컴퓨터처럼 그 피조물이 자율권을 얻어 남성에게 대항할까 두려워한다. 그래서 토크빌에게는 민주주의가 그랬던 것처럼 불가피한 성의 평등을 향해 운동을 시작하지 않는 퇴행이 생긴다. 그러나 무엇 하나 남성 인류를 위협하지 않을 평등이니 그들은 안심해도 좋을 것이다!

* * *

여성들이 인류 한가운데에서 모든 인간들의 평등을 위한 투쟁의 제일선에 있다 한들 놀랄 만한 일도 아니다. 마찬가지로 미국에서의 최초 여성 운동은 우선 흑인 노예에 대한 투쟁이었다. 여성차별주의는 종종 간략하게 인종차별주의와 어깨를 나란히 한다. 게다가 인종 이론가들의 분류에서 유럽인이 아닌 열등한 민족들은 여성적인 존재들로 정의된다. 19세기의 기사 울리히 폰 휴터가 표현하는 '여성 같은 민족'은 "나약하고 감정도, 용기도, 미덕도 없는 무리"[82]이다. 동물원은 넓어지고, 인류는 좁아진다. 인간에 접근하기 위해서는 남성이 되어야 하는 것으로도 모자라 백인이 되어야 바람직하기 때문이다.

2. 야만인들

고대 야만인(바르바르)은 그리스어를 하지 못하는 인간이다. 그 용어 구성이 가리키듯 야만인은 말을 더듬거린다. 〔barbare에는 '어법에 어긋나는'의 뜻이 있다.〕 야만인은 일부 동물들을 본뜬 발성 기관을 갖고 있지만 알아들을 수 없는 소리들을 낼 뿐이다. 그리스인들로서는 이해할 수 없는 그 말들은 아무 의미도 없는 것으로, 그러니까 이성이 없는 존재로부터 발산되는 것으로 선언된다. 이성은 인간의 속성이다. 야만인은 진정한 인간이 아니고, 일반 명사로 변형된 그 단어는 야만성과 짐승 같은 성질의 동의어가 된다.

야만족들은 유럽 언어를 말하지 못할 뿐만 아니라, 때로는 서양인들과 다른 신체와 풍습을 갖고 있는 새로운 민족들이 발견됨에 따라 그 수가 더 늘어난다. 그래서 그들을 평가하고 판단하는 이는 유럽의 백인 남성이고, 때로는 헤겔의 생각처럼 얼굴의 부각이 '정신의 표현'을 드러내는 이상적인 그리스인의 얼굴이다. 누구든 이로부터 멀어지는 자는 동물성에 가까워지는 것이다. 비리는 1805년 당시의 지배적인 사상을 이렇게 요약하고 있다. "자신의 지성으로 세계 제국을 밝히고, 자신의 가치로 그것을 길들일 줄 아는 고귀한 운명을 가졌다고 불리는 유럽인은 탁월한 인간이고 인류의 우두머리이다. 다른 이들인 비천한 야만인들의 무리는, 말하자면 태아에 지나지 않는 셈이다.[83]

우리는 우리가 앞서 확인했던 동물의 지위 하락과 병행하여 비유럽 민족 그룹들의 증가하는 동물화를 목격한다. 익명의 개인들에게는 정신성이 거부되어 결여 상태이기 때문에, 동물 종족처럼 정신 태도를 설명하고 결정짓는다고 여겨지는 신체적 특징들로 정의되는 종족에 속해 있으므로 집단적으로 이해된다. 19세기에 '반(反)개인주의' 인종 차별주의의 출현을 준비하는 전체적 접근에서 개인은 인종의 지수에 지나지 않기 때문에 개별성은 인종 유형의 견본처럼 취급되고, 그 이름으로 부정되기도 한다. "하나를 보면 전부를 본 것이나 다름없다"는 말은 인종차별주의의 출현 이전에 많이 회자된 표현이다.[84]

서서히 진행되는 그 동물화의 과정에서는 여러 단계들이 체계적으로 구분될 수 있다. 처음 한동안 우리는 가장 '놀랄 만한' 신체적 특징들을 가진——곧 보겠지만, 대부분은 가상의——민족들을 인류로부터 내쫓지 않은 채 그들의 속성에 관해 자문한다. 그러다가 신세계들을 발견한 후에 르네상스부터 완벽성에 대한 생각을 장려하는 18세기에 정점을 이루어 이번에는 분명 실질적인 비유럽인 민족들은 완전한 인성을 갖지 못했다고 선언된다. 이는 원칙적으로는 그들이 인성에 도달하는 것이 금지되지 않았다는 뜻이다. 이따금 그들이 몇 세대에 걸쳐 탈색 등으로 인해 서서히 백색 인류에 접근할 수 있다는 점은 환경의 영향으로 설명된다……. 19세기초 라마르크는 그 잠재적인 '변형' 시간을 도저히 인식할 수도 없는 몇천 년으로 상당히 연장시킨다. 그러자 세번째 단계인 생물학적 주장은 어떤 '인종'의 신체적 그리고 정신적 특징들은 손으로 만질 수도 없는 유전적인 것이라고 선언하면서 한걸음 더 나아갔다. 이미 그 전에 함축적인 경멸의 대상이었고, 종종 동물 종족들과 비교되었던 비유럽인 미개인종 집단들은 그 초기 단계에서 멈추어졌다고 여겨진다. 그러니까 그들은 유일하게 완벽할 수 있는 인류의 밖에 '초보적'으로 남아 있는 것이다.

18세기를 표시하는 인류일원론과 인류다원론 논쟁은 백인종의 우월성에 대한 일반적인 확신을 뒤흔들지 못한다. 첫번째 이론은 모든 인종들에 대해 단 하나의 조상을 가정한다. 그 조상은 백인종일 것이고, 거기에서 멀어지는 이들은 그들의 퇴화의 산물들에 지나지 않을 것이다. 두번째 이론에서 인종들이 개별적인 기원을 갖고 있다는 것은 인종들을 더더욱 같은 수준으로 평가하지 않는다. 그들은 단순히 처음부터 불평등하다고 선언된 것이다. 게다가 창조주의자들로부터 거부된 다윈은 인간과 동물에게 공통된 조상을 가정하기에 거의 나을 것이 없다. 이와 같은 연속성은 우리가 보았다시피 인간의 특수성/우월성을 보존하기에 동물을 구원하지는 않았지만, 일부 인간 범주들을 잃을 우려가 있다. 그 연속된 점진은 사실 다윈으로 하여금 인류 내에서, 인간이든 동물이든 생명 세계의 다른 범주들의 비교 속에서 발산되는 새로운 구분들을 설립하게 한다. 그는 그렇듯, 특히 원숭이가 그렇긴 하지만 하나같이 동물의 전형적인 성향인 모방하는 기질을 갖고 있는 바보들, 원숭이들 혹은 야만족들을 마주 대한다. E. 드 퐁트네가 기록하는 것처럼 "정신병리학만이 인간과 동물 사이 중간 단계의 유일한 양성소를 이루지 않고, […] 인류학이 그것을 교대하여 야만의 혹은 미개한 민족들의 행동과 몸짓이 우수한 동물들과 거의 다를 바가 없는 한 이번에는 그들이 빠진 고리 역할을 한다."[85]

따라서 다른 이론들 속의 지시 대상은 여전히 짐승이다. 꽤나 역설적이게도 아리스토텔레스 종족들의 고정적 개념을 상기시키면서 동물화된 인종들의 특징이 확고하게 굳어지는 것은, 생물변이설과 그에 이어 반박의 여지가 없는 다윈론과 함께이다. 물론 오늘날에는 C. 기유맹과 더불어 "'인종'은 지각과 인식의 무의식적인 기지 사항이 아니고," "그 모든 것들이 본래 생물학적인 현상들이라는 칙령 아래 재결성되고 동질화"되어 "'인종'이라고 명명된" 다양한 요소들에서부터 "서서히 수립된 생각"[86]이라는 사실을 인정한다. 인종적 결론들은 오늘날 인종차별이 형법상 기소될 만큼 만장일치로 배척되듯이 공식

적으로 잘못된 것으로 선언된다.[87] 마찬가지로 카스토리아디스에 의
하면 '서구 정치 체제들의 부분적이고 상대적인 민주화'가 인종차별
적 상투적인 문구들과 태도들을 소멸시켰다고 말하는 것은 상당히
'유혹적'인 일일 테지만, 그런 생각은 그 철학자에게는 "심지어 20세
기에 일어났던 인종차별적이고 외국인을 혐오하는 야만성의 끔찍한
폭발은 놔두고라도" 여전히 받아들이기 힘든 것이다. 생물학이 완전
히 개화할 기회를 주기도 전에 존재했던 인종적 편견들, 연속적인 지
층들을 통해 서서히 확립된 낡은 전형들은 욕설들 속에 다시 나타나
고, 우리는 그 욕설들이 실상은 인종차별주의가 그 귀결에 불과한 집
단적인 표현들 속에 때로는 여러 세기를 지나 고정된 것에 대한 지식
없이는 어떤 영향을 미칠 수 있는지 잘 이해하지 못할 것이다.

　마찬가지로 대개는 이데올로기적인 담론 속에 가려진(심지어 르펜
〔프랑스의 극우파 정치지도자〕도 자신의 투사들에게 법에 저촉되지 않도
록 언어에 신중을 기할 것을 명한다) 동물의 개념들은 더 이상 세상의
끝에 있지 않고 경계 안에 놓인 이주민이 될 때 더욱 불안해지는 타자
의 태도와 대우를 지배한다. 따라서 우리는 초반부에서는 열등하다고
판단된 인종들의 동물화, 그 '세계 제국'인 백인 지배를 정당화하기 위
해 필수적인 것으로 드러나는 동물화 담론이 어떻게 다듬어졌는지를
보려 한다. 그리고 후반부에서는 길들일 수 있다고 판단됨에 따라 노
예 제도와 식민지화 혹은 어쩔 수 없을 만큼 위험하다고 판단됨에 따
라 배척이나 전멸로 그 짐승들에게 가해진 다른 대우들을 보려 한다.

다소 검은 짐승

피부색은 특히 살아 있는 사람을 분류하려는 광란에 사로잡힌, 18세

기부터는 정신적 장점들을 참조하는 다른 신체적 특징들과 짝지어진 서로 다른 인종들의 신호가 된다. 동물 종족들은 대단히 다양한 색을 띠는 반면, 백인은 인류에서 유일하지 않은가? 따라서 피부색은 흰색에 비해 섬세한 점감(漸減) 속에 인류의 척도를 제공한다.

그 색은 보기에는 타인의 지각과, 사르트르의 경우에는 다시 시선의 분석에 비추어 보기 위한 적응을 가능케 한다. 백인은 유색인들의 색을 인식할 수 있지만, 그 반대의 경우 백색은 색이 아니므로 그렇지 않다. 따라서 백인은 색이 없고, 그의 인성은 종잡을 수 없는 정신성과 혼동된다.

한 개인의 안색은 그의 고유 가치를 드러낸다고 여겨진다. 괴테는 《색채론》에서 언제나 문제의 개인들을 동물성에 결부시키는 경향이 있는 다른 신체적 구별들과 마찬가지로 "색은 성격의 차이와 관련될 수 없다"[88]고 말한다. 칸트에게 있어서 색은 가장 밝은 색에서 가장 짙은 색으로 가는 계급을 설명한다. "인류는 백인종과 함께 가장 위대한 완벽성에 도달한다. 인디언들은 이미 재능이 적다. 흑인들은 가장 낮은 곳에 놓인다."[89] 백인과 흑인 사이에는 변질된 흰색에서부터 '더러운 갈색,' 때로는 '누르스름한'(린네의 아시아인들), 그리고 심지어는 초록색(플리니우스에 의하면 인더스 강변에 있는) 혹은 붉은색(린네에 의하면 아메리카인들, 19세기 지리학자 E. 르클뤼를 통해 현실로 소개된 인디언들의 색)의 그 온갖 종족들이 놓인다. 그러나 우리는 고대부터 중세까지는 '괴물 민족들'에게 없었던 그 피부색과 다른 신체적 특징들의 범주가 점차적으로 드러났음을 보게 될 것이다. 인디언들과 완전히 백인이 아닌 이들에게 **귀납적으로** 적용되고 흑인들에게 주요한 그 범주는, 유대인들에 대해 문제를 제기하여 유대인들 역시 그들 못지않게 동물화된다.

세계가 제대로 알려지지 않았을 때, 고대인들은 세상의 끝에는 아주 이상한 특징들을 가진 미개민족들이 살고 있는 것으로 묘사했고, 중세에는 극단적인 경우로 과연 그들도 인류에 속하는지 자문하기까지 했다. 플리니우스가 《박물지》 7권에서 체계적으로 인용하여 소개했고, 이어서 3세기에는 지리학자 솔리누스가 인용한 헤로도토스의 묘사들은 10세기 동안 되풀이되다가 세비야의 이시도루스 혹은 9세기의 《괴물들에 관한 책》으로 이어진다. 가령 생 토메르의 랑베르가 쓴 《선문집》(1120)은, 플리니우스의 묘사들을 거의 원문 그대로 재현한 그 괴물민족들을 다음과 같이 열거한다. "인도에는 인간의 몸과 개의 얼굴을 가진 큐노스케팔레스들, 이마에 외눈이 달린 키클롭스들," 얼굴이 아랫입술로 덮인 아믹테르들이 살고 있다. 리비아의 아케팔레스들은 머리가 없고 "눈과 입이 가슴에 있다." 안티포드들은 발이 반대쪽으로 향해 있다. 스키티아의 파노테엥들은 귀가 너무 길어서 온몸을 덮을 지경이고, 에티오피아의 피에 동브르〔'발그림자' 라는 뜻〕 혹은 '스키오포드' 들은 성 아우구스티누스에 의하면 "여름마다 등을 대고 누워 발그림자를 만들기 때문"[90]에 그렇게 불리기도 한다. 그리스도교로 개종한 이슬람교도 아랍 여행자인 아프리카인 장 레옹은 어느 저서에서 그 분류를 다시 인용하는데, 16세기에 J. 보댕은 이를 놀랍다고 평가하고 프랑수아 1세의 지리학자는 스케치도 한다.

만일 플리니우스가 그 현상들이 터무니없으니 믿어선 안 된다고 선언했다면, 그것은 당시에 이미 그런 미개민족들의 존재에 대해 자문하고 있었기 때문이다. 《괴물들에 관한 책》의 서문에서 익명의 저자는 "지구상의 알지 못하는 지역, 사막, 대서양의 섬들, 그리고 가장 멀리 동떨어진 산간벽지에 살고 있다는 그렇게도 많은 괴물들"을 어느 정도로 신뢰할 수 있을지 자문한다. 그는 세인의 이목을 끌 만한 것에 대한 취향과 묘사들이 과장될 수 있음을 모르지 않는 것이다. "아연실색할 정도의 파장을 남기는 감언들로 세상에 두루 퍼진 그 전설 속에 진짜 근거가 있는지, 아니면 거짓 근거인지 입증할 방법은 없다."[91]

그러나 결국 그 괴물민족들의 실재는 그다지 중요하지 않다. 그들은 단 하나의 본질적인 질문을 제기할 방법을 제공한다. 아무리 있음직하지 않은 것들이라 할지라도 신체적 차이로 인한 기이한 존재들을 동물성으로 밀쳐내는 것을 허용하는가? 성 아우구스티누스는 그들에 대해서 신체 기형의 희생자들인 흉측한 개인들의 경우와 같은 대답으로 "존재한다고 하는 그 모든 인간 유형들을 믿을 필요는 없다"고 한다. 즉 모든 이성적인 존재는 인간이라는 것이다. 그러므로 "한 인간이 어디에서, 그리고 어떤 얼굴로 태어나든지 […], 그들의 신체 형태나 색이 우리 눈에 얼마나 이상하게 보이든지 […], 신자라면 어느 누구든 그 사람의 근원이 유일한 태초의 인간 모델일 거라는 점을 의심하지는 않을 것이다."[92]

따라서 신체적 면모 이상으로 월등한 것은 단연 이성의 범주이다. 9세기에 스칸디나비아에 복음을 전파할 사명으로 라트란 드 코르비가 랭베르 주교에게 보낸 편지는 그 이후에 더 이상 동의되지 않는, 신체적인 것에서부터 출발하는 모든 것에 대한 그와 같은 **선험적인** 경계를 잘 보여 준다. 라트란은 큐노스케팔레스들의 존재라는 현실적인 문제에서 멈추지 않고, 언제나 우리와 명백히 다른 존재들이 인간이나 동물 중에서 어떤 지위를 갖는지 알고자 한다. 그는 신체적 특징들을 넘어("그들의 머리 형태와 개와 비슷한 울부짖음"은 "그들이 인간보다는 동물들과 더욱 비슷하다는 사실을 보여 준다") 공동체와 따라서 법의 존재, 그 존재들의 정숙함, 그들이 동물들을 기른다는 사실(짐승은 짐승을 길들이지 않는다) 등이 인류의 속성을 표시하는 이성의 신호들이니 그들은 분명 인간들이라고 결론내린다.[93]

그 이상한 존재들은 우리가 점점 믿지 않고 있는 존재들이니 인류 속에 포함시키느냐 하는 문제는 그다지 중요치 않다. 어쨌든 아무도 그들과 접촉하지 않기 때문이다. 그렇지만 하물며 아메리카의 발견과 함께(프레보 사제의 증언에 의하면, 18세기까지만 해도 "아프리카는 아시아와 아메리카에 비해 거의 무시"[94]되고 있기 때문에) 유럽인들이 신체적으로 백인과 대단히 비슷한 실제 민족들과 대면케 되었을 때는 폭넓게 승인되는 아우구스티누스식의 해결책이 지배적이었을 것이 분명하다. 정확하게 말하자면 그들은 백인과 지나칠 정도로 비슷했다. 그러자 아우구스티누스가 그리고 중세까지만 해도 큐노스케팔레스와 다른 피에 동브르들을 이해할 수 있었던 인류의 대단히 관대한 정의(定義)가, 역설적이게도 그들이 더 이상 상상의 미개민족이 아니라 분명 실질적인 민족임을 알게 되자 오히려 좁아졌다. 반면에 인디언들의 경우, 접근 방식은 이성의 범주에 호소하기 때문에 여전히 성 아우구스티누스의 문제 제기의 연속성 위에 놓인다. 형이상학적인 태도를 보이는 인디언들의 영혼에 관한 토론은 사실 정치적이고 경제적인 목적을 엄폐하고 있다. 즉 인디언들이 우리에게 아무 짓도 하지 않았는데 그들과 전쟁을 할 수 있을까 하는 것이다.

과연 토마스 아퀴나스가 윤곽을 잡은 정당한 전쟁 교리의 표현을 따르면, 인디언들이 인간이 아니라는 사실을 입증하는 것 외에는 그들을 공격할 아무런 동기도 없었고, 설령 그렇다 해도 전쟁까지 거론할 이유는 되지 못했다. 그러다가 그 민족의 식인 풍습이 전쟁의 구실을 가져다 준다. C. 콜럼버스는 카리브 해에서, 코르테스는 아즈텍 사람들에게서 그와 같은 풍습을 발견하고, 유럽인들은 18세기에 이로쿼이어 인디언들에게서 혹은 19세기에 남태평양에서 식인 풍습을 발견하고 놀라게 된다. 그러자 인육을 먹는다는 금기의 위반은 그 미개민족의 동물성의 증거를 가져다 주고, 그들을 짐승들처럼 다루도록 허용한다. 식인 풍습의 법규 문제는 샤를 5세가 인디언들과 싸우는 것이 바른 일인지 알기 위해 정복을 중단할 만큼 커다란 규모를 갖는다. 라스 카사스가 세풀베다와 대립하는 것이 그 유명한 발라돌리드 논쟁이다. 진정한 인간들에 맞선 세풀베다에게 인디언들은 "간신히 인류의 흔적을 찾을 수 있는 하류 인간들"[95]에 불과한 반면, 라스 카사스는 식인 풍습의 사례를 실제 이하로 줄이고, 반대로 그 인간의 희생들이 종교적 가치가 있음을 입증하려고 애쓴다.

알다시피 정복은 계속 이어진다. 그러나 인디언들을 반은 동물이고 반은 악마적인 피조물들이라고 생각하는 원정 모험가들에 맞서서, 마침내 교회는 인디언들의 인간성을 수호하게 된다. 1637년 교황 바울로 3세는 교서 《수블리미스 데우스》(Sublimis Deus; 지극히 높으신 하나님)에서 그들을 '비천한 짐승들'로 다루지 말고 인간들로 다루라고 강경히 요구하고, 1636년의 르죄 신부의 말을 빌리자면 예수회 수사들은 캐나다 인디언들을 "몇몇 사람들의 의견이 몰아넣은 짐승의 조건"[96]으로부터 끄집어 내려고 애쓴다. 그리고 휴런족〔북미 휴런 호 동쪽의 토인〕들이 분명히 인간들임을 입증하기 위해 인류학적 차이점들이 검토된다. 정치적·사회적 조직, 근친상간의 금기 존중 등. 그러나 식인 풍습의 문제는 오랫동안 서구인들의 머릿속을 떠나지 않다가 18세기까지 이론가들의 뒤를 이은 법률학자들에 의해 규칙적으로 다루어지며, 인디언들이 백인을 먹지 않는 이상 그들의 회식 내용에 대해 자문할 필요가 없다는 결론에 도달한다…….

이성을 기준으로 삼는 방식은 차차 버려지고, 그때부터는 '외국' 민족들의 평가는 우리가 흑인들의 검토에 사용되었음을 보게 될 방법들의 연속성 위에서, 신체적 범주들에서부터 직접적으로 이루어진다. ("육체의 특성들로 정신의 자질을 평가[97]해서는 안 된다는 성 아우구스티누스에 비하면 이 무슨 퇴보인가!") 서양인은 아프리카인들의 경우에 비해 비슷하지 않은 점들이 한결 덜 강조되자 대단히 일반적인(그리고 분명히 주관적인) 미학적 범주에 의존한다. 그러자 그 민족의 동물성을 표시하는 것은 추함이다. 사람들은 더 이상 인디언들에게 그랬던 것처럼 이성에 대해서 우선적으로 자문하지 않지만, 이성의 부재는 그 추악함을 통해 저절로 드러난다. 도방통은 유럽인이 '아름다움의 모델'[98]이라고 상기시킨다. 비리는 "정신의 완벽성과 얼굴의 아름다움 사이에는 관계"가 있어서 "모든 추한 민족들이 다소 야만적인 것은 아름다움이 가장 개화된 국민들과 뗄 수 없는 동반자이기 때문"[99]이라고 결론짓는다. 관상학자 라바터에 의한 '안면 각도' 평가는 "가장 야만적인 추함에서 가장 이상적인 아름다움으로의 변화"[100]를 측정할 수 있게 한다. 추악함, 그것은 칸트가 자신의 《지리학》에서 묘사하는 그 모든 '원시' 민족들에게 공통된 정의이다.

아시아인들은 오래전에 알려졌고, 유럽인들이 그들과 교역을 했다는 범위 내에서 하나의 문제를 제기했다. 그런 조건들 속에서는 그들에게 인성을 거부하기가 힘들고, 적어도 그것의 상대적 가치를 인정해야 하는 것이다. 그러니까 그 '비천한 황인종 무리들'은 흑인들보다는 우월한 셈이다. 그렇다고는 해도 어찌되었든 그들은 흑인들과 추함과 원숭이 같은 태도를 공유한다. 16세기의 여행가 베르니에는 인종 분류에 관한 최초의 책인 그의 책에서 중국인들은 '돼지처럼 작은 눈'과 보잘것없는 키를 갖고 있다고 말하고, '흑인들'보다 요리에 있어서 훨씬 더 폭넓은 선택의 여지를 보여 주는데도 불구하고 그들의 '드문 폭식' 역시 비난하는 고비노에 의하면, 그들은 '모자란 수염' 때문에 '여성적인 외관'[101]을 갖고 있다. 그들에 따르면 중국 문명이 세계에서 가장 오래되었다고 말하는 것도 틀린 것이다. 그 사람들은 사건의 연대를 추정할 줄 모르니 역사를 갖고 있지 않다는 것이다…….

사실 저술가들이 덜 집착하는 편인 아시아인들은 19세기부터 식민지화된 민족들, 특히 신체적으로 그리고 지리적으로 유럽인들과 한결 더 가까운 민족들에게 총괄적으로 부여된 특징들을 나누어 갖는다. A. 멤미는 튀니지인들의 경우부터 식민지 피지배자의 초상을 그린다(지배자의 눈으로). 피지배자는 "우선 일련의 부정들로 이루어진다." 그들은 "이렇지도 **않고**, 저렇지도 **않다**. 그들은 결코 긍정적으로 고려되지 않는다." 만일 멤미가 동물화라는 용어가 아니라 인간성 상실이라는 용어만을 사용한다면, 유일하게 유효한 인간 모델인 서양인에 비해 결핍과 결여로써만 피지배자를 묘사하는 그의 방식은 우리가 I부에서 서술했던 '갖고 있지 않은 것'을 통한 동물의 정의와 맞물린다.

이렇듯 노동이 인간의 속성이자 가장 앞선 산업국가들에서 최고의 가치라면, 게으름은 개발도상국가 거주민들의 특성을 나타낸다. 그 '비난의 초상'은 멤미에 의하면 "마그리브를 거쳐 리베리아에서 라오스까지 식민지 지배자들의 만장일치를 거두어들이는 것 같다." 나태함은 토착민들의 빈곤을 설명한다. "식민지 지배자는 피지배자를 게으른 자라고 비난한다. 그들은 게으름이 피지배자의 본질을 **구성한다**고 결정한다." "문명의 어떠한 억제로도 멈추어지지 않는 것은 야수"[102]이고, 거기에서 우리가 흑인들이나 유대인들에게 적용되었음을 보게 될 모든 특징들이 유래한다. 음탕함, 어리석음, 종교의 결핍 등등.

따라서 팔레트의 끝에는 흑인이 있고, 흑인에 대한 정의는 신체적 특징들을 통한 이해에 따라 시간이 갈수록 더욱 짐승 같아진다. 고대에 아프리카인들의 피부가 검은 것을 설명하기 위해 만들어진 기후 이론들에는 가치 판단이 포함되어 있지 않았다. 18세기까지도 통용되던 주장에 의하면, 오두막집 속의 태양과 불이 피부를 태워 검게 만든다고 한다. 뷔퐁은 덴마크에 이민 온 세네갈인 후손들의 피부가 시간이 흐르면서 밝아진다고 생각한다. 그러니까 다른 하늘 아래에서라면 백인도 검어질 수 있다는 것이다. 18세기에 모페르튀는 "흑인들의 아이들이 태어나는 것을 본 사람들이라면 누구나 그 아이들이 태어날 때는 전혀 검지 않다는 사실을 알다. 그래서 유년기에는 다른 아이들과 거의 구분되지 않는다"[103]고 한다. 또 칸트는 "흑인들도 **태어날 때는 하얗다**"[104]고 단호하게 주장한다. 결국 여성에게 책임지어지는 사고들이 발생할 수 있다. 가령 여성이 임신중에 '흑인'을 보거나 검은 그림을 칠할 때……. 그렇지만 볼테르는 그때 이미 "늘 풀을 보는 양들은 왜 초록색 새끼들을 낳지 않는지"[105] 이유를 물으며 그런 믿음들을 비웃었다.

그렇지만 생물학적 주장들과 인종차별적 주장들 이전에 언어에 함축된 경멸의 뜻이 나타난다. 예를 들면 옛 중국의 그림들 속에는 검은색이 우주 조화의 본질적 요소들 중 하나를 표현하는 반면, 서양에서는 검은색이 악마 그 자체가 아닌데도 점점 더 악과 동화되어 간다. 그리고 《롤랑의 노래》에서 말하는 것처럼 "먹보다 더 검고, 치아 외에는 어느것도 하얗지 않은 저주받은 인종"인 아프리카인들은 그런 인식의 희생자들이다.

진화론자들의 주장에서처럼 우연하고도 전환될 수 있는 방식으로든, 아니면 생물학 이론들에 따라 자연스럽고 유전적인 방식으로든, 어찌되었든 얼굴빛이 검은 순간부터 그것은 아프리카인들의 본능과 태도를 보완적으로 드러내 주는 전형적인 다른 특징들과 즉각적으로 결합되는 잘못된 특징이다.

얼굴은 우선적으로 관심을 끈다. 머리, 입, 그리고 코. 캉페에게 있어서 주로 백인과 흑인을 구분짓고, 흑인을 동물과 가까워지게 하는 것은 악골 돌출이다. 안면 윤곽이 앞으로 기울면 고대의 얼굴이 나온다. 그리고 뒤로 기울면 흑인의 얼굴, 조금 더 기울면 원숭이의 얼굴이다. 게다가 1757년 프레데리크 2세의 외과의 J. 메켈은, 두개골의 크기는 아프리카인에게는 더욱 짙은 뇌의 정도(그래서 흑인의 피도 검다!)를 반영한다고 한다. 흑인의 두개골은 더 작고, 그래서 뇌수는 백인보다 용적도 더 적고 훨씬 가볍다. 따라서 결론은 다음과 같다. 흑인이 우선적으로 짐승인 것은 어리석기 때문이다. 또 18세기에는 교육이 부족해 흑인이 자신의 능력을 개발시키거나, 두뇌의 크기를 발달시키지 못하기 때문이라고 한다. 이어서 19세기 생물학자들은 자연 그대로의 형태학의 부족이라고 말한다. 그 시대에 모턴은 서로 다른 종족들의 지적 능력들을 비교하면서, 두개골들을 '정성스럽게 말린 후추 열매들'로 채운 뒤 포함된 양을 비교하는 검토를 통해 '흑인들'이 가장 가벼운 것이 확증되는 흥미있는 도표를 얻는다.[106] 1972년 후추 열매들을 유전인자와 DNA로 대체한 일부 학자들에게도 여전히 결과는 같다. 그렇듯 옌센은 1972년 "흑인들과 백인들의 지능 비율의 차이에 유전 요소들이 강하게 부과된다는 가설"[107]을 진척시킨다. 그 이론들은 전문가들의 진리와 대중의 편견들 사이를 꾸준히 오가면서 통속화된 작품들 속에 다시 놓인다. 19세기 《라루스 사전》은 '흑인'이라는 항목에서 아프리카인들의 뇌수를 그들의 지능이 가장 낮은 원인으로 만든다. 《톰 아저씨의 오두막집》을 최초로 프랑스어로 번역한 A. 미시엘스는, 노예 제도에 반대하는 사람인데도 흑인이 '거위처럼' 아주 멍청하다고 지적한다.

이와 같은 지성의 결핍(혹은 최소한의 지성)은 미약한 이성의 대체물 역할을 하며, 동물의 속성인 본능을 해석하는 다른 특징들을 통해 더욱 확고해진다. 1887년 덴마크인 S. 샤크에 의하면, 코는 "흑인들, 그리고 대개 상스럽고 미개한 모든 민족들에게서 […] 일종의 거칠고 보기 흉한 외관을 가지며 동물의 주둥이와 가깝다."[108] 그런데 거기서도 담론의 강직을 주목할 수 있다. 18세기에 그 형태는 유전적인 것이 아니라 우연한 것으로 간주되었던 것이다. 도방통은 부모가 납작한 코가 더 귀엽다고 생각해서 일부러 코를 납작하게 눌렀다거나, 혹은 아이를 끌어안은 듯 잉태하고 있는 어머니의 몸에 코가 짓이겨졌다고 생각한다. 그렇게 납작해진 이유가 무엇이든, 흑인들의 '코 징후'는 동물에게서와 마찬가지로 발달된 후각을 드러낸다. 그 감각은 헤겔식의 냄새가 없는 드높은 에테르를 향해 치켜든 거의 영적인 백인의 코로는 활용하지 않는 것이다……

끝으로 입은 전형적으로 동물적인 폭식을 입증한다. 백인의 입술은 얇지만 뭐든 닥치는 대로 입에 넣을 생각만 하는 흑인의 입술은 두툼하다. "흑인에게는 모든 양식이 맛있는 것이어서 입맛을 떨어뜨리는 것이 하나도 없다. 흑인이 바라는 것이라고는 먹는 것, 지나칠 정도로 맹렬히 먹는 것이다"[109]고 고비노는 단언한다. 비리가 기술하듯 백인의 입은 움푹하게 들어가 있어 "마치 우리는 먹는 것보다는 오히려 생각하도록 되어 있는 듯한 반면에, 흑인들의 […] 입은 마치 생각을 하기보다는 먹기 위해 만들어진 것처럼 앞으로 돌출해 있다."[110] 그런데 흑인은 무엇을 즐겨 먹는다고 여겨지는가? 바로 인육이다! 그리고 "그것은 대단히 널리 퍼져 있고 용인된 일인 양" 여겨지고, 또한 "인간을 잡아먹는 것은 일반적으로 아프리카 원칙에 결부되어 있다"[111]고 헤겔은 언급한다. 모파상은 단편에서 프러시아와의 전쟁 동안에 배가 고파서 프러시아아인을 잡아먹었던 한 흑인 병사를 소개한다……. 흑인의 식인 풍습은 W. B. 코헨이 지적한 것처럼 아프리카의 일부 지역들, 특히 다호미에서 행해졌던 인간 제물의 관측에서부터 보편화되었다. 그리고 F. 파농은 비록 더 이상 흑인들이 인육을 먹는다고 생각하지는 않지만(그들의 조상들의 죄를 용서하지 않는다), 오늘날까지도 식인 풍습에 대한 생각은 여전히 아프리카인의 이미지와 나란히 연결되어 있다고 기술했다.

그런데 더 심한 것도 있다. 조프루아 생 틸레르와 퀴비에가 검사한 흑인들의 골격 사이에서 짐작되는 흑인의 전설적인 음탕함이 그것이다. 그들의 넓은 골반 크기가 과도한 성기에 자리를 만들어 주었을 것이라고 비리는 결론짓는다. 그 어마어마한 페니스는, 브로카에 의하면 원숭이들의 것처럼 연골성이다. 그 시대 특유의 '골격 애호 성향'에서 비롯된 관측들은, 흑인들의 음란함을 주장하는 숱한 여행기들을 통해 확고해진다. W. B. 코헨은 M. 푸코의 《광기의 역사》의 분석을 부분적으로 다시 인용하면서, 르네상스 이후로 자기 자신의 동물성이라는 강박관념에 사로잡힌 유럽인들이 자신들 각자에게서 문명화된 제도들과 협정들에 의해 억제되었던 성욕이 솟아오르는 것에 대한 두려움을 토착민들에게 투사한 것이라고 생각한다. F. 파농에 의하면, 외설적인 아프리카인에 대한 표현은 오늘날에도 집단 상상에서 사라지지 않았다. "흑인은 생물학적인 존재에 지나지 않는다." 백인은 "흑인이 짐승이라고 확신"하고, "그에게 강한 인상을 주는 것은 성욕이다." 흑인의 육체로 그려지는 것 전체, 서양인에게 일반적으로 통용되는 것은 "흑인-생물학-성욕-관능-생식의 이미지"[112]이다.

또한 몽테스키외는 말하길 "대단히 지혜로운 존재이신 신이 온통 시커먼 육체 속에 영혼을, 그것도 선량한 영혼을 넣으셨다고는 생각할 수 없다"[113]고 한다. 부갱빌은 《세계 일주》에서, 여행을 하면서 "대개 흑인들이 백인에 가까운 색을 띤 사람들보다 훨씬 더 심술궂다"[114]는 사실을 관찰했다고 한다. 이성도 종교도 없이(아프리카에서는 이슬람을 위해 그리스도교에 저항하기 때문에) 자유분방한 성욕을 가진 그 존재가, 어떻게 도덕과 현대의 진정한 가치인 노동을 이해할 수 있겠는가? 흑인은 '휴식에 대한 열정'을 갖고 있고, 그들의 '최고의 기쁨은 바로 게으름'[115]이라고 고비노는 말한다. 식민지에서는 농장 주인들이 임무에 그다지 열의가 없다고 불평하는 노예들에 대해서 어떻게 생각하는가! 아프리카에서는 테크놀로지가 그다지 진보하지 못했다는 확실한 사실과 강렬한 문화의 부재가 그 논증을 마무리한다.

그렇다면 흑인들을 자연계의 어디에 위치시켜야 할까? 플리니우스는 흑인들을 괴물민족에 가깝게 두었다. "괴물 같은 형태를 가진 동물들이나 인간들이 태어나는 것이 놀라운 일이 아닌"[116] 에티오피아에서는 둘 다 발견할 수 있기 때문이다. 물론 19세기 중반까지도 중앙아프리카의 미개민족으로 등 아랫부분에 꼬리가 달린 니암니암족이 그 부속 기관을 통과시키기 위해 구멍 뚫린 의자를 만들었다는 묘사가 있기는 하지만, 사람들은 이제 괴물민족들을 믿지 않는다……. 그러나 아프리카인과 괴물의 결합은, 괴물의 이미지 자체가 중세를 거치면서 가치가 떨어지기 때문에 그때부터 흑인에 대해서 불명예스러운 의미로 존속된다. 사람들은 아프리카인의 동물적 기원에 대해 다음과 같은 의문을 품는다. 혹시 짐승 같은 범죄의 산물이 아닐까? 잡종 형성은 18세기의 사람들을 매혹시킨다. 로크는 "고양이와 쥐 사이에서 태어나 그 두 짐승의 눈에 띄는 흔적들을 갖고 있는 동물"[117]을 보았다고 주장했다. 레오뮈르는 1740년 닭과 토끼의 잡교를 시도하면서 새끼가 털이 달린 닭이 될 것인가, 아니면 깃털 달린 토끼가 될 것인가 의아해한다. 린네는 그 실험의 성공을 믿은 나머지 자신의 제자 J. 파브리치위스가 백인들과 원숭이들의 잡종 형성과 결부시키는 무어인들(흑인들)의 '다소 이상한 기원'[118]에 대해 자문하기에 이른다. 볼테르에게는 "더운 나라에서 원숭이들이 여자들을 매혹시켰다는 건 있을 법하지 않은 일도 아니다."[119] 캉디드와 그의 시종 카캉보가 낯선 나라에서 두 명의 벌거벗은 젊은 여인들이 원숭이에게 뒤쫓기다가 엉덩이를 물리는 것을 보고 깜짝 놀라지 않던가? 그들이 원숭이들을 죽이자 실망한 젊은 두 여인은 자신들의 연인들을 위해 울기 시작한다!

그러나 볼테르도 그렇듯 흑인은 더 자주 동물과 동일시된다. "흑인의 성격 중에서는 인간을 상기시키는 것을 아무것도 찾을 수 없다"[120]

고 헤겔은 설명한다. 그것에 대해 추가적인 과학적 증거를 원하는가? 다윈이 다시 인용하는 이 논쟁. 각각의 종족은 다른 종족에게는 없는 자신만의 기생동물이 있어서 흑인의 기생동물은 결코 백인에게는 없고, 이는 그들이 같은 종족이 아니라는 혹은 더 정확하게는 백인만이 인간이라는 증거이다. 또한 곤충학자인 파브리치위스는 백인의 서식동물은 '인간의 기생 이(pediculus humanus)'라고, 흑인의 서식동물은 '흑인의 기생 이(pediculus nigratarum)'라고 명명한다……. 그리고 동물들 가운데에서 흑인이 가장 자주 비교되는 동물은 못생겼기로 널리 알려진 원숭이이다. 프루동의 표현에 의하면 '고릴라의 얼굴을 가진 흑인'의 원숭이 같은 특징들에 대한 묘사들은, 대중 문학(가령 쥘 베른)으로부터 이어받은 자연주의자들이나 철학자들에게는 중요하지 않다. 볼테르는 다윈보다 한 세기 이전에 이같이 빈정거리듯 쓴 바 있었다. "그들[흑인들] 가운데에는 그들이 원숭이의 후손인지, 아니면 원숭이들이 그들로부터 생겨났는지가 큰 문제이다."[121]

이런 단호한 확인들은 다윈설과 함께 증폭될 뿐인, 생명 사슬에 대한 생각의 재건에서 비롯된 불편을 어찌되었든 아리스토텔레스의 생각과는 다른 맥락에서 어렵사리 감추고 있다. 린네는 인간을 자신의 동물계통학 속에 통합하여 포유류강(綱)의 **호모속(屬)**은 원숭이들 역시 포함하는 영장류에 속한다. 이는 영장류 원숭이의 진정한 승급이 아닌 반면, 정교한 **백인 유럽인**(Europeus albus)과 대조적으로 '약삭빠르고, 게으른…… 검둥이'인 아프리카인은 인간 사다리에서 떨어져 인간과 오랑우탄 사이에 부족한 고리 역할을 하며 결정적으로 오랑우탄과 더 가깝게 된다. 토크빌은 빈정거리듯 다음과 같이 기록한다. "하마터면 우리는 아프리카인을 짐승과 인간 사이의 매개자로 착각할 뻔했다."[122] 인종차별주의를 제거한 인류학은 1970년대까지 계속해서 흑인들을 가장 원시적인 단계로 치워 놓는다. 가령 1945년대와 그에 이어 1960년대 이후로 프랑스 영토와 같이 그들의 대거 서양 도착은 분명 낡은 상투적 문구들을 다시 되살아나게 했다.

유럽인들은 자신들의 국경 안에 있는 '다른' 무리의 존재와 그에 대한 적대감을 오랜 시간에 걸쳐 체험했다. 획일적으로 그리스도교를 신봉하던 중세의 서양에서 유대인들, '신을 죽인' 그 민족은 다른 종교를 신봉한다. 신학적 기원의 반(反)유대교는 종교 개혁 이후로 그리스도교의 폭발과 일반적인 종교의 퇴보, 그리고 18세기 톨레랑스(관용)의 촉진과 함께 완화되었음이 틀림없다. 그러나 그것은 충분히 경제적인 유대인 배척주의로 넘겨진다. 폴리아코프에 의하면 신학 속에 뿌리박은 그 악감을 무시하는 좀바르트[123]의 주장처럼 유대인들이 유럽 국가들의 재정적 주인이 되었기 때문에, 그때부터는 유대교를 굳이 유대인들에 대한 원한을 유발하기에 알맞은 자본주의의 근원으로 만들지 않아도, 유대인들/자본주의자들이라는 동일시는 장사와 고리대금업자들에 대한 통렬한 비난을 한없이 계속하는 푸리에의 거의 모든 글 속에 나타나는 좌파 유대인 배척주의의 표현을 장려하는 것이 확실하다. 푸리에의 제자인 투스넬은 성공을 거둔 저서 《유대인들, 시대의 왕들》에서 바통을 이어받는다. 투스넬의 저서 제목을 다시 인용하는 르루의 한 논설은 그때까지만 해도 인종차별주의는 아니지만, 적어도 모호하기는 한 그 좌파의 유대인 배척주의의 속성을 잘 밝히고 있다.

르루에게 있어서 '유대인 정신'은 "이익…… 혜택의 정신, 프리미엄의 정신, 한마디로 말해서 은행가의 정신"이다. 그가 인용하는 아카데미 사전의 항목은 유대인이라는 단어가 "돈에 대한 커다란 탐욕과 돈을 벌고자 하는 열의를 보이는 모든 이들에게 익숙한 스타일로 말해진다"[124]고 설명하고, 투스넬이나 르루에게는 개신교도들에게도 마찬가지로 적용된다. 르루의 분석은 여러 가지 점에서 젊은 좌파 헤겔 학자들인 바우어 · 헤세의 분석과 마르크스의 《유대인 문제》와 비슷하고, 게다가 우리는 상호 영향의 가능성을 연구했다.[125] 우리는 마르크스가 유대인을 '돼지' 취급하던 서신을 읽음으로써 한층 보완된, 그의 소논문이 일으킨 논쟁들을 알고 있다. 르루는 산업봉건제도의 비판이 취할 수 있었던 인종적 편류인 자본주의자로서의 유대인들을 이해했고, 오랜 세월이 흐른 후 두개골 구조에서부터 '우스꽝스러운 강조'와 함께 "유대 종족에 대해…… 아리안 종족들에게 주어진 절대적 편애"[126]를 확립했다고 비난받은 르낭에 대해 화를 낸다. 우리는 신학적인 유대인 배척주의로부터, 그리고 이어서 **선험적으로** 유대인들을 인류에서 배척시키지 않는 경제적 특징, 이전의 이력(특히 스페인에서)에도 불구하고 18세기에 출현했다고 기록되며, 유대인들이라고 하면 짐승을 연상시키기 쉽게 만드는 생물학적 측정에서 어떻게 전환기를 맞았는지 잘 알고 있다.

유대인들의 동물화는 서구인이 아닌 다른 주민들의 동물화와 동물 지위 하락과 평행한 반면, 유럽인들과의 신체적 차이가 눈에 띄지 않으므로 수행하기가 그만큼 쉽지 않을 것이다. 유대인은 "백인이어서 몇 가지 제법 논의할 만한 특징들을 제외하고는 눈에 띄지 않는다"[127]고 F. 파농은 말한다. 프로이트가 1918년에 도입하고《모세와 유일신앙》에서 활용하는 개념인 '소소한 차이들의 나르시시즘'을 통해, 유럽인은 그 '논의할 만한 특징들'을 만들어 내고 확대시키게 된다.

신학적인 유대인 배척주의에서 인종차별적인 유대인 배척주의로의 이행은, 우선적으로 종족의 정의와 혼동되는 개인들의 총괄적인 이해를 통해 수행된다. 헤겔은 "유대인들은 일자에 대한 소속을 통해 자신들의 존재를 소유한다. […] 유대인은 결코 자신의 자립 의식에 도달하지 못한다"고 기술한다. 군중 특유의 본능은 정치적인 단계에 도달하지 못한——헤겔에 의하면 "국가는 유대인의 원칙에 적합하지 않다"[128]——부분이 없는 그 '무리' 속에서 사회적 감정의 역할을 하고, 이는 세계 각지로 흩어진 유대민족의 사산 분리가 여전히 존재하는 한 이스라엘 국가의 창설에도 불구하고 오래 지속되는 이미지이다. 그 유랑민들, 인간적인 정착을 무시하는 방랑하는 유대인들은 "어디에서 오는지 알 수 없고, 신비 속에 살다가 어떤 상황을 맞이하여 죽는다"고 드뤼몽은 기술한다. 그들은 동물처럼 내재성 속에, 그들이 최대한의 이윤을 뽑아내는 현재 속에 빠져든다. 드뤼몽은 덧붙여 말하기를 그렇기 때문에 실상 "그들은 죽지 않는다. 어떤 비극 속에서 급작스럽게 몰락할 뿐이다."[129]

위에서 살펴보았듯이 죽음을 모르는 자는 진정으로 살지 않고(따라서 우리가 이해하는 것처럼 죽음을 자유로이 소유할 수 있을 것이다), 초월성과 불멸성을 알지 못한다. "우리는 유대인들에게서 영혼의 불멸성에 대한 믿음을 전혀 발견할 수 없다. 그 주제는 자신 안에도, 자신을 위해서도 존재하지 않기 때문이다"[130]고 헤겔은 선언한다. 특이한 역설인 출발점에서부터 유대인 차별에 쓰였던 유대교의 종교적 본성이 논박된다. 루터의 개념에 의하면 모세의 법칙은 믿지 말고 행할 것을 명령하기에, 이 법칙은 칸트에게는 민간 조직에 불과하고 "유대교는 본래 종교가 아니다."[131] 많은 철학자들에게 그런 것과 마찬가지로 피히테에게도 그 '유한한' 종교는 미신에 불과하다.

따라서 유대교에서는 어떤 정신도 비롯될 수 없다. 유대인들은 그리스도교인들보다 부정직하다. (루터파 신학자인 독일인 미카엘리에 의하면 아주 정확하게는 스물다섯 배!) 그들의 천성적인 게으름은 어쩔 수 없이 그들이 부정 이득을 취하게 만든다. 그들은 일할 줄은 모르면서 돈으로 이자를 낳을 줄은 안다……. 그것도 다른 이들의 돈으로! 칸트에 의하면 그들은 쇠약한 정신 때문에 '사기꾼들로 인정된 명성'을 갖고 있다. 그들은 쥐새끼 같은 설치류의 기생충들이고, 프레데릭 르그랑에 의하면 '한 나라의 메뚜기들'이고, 나폴레옹에게는 '들판을 휩쓰는 송충이들, 메뚜기들'이고, 뤼주에게는 '그리스도교도국의 치즈 속 구더기들'[132]이다. 간략하게 말해서 사방에서 유대인 배척주의자들은 "유대인들이 한 조직체와 게다가 건전한 한 민족의 흰개미들에 불과했다"[133]는 사실을 증명한다고 H. 아렌트는 기술하고 있다. 그들 역시 결점이 있고 무례하고 음탕하고, 무엇보다도 사르트르는 유대인 미녀가 민속학에서 띠는 성적인 상징의 가치를 지적한다.[134]

유대인들의 식사 의례는 그들을 결정적으로 인류 밖으로 내몬다. 사상가들이 다양한 해석을 하는 돼지고기 섭취의 금지는 어째서일까? 그것은 유대인의 본성에 대한 정보를 제공하는 것이 아닐까? 유대인은 동족들은 먹지 않는 것일까! 유대인은 돼지이니까 말이다. 게다가 스베덴보리는 기술하기를, 루터의 분변담에 관한 감흥에서 유대인은 "송장 같고, 부패한, 배설물의, 그리고 똥의, 냄새 고약하고 지린내나는 물질들"[135]은 먹으면서도 "그리스도교인들에 의해 부자연하게 꾸며진"[136] 음식들은 건드리려고 하지 않는다고 한다.

그러나 식인 풍습에 대한 비난은 반(反)유대인 선전에 사용되며, 신세계 인디언들의 식인 풍습과는 달리 완전히 허구적인 표현들 속에서 더 많은 현실성을 얻는다. 1840년의 '다마스 사건'은 그런 점에서 의미심장하다. 프랑스는 그 도시의 유대인 공동체를 한 프랑스인 수도사에 대해 '의식(儀式) 살해'를 저지른 것으로 기소한다. 하이네는 티에르, 그러니까 정부 책임자의 말을 들어 보면 "사람들이 결국은 실제로 유대인들이 선호하는 음식이 카푸친회 수도사들이라는 사실을 믿을 수 있었을 것"[137]이라고 이야기한다. 그 사건은 동양의 위기 한가운데에서 국제적인 국면을 맞아 결국 티에르의 실패로 끝난다. 이 사건은 로트실트가 개입함으로써 그의 파면의 기원이 되기도 했을 것이다. '의식 범죄들'에 대한 소문은 20세기 전반에도 계속된다. 1920년대 독일의 교육용 팜플렛은 유대인들이 아이들의 살로 만들었다는 소시지를 묘사한다…….

유대인의 신체는 그와 같은 비인간성을 해석하는 것이 분명하다. 모든 과학적 · 철학적 혹은 문학 저서들의 중심 동기가 되는 그 사람들은 끔찍하게도 못생겨서, 갈고리 모양으로 굽은 코가 있는 얼굴은 굳이 한 가지 색을 찾자면 올리브색을 띤 반면, 손은 돈을 끌어모으는 맹수의 발톱으로 바뀐다. 그들은 가장 흔히는 독수리에 비교되는 맹금류들이다. 독일 유대인들의 많은 성(性)은 새 종류에서 빌려 와 그들의 혈통에 대한 인식을 용이케 해준다. 이는 아무리 생각해 보아도 어떤 표시도 촉지할 수 없을 때의 고유 명사의 위력이다! 사실 그들은 동물성의 극치를 표현하면서 온갖 종족들의 형태를 빌려 온다. '원숭이들' '은행가의 얼굴을 한 단봉낙타들' '염소들' '늑대들' '거대한 빈대들'[138] 등, 레옹 도데의 이와 같은 열거를 끝도 없이 연장할 수도 있을 것이다……. 돼지는 우리가 말했던 것처럼 음식 때문에 종종 새로움도 띠지만 더러움과 악취가 더 많다. 쇼펜하우어에 의하면, 서양은 그 **"유대인 냄새(foetor judaicus**; 1800년대 독일인 변호사 그라테나우어는 그 속에서 특정 가스 **암모니움 피롤레오숨**(l'Ammonium pyrooleo-sum)을 감지한다)에 질식되고, 이는 백인이 무색인 것처럼 실상은 냄새가 나지 않는 그리스도교인의 미덕의 좋은 냄새와 대조된다. 그러나 유대인의 살갗에 달라붙는 것은 우리가 위에서 예증했던 기생 동물의 이미지이다. 이처럼 영원히 변하지 않는 인식은 동물적인 기생의 세균학적인 기생으로의 눈에 띄지 않는 변형을 가능케 하고, 그 결과들은 우리가 더 나중에 보게 될 것처럼 가공할 만하다.

게으름 · 외설 등등이 수반되는 모든 결함과 그들의 정신적 추함을 알리는 신체적 흉악함은, 따라서 일반적으로 그 유색 혹은 백인들의 상상에 의해 채색된(흑인으로 선포된 마다가스카르의 토착민들처럼 ……) 모든 인구의 특성을 나타낸다. 그 종족들 사이의 변이들은 그들 각자에게 적합한 처우를 예상케 한다.

적합한 처우: 길들이기에서 몰살까지

유럽인들은 스스로 정상이라고 생각하는 그들 자신의 색을 결코 검토하지 않는다고 호프만은 《낭만적인 흑인》에서 상기시킨다. 그들은 특정 종족에 소속된다는 것을 의식하지는 못하지만 그들 자신을 자각하기 위해 다른 종족들과의 대조를 필요로 한다. 차이의 확인은 지배 속에서 드러남과 동시에 단련되는 그들의 우월성의 확인이기도 하다. 앞서 보았듯 인간은 짐승들에 대한 지배를 통해서만이 인간이 된다. 그리고 백인은 유색인들에 대한 지배를 통해서만 자신의 인간적 백색을 보존한다.

만일 백인이 유색인들과 유지하는 관계가 계급적인 표현으로 설명된다면 열등한 종족들은 공평하게 고려되지 않는 것이다. 따라서 그 종족들은 우리가 위에서 사용했던 자연주의자들의 분류를 다시 쓰자면, 가축들에 속하느냐 아니면 야생동물들에 속하느냐에 따라서 다른 처우들을 필요로 한다. 전자는 인간을 위한 효용성의 범주에 해당한다. 그리고 후자의 경우에 평가되는 것은 그들의 위험도이다. 토크빌은 흑인들과 인디언들에 대한 아메리카 백인들의 태도의 차이를 지적한다. 즉 그들은 전자들의 경우는 자신들에게 유용하게 봉사케 하고, '복종' 시키고, 더 주저하는 후자들은 내몰고 파멸시킨다.[139] 오늘날에는 보다 일반적인 방식으로 압제 혹은 착취(포괄적인)의 인종차별주의와 몰살 혹은 제거(배제하는)의 인종차별주의 사이의 구분이 부과되고, E. 발리바르는 그 두 가지 형태 중 어느것도 순수한 상태로 존재하지는 않는다고 상기시킨다.[140] 그러므로 우리는 길들일 수 있는 짐승들에게 예정된 노예제도와 식민주의, 그리고 위험한 종족들을 위한 배척과 몰살의 유형들을 살펴보고 본보기가 되는 유대인들의 슬픈 사례를 다시 언급하려 한다.

가장 오래된 길들임 양태는 노예제도이다. 국제적인 측면에서 공식적으로 금지된 이 길들임의 유형을 다시 언급하는 것은, 한편으로는 그것이 이 땅에서 완전히 사라지지 않았기 때문이고, 다른 한편으로는 역사적으로 흑인들의 경우와 관련하여 서서히 구축된 이미지로부터 생겨난 노예제도와 흑인들 사이의 어떤 중합이 오늘날에도 존속하기 때문이다.

사실 노예제도와 흑인들에 대한 인종적 편견은 체계적으로 관련되어 있지 않다. 흑인들의 열등함을 입증하는 고비노는 그들의 굴종에 분노하고, 자신의 저서가 미국에서 노예제도 신봉자들에 의해 활용되는 것을 보고 맹렬히 분개한다. 처음에 프랑스인들은 노예제도를 당연하게 여기지 않았지만, W. B. 코헨은 서구 문화 속에서 프랑스인들이 흑인의 이미지 형성에서 갖고 있었던 중요성을 강조한다. 그러나 18세기 말엽 흑인(Nègre)과 노예라는 단어들이 서로 맞바꾸어 쓸 수 있게 되었음은 아카데미 사전의 정의가 입증하듯 확실하다. 일단 프랑스 혁명 직전에 그 절정에 달한 흑인 매매가 확립되자, 식민지 지배자들은 노예제도를 주장하는 체계를 유지하는 가장 좋은 방법은 검은 색과 열등함 사이의 상관 관계에 대한 생각을 널리 퍼뜨리는 일이라고 생각한다. 저술가들은 마치 모든 흑인들이 동일한 인구를 구성하는 것처럼 흑인의 특수성에 따른 그들의 논지를 받아들인다.

노예는 노예가 되기 위해 태어났다고 하는 아리스토텔레스의 일반 논지는, 그렇듯 아프리카에서 자신들 사이에서도 노예제도를 실행하는 흑인들에 대해서 확증을 찾는다. 그들의 복종은 그들이 자신들만큼 건장하지도 못한 사람들에게 속고 팔리므로 지성 결핍의 증거가 된다. 흑인은 백인의 지배가 없으면 살아남을 수 없는 수동적인 피조물처럼 소개된다. (우리는 그렇다면 유럽인들이 도착하기 전에는 그들이 어떻게 살아남을 수 있었는가에 대해 의문을 가질 수 있다!) 복음 전도를 토대로 한 그리스도교적 담론과, 그에 이어 완벽성의 개념에 의거하는 계몽주의 시대 담론은 관대한 마음을 가진 유럽인들이 흑인들을 동물성으로부터 끌어내려 애쓴다고 주장한다. 아프리카로부터 멀리 떨어진 흑인들은 보다 합리적으로 될 테고, 백인들의 그와 같은 교화가 수천 명의 삶을 구했을 터라는 것이다. 그러니 노예들은 서구인들이 스스로 그 모든 고통을 자초하는 것에 대해 감사해야 마땅할 것이다. 그런 것이 1831년까지도 F. 파트롱의 저서《흑인들, 프랑스 식민지에서의 그들의 상황에 대하여. 노예제도는 그들에게는 혜택이요, 그들의 주인들에게는 부담이 아닌가…》의 의미이다.

위선적인 이야기이다. 왜냐하면 노예제도 시대에 식민지 지배자들은 흑인들을 그들의 처지로부터 벗어나게 해줄 생각이라고는 눈곱만큼도 하지 않았기 때문이다. 그들은 자연의 법칙, 혹은 성령이 "노예들로 하여금 그 상태에 머무르도록 명령하고 주인들이 절대 그들을 해방하지 못하도록 강요"[141]한다는 보쉬에의 개념에 머물러 있다. 노예 해방은 18세기부터 서인도 제도에서는 점점 더 어려워진다.

그러므로 흑인들을 노예 상태로 유지시키고, 그들이 반항하지 못하도록 그것을 받아들이게 하는 것이 문제이다. F. 파농은 반드시 "그 열등감의 내면화 혹은 더 바람직하게는 전염"[142]이 있어야 한다고 한다. 토크빌은 이미 미국 흑인들에 대해 그 메커니즘을 분석했다. "흑인은 태어나면서부터 자신의 인종이 본래 백인종보다 열등하다는 말을 듣고, 그러다 보면 아무래도 그렇게 생각하지 않을 수가 없게 된다. 따라서 자기 자신을 부끄러워하게 된다. 그리고 자신의 특징들 하나하나에서 노예의 자취를 발견하고, 할 수만 있다면 기쁘게 자기 자신을 완전히 포기하는 데 동의할 것이다."[143] 그러자 식민지 개척자는 뒤따라야 하는 인류의 전형으로 보인다. '난폭한 짐승'이라고 설득된 흑인은 "백인이 자신의 인간성을 인식토록 하기 위해" "오로지 하얗게 되려고 애를 쓴다"[144]고 에메 세제르는 이야기한다. 특히 서인도 제도의 흑인은 "프랑스어를 모국어로 하는 만큼 더욱 진정한 인간에 가까워진다." 수고를 던 셈이다! F. 파농은 잘만 하면 흑인이 시인들에 의해 찬양된 '신성한 속삭임'인 크리올어〔서인도 제도에서 원주민이 유럽 무역 상인을 상대로 쓰는 프랑스어 · 에스파냐어 · 영어 따위가 뒤섞인 혼성어〕, 즉 "부정확한 프랑스어와 프랑스어 사이의 절충안"[145]을 쓰게 될지도 모른다고 빈정댄다. 흑인은 커다란 희생을 치르고 해방된 혼혈이라 할지라도 피부를 바꾸지는 못한다는 사실을 배운다. 바르바도스 섬에서는 백인으로 인정받으려면 흑인의 피가 사라진 4세대여야 하고, 자메이카 섬에서는 3세대여야 하지만 결국 혈통의 오점은 지울 수 없다. 1777년 카옌에서는 해양부 장관이 흑인종의 후손들은 "백인들의 계급에 절대 들어갈 수 없다"고 선언한다. 그리고 겉보기와도 전혀 다르지 않게 된다. 1720년대에는 서인도 제도에서 노예로부터 해방된 자유민들이 유럽식으로 옷을 입는 것을 금지하고, 법규를 통해 그들이 걸칠 권리가 있는 의복과 보석들을 열거한다.

그러나 흑인들을 하위 인간으로 유지하는 가장 확실한 방법은, 단순히 말로 하는 것이 아니라 효과적으로 그들을 짐승처럼 만드는 것이다. '짐승들'이라는 용어는 노예 상인들이 그들을 지칭하기 위해 사용하던 것이었고, "노예 상인들은 동물들을 싣는 것과 똑같이 여겼던 자신들의 화물에 인성을 거부하는 데 별 어려움을 느끼지 못했다."[146]
노예는 권리의 주체(인간에게 한정된 지위)가 아니라 법률적으로 사물
과 동일시되는 동물과 마찬가지로 권리의 대상이다. 그 특별한 동산
(動産)은 주인의 소유물이다. 유럽인들은 엄격한 규율에 복종하는 흑
인들을 1760년대에 어느 노예 상인이 인정하는 '맹수들'[147]로 바꾸어
놓았고, 그들의 타락한 처지는 흑인종의 열등함과 그들에게 인성이 없
음을 확고히 한다.

물론 노예폐지론자들은 그 타락, 그 짐승되기가 노예제도 자체에서
기인한 것임을 입증하려 애써서 그레구아르 사제는 흑인종에 속했던
모든 천재들의 기다란 목록을 열거하는 한편, 보다 나중에 V. 쇨세르
는 흑인들의 우둔함에 대한 논증을 관상학자들에게 되돌린다. "그들의
다소 뾰족한 안면각 위에 그들에게 거의 모든 지성을 거부하려고 하
는 빈약한 생리학적 이론들을 세우는 것은 스스로 아주 작은 뇌를 갖
는 짓이다."[148]

해방은 그 문제를 완전히 해결했음이 틀림없다. 혁명의회는 유색인
들에게 평등함을 부여하기 위해 그다지 서두르는 모습을 보이지 않는
다. 심지어 그레구아르 사제와 같은 노예폐지론자들도 흑인들의 지나
치게 빠른 해방을 바라지 않고, 콩도르세는 여권확장론자인 푸리에가
여성들의 지나치게 빠른 해방을 두려워하는 식으로 흑인들이 자유 실
행에 아직 부적합하다고 판단한다. 노예제도의 폐지는 1794년 2월 4
일에 결정되지만, '유색의 거리를 유지'[149]하기를 바라는 나폴레옹은
1802년에 다시 복원시킨다. 노예 해방은 결정적으로 1848년에 획득
되지만, 차별은 여전히 다른 형태들로 존속된다. V. 쇨세르는 1881년
마르티니크 섬에는 흑인 공무원이 단 한 사람 있다는 사실을 확인한
다. 그것도 경찰관으로……

자유화도, 그에 이은 법률적인 해방도 흑인의 본성을 잊어버리게 하

지는 못한다. 18세기부터 해방된 자유민들에게는 그 개인적인 해방에 주어진 제약들에 점점 더 차별적인 처분들이 추가된다(가령 1685년 서인도 제도의 **흑인 규범**에 대해). 그들에게는 많은 직업들이 금지되고, 다른 직업들도 허가를 받아야 하므로 완전한 시민들이 아니다.

그러나 무엇보다도 혼혈에 대한 커다란 두려움이 남아 있다. 토크빌은 미국의 경우에 대해 이렇게 주목했다. "백인은 더 이상 타락한 인종으로부터 자신을 분리해야 하는 장벽을 또렷이 알아보지 못하고, 언젠가 흑인과 혼동될까 두려워하면서 더욱더 조심스럽게 흑인들로부터 거리를 둔다."[150] 우리는 18세기 말엽과 19세기에 잡종 형성에 얼마나 열중했는지 살펴보았다. 흑인이 괴물과의 결합의 산물일 수 있다는 것은, 흑인이 제자리에 가만히 있기만 한다면 그 중요성은 부차적인 것이다. 그런데 그 동물이 백인과 결합할 수 있다면, 일정 시기가 지나면 지구 전체가 물들 수도 있다는 얘기가 된다. 브로카는《잡종성에 관한 연구》에서 별개의 종족들이 서로 교차될 수 있음을 보여준다. 흑인과 백인의 결합 산물은 말과 당나귀의 잡종인 노새, 즉 뮐레(mulet)에서 나온 단어인 뮐라트르(mulatre; 흑백 혼혈아)이다. 노새와 마찬가지로 '혼혈'은 불임 선언을 받는다. 인류에게는 인구통계학적인 위험이다. 따라서 19세기초 게르마노만들의 우상이자 '체육가의 아버지'인 F. L. 얀은 "잡종동물들은 번식하지 않는다. 마찬가지로 교배에 의해 생긴 사람들도 그들의 민족적인 번식력을 상실한다"며 위험을 알린다. 그러니까 인류는 소멸될 위기를 맞거나, 혹은 흑백 혼혈아들이 생식할 수 있음을 확인할 때는 마찬가지로 동물성으로 변질될 우려가 있다. 유색인종의 격리, 아파르트헤이트 등은 새로운 법률적 장벽들을 이루고, 심지어 그 장벽들이 무너진다 해도 여전히 사람들의 정신에는 편견이 남을 것이고, 이미 토크빌이 다음과 같이 기술했듯이 노예제도를 폐지한 국가들 내에서는 그 편견이 더욱 강할 것이다. "노예제도의 비물질적이고 일시적인 사실은, 인종 차이의 물질적이고 영속적인 사실과 함께 가장 불행한 방법으로 배합"[151]되고, 흑인은 자신의 후손들에게 치욕의 표시를 전달한다.

반박의 여지가 없는 19세기 식민주의 시대에는 흑인 노예들의 처우를 정당화했던 논증들이 새로운 상황에서 더 밝은 피부빛을 가진 인구들에게 적용될 것이다. 식민 체계는 용어의 법률적 의미에서의 노예제도나 식민지 지배자들을 그 이름 자체까지 사라지게 하려는 피지배자들의 근절 의지에 기대는 것이 아니라, 양쪽간의 구분과 후자가 전자에게 하는 복종에 의지하기 때문이다. 그 복종을 얻어내기 위해서는 흑인들의 노예 제도를 정당화하기 위해 사용되었던 것과 같은 방법론에 따라 피지배자들의 동물화를 거치는 것은 필수적이다. 우리는 이렇듯 거주자들에 대해 그들 자신의 동물성을 믿게 하려는 기만적인 담론의 구상을 다시 발견한다. 그들에게 가해진 처우 속의 짐승 만들기. 끝으로 혼성적 특성에 대한 두려움. 인종차별주의 반대자들이 피지배자의 열등한 상태를 선언할 뿐만 아니라, 그 단계에서 꼼짝 못하게 하려는 식민주의 담론과 관행들을 분석 고발하는 것이 바로 그 정교한 이데올로기이다. 30여 년 전에 A. 멤미가 튀니지의 경우에 대해서 했던 식민 체계의 분석은 오늘날에도 전혀 현실성을 잃지 않고 있다. 식민주의는 이따금 그 이름 없이도 존재할 수 있고, 무엇보다도 서양 땅 위에서 집단적인 상상 속에 그 존재를 통해 되살아난 옛 피지배자의 인식이 오래 지속되기 때문이다.

짐승은 순순히 운명을 받아들일 때 외에는 결코 그렇게 훌륭히 길들여지지 않는다. 멤미에 의하면 "피지배자가 객관적으로 노예가 되는 것으로는 충분치 않고, 스스로를 그렇게 받아들일 필요가 있다." A. 멤미가 고발하는 '기만'은 피지배자를 통해 "그렇듯 어떤 현실성을 얻고, 피지배자의 실제 초상에 기여하는" 훼손된 초상을 인정케 하는 데에 있다. 우리가 흑인에 대해서 지적했듯이, 피지배자의 반응은 인류의 모델처럼 보여지는 이를 모방하는 것이다. 만일 토착민이 식민지 지배자처럼 옷을 입거나 행동하려고 한다면, 식민지 지배자는 '피지배자가 원숭이에 불과하다고 말' 하면서 비웃을 것이다.

식민지 지배자의 목적은 토착민이 백색의 장점들에 도달하는 것이 아니라 지배/길들임의 시도를 성공으로 이끌기 위해 짐승으로의 '그 필수적인 변형을 견디게 하려는 것' 이다. 동물은 결핍으로서 정의되기 때문에 토착민들에게서 언어 · 역사 · 시민권 등 인류를 정의하는 일부 특징들을 빼앗을 필요가 있다.

식민지 지배자는 자신의 공식 언어를 강요한다. 관할에 속하는 식민지 토착민들은 더 이상 그들의 언어를 배우지 못하고, 그들의 문화는 구전된다. 식민지 지배자에게 있어서 그들 역시 더 이상 배우지 않는 그 언어는 이제 수다스러운 소리에 불과하다.

그 '기나긴 과거의 역사,' 자녀들에게 가르쳐 주는(프랑스 초등학교에서는 '우리 조상들인 갈리아족') 서양의 역사를 빼앗긴 토착민들은 역사의 밖에 놓였을 뿐만 아니라 그들 자신의 역사를 박탈당한 것이다. 그들은 문명과 문화가 없다고 선언되고, 그들의 음악은 한낱 '고양이의 야옹거림이다.' 과거를 잃고 미래를 세울 수 없는 그들은, 그렇듯 기억도 현재의 계획도 없이 순간의 욕구들을 채우기에 급급한 동물들처럼 살아간다.

결국 피지배자는 도시국가의 밖에 놓인다. 그들은 지배자의 국적도 얻지 못한 채 본래의 국적이 말소된다. 투표권이 없는 그들은 인간을 정의하는 정치적 동물이 아니라 다른 이들에 의해 규정된 권리의 대상인 그저 어떤 동물일 뿐이다. "동물이나 사물과 비슷한 피지배자에 대해서 어떤 진지한 의무를 갖는단 말인가?"[152] 그러니 그는 법의 수호를 요구하지도 못한다. 사르트르는 "토착민은 하위 인간이므로 인권 선언은 그와는 관계가 없다"[153]고 기록한다.

물론 식민지 지배자는 자신의 문명을 보급하는 사명에 대해서 논의한다. 관대한 그들은 자신의 언어를 피지배자들에게 기부하고, 언젠가는 그들을 백인의 수준으로 끌어올릴 교육을 전해 준다. 그러나 사실상 피지배자에게 혜택을 주어야 하는 그 교육은 오히려 언제나 지배자에게나 유용한 학습·훈련을 위해 무시되어 왔다. 교육은 인간 고유의 개발 가능성을 전제하는데 토착민들에게는 바로 그것을 거부하고, 오히려 동물처럼 만들려고 애쓰지 않았는가? A. 멤미는 식민지의 동화(同化)는 결코 식민지 지배자가 원했던 것이 아니라고 입증한다. 그런 동화는 실제로는 피지배자의(따라서 식민지 지배자의) 이름 그대로의 실종으로 인해 식민 체계의 종말 자체에 서명할 뿐만 아니라 역겨운 혼합, 괴물 같은 잡종성에 도달할 것이니 말이다. 교배의 유령이 다시 출몰하는…….

그러나 피지배자는 마침내 예속의 식민 체계 자체의 본질과 달리 동화가 사실상 불가능하다는 사실을 납득하게 된다. 기껏해야 백인의 원숭이에 지나지 않고, 그런 식으로 취급될 것이다. 지배자와 동등한 인성을 인식할 때, 피지배자는 빼앗긴 속성들을 다시 자신의 것으로 삼으려 애쓴다. 자신의 모국어, 자신의 역사, 따라서 전통들과, 대개는 지배자의 그리스도교가 아닌 종교로의 귀환, 정치적 독립을 통한 자신의 시민 자격. 그때부터는 담론의 역전을 통해 지배자에게는 짐승의 특징들로 보이는 폭력, 즉 테러리즘·반항·혁명 등으로 인해 짐승처럼 취급되는 것이다.

식민지 피지배자 혹은 이주민에게는 백인과 동등한 인성 외에 달리 아무것도 바라는 것이 없는 반면, 유대인은 세계 지배로 추정된 의도와 눈에 띄지 않음으로써 더 위험해 보이기에 유대인들에게 연대학상으로 우선 적용되었던 '비유럽인들'을 위해 사용된 방법들 외에 더 가혹한 대접을 필요로 한다.

유대인들이 드러내는 특별한 위험은, 우선 대단히 결속력 강한 일원들이 세계 전역에 흩어져 방랑하는 그 종족의 특별한 군생 속성에서 비롯된다. 굳이 그들의 공동체를 인간 무리와 비교하자면 은밀한 사회에 속할 것이다. H. 아렌트는 유대인 배척 선전이 국제적인 '유대인 음모'에 대한 생각을 성공시켰음을 상기시킨다.[154] 유대인들이 거둔 경제적 성공은 그들의 세계 지배의 전조가 되어 1806년 L. 드보날드는 "이스라엘의 자녀들은…… 결국 그리스도교인들이 더 이상 그들의 노예에 지나지 않게 만드는 데 성공할 것"[155]이라고 예고했던 헤르더를 인용한다. 또 1931년 베르나노스는 '미소한 유대 짐승,' 그 '무분별한 괴물'이 어떻게 '미국의 구근(球根)을 씹기를 마치고' 러시아 거인에게 덤벼들 것인지 예언한다.[156] 1903년에 처음으로 출간된 조잡한 모조이자 히틀러에게는 그 진위 여부에 의심의 여지가 없는 유명한 《시온의 현자들의 의전서》는 다가올, 그리고 절대적인 유대인들의 통치에 도달하기에 앞서 그들의 세계적 음모를 등장시킨다. 하이더나 홀로코스트 부정자인 영국 역사학자 D. 어빙의 이야기가 뒷받침하듯, 그 생각은 오늘날에도 여전히 효험이 있어서 '유대 공동체'의 입장에서는 '국제적인 은밀한 음모들의 목표'[157]가 되는 것을 한탄할 만하다.

사르트르는 유럽인이 이스라엘 사람들이 '유대인 의식'[158]을 각성할까봐 두려워한다고 말한다. 그 의식은 대개 피지배자의 경우와 마찬가지로 자신의 인성에 대한 자각이 아니라 초인성에 대한 것이기 때문이다. H. 아렌트는 어떻게 18세기에 새로운 휴머니즘이 헤르더의 표현에 의하면 '새로운 인류 표본들'을 주장하는지 보여 준다. 레싱의 《현자 나탄》의 '잘못된 해석'에 의하면, "인류의 본보기가 된 유대인들은 그만큼 더욱 강렬하게 인간이 되어야 했다." 스스로를 '선택된 인종의 선택된 자'로 생각했고, 영국인들을 "벼락부자들의 잡종 인종에서 나왔다"[159]고 묘사했던 디즈레일리에게 완벽하게 들어맞는 상반된 담론이다. 칼라일에게는 어느 '부조리한 원숭이'의 단순한 '유대인식 수다'[160]에 지나지 않는 그런 이야기는 지배적인 주장을 그다지 손상시키지 않는다. 지배적인 주장은 언제나 피지배자들에 대한 것과 같은 메커니즘에 의해 '유대인의 의식'이 있다면, 그것은 헤겔식으로 말하자면 불행한 의식, 즉 '비굴한 자아의 의식'[161]일 수밖에 없다는 사실을 입증하려 한다. 그리고 유대인들은 주위의 표현들에 스스로 굴복할 것이다. 아인슈타인은 1919년 이렇게 선언한다. "무엇보다도, 비록 우리 다른 유대인들에게는 불쾌한 일이라 하더라도 유전적인 진정한 장점들을 토대로 하여 유대인 배척주의를 실질적인 것으로 이해해야 한다."[162]

거기에서도 식민지 피지배자들과 마찬가지로 유대인들 또한 그들에게 제시되는 인류의 모델을 모방함으로써 동화를 추구한다. 그 '조국 없는 민족'은 자신이 선택한 나라에 대해 자국민들보다 더욱 애국적인 모습을 보인다. 그러나 유대인은 자신의 본성까지는 바꾸지 못한다.《되찾은 시간》에서 프루스트가 소개하는 유대인 블로슈는 이름과 외모를 바꾸었을 정도로 프랑스화되었지만, 그의 혈통은 결국 그를 배신한다. 그는 "하이에나처럼 뛰어들어왔다."[163]

그러니 부질없는 노력이다! 비유대인들은 그와 같은 동화를 바라지 않기 때문이다. 동화는 혼성적 특성을 돕고, 결국 '곤죽'이 되어 더욱 알아보기 힘들고 눈에 보이지 않기에 위협적인 유대인이 될 우려가 있다. 피부색을 통해 직접적으로 지각되는 흑인과 달리 유대인은 "유대인 거리에서도 알아보지 못할 수 있다"[164]고 F. 파농은 상기시킨다. 또한 드뤼몽에게는 "모든 명백한 유대인은 상대적으로 덜 위험하다

……. 감시할 수가 있으니까. 정작 위험한 유대인은 바로 모호한 유대인이다……. 그는 단연 해로운 동물인 동시에 붙잡을 수 없는 동물이다."[165] 유대인이 거의 박새나 다름없는 만큼 그는 더욱 박새 같은 존재가 될 것이고, 그럴수록 더욱 위험할 것이라고 히틀러는 염려한다. 그래서 유대인을 추적하고 또한 분간하려는 그 모든 노력이 있었던 것이다. 중세에는 둥글게 썬 노란 조각의 휴대, 20세기에는 노란 별표…… 우리가 위에서 보았던 것처럼 유대인에게는 특정한 징표들을 만들어 주어야 했다. 다시 말하면 아주 간략하게 그런 것을 만들어야 했다. "다른 이들이 유대인이라고 간주하는 인간이 유대인"[166]이라고, 다른 사람들이 그에 대해 만들어 낸 '생각'의 희생자인 사르트르는 적고 있다.

그러나 A. 멤미는 사르트르가 그 분석 단계에 집착했다고 비판한다. 만일 유대인이 다른 이들에게 그런 식으로 여겨지는 인간이라면, 그것은 무엇보다도 그런 식으로 취급되기 때문이다. 유대인은 "단순히 터무니없이 **비난되고** 중상되며 비방된 것이 아니라 **실제로** 위협받고 이산되고 배척되고, 실질적으로 주기적으로 죽음의 위험에 처한"[167] 이들이며, 그런 태도는 한 개인에게 퍼부어진 욕설을 뛰어넘는 것이다. 그때부터 레비나스에게 '유대인 배척주의는 모든 억류의 원형'[168]이고, H. 아렌트는 나치 체제가 세운 수용소의 존재 속에서 이미 정치 체제의 그 미공개 모델의 변별적인 신호, 즉 전체주의를 보았다. 유대인들에게 사용된 수법들은 배척/차별과 격리에서부터 추방과 끝내는 몰살에 이른다. 그것의 정당함을 증명하려는 담론들은 법률적인 장벽들이 쓰러지는데도(그리고 분명 그렇기 때문에) 종교적인 반유대교에서 인종적인 유대인 배척주의로 넘어갈수록 점점 더 치명적인 것으로 드러난다.

그 '기식자들'에 맞서 투쟁하기 위한 첫번째 대비는 방역선을 확립하는 것이다. 격리 대책들은 12세기와 13세기부터 마련된다(1179년과 1215년의 라테란공의회). 남다른 의복 착용, 공직 채용 금지, 그들이 완전히 해방될 때까지 어떤 나라에서든 계속 효력이 유지될 금지——완전한 혹은 부분적인——이다. 북캐롤라이나와 뉴햄프셔에서는 이 금지가 1868년과 1876년에야 없어진다. 유대인 할당량은 일정 직업에 대해서 혹은 대학 입학의 경우에 법적인 차별 외에 설립되고, 배척은 모든 장소에서 작용할 수 있다. 18세기초에 산책로가 된 함부르크 성벽에는 약 1백여 년 동안 다음과 같은 글귀가 새겨진다. '유대인과 돼지 출입 금지.' [169] 1970년대 미국에서는 유대인들이 일부 호텔에서, 그리고 20세기초에 오스트리아에서는 스포츠협회에서 내쫓긴다. 그리고 독일에서 유대인들에 대해 최초로 취해진 대책은 수영장 접근 금지였다. 그런 사례들은 얼마든지 더 나열할 수도 있을 것이다.

격리는 중세에도 그리스도교인들과의 공동 거주 금지로 설명된다. 유대인들은 그리스도교인들이 방문차 들렀다 가는 그 '누추함'에 놀라는, 진정한 동물원이라 할 수 있는 일정한 장소에 가두어진다. 그리고 그리스도교인들은 그 방문을 저렴한 가격에 구매를 하기 위한 기회로 활용한다. 1412년의 '발라돌리드 법규'는 스페인계 유대인에게 폐쇄된 **울타리** 속에서 살아가도록 강요하고, 최초 게토들은 1516년 피에몬테와 베네치아에서 생겨난다. 교황은 1569년 로마와 피렌체에 두 개의 게토를 창설하고, 그때부터 게토들이 도처에서 나타난다. 러시아에서는 표트르 대제의 딸인 옐리자베타 여제의 통치 기간에 '거주 구역들'이 생겨난다.

그런 대책들은 어찌되었든 유대인들이 나타내는 위험에 비해 불충분한 듯하다. 아예 자신의 영토에 그들을 두지 않는 편이 더 나은 것이니까! 자신의 영토에 그들을 접근하지 못하게 하거나——그래서 16세기초에 신성 러시아는 유대인들을 금지한다——제한한다. 1921

년과 1924년에 뉴욕이 "수많은 잡종들과 민족적 공포들을 만들어 내는 **만민 배설강**(cloaca gentium)으로"[170) 변하는 것을 두려워했던 M. 그랜트의 주장에 영감을 받은 제한주의자들의 법률은, 사실상 유대인 이주를 차단할 목적으로 각각의 국적에 대해 연간 3퍼센트과 그에 이어 2퍼센트의 할당량을 정했다. 그리고 만일 유대인들이 이미 그 땅에 있다면 추방하는 일이 남는다. 1306년 필리프 르 벨은 프랑스에서 유대인들을 몰아내지만, 추종자들에게 진정한 모델 구실을 하는 것은 1492년의 에스파냐 칙령이다. 이는 아메리카의 발견과 마녀 사냥의 강화와 동시에 일어나는 희한한 우연의 일치이다……

그런데 초기의 나치 체제처럼 유대인들을 추방하거나 그들의 해외 이주를 돕는 것은 그다지 효율적이지 않은 방법으로 확인된다. 어째서 악을 뿌리째 근절시키지 않는단 말인가? 유대교를, 그러니까 그 이름 그대로 유대인들을 말살하지 않는단 말인가? 유대인들과 그리스도교인들 사이에서 간파되는 것이 종교의 차이뿐이라면 유대인들을 개종시키기만 하면 된다. 그렇지만 해방된 자유민들처럼, 그리고 분명 그들 이전에 유대인들은 본성을 바꿀 수 없음을 체험하게 되고, 스페인의 **개종자들**은 어떻게 또 다른 전향이 준비되는지를 잘 보여 준다. 즉 종교적 반유대교에서 인종적 유대인 배척주의로의 전향. 실상 15세기부터 '순수 혈통 정관'으로 개종자들을 공직에서 추방한다. 그 **작업**은 도저히 지울 수 없는 것이어서, 16세기에는 고위직에 오르기 위해서는 '태곳적 혈통의 순수함'[171)이 요구되었고, 이는 단순한 소문만으로도 재검토될 수 있었다. 만일 유대인들을 해방시킨 프랑스 혁명이 나폴레옹을 통해서도 확인할 수 있었듯이 대단히 빠른 '재생'의 희망으로도 특징지어진다면 우리는 더 이상 변화라는 것을 믿지 못할 것이고, H. 아렌트 역시 20세기에도 "유대인들은 개종을 통해 유대교로부터는 달아날 수 있었겠지만 결코 유대인이라는 신분에서는 달아나지 못했다"[172]고 기록한다.

따라서 진정한 스페인인은 우선적으로 유대인이 아니라는 신분을 통해 정의되고, 이어서 그 계보방법론을 다시 이어받는 나치들에게도 마찬가지로 아리안족은 우선적으로 비유대인으로 정의된다. "유대인 배척자가 권리의 주체로서 실현되는 것은 유대인의 맞은편에서, 그것도 오로지 유대인의 맞은편에서이다"[173]고 사르트르는 말한다.

신교도적인 측면에서 유대인들에 대한 루터의 돌변 역시 종교적 접근과 생물학적 정의 사이의 그와 같은 변천을 명백히 드러낸다. 처음에 루터는 그들에게 호의적이었다. 종교 개혁에서 그들을 개종시킴으로써 자신의 신도 무리를 키우기를 바랐기 때문이다. 그러나 그들을 자기 쪽으로 끌어들이지 못하자 몹시 화가 난 그는, 동물이 커다란 자리를 차지하고 있는 두 개의 추잡한 팸플릿을 써서 개인들의 신앙보다도 그 종족의 본성을 더욱 문제삼는다. 《유대인들과 그들의 거짓말에 대하여》와 《샘 하메포라스》. 이 두번째 제목은 히틀러에 의해 다시 유포된다…….

칸트는 《재능의 갈등》(1798) 중에 바이닝거라는 인물이 독일 문학에서 가장 유대인 배척주의적인 글을 보고 경탄하는 대목에서 L. 폴리아코브에게는 "'유대인들에게 죽음을'이라고 외치는 것의 형이상학적인 방법에 지나지 않았을"[174] 방식으로 '유대교의 안락사'를 권장한다. 나치주의가 수백만의 개인들을 죽음으로 내몰면서 그 몰살 계획을 실현하기 전에 다른 이들이 보다 분명하게 성취를 비는(1937년의 《살육을 위한 하찮은 일》에서의 셀린처럼) 몰살, 그 담론 전개의 최종 결론이자 수 세기의 관행들이 존재했다.

최종 해결책에서 근본적으로 새로운 점은 현대적 파괴 기술 그 자체에 있지 않고 유대인에 대한 인식 속에서의 마지막 변화, 유대인 최후의 변신을 구체화시키는 데에 있는 듯하다. 물론 고대 신화들이

재출현한다. 마녀들에게 행하였던 것과 같은 유대인의 고전적인 악마화, 모든 악의 근원에 있는 그들의 불길한 힘의 고발, 그리고 유대인을 지칭하기 위한 동물들의 이름 활용을 다시 발견할 수 있기 때문이다. 그런데 또 하나의 수식이 옛것들을 대신한다. 그 수식을 보다 잘 이해하려면 수많은 역사학자들과 철학자들이 볼 때는 유대인 배척주의자들에게 빈번한 동물 사랑과 유대인에 대한 증오 사이의 우연의 일치를 이루는 미스터리를 거쳐야 할 것이다.

경제적인 반유대교에서 인종적인 유대인 배척주의로의 이행의 발단이 되는 조류학자 투스넬은 동물들의 좋은 친구이다. 바그너는 암탉의 목을 따는 것을 보고 충격을 받았고, 리스트는 1853년에 '자신의 개 페피를 쓰다듬고' '유대인들에게 침을 뱉으면서'[175] 그것을 묘사한다. 그의 대단한 찬미가인 히틀러는 채식주의를 고려하여 그의 논지를 이어받는다. 1939년의 독일의 동물보호법은 "새로운 제국에서는 더 이상 어느곳에서도 동물들에게 잔혹 행위를 해서는 안 된다"고 제정한다. 혁신적이고 당시에는 대단히 앞서간 입법이지만 C. 제르메와 L. 페리에게는 "동물에 대한 사랑이 인간에 대한 사랑을 전제하지는 않는다는 점을 생각케 하는"[176] 것이기도 하다.

그러나 우리가 볼 때 그 보호법과 유대인들에게 가해진 처우의 잔인성 사이에는 모순이 없다. 거기에서 새로운 것은 유대인들이 더 이상 동물이 아니라는 사실이다. 그들은 인류로부터 축출되었다. 역사학자들과 수용소 생존자들은 그 인간성 상실의 과정을 상세하게 묘사한다. 그 배척은 그들로 하여금 동물성의 새로운 지위를 누리게 하지도 않는다. 그들은 SS의 개들만도 못하게 동물성의 안팎에 있기 때문이다. 그리고 과학의 진보에 따라 생물학적 결정에 세균학적 접근이 이어진다. 유대인은 박테리아·바이러스·미생물, 그리고 그뒤에는 에이즈가 된다. 1943년 히믈러가 동물과 비슷한 러시아인들과 무슨 일이 있더라도 제거해야 하는 '박테리아'인 유대인들을 구별한다는 담화는, 그 새로운 기준에 대한 의존을 분명하게 보여 준다. 전염될 우려가 있기에 적절하고 집단적인 대책들이 필요한 마당에 확실한 소독을 위해서 불보다 더 효과적인 것이 무엇이 있단 말인가? "우리는 박테리아를 제거하다가 병에 옮아 죽고 싶지 않다"고 히믈러는 말한다. 독일인들의 '생사가 걸린 공간'은 우선적으로 그들이 계속해서 살아남을 수 있는 공간이다. S. 프리드란데는 "유대인의 나치 신화 속에 있는 미생물적 요소는 우선적으로 그의 신체를 거부하고 그 다음에는 전멸시켜야 한다는, 도저히 줄일 수 없는 필요성으로부터 터져 나오는 요소였다"[177]고 기록하고 있다. 만일 계획적 집단 학살에 대해 이야기할 때 누구나 여전히 그 '최종 해결책'을 떠올린다면, 발칸 반도에서 자행되는 '민족 청소' 역시 같은 토대에 의존하고 있다는 사실을 잊지 말아야 한다. 다시는 그와 같은 끔찍한 일들이 되풀이되는 것을 막기 위해 쇼아에 대한 기억을 되살리는 중요한 작업은 당장으로서는 한 가지에만 도움이 되었을 뿐이다. '민족 정화'라는 용어가 정작 그것을 자행하는 이들에게는 사용되지 않고, 게다가 그들이 그런 비난으로부터 스스로를 방어하는 데에…….

  인종차별적인 민족 그룹들의 늘어가는 동화는 그렇듯 변증법적인 과정 끝에 더 이상 인간성을 상실한 그 개체들을 동물처럼 여기지도 다루지도 않게 한다. 그러나 그래도 짐승은 사라지지 않았다. 짐승은 식민지 지배자들, 유대인 배척주의자들, 인종차별주의자들의 쪽으로 내던져졌다……. 타기에프는 "인종차별 의도의 담론과 반인종차별주의 투사들의 담론들은 똑같은 언어 유희를 사용하게 되었다"고 지적하고, "우월한 존재들(보다 높은 등급의 인성을 부여받은 개체들)은 반인종차별주의자들에 의해 표현되고, 동물계와 가깝고 최소한의 인성

을 부여받은 열등한 존재들은 인종차별주의자들에 의해 표현되는 인
간 세계의 서열적 개념을 전제하는"[178] 반인종차별주의의 내적 모순을
고발한다. 사실 그 의태적 경쟁 속에서 짐승은 하나의 도구, 즉 공처
럼 이쪽 수용소에서 저쪽 수용소로 내던져졌다. 그리고 백인들의 서
로 다른 범주들을 기쁘게 하도록 내몰리는 것도 역시 짐승이다…….

3. 어찌할 바를 모르는 대중

앞의 두 장에서 우리 동물원은 확장되고 다양화된 반면, 인류는 오로지 백인 남성들로 좁혀졌다. 우리가 보았듯이 여성성과 열등한 미개민족들 사이에는 친밀한 관계가 있다. 남자다움/여자다움이라는 대립은 피히테·슐레겔·르낭·융·고비노·르봉 등과 같은 저술가들에게 있어서 다른 짝들인 유목 생활/정착, 창작력/창작력의 부진, 활동력/수동성, 아름다움/추함 등과 결부되어, 그 저술가들에게 우월한 백인들을 다른 인종들과 비교할 수 있게 하는 해석 도표를 제공한다. 그토록 진지한 범주들은 백인들 자신들에게서 가장 남성적이고 아름다운 등등의 종족을 구분하는 데에 다시 사용되었다. 백색에 균열이 생긴다. 그러자 서양인은 보건의 욕구와 순수함과 인간적 완벽성을 향해 언제나 더 하얗게 씻어내기를 열망하는 희생자가 되었다. 인종들은 19세기 들어 그 내부에서 증가된다. 따라서 서양의 민족들 자체 내에는 다른 인구들보다 더 인간적인 인구들이 있을 것이고, 각각의 인구는 인류의 지위를 자신들만의 독점적인 혜택으로 요구할 것이다. 그리고 짐승은 더없이 방랑하는 서로의 주장에 따라 민족들 사이를 떠돌아다닌다……

와해의 움직임은 거기에서 멈출 것인가? 인류는 단 하나의 상태라는 도톨가죽으로 줄어들었어도 여전히 지나치리만큼 수가 많고, 그다지 순수하지도 않은 것으로 여겨진다. 따라서 그 가죽을 더 잘라내야 한다. 프랑스 혁명은 계급을 타파하고, 심지어 노예들과 유대인들을 해방시켰으며, 민주화 운동은 멈추지 않고 모든 서구 국가들에서 계속되면서 여성들을 제자리로 돌려 놓으며 억눌렀다고 생각했던 그 불분명함에 대한 커다란 공포를 국경 안쪽에서 다시 솟아나게 하고 있다. 다행스럽게도 언제나 자원이 넘치는 과학이 그 모든 것을 깨끗이 바로잡아 엘리트로 축소된 인류를 보존하기 위하여, 유대인의 경우보다 짐승 같은 성질이 맨눈으로는 더 보이지 않으므로 그 특징들을 '어둡게 해야' 하는 사회 범주들을 생물화시키고 동물화시키려 한다. 그러나 야만인들과 여성들에게 사용했던 것과 같은 교묘한 방법들과 정치적 처우들을 다시 찾으려 한다면, 그 시도는 훨씬 더 어려울 것이 분명하다. 동물화된 그 계급들이 뛰어오르는 짐승을 더욱 쉽게 붙잡아 오히려 자신들을 동물화시키려는 이들의 진영에 던져넣을 수 있기 때문이다. 계급간의 투쟁은 담론 속에서 생물학적인 투쟁이 된다.

　마찬가지로 동물학적 모델이 영속되고 있으니, 그 문제를 다른 식으로 접하지 못할 것이 무엇이겠는가? 혹자들은 이렇게 자문한다. 생물학적인 것이나 행태학적인 것이나 인간과 동물에 대한 과학적 지식, 우리의 '열등한 형제들'에 대한 보다 큰 관심과 애정은 그 두 계 사이의 구분을 감추었다. 어째서 똑같은 생명 사슬에 속하는 인성과 동물성을 대립시키기보다는 인간을 이해하기 위해 다윈이 인간이 비롯되었다고 입증한 동물에서부터 출발하지 않는가? 수치스러운 평등을 세우기 위해서가 아니라 그것의 도움으로 불확정성의 곤죽에서 벗어나기 위해, 이전의 수법들로 세워진 것들과 기묘하게 맞닿는 새로운 계급 노선들을 통해 설명하고 정당화하기 위해서 말이다. 인류 내부에서 차별들을 주장하는 것이 문제가 될 때면 동물은 언제나 소중한 존재이다! 우리는 한편으로는 서구 민족의 종들을, 그리고 다른 한편으로는 어느 한 민족 내의 사회적 종들을 차별하는 보다 전통적인 방법들을 고려한 후에 원점에서 다시 출발하며, 인간들이 모두 동물로, 즉 사회적 다윈설과 비교행동학자들 그리고 사회생물학자들의 동물로 간주되는 그 세번째 접근을 검토하려고 한다.

민족 부류

　백인은 복잡한 하위 범주들로 더 세분되는 야만인종들에 비해 인성
에 있어서 유일한 존재로 자처한다. 그리고 블루멘바흐는 그 하위 범
주들을 스물여덟 가지까지 헤아린다. 다른 인종들에 대한 그와 같은
구분들의 정제는 백인들 또한 그룹들간의 차이를 비난하는 이상 결국
백인들에게 영향을 미친다. 고비노의 저서에서는 그 메커니즘이 대단
히 잘 드러난다. 그는 "유추를 통해서 백인종이 다른 두 인종들처럼
나름대로의 구분들을 갖고 있었고, 흑인들과 (그리고 황인종들과) 그
들 사이에 불평등이 존재했을 뿐만 아니라" "그들 내부에서도 똑같은
법칙이 영향력을 행사하여 유사한 다양성이 그들의 부족들을 구별하
고 단계별로 배치했다"[179]고 시인한다. 고비노가 종종 인용했던 에드
워드는 "역사학자가 민족들간에 설립한 구별들이 과연 어느 정도까
지 자연의 구별과 일치할 수 있을 것인가?"라는 의문을 품고, 역사적
인종들과 자연학이 인정하는 인종들 사이의 일치를 간파하려고 노력
한다.[180] 자연주의 방법론은 그런 식으로 새로운 목적을 만들어 낸다.
백인종들과 B. 바우어가 기록하듯 19세기초 이래로 "유럽의 땅은 멈
추지 않고 인종들을 낳았다."[181]
　그런데 동물에 관한 그 방식은 모르는 사이 주체인 백인의 통일성
을 잃고 백인의 인성을 담보삼아 이제부터는 야만인종들과 동물들에
대해 사용했던 기준들에 따라 고려되는 여러 범주들로 발전한다. 그
런데 한편 동물종들도 그들 사이에 평등하지 않고 위계 질서가 있다.
다른 한편 인간을 동물과 마찬가지로 분석하는 것이 모순되는 일인

것처럼, 이는 그 인종들이 인성에서 제외되어야 하고, 어떤 단 하나의 국민만이 그 지위를 요구할 수 있음을 의미한다. 문제는 백인들에게서 만장일치를 보는 백인의 패권과 서구 민족의 그 이웃들에 대한 우위 인식, 그리고 보다 순수한 인성을 갖춘 소명이 언제나 다른 이들의 일치를 얻지는 못한다는 점이다. 각자 나름대로 동일한 야망이 있으니까. 따라서 증거 확립은 더 어려울 테고, 반목과 전쟁을 거쳐 승리한 자가 주인으로서 그 자신의 인성과 상대방에게는 노예와 짐승의 품성인 복종에 서명하게 될 것이다.

그런데 그 가장 위대한 인성의 경주에서 대개는 독일인들이 다른 민족들이 인정한 특혜받은 자리를 차지했다. 프랑스에서 발발한 프랑크족과 갈리아와 갈로로망족, 두 인종들의 싸움에서 몽테스키외 · 디드로 · 샤토브리앙 또는 기조는 프랑크족의 요소가 질적으로 우세하다고 단언하고, 프랑스인들이 정복자들의 인종인 그 게르만 혈통에 참여했음을 뽐낸다. 이처럼 게르만족에 대한 과대평가는 사실 머나먼 옛날부터 존재하여 타키투스의 《게르마니아》를 기준으로 삼는다. 타키투스는 그 '특별한 국민'은 "온갖 잡종으로부터 순수하고 강인한 푸른 눈과 타는 듯한 금발머리에 커다란 몸집"을 갖고 있기에 그 민족의 "모든 이들이 그 외모는 같다"[182]고 묘사한다. 불랭빌리에의 피후견인 프레레에 의하면, 갈리아족은 게르만족의 굴레를 받아들이며 그들 자신의 열등함을 인정했다고 한다. 고비노가 생각하는 게르만 종족은 5세기에 서양의 정수를 변화시켰기에 "게르만 요소가 결코 침입하지 못한 곳에는 우리 방식의 문명 또한 없다"[183]고 한다. 다른 나라들에서도 새로운 계보가 구성되고, 국민 역사를 인종 교리들에 비추어 해석할 필요가 존재한다. 소설가 월터 스콧에게 영국 역사는 그렇듯 색슨족과 노르만족 사이의 투쟁으로 이해되고, 이는 오귀스탱

티에리가 이어받은 분석이기도 하다. 스페인에서는 고트족 요소의 똑같은 가치 부여를 다시 발견할 수 있다. 그런 유형의 논증은 바세 드 라푸주의 표현에 의하면 "아리안족, 하늘의 눈과 빛의 머리채를 가진 절반은 신성한 종족 이론"에 도달하고, 이는 독일인들, 특히 19세기부터 '게르마노만' 이라 명명되는 이들과 완벽하게 부합한다. 따라서 독일인들은 유일하게 진정한 인성의 보유자들이 된다. "만일 당신들이 파멸한다면 전인류는 미래의 재생에 대한 아무런 희망도 없이 당신들과 함께 파멸하는 것"[184]이라고 피히테는 〈독일 국민에게 고함〉이라는 연설의 결론으로 자신의 동포들에게 선언한다. 후에 히틀러역시 똑같은 어조로 세상의 종말을 이야기한다. 즉 아리안족만이 진정으로 인간을 대표하는 '인류의 프로메테우스' 이고, 따라서 "그들을 없앤다면 지구상에 칠흑 같은 암흑이 내리덮일 것이다. 몇 세기 안에 인류 문명이 사라질 것이다."[185]

신체와 정신 사이의 접점인 언어는 위에서 보았다시피 가장 자주주장되는 인간의 속성이다. 그러한 까닭에 고비노에 의하면, 인종의요소들과 긴밀한 상관 관계에 놓인 한 민족의 언어는 그 민족이 갖고있는 인성의 정도를 가리킨다. "민족의 정수는 언어 속에서 비추어진다." 그리고 "언어 상태는 그 언어를 사용하는 그룹의 지적 상태와 일치한다." 따라서 "언어의 서열은 엄격하게는 인종의 서열에 해당한다."[186] 유럽 언어들은 세상의 나머지 다른 모든 '여성적' 인 언어들보다 우월하고, 유럽어 가운데에서도 최고의 영예는 독일어에게 돌아간다. 이미 15세기 말엽과 16세기 초엽에 출간된 《100장의 책》의 익명의 저자인 '라인 강 상류의 혁명가' 에게는 독일어가 만인의 언어였다는 점에서 독일의 우위가 설명된다. 알자스 지방의 의학자 L. 프리스는 독일어를 "프랑스어처럼 그리스인들과 라틴인들, 고트족들과 훈족들에게 단편적으로 구걸되지 않았던" 본원의 언어로 만든다. 그것은 독일어의 순수함 숭배의 시초이고, 독일어는 전혀 고대 유산의 덕택이 아니다. 게르만족들은 그들 자신의 작품의 아들들이기 때문이다. 아리안 신화의 장본인인 슐레겔에게 창조적 자력이 빈약한 로마인의 언어들은 '부분적으로 죽은 언어들'[187]이다. 언어가 '제4 혹은 제5지대의 잔해'인 프랑스 민족에 대해 "그 자체 내에 원인들을 갖고 있는 언어로 말하는"[188] 독일 민족의 우월성은 고비노에게는 이론의 여지가 없는 것이다.

개인들의 정신 수준이 높아질수록 인류의 완벽성은 더욱 커진다고 헤겔은 말한다. 물론 "영감은 인지(人知)를 넘어서 찾아온다." 영감은 프랑스 혁명 동안에는 프랑스에 머물렀지만, 그때부터는 독일인들에게서 구현되었다. 그렇지만 그 떠도는 영감이 전진 운동을 하며 한 국민에서 다른 국민으로 이동하는 때부터, 각각의 국가는 서로 자신의 그물로 그 방랑자를 붙잡아 자신의 나라에 결정적으로 고정시키고자 노력하며, 그 영감이 이미 그곳에 자신의 민족에게 있었다고 주장한다. 헤르젠은 그것을 러시아에, 마치니는 이탈리아에 두는 반면, 프랑스인들은 영광스런 혁명의 기억으로 살아가며 언제나 스스로 민족들의 등대로 자처하는, 마르크스를 화나게 하는 소질을 갖고 있다. 그래서 그와 같은 운동에서 다시 문제시되는 것이 독일인의 패권이다. 따라서 두 인종들 사이에 '싸움'이 있었다면, 그것은 프랑스인들의 입장에서는 그 인성의 특허증을 독일인들에게 교부하는 것에 모두가 동의하지 않는다는 것이다. 어떤 사람들은 독일인들을 짐승에 빗댄다. 볼테르는 몽테스키외의 《법 정신에 관한 논평》에서 '우리 형제들'일 그 프랑크족을 비웃는다. 그들은 사실 '먹이와 집 그리고 눈을 막을 옷가지를 찾던 맹수들'이었다는 것이다. 갈리아인이나 로마인으로 태어난다는 것은 시에예스에게는 "옛 게르마니아의 숲과 늪에서 나온 미개인들"[189]을 조상으로 두는 것보다는 더 큰 가치를 갖는다.

　　그런데 가장 인간적인 종족을 때로는 여기에 때로는 저기에 위치시키는 그 모든 변덕스러운 주장들은 역설적으로 다음과 같은 혼란을 야기한다. 그 혼잡함 속에서 인간은 어디에, 짐승은 어디에 있는가? 실상 백인종의 모든 개개인들에게 대번에 인식할 수 있는 신체적 표징들이 있는 것이 아니기 때문에 게르만족에게 적용했던 기준으로 돌아간다. 즉 지배의 성공이다. 동물들은 굴복될 수 있을 뿐 굴복시킬 줄은 모르기 때문이다. 인성이 짐승들을 올라타면서 단련되는 것과 마찬가지로 인성은 다른 민족들에 대한 싸움, 그것이 가장 가까운 민족들에 대해서 일어나기에 더욱 찬양할 만한 싸움 속에서 정복된다. 전쟁은 그와 같은 인식을 위한 전투이고, 그 인식의 근원은 경제적이지 않고(생활 수단의 소유는 마키아벨리에 의하면 생존 전쟁이고, 따라서 진정한 전쟁이 아닌 동물 본성의 소멸로 귀착될 수 있었다) 상대방의 복종(죽음이 아닌) 추구로 인해 정치적인 것이다. 승리를 통해 입증되는 힘의 우세는 프루동에게는 창의적인 것이 아니라 권리, 그 인간의 전유물, 실상 유일하게 진정한 인간들인 승자들에 의해 정해진, 승자와 패자 사이의 관계를 조직할 임무를 갖는 권리를 나타내는 것이다.

　　그러나 인종 개념의 도입은 전쟁 자체의 개념을 변질시킨다. 마키아벨리에 의하면, 갈등은 언제나 보다 복잡한 무기들을 이용해(원인이 아니라) 인간성이 아닌 동물성에 가까워지는 죽음의 전투들과 결연한다. 이어서 인종들에 관한 자신의 판단을 재검토하는 르낭은 그 전투의 변이를 예감했었다. "인류의 지나치게 강조된 인종 분할은 대단히 소수의 국가들만이 진정 순수한 혈통을 갖는 과학적 오류에 의거할 뿐만 아니라, 감히 말하건대 다양한 종의 설치류들 혹은 육식동물들이 목숨을 걸고 벌이는 것과 유사한 소멸의 전쟁들, '동물학적인' 전쟁들에 이를 수밖에 없다."[190] 1870년 독일인들은 알자스－로렌을 병합할 때 '프랑스가 더 이상 존재하지 않도록'[191] 하면서 그들의 승리에 동물 연회 같은 양상을 부여했다. 비스마르크는 거류민 특허 협약에 조인한 후에 "짐승은 죽었다"고 말한다.[192] 그런 경향은 르낭에게는 명백하다. "우리는 소멸의 전쟁으로 간다." 그리고 "그 방법들은 잘못된 것이고, 다소 지나치게 양떼처럼 취급되는 가엾은 인류는 결국 싫증을 낼 것이다."[193] 이 마지막 예언은 역사의 결과와 위에서 언급된 루덴도르프의 '총력전'과 같은 교리들의 발전을 알면 그다지 낙관적이지 않은 것으로 확인된다…….

다른 한편 갈등의 결말은 승자에게 기대했던 만큼의 신분의 안전을 가져다 주지는 않는다. 한 민족의 인성은 복종된 민족을 통해 꾸준히 다시 문제 제기될 수 있다. 언제나 반역의 가능성이 있을 테고, 따라서 불확실한 승리는 새로운 권리와 인성의 지위의 역전을 판가름할 것이다. 주인과 노예의 헤겔식 변증법…….

"개개인들 사이의 기묘한 감정들과 적대감들을 확립하는 것은 바로 서로 비슷한 것에서의 사소한 차이들"이라고 프로이트가 말하는 '사소한 차이들의 나르시시즘'[194]을 발전시키면서, 유럽인들은 인성의 극단을 떠올리는 것보다도 양쪽에서 짐승을 드러내는 커다란 대소동에 도달한다. 국가들을 서로 대립시키는 인류의 갈등들은 같은 민족 내에서는 계급 투쟁으로 전가되어, 우리는 엘리트와 대중 사이의 대립이 이따금 그와 같은 혼합의 강박관념과 함께 민족들 사이의 인종적 구별들과 관련되는 것을 보게 될 것이다. 고비노는 "작은 것들은 높여진다. 불행히도 동시에 큰 것들은 낮춰진다"[195]고 단언하고, 따라서 그 퇴화는 종종 독일 저술가들의 관점인 극단적 비관주의 관념에서 순수한 혈통과 인류 자체의 근절을 제외하고는 일반적 품성의 실추를 유발한다.

민중 부류

　같은 민족 내의 사회적 분열들은 언제나 존재했다. 고대에 정치적 지시 대상은 시민과 비시민을 구분하는 데 사용되었다. 따라서 정치 접근은 거기에서 배제된 범주들에게는 인류의 목적이 된다. 그러므로 철학자들은 우리가 위에서 보았던 것처럼 정치적인 것이 어떻게 인간의 속성인지를 보여 주는 일로 만족할 수 없고, 비시민들인 노예들과 대중의 동물적 성격을 강조하면서 이를테면 못을 박아야 한다. 고대인들에 의해 진척된 본성의 논쟁을 잊지 않고 엘리트들과 대중 사이의 구분을 유지하려는 근심에 사로잡힌 사상가들은 거기에 일부 계급들이 비교되고, 심지어 가입되기도 하는 인종 이론에 이용된 논쟁들을 덧붙인다. 그 사이에 노동은 하나의 가치가 되고, 노동자들은 담론의 역전에서 그들이 동물성에 회부하는 옛 지도자 계급들에 인성을 거부하지 않을 때 자신들 몫의 인성을 요구한다. 그 계급 투쟁에서 탄약 구실을 하는 것은 동물들이고, 우리가 일부 견본들만을 제공할 동물학상의 어휘는 유난히 발전한 것으로 판명된다.

　정치적 통일체의 민주화는 원칙적으로 모든 민족의 인성을 촉진해야 할 것이다. 그러나 민주주의 자체는 통치자들을 야생동물들과 비슷하게, 그리고 피통치자들은 가축들과 비슷하게 만드는 정치 체제들을 탄생시킬 수 있다. 이미 고대인들을 괴롭혔던 참주정치와 전제주의의 경우가 그렇다. 20세기에는 전체주의의 경우가 그렇다. 이 경우나 저 경우나 이론가들에 의해 정치적인 것의 범주 밖으로 물리쳐질 테지만, 다른 사상가들은 혹시 인간의 인성에 족쇄를 이루는 것이 정치적인 것 자체가 아닌가 자문할 것이다.

노예제도는 서양에서는 폐지되어 만장일치로 단죄된다. 그렇지만 우리가 위에서 언급했던 것처럼, 흑인 노예제도의 경우에서 아리스토텔레스가 참고 자료 역할을 했을 뿐만 아니라 그의 추론이 '열등한' 계급들에 대한 온갖 지배를 확립하기 위해 모델로 사용되기 때문에 고대에서의 그 사회적 구분의 정당화로 돌아가야 한다. 그러니까 고대 도시국가는 정치 참여를 통한 유일한 인간들과 다른 개인들, 즉 논쟁의 여지없이 명령을 내리고 가축들에게 하듯 그들에게 폭력을 행사할 수 있는 가장의 엄격한 감독 아래 놓인 사유물 부류에 속하는 존재들 사이의 구분에 의존했다. 남성의 밑그림인 여성들에게나, 혹은 인류의 노정 위에 있는 아이들의 경우는 생물화시키는 데에 아무 어려움이 없다. 노예들은 전쟁 포로들(혹은 그들의 후손들)인 그들이 과거에 자유인이었던 데 따라 문제를 제기한다. 아리스토텔레스의 교묘함은 그들이 이미 잠재적으로 노예 신분에 바쳐진 존재들이었다는 사실을 입증하는 데 있을 것이다. "사실 잠재적으로 타자에 속해 있는 이는 본래 노예이다." 속성상 '인간이나 야수'로부터 마찬가지로 동떨어진 그들의 활동은 '육체를 사용하는 것'이고, 그것이야말로 이용할 수 있는 최고의 부분이다. 또한 '용도에 있어서' 그들은 짐승들과 거의 구분이 되지 않는다. 꼭 하지 않으면 안 되는 일들을 위한 육체적 도움은 "그들 둘, 노예들과 가축들에게서 온다." 결국 그들의 처지는 그들의 성분에 새겨져 있는 셈이다. "자연은 자유인과 노예 사이의 차이를 육체에 새기고 싶어한다." 전자들은 '공명정대'해서 '정치 생활에 알맞고,' 후자들은 '건장'해서 전자들이 하지 못하는 일들에 적합하다.

그러나 아리스토텔레스는 어떤 구체화의 위험을 즉시 간파한다. 왜냐하면 인간들을 언제나 영혼을 설명하지는 않는 '육체로만' 구분지으면 누구나 "다른 이들이 노예처럼 그에게 봉사할 만하다"고 인정할 것이기 때문이다. 개개인의 현실적인 조건에서 출발하는 동어반복적인 좋은 표현으로 돌아가는 편이 낫다. 노예는 노예이다. 어디까지나 노예이기 때문이다. "따라서 본성적으로 하나는 자유롭고 나머지는 노예라는 사실은 명백하고, 후자들에게 노예라는 처지는 유익하고 정당한 것이다."196) 각자가 자신의 자리에 남아 있는 것이 모두에게 가장 최선일 것이라는 얘기이다. 그러므로 노예는 법률적인 면에서 가축과 동일시될 것이고, 플라톤은 《법률》에서 주인이 노예로 인해 입은 손해를 "말이나 개처럼 짐마차 끄는 짐승이나 혹은 어떤 다른 동물이 이웃의 재산에 잘못을 했을 경우"197) 보상하는 것과 마찬가지로 어떻게 배상을 해야 하는지 명시한다.

그리고 전체적으로 비시민들로 구성된 민중 역시 동물성의 측면으로 내몰린다. 그들은 플라톤의 《국가》의 제3계급으로서 배와 성기에 해당한다. 최고의 사람들은 "죽음을 면할 수 없는 것들에서 불멸의 영광"을 선호하는 반면, "군중은 짐승들처럼 오로지 포만을 찾으려고만" 하고 "인간 집단은 짐승들처럼 먹는다"198)고 알렉산드리아의 클레멘스는 말한다. 민중은 비합리적이고 욕망에 굴복한다. 그들은 위험하다. 길들여진 노예들이나 농노들과는 달리 맹수처럼 굴 수도 있기 때문이다. 고대에는 엘리트들의 강박관념을 해석하는 그런 말이 회자된다. 일부 군중들은 무엇이 "맹수들과 다른 것일까?"199)라고 아리스토텔레스는 의문을 던진다. 만일 민중이 '야수'라면 그 답은 카토가 스킬라와의 전투에서 권했던 것, 다시 말하면 늑대 소굴, 즉 늑대 그 자체를 없애기 위해서 숲을 송두리째 뽑아내는 것처럼(혹은 '테러리스트들'을 제거하기 위해서 그로즈니를 파괴하는 것처럼)200) 로마 백성들을 제거하기 위해 로마를 완전히 무너뜨리는 것과는 다르다고 홉스는 지적한다. 홉스에게 있어 사회 계약은 그와 같은 '머리 백 개 달린 히드라와 같은' 201) 다수를 '민중'의 상태로 보내는 것이고, 그 《시민론》의 비유를 우리는 《리바이어선》에서도 다시 찾아볼 수 있다. 조직화된 민중, 정리된 민중, 그 일원들의 짐승 같은 성질은 아리스토텔레스의 노예와 마찬가지로 이들이 위험한 자연 상태 속에 다시 빠져들지 않도록 전념하는 예속으로 억제된다. 그러나 홉스에 의하면 민중은 여전히 비합리적이고 미치광이들이고, 이런 경멸 역시 수 세기 동안 유지된다. 다수·군중·집단·대중은 "위인들이나 귀족들의 상태와 반대되는 국민의 일반적 상태"[202]로 규정된 민중과 동의어로 남고, 그들은 새로운 구분들——직공들·노동자들·장인들——속에서도 조직되거나 확실하게 속박된 채 야수들·원시인들·야만인들·동물들 그리고 여성들에게 속해 있는 일반적인 특징들을 간직하고 있다. 그렇기 때문에 군중들, 조직화되지 않은 집단들 혹은 다수를, 제정되고 정당으로 조직된 민중과 구분하는 저술가들이 양자간의 혼동에 다시금 빠져드는 것이다.

 G. 르봉에게는 군중 고유의 "충동성, 흥분하기 쉬운 경향, 추론하지 못하는 성격, 판단력과 비판 정신의 부재, 감정의 과장"은 "야수들처럼 진화의 열등한 형태에 속하는 존재들에게서도 관측할 수 있는 것들"이다. 일원들과는 구분되는 집단 존재로서 군중에게 부여된 그런 특징들은 개개인들에게 반향을 일으켜 "군중 속의 개인은 원시인들과 가깝다."[203] 그러나 한편으로 '군중들은 어디서나 여성적'[204]이므로 두뇌는 없이 감수성만 강하다.

 이 '무의식적이고 짐승 같은 다수'는 '야만적'이고, 르봉은 사회 계급들과 인종들 사이에 관계를 설립한다. 고대인들은 인종의 개념을 거치지 않고도 사회 조건(노예제도)과 민중, 실상은 그리스인들이 아닌 사람들 사이의 그와 같은 관계를 준비했었다. 만일 전쟁 포로가 된 야만족이 예속될 수 있다면, 그것은 아시아의 야만족들이 본성적으로 그리스인들보다 노예 같은 근성을 갖고 있기 때문이라고 아리스

토텔레스는 말한다. 이와 같은 추론은 노예(esclave)라는 단어가 유래
된 슬라브(Slave)족들과 농노들에게도 적용될 수 있다.

따라서 인종 개념은 민중을 짐승 취급하기 위한 만족스러운 보완물
역할을 하게 된다. 그 개념은 우선 18세기《백과전서》에서 말하듯 '일
부 동물들의 특정 종들, 특히 말' 같은 동물의 세계에서 다시 활기를
띠고, 이어서 한 민족 내에서 귀족 엘리트를 천민과 구별하기 위해 활
용된다. 인종(race)이라는 단어는 16세기에는 '세대' '후손' '혈통' 이
라는 의미로 나타난다. 그러므로 시대착오의 잘못을 저지르는 셈치고
그 정치 사회적 활용이 우리가 위에서 검토했던 국민 수위에서의 활
용에 우선하지만, 언제나 긴밀하게 연결되어 있다는 점을 상기해야 한
다. 그 탄력성을 확고부동하게 하는 것은 역시 독일인들이다. 프랑스
귀족 계급이 자신의 특권을 유지하려는 열망은 1560년대에 일부 옹
호자들로 하여금 그들이 옛 갈리아족의 정복자들인 용맹한 프랑크족
들에게 집착하는 특정한 생물학적 기원을 스스로 만들어 내도록 부추
긴다. 원칙적으로 다른 것들 중 하나인 특징적인 고귀함, 명예로운 그
혈통의 미덕은 세대를 걸쳐 전달될 수 있는 것들이다. 18세기에 불랭
빌리에는 '인종' 이라는 단어를 사용하지 않고도 '갈로 로망의 서민
계급' 과 반대되는 프랑크족에게 귀족 계급을 결부시킨다. 이는 19세
기에도 찾아볼 수 있는 대립으로 이번에는 역사학자들을 매료시키고
그들로 하여금 기조처럼 귀족들, 프랑크족들을 갈리아족의 서민들과
대립시키게 하는 그 인종적 교리들 속에서 체계화된다. 심지어 국왕
들의 출신이 고트족인 것으로 여겨지는 스페인에서의 계급/인종의 분
할도.

그러나 우리는 색 대비 수단에 지나지 않는 백인의 흰색을 선험적
으로 묘사하지 않는 것과 마찬가지로, 귀족 계급 역시 인종들을 가늠
하는 데 사용되는 새로운 과학적 도구를 이용하여 과학 관측자들이 짓

누르려 하는 열등한 계층들에 비해서만 나타나는 것으로 묘사하지도 않는다. 그 비천한 계급들은 자신들의 특징, 낯빛, 두개골 형태, 그리고 따라서 그들의 지적인 능력 속에서 더 이상 사회적 원인이 아니라 유전적 원인을 참조하는 조건의 열등함을 탓한다. 1845년경 앙드레 레치우스는 '두개(頭蓋) 지수' 개념을 도입하여 두개골이 긴 사람들과 짧은 사람들을 구분한다. 1899년 바세 드 라푸주는 후자들을 자신들의 것인 "두개골이 짧은 사람들과 개들에게만 공통된 본능"[205]을 잃었을 때 주인들을 찾는 타고난 노예들로 만든다. 브로카는 귀족들의 두개골과 빈민들의 무덤에서 발굴한 두개골 비교에서 출발하여 프롤레타리아에 대한 귀족 계급의 우월성을 결론짓고, 두개골 용량을 토대로 한 척도는 르봉으로 하여금 동물종들의 서열을 가리듯 다른 사회 계급들을 구분케 한다. 마지막 단계에는 고비노에 의하면, 야수들과 비슷하여 그들이 전혀 기여하지 않는 문명에서 아무것도 이해하지 못하는 상스럽고 무식한 농민들이 놓인다. 장인은 노동을 하기 때문에 고대에는 동물성의 측면으로 밀쳐졌고, 프롤레타리아 또한 못박힌 손 때문에 마찬가지이다. 민중 내 범주들의 정제는 어느 누구도 그 동물적 본질에서 구해 주지 못하고, 오로지 그 종들의 등급 매기기만 가능케 한다.

민중의 인성을 주창하는 이들이 짐승을 귀족 계급과 관련시키는 것은 똑같은 논리 속에서, 다시 말하면 귀족 계급과 서민 계급과 그들 각자의 관계가 그 자체로 재검토되지 않은 채 우선적으로 게르만족들과 갈리아족들에게 내려진 판단을 통해서이다. 우리는 위에서 마블리나 시에예스가 어떻게 게르만족들을 프랑켄의 숲 속으로 쫓아냈는지 보았다. 그러자 시에예스는 논증을 전복시킨다. 귀족들은 국민의 반역자들이라는 것이다. 그들의 조상들인 프랑크족이 조국을 배신했기 때문이다. 평민들은 유일하게 진정한 프랑스 선조 갈로로망족의 후손이고, 루제 드 리슬은 《라 마르세예즈》에서 프랑스의 밭을 귀족 계급과 국왕으로 표현된 야수들의 '불순한 피'로 적시라고 권한다.

갈리아족의 수탉이 프랑스와 동시에 프랑스를 구성하는 민중의 상징이 된 것은 그때이다. 처음에는 우리가 위에서 보았듯 네로 시대의 처음에는 불쾌감을 주던 언어 유희에서 탄생한 수탉은 고대 이래로 종탑 꼭대기에 오르는 거만한 이미지를 쉼없이 윤색해 간다. 이는 중세의 가문(家紋)들인 호전적이고 당당한 동물의 상징에서도 발견할 수 있다. 앙리 4세는 미래의 루이 13세가 탄생할 때 그 수탉을 메달에 새기게 하는 최고의 군주이다. 수탉은 프랑스 혁명과 함께 교회에서 내려와 민중과 한데 섞이며, 오늘날 프랑스 축구팀의 셔츠에 형상화되는 국민적 상징이 된다.

인류학적 가치가 된 노동은 그 대신에 노동자들을 진급시킨다. 생시몽의 유명한 우화는 생산적인 꿀벌들을 기생하는 무늬말벌들과 대립시키고, 이 대립은 관념론자 데스튀트 드 트라시만큼이나 보다 나중에 꿀벌 수컷들을 꿀벌들과 분리시키며, 원시 공산주의를 끝낼 것을 제안하는 자유주의 사회진보론자인 기업가 A. 카네기에게서도 분명히 찾아볼 수 있다. 독점자들은 19세기 저술가들, 특히 사회주의자들의 비판적 글에서 빈번히 나타나는 동물종인 살쾡이들(loup-cervier)이 된다. 살쾡이는 스라소니(lynx)이다. 뷔퐁은 "늑대에게는 울부짖는 종 외에는 아무것도 없다"고 설명한다. 그런 이유로 해서 사냥꾼들은 살쾡이를 '늑대'라 부르고, 늑대가 사슴(cerf)들을 덮치기 때문에 'cervier'를 덧붙였다. 관측자들에게 깊은 인상을 준 것은 늑대가 먹이를 노리고 '나무 꼭대기까지' 쫓는 방식이다. 게다가 더한 것은 일단 제물을 잡고 나면 '머리를 열어서 피를 빨아먹고 뇌를 먹는'[206] 방식이다. 경제계에서 그 독점자들·약탈자들·기식자들은, 우리가 보았다시피 인종적으로는 특히 유대인들과 연결되는 맹금류들과 설치류들이기도 하다. 마르크스주의자들에 의하면, 자신들의 계급 의식을 자각함으로써 그 자체로서 계급이 된 프롤레타리아들은 자신들이 어떻게 동물화되었는지를 깨닫고, 이번에는 그들이 착취자들을 짐승과 연관시킨다. 그들은 모든 계급 붕괴의 전령, 즉 사회 불평등을 알지 못하는 인류 자체의 전령인 보편 계급이다. 만일 마르크스나 엥겔스에게서 동물정치학적인 표현들을 찾자면, 예를 들어 자본주의자들은 '부르주아 계급의 음탕한 작은 공작새들'로 취급되지만, 역사적 유물론의 두 창립자들이 다윈식의 **생존 경쟁**을 하는 계급 투쟁을 생물학적인 투쟁과 동일시할 것을 강하게 거절하여 동물은 은유로 남는다. 이 점에 대해서는 좀더 뒤에서 다시 언급할 것이다.

제3계급은 시에예스에게는 국민 그 자체이고, 디드로와 달랑베르의 《백과전서》는 이미 노동의 옛 개념의 기초가 되었던 동물성과의 관계를 전복시킬 것을 목표로 했었다. 국민의 가장 필수적인 부분은 존중되는 것이 아니라 동물로 취급되는 것이다. 따라서 그 '동물들'에게 정치적 본질을 촉구하는 것이 문제이다. 그들은 인간의 속성인 이성적인 것을 정의하는 언어를 갖고 있기 때문이다. 디드로는 만일 동물과 우리 사이에 "확실한 의사 소통 수단이 있다면," "그들이 우리에게 자신들의 감정과 생각을 분명하게 전달할 수 있고 우리의 것 또한 분명하게 알 수 있다면, 한마디로 그들이 만일 총회에서 투표를 할 수 있다면 그곳으로 그들을 불러야 할 것"이라고 선언함에 따라 '자연법' 항목에서 대단히 과장하기까지 한다.

정치 접근은 곧 인성에의 접근이다. 그렇기 때문에 '민중 선동 개념의 살무사 같은 이빨'을 두려워하는 고비노는, 정치계에서의 가장 높은 완벽성을 "통치 계급들이 […] 민족적으로 말하자면 대중 계급들과 엄격하게 구분되는 사회의 상태"[207]라고 정의한다. 그러므로 불리한 계급들, 곧 인종차별되고 여성화된 계급들은 정치에 참여해서는 안 된다.

  그렇지만 정치 참여는 중요한 것이고 타자를 지배하는 방법이어서, 고비노도 입헌 기관과 대의 기관들을 갖고 있고 의회 도구를 사용하는 민중들만이 문명화된 이들이라고 판단한다. 우리가 이미 살펴보았듯 정치적인 것은 본래 여러 가지 형태로 변화하고, 거기에는 더 좋은 형태도 있고 더 나쁜 형태도 있다. 그러나 일부 체제들은 비인간적인 것들로서 정치적인 것의 정의 자체에서 배제된다. 전제군주권(혹은 독재 군주제)은 고대 이래로 언제나 권력의 비정치적 양태로 간주되어 왔고, 20세기에는 전체주의로 간주되었다. 그 지휘자는 야수처럼 행동하며 시민들을 가축으로 변모시킨다. 그리고 통치자들과 피통치자들 사이의 관계는 성격과 따라서 방법, 가해진 처우들, 그리고 심지어 어휘마저 퍽 다른 그 두 가지 유형의 체제들 속에서 양쪽 모두를 짐승으로 만든다.

  르봉이 문제삼는 대중의 '최면에 걸리기 쉬운 성질'과 '고지식함'은 대중으로 하여금 순순히 따르게 할 줄 알고, 논리적인 논증보다는 오히려 파격적인 말들로 설득할 줄 아는 선두 지도자의 말을 듣도록 부추긴다. 환상에 굶주린 민중은 "불빛을 보고 몰려드는 곤충처럼 앞에 서 있는 연설자를 향해 본능적으로 이끌린다." '인간 무리'는 '동물떼'처럼 선동자의 '권위 아래로 본능적으로'[208] 이동한다. 그러나 선동자 역시 환심을 사기 위해 대중의 감정을 지지할 수밖에 없다. 플라톤은 말하기를 궤변론자들, 그 "특별한 임금노동자들은 […] 민중이 집회에서 주장하는 것과 다른 격언들은 가르치지 않고" 마치 "어떤 거대하고 튼튼한 동물의 본능적인 움직임과 욕구들, 그러니까 그 동물에게는 어디로 접근해야 하고 어디를 만져야 하며, 그 동물이 언제 그리고 왜 화를 내거나 가라앉히는지, 각각의 상황에서 어떤 소리로 울부짖는 습성이 있고 어떤 음성에 화를 가라앉히거나 북돋울 수 있는지를 관찰한 후에" "그 거대한 동물의 본능"[209]에 따르는 인간처럼 행동한다. 사랑하는 관계인 동시에 잡아먹는 관계인 선동 정치가와 대중 사이에 작용되는 것은 어떤 동물적 유혹의 유희이다. 플라톤에 의하면 선동 정치가는 사자나 늑대가 아무 생각 없이 주둥이 속으로 달려드는 먹이에 대해 품는 것과 똑같은 사랑을 **민중**에게 품는다. 그것은 '늑대가 양을 몹시 좋아하는 것'[210]과 마찬가지로 한 소년을 사랑하는 《파이드로스》의 연인들의 이미지이다. 그러므로 선동 정치가는 철학자와 달리 그 역시 한 마리 짐승이다. 궤변론자는 논증을 뒤집는 기술 때문에 문어와 비교된다. 즉 이중적으로 동물적인 존재이다. 한편으로는 그가 진실을 탐색하도록 예정된 **로고스**를 타락시켰기 때문이다. 그는 수사학을 유리하게 설득하는 기술, 정해진 순간에 가장 유리한 것으로 설득하는 기술로 만들었다. 다른 한편으로 "영혼이 함양되는 산물들을 도매 혹은 소매로 팔기 위해 생산하는 가게 주인"[211]인 그는 자신에게는 부양의 목적을 갖는 강의에 대해 후하게 값을 지불받기 때문이다. 선동 정치가와 군중과의 관계는 "개 한 마리에게 한꺼번에 끌려다니는 양떼"[212]와 같다고 H. 아렌트는 말한다. 클레망소는 "자신들이 지휘한다고 주장하는 군중들을 양떼처럼 따르는 집단의 지도자들"[213]을 통렬히 비난한다. 니체의 차라투스트라는 배우들에 의해 조작되는 그 '독살스러운 파리들,' '민중'을 보호한다고 주장하는 그 '독거미들'[214]을 멀리하라고 충고한다.

전제적인 지배는 아리스토텔레스에게는 정치계에 속하지 않는다. 전제 통치는 노예들에게나 걸맞은 것이지 인간들에게는 합당하지 않다는 것이다. 따라서 폭군은 **테리온**, 즉 인간들을 가로막고 인간의 도시국가 속에서 실현되는 공동체 구성에 장애가 되는 고독하고 짐승 같은 야수이다. "한 인간의 통치를 원한다는 것은 동시에 야수의 통치를 원한다는 것이다. 비합리적인 욕구에는 분명 짐승 같은 특성이 있고, 지도자들이 아무리 덕망 있는 사람들이라 하더라도 열정은 그들의 정신을 그르치기 때문이다.”[215]

홉스에게 있어서 그것은 자신들에게 맡겨진 거대한 수단으로 시민들의 안전을 담당하는 대신에 그들의 생명(전쟁의 경우는 제외하고)을 멋대로 좌지우지할 때 군주에게 닥칠 수 있는 일이다. 그 군주는 시민들이 서로에 대해서 본성 그대로의 늑대들처럼 되지 않도록 막기는커녕 정작 자신이 늑대처럼 행동한다. 물론 최하층민, “의사들은 ‘회충’이라 명명하는 그 작은 벌레들”에게서 발달하는 요구인 군주의 권력을 토론할 자유를 인정해서는 안 되고, 만일 숫양들이 분노해서 뿔로 나머지 무리를 괴롭히기라도 한다면 그들을 가두어야 한다. “나쁜 왕들이란 바로 그런 이들이다, 아무리 그리스도교인들이라 하더라도.”[216] 로크에게 있어서 절대 군주제는 “시민 정부 형태라고는 전혀 간주될 수 없다.”[217] 그것은 인류에게서 최악인 정치의 부정 그 자체이다. 로크식의 자연 상태 속에서(홉스나 루소의 보다 동물적인 상태와 달리), 개인은 비록 자신의 권리가 법을 통해 보장되지 않기 때문에 권리를 충분히 누리지 못한다 하더라도 완전한 권리를 가진 인간이다. 절대 군주제와 일반적인 방식으로 모든 형태의 폭정은 흡사 인간이 자연 상태 속에서 동물을 다루듯 인간을 다룬다. 인간들을 지배하고 활용한다. 적어도 자연 상태에서라면 인간은 자신의 잘못을 인정하여 자결할 수도 있었지만 폭정 체제에서는 그런 기회마저 잃는다. 인간은 자신이 만들지 않은(동의하지도 않은) 법, 오로지 대상들, 즉 “주인을 기쁘게 하고 이롭게 하기 위해 노동과 봉사를 하도록 되어 있는 그 동물들이 서로에게 해를 입히고 서로를 파괴하지 않게 하려는”[218] 목적만을 갖고 있는 법을 따른다.

H. 아렌트에 의하면 전체주의는 “독재 정치·폭정·압제와 같이 우

리가 알고 있는 다른 형태의 정치 압제와는 본질적으로" 다르다. 전자의 경우에서는 인간들이 사적인 공간으로 밀쳐지고 정치 참여로부터 배척된다면, "마치 인류 전체가 단 하나의 개체만을 형성하는 것처럼 인간들의 다양성과 무한한 분화를 조직"의는 어떤 동물종과 흡사한 것의 제작을 위해 인간을 이름 그대로 폐기한다. H. 아렌트는 우선적으로 유대인들과 관계되는 그 단계들을 다음과 같이 묘사한다. 법적 인격의 파괴(집단적인 국적 상실), 도덕적 인격의 살해와 세번째 단계인 비인간적 존재들의 제조, "모두들 파블로프의 개처럼 행동하고, 자기 자신의 죽음을 향할 때조차도 모두 완벽하게 예측할 수 있는 방법으로 반응하고, 반작용을 일으키게 할 뿐인 인간의 얼굴을 한 끔찍한 꼭두각시들," 짐승 같은 성격, 육체 조작과 우생학적인 실험, 끝으로 '정치적으로 말하자면' 수용소가 죽음의 기지와 구분될 것이 없는 과정의 발작적 형태에 지나지 않는 몰살. 어떤 경우이든 인류에 대한 범죄이다. 인간들을 본래의 모습이 아닌 존재로 변형시키면서 인간 본성의 변형에 관계된 것이기 때문이다. '인간적 동물의 전형들,' 인간을 동물과 구분하는 장점들, 특히 그들의 개성을 지우는 것. 그 체제는 비인간적이고 비정치적이다. 인간들이 너무 많기 때문이다. "그 체제의 정수는 다음의 말로 이해될 수 있다. **인간**의 절대 권력이 그 인간들을 쓸데없게 만든다."[219]

전제군주를 지칭하는 동물정치학적인 어휘는 대단히 광범위하여 '폭군' 나폴레옹 3세와 그의 협잡꾼 무리를 지칭하기 위한 V. 위고의 어휘는 훌륭한 사화집을 구성하고, A. 브로사는 주로 《징벌》과 《어린 나폴레옹》에서 인용한 그것의 여러 가지 예를 든다. "독수리·쥐·족제비·자칼·집 지키는 개·두더지·상어·돼지·올빼미·살무사·원숭이·까마귀·뱀……."[220] 또한 "루이 보나파르트는 법의 밖에 있다. 루이 보나파르트는 인류의 밖에 있다."[221] 야수 혹은 괴물인 폭군은 대개 잔인한 죽음에 처해진다. 그런 것이 폭군 살해 이론들의 출발점이다. 키케로는《의무론》에서 자신의 적들을 불에 그을리며 동물 울음소리와 비슷한 고통의 비명을 내지르는 것을 들으며 즐거워했던 아그리젠토의 폭군 팔라리스를 언급하면서, 인류로부터 폭군들, "인간의 모습으로 저지르는 그 미개한 짓과 짐승 같은 끔찍한 짓"[222]을 없앨 것을 제안한다. 홉스에게 있어서 그것은 폭군이 되어 시민들의 안전을 책임지지 못하는 군주로 인해 받는 위기이고, 프랑스에서는 '돼지 같은 왕'이 받게 될 운명이기도 하다. 폭정에서 볼 수 있는 것처럼 돼지는 폭군을 가리키고, 때로는 그런 까닭에 그 짐승과 함께 작용할 가능성이 있다.

우리 생각에 전체주의의 급진적인 새로움 중 하나는 말도 못하게 천한 것을 지칭하지 못하는 불가능성이다. 전체주의 지도자는 이따금 반대자들에게 괴물 취급을 받기도 하지만, 죽을 때까지 '황제' '백성들의 아버지' '위대한 조타수'로 남는다……. 백성의 행복을 위해 다른 어느 누구보다도 더 많은 관심을 기울이는 인간으로 만드는 자동 호칭에 따라서. 그는 아리스토텔레스가 묘사하는 그 고독한 폭군 혹은 마키아벨리에 의해 그려진 그 간악한 왕이 아니다. 다른 한편으로 지도자 숭배를 둘러싸고 조직된 전체주의는 물론 종속 관계에 놓인 사람들의 영역에서 그 책임을 가려내기가 쉽지 않은 체계이다.

사실 독재 정치에서 개개인들이 짐승처럼 취급받는다면, 전체주의에서 개개인들은 우리가 유대인의 경우에서 보았던 것처럼 박테리아로 끝맺음되지 않으면 실제로 짐승이 되고 만다. 수용소에서 그들은 여전히 알지 못하는 언어로 소리쳐지는 명령을 듣는 짐승들로 변모되고, 육신에 새겨진 번호로 불리는 그 존재들은 보다 인간적인 것, 즉 언어의 활용을 상실했다. 수용소 생존자들은 해방된 지 50년이 지나서야 마치 그들이 낯선 타인이 된 듯한 짐승 같은 체험을 말로는 도저히 옮기기 힘든 듯 어렵게 말문을 열기 시작한다.

끝으로 인종과 관련된 그 비인간적인 체제들의 마지막 특징을 언급해야겠다. 독재 정치는 전형적인 야만인들의 체제이다. 아리스토텔레스는 아시아인들은 아무 불평 없이 전제 권력을 견딘다고 말한다. 우리가 이미 보았던 것처럼 그들이 전쟁 포로가 되었을 때는 그와 같은 노예 근성이 그들로 하여금 노예의 소질을 갖게 한다는 것이다. 이론상 독재 정치는 동양적이다. 특히 몽테스키외가 묘사하는 그 체제에 대해 그것을 동양에 위치시키면서 알튀세가 강조하듯 '지리학적인 환상'이 '정치적 암시'와 프랑스적인 절대 군주제에 대한 비평을 감추고 있음을 이해해야 한다. 그렇다 해도 단순한 은유가 문제가 되지는 않고, 서양의 열렬한 지지자들은 대단히 실질적인 방식으로 중국이나 동양 혹은 보다 일반적인 방식으로는 야만족에 그 체제 유형을 위치시킬 것이다. 그러나 이는 그 모든 인종들을 독재 정치에 부여된 극단적인 권력과는 도저히 양립할 수 없어 보이는 '여성적인 원칙' 아래에 두는 그 사상가들에게 명백한 모순이다. 그런데 분명히 독재 정치의 한가운데에 있는 정욕의 그 앞뒤가 맞지 않는 양상은 전형적으로 여성적이고, 그런 식으로 우리는 서양에서 여성들을 통한 권력 장악의 모든 위험들, J. 보댕이 《국가론》의 마지막 장들에서 그렇게도 열중하는 그 '여성 주권정체'를 가늠할 수 있다……. 그리고 어쩌면 '수력 사회'의 모델을 둘러싸고 구상된 비트포겔의 동양적인 독재정치 개념은 우리로 하여금 여성 특유의 습기를 떠올리게 하는지도 모른다…….

거기에서 또 전체주의는 독재 정치나 폭정과는 구별된다. 전체주의는 서양에서 탄생했고, '인종'과의 관계는 대단히 특별하다. H. 아렌트의 말을 빌리자면, 나치 체제에 관련해서 다른 모든 유형의 정부와 근본적으로 다른 것은 유대 민족 말살 계획이 그 구성 요소이기 때문이다. 실상 우리가 앞장에서 보았던 것과 마찬가지로 유대인들의 인간성 상실은 그들에게 동물의 지위조차 주지 않는다. 동물에 관한 법에서 동물 수송 조직은 통풍·공간 구성·영양 공급 등 대단히 조심스럽게 계획된다. 그러나 유대인 수송대에는 그와 같은 것이 전혀 없었던 것이다. 그들이 빼곡이 쌓였던 동물용 칸들은 콘테이너와 더욱 흡사할 것이다. 유대인들은 박테리아가 되었고, 소각 장소를 향하는 그들의 전진은 유독 쓰레기 운송으로 나타난다.

　어찌되었든 표현들은 양면적이지만 동물은 언제나 정치 어휘에서 나쁜 쪽으로만 취해지지는 않는다는 사실을 상기해야 한다. 모든 것은 우리가 그들에게서 취할 수 있는 이득, 우리가 II부에서 묘사했던 것과 같은 특정 동물들의 이미지 양상에 달려 있다. 국가적이고 대중적인 동기를 제공하는 갈리아족의 수탉의 경우가 그렇다. 수리와 독수리는 대개 중세에는 폭정의 이미지였지만 수리는 권력과 주권의 개념과 더욱 자주 관계된다. 수에토니우스가 아우구스투스에 대해 하는 묘사를 보면, 관상학이 대단히 중요했던 시대에 아우구스투스가 수리와 닮았다는 점에 대한 근심을 알 수 있다. 그리고 수리/제국의 관계는 나폴레옹 전설이나 독일 제국에서 계속 이어진다. 수리는 동물의 왕인 사자와 비교되는 아첨꾼이기도 하다. 그것은 힘과 동의어이다. 콘스탄티누스와 그의 후계자들은 사자와 동일시되었고, 율리우스는 이렇게 말했다. "나의 가슴은 마치 동물의 왕 사자의 그것처럼 털이 많고 텁수룩하다." 그를 비방하는 사람들은 오히려 그를 사슴의 이미지로 본다. '그 소심한 동물'의 형태들을 가진 자들은 '저속한 정신'을 갖고 있고, "불안정하고, 성을 잘 내며…… 그다지 활동적이지도 않다."[223] 사자는 해몽가들에게는 가장 소중한 주권의 상징이어서 《아크메개론》 역시 사자에게 한 장을 온전히 할애한다. 그리고 우리는 다소 부정적으로 판단되었던 표범이 어떻게 영국 왕가의 가문(家紋)에서 똑같은 그림을 간직하며 순식간에 사자로 불렸는지는 이미 말했다……. '반인반수를 지배하기 위해' 아킬레우스에게 켄타우로스 키론을 주었다는 것은, 마키아벨리에게는 "군주는 어떻게든 자연을 활용할 줄 알아야 한다"는 의미가 된다. 그리고 "군주는 짐승을 잘 활용할 줄 알아야 하고, 여우와 사자를 가려낼 줄 알아야"[224] 하기 때문이다. 여우는 꾀, 즉 **메티스**로 인해 문어와 가깝다. 그리고 앞서 말했듯이 고대에 궤변론자의 상징이었던 문어는 일반적으로 정치인의 상징이기도 하다. 이와 같이 사자와 여우라는 위정자의 이중적인 이미지는 마키아벨리주의자들에 의해 다시 활기를 띠며 영속된다. 파레토는 통치 엘리트를 묘사하기 위해 마키아벨리의 사자와 여우 사이의 대립과 "통치 수단으로서의 힘 혹은 계략 의존의 선택"[225]을 다시 거론한다. 꿀벌은 오랫동안 왕과, 심지어 황제의 호사에 동참한다. 나폴레옹이 대관식 때 입은 길게 끌린 옷자락에는 수백 마리의 꿀벌들이 총총히 흩뿌려지듯 금실로 수놓아져 있다. 그러나 꿀벌은 자연주의자들이 19세기에 무시무시한 경멸감을 찾아낸 이후로 프롤레타리아들, 노동자들, 밀랍과 꿀을 생산하는 미천한 자들 쪽으로 돌아섰다. 벌통을 다스리는 것은 왕이 아니라 여왕이었던 것이다…….

만일 동물이 그렇듯 사회 행동의 모델로 사용된다면, 어째서 그들의 메커니즘을 이해하기 위해 대번에 동물의 힘을 빌리지 않는 것일까? 19세기부터 인간을 생명체 전체 속에 다시 빠뜨리면서 여러 다른 학자들이 실행하는 것은 언제나 과학의 이름으로 행해지는 새로운 접근이다.

모두가 짐승인가?

　서양의 지배적 사조는 동물의 가치절하에 있다. 우리가 보았다시피 이원론에는 그 두 계 사이의 급진적인 단절이 있고, 생명 사슬을 가정하는 일원론에서는 인간이 여전히 짐승보다 우월하다. 그렇지만 그 자연계 속에서의 인간의 우세에 대해서는 언제나 이견들이 높아진다. 그 이견들이 없었다면 토론도 없었을 것이고, 힘겹게 인간의 우월성을 입증할 필요도 전혀 없었을 것이다. 아풀레이우스·플루타르코스·마키아벨리·몽테뉴 등은, 그렇듯 이미 플라톤이 만일 학들의 감정을 알 수 있다면 그들은 인간들을 어떻게 평가할까 자문하면서 비난했던 인간의 오만함을 낮출 목적으로 경탄할 만한 동물 무훈담들을 소개한다……. 게다가 선임자들이 들려 주었던 동물에 대한 많은 특별한 이야기들을 다시 인용하는 다윈은, 우리의 동물 조상을 주장하면서 새로운 이론 구상에서 결정적인 역할을 한다. 새로운 이론들에서는 동물이 그 혈연의 이름으로 과학적 모델(생물학적 그리고 행태학적 기능의 법칙은 인간에게도 적용된다)과 동시에 윤리적 모델(따라야 하는)이 된다.

　과정은 드러나지 않는다. 예전에는 '동물들'을 '생명체들'로 취급하기에 자연주의자들은 인간으로부터 출발했다. 아리스토텔레스에 의하면 우리와 더 가까운 인간이 우리에게 더 잘 알려져 있기 때문이다. 그리고 자신의 기념비적인 《동물지》를 인간으로부터 시작하는 뷔퐁에 의하면 인간이 그 어떤 것보다 우수하기 때문이다. 그러나 이제부터 출발점은 동물이다. 그러니까 가장 모순적인 해석들을 유발하는 사고를 한 다윈의 궤적 속에는 사회적 다윈설, 비교행동학 혹은 보다 최근에는 사회생물학 속에 표현되는 그 새로운 접근의 열렬한 지지자들이 있다. 그런데 거기에서 또 우리에게는 이중적인 질문이 떠오른다. 동물은 그 관점의 전복에서 이익을 얻었는가? 그리고 저울을 동물 쪽으로 기울이면서 그 이론들은 인간 불평등을 다른 토대로 정당화하려 하지는 않는가?

다윈의 제자인 E. 헤켈은 새로운 문제를 제기하면서 서슴지 않고 코페르니쿠스의 발견에 빗댄다. "인간은 서서히 그리고 차츰차츰 열등한 척추동물들, 그리고 첫째로는 원숭이류 포유동물 혈통에서 나왔다. 만일 그렇게 보는 방법이 세워지면, 인간의 동물 기원과 인류의 계통수(系統樹)에 대한 인식은 모든 인간 관계의 평가에 대한 그 어떤 지적인 진보보다도 더 많은 영향을 미칠 수밖에 없게 될 것이다."[226] 다윈설은 적자 생존을 보장하는 자연 선택에 의해 종의 기원을 설명한다. 모든 오해는 어떤 이들에게는 협력으로 이해되지만, 더 자주는 생명을 위한 결사의 전투로 이해되는 그 유명한 '생존 경쟁'의 해석에서 유래된다.

모호함은 다윈 자신에게도 있다. 《종의 기원》의 한 대목에서 그는 사과나무의 식물 기식자인 겨우살이의 예로부터 비유적 의미에 관련된다고 설명한다. 겨우살이는 사과나무 위에서 자신의 생존을 찾지만, 말 그대로 그 나무에 맞서 싸우지는 않기 때문이다. 살아남을 수 있다고 가정하고(가령 너무나 많은 수의 기식자들을 통해) 죽음을 건 투쟁은 겨우살이에게 생계 수단의 상실을 야기할 것이다. 그런 경우 투쟁은 상호 의존에 더 가깝고, 상보성을 해석한다. 무정부주의자 크로포트킨이 선택하는 것이 그 상호 의존적 해석이다. 《윤리학》에서 그는 동물과 인간의 속성이 애타주의를 토대로 하고 있다고 입증하고, 목가적인 삶에 해당하는 동물 생활의 정경들을 묘사한다.

그러나 다윈에게 그 삶을 위한 경쟁은 더 가혹할 수 있다. 가령 기근의 경우에 같은 종의 동물끼리의 투쟁을 포함한 죽음을 불사한 투쟁은 자신의 생계 수단을 확보하고, 자신의 생존을 보장하기 위한 유일한 수단이 될 수 있다. 사회적 다윈설이 자신의 이해력과 자연 선택의 다윈식 원칙 적용에서 주로 의거하려 했던 것이 그 두번째 모델이다. 인간과 동물 접근의 유사성은 개체들 사이의 자연적인 불평등을 더 잘 주장하기 위해 내세워졌을 뿐이다. '공상적인 평등'에 적대적인 헤켈은 《생물변이설의 증거들》에서 "후대의 이론은 동물 사회들에서와 마찬가지로 인간 사회에서도 법도 의무도 행복도 쾌락도 평등할 수 없음을 확립한다"고 단숨에 주장한다. 다윈을 프랑스어로 최초로 번역한 클레망스 루아예의 신조는 이같이 알려져 있다. "인간은 본래 불평등하다. 바로 그 지점에서 출발해야 한다." 그리고 평등주의는 '미개함을 향한 귀환'이다. 원래 다윈설은 자유주의이고, 다윈 자신은 그의 선구자 맬서스에게 인정받았다. 사업가들에게 채택된 다윈설은 최고의 적자인 **자수성가한 사람**에게서 나타내는 자유방임을 권하고, 기업가 카네기는 이렇게 선언한다. "대기업들의 확장(가장 작은 것들의 제거를 통한)은 비난할 만한 경향이 아니다. 그것은 자연과 신의 유희를 반영할 뿐이다."[227] 또한 클레망스 루아예에 의하면, 다윈설은 "정치적으로 가장 무제한의 개인적 자유 체제라는 결론에 도달"하고, 그런 조건들 속에서 자연 선택의 주장은 헤켈에게는 "사회주의자들의 말도 안 되는 평등 이론들에 대한 최고의 해독제"[228]처럼 보인다.

그렇지만 사회주의와의 관계 역시 간단치는 않아서 마르크스는 자기 자신의 가문에서도 입장을 분명히 해야 했다. 그의 셋째딸의 연인인 아벨링은 '가장 견고한 과학적 뒷받침'은 '다윈의 이론을 통해' 사회주의에 주어졌다고 주장하면서, 다윈을 '닥치는 대로 읽은' 마르크스가 1873년 다윈에게 자신의 《자본론》 2권의 두번째 발행본을 보냈다고 덧붙인다. 마르크스의 또 다른 사위 라파르그는 클레망스 루아예와 합류한다. 그러나 클레망스 루아예는 그를 거부할 뿐만 아니라 그 역시 장인의 분노를 산다. 마르크스는 1869년 라파르그 부부에게 보낸 편지에서, 다윈은 영국 사회 속에서의 삶을 위한 투쟁에서부터 "삶을 위한 투쟁이 '동물'과 식물의 삶에서 지배적인 법칙이었음을 발견하게 되었다. 그러나 다윈식의 운동은 거기에서 인간 사회에 있어서 결코 동물성으로부터 벗어날 수 없는 결정적인 이유를 발견한다"고 설명한다. 마르크스와 엥겔스는 계급 투쟁을 생물학적 투쟁으로 귀착시키기를 거부한다. 인류사는 생존을 위한 투쟁의 역사, '과학성의 분위기' 아래 소개되는 '간교한' 역사가 아니다. "우리가 볼 때 '경제 법칙'이라고 부르는 것은 자연의 영원한 법칙이 아니라 역사의 법칙이기 때문이다."[229] 엥겔스는 인간에게 동물에 대한 자료 연구를 전이시킨다는 사실에 반발한다. 동물은 기껏해야 채집에 도달할 뿐이지만, '인간은 생산'하고 인간이 아니었다면 자연은 결코 공급해 주지 않았을 생존 수단들을 창조한다. 소위 삶을 위한 투쟁은 엥겔스에게는 순수한 생존 수단에 한정되지 않고 쾌락과 개발 수단에까지 미쳐서 곧 "동물계에서 끌어낸 범주들은 완전히 적용할 수 없게 된다." 엥겔스는 《반(反)뒤링론》에서 인간만이 생산을 하고 변형시킬 수 있고, 역사는 생물학적 진화의 연속이 될 수 없으므로 다윈설은 '짐승의 지배'라고 말한다. 사회 현상들을 해석하기 위한 이와 같은 생물학적 유추들은 잘못된 사회정치학적 결론들을 지지하는 '어린애 장난들'이라고 레닌은 되풀이한다."[230]

라파르그는 장인의 총애를 되찾기 위해 다윈설을 신봉하는 진화론자들의 비판에 뛰어든다. 그러나 사회주의자들은 다윈설에 이끌린다. 마찬가지로 바세 드 라푸주에게 "사회주의는 선택주의이거나 그렇지 않을 것이다."[231] 따라서 A. 베젱의 시대 구분을 다시 언급하자면, 다소 자유주의자의 사회적 다윈설(1853-83)에서 종종 "우생론자, 인종 차별주의자 그리고/혹은 제국주의자"인 사회주의자의 다윈설(1884-1904)로 넘어가는 반면, 1905-35년 사이에 "그 사조는 더 이상 중대한 이론적 혁신들을 만들어 내지는 않지만 결과들이 무거운 정치적 응용을 고취시킨다." 가령 《아리안족》(1899)에서 바셰 드 라푸주에 의해 진척된 의무적인 '성적 봉사'의 개념과, 대개는 H. S. 체임벌린에게서 빌려 온 다른 명제들의 정치적 응용은 "20세기 우생론자들이나 인종차별주의자들의 실행에, 특히 나치 정치에 직접적으로 혹은 간접적으로"[232] 영향을 미쳤을 수 있다.

사회적 다윈설에서 동물들이나 인간들에게 무심히 활용된 자연 선택과 **생존 경쟁**은 실상 우주의 다양한 요소들에 대한 훨씬 더 일반적인 설명 양태를 구성했고, 다윈 역시 동물들보다 식물들을 더 많이 연구했다. 이미 예전에 모페르튀는 《우주론》(1750)에서 세계 속에서 숱한 실패와 성공으로 만들어진, 성공들만이 지속될 수 있는 원자들의 우연한 결합을 보았고, 뷔퐁은 그의 뒤를 따라 《동물지》의 처음 몇 권에서 존속하여 살아남고자 하는 막연한 의지를 통해 고취된 느린 작용에 의한 지구와 살아 있는 조직체들의 형성을 설명했다. 인간과 동물은 그렇듯 우주의 모든 현상들에 대해 유효한 공통 설명 속에 얼버무려졌었다. 1930년대에 K. 로렌츠와 N. 틴베르헨에 의해 확립된 비교행동학은 관측을 생명체들로 축소시킨다. K. 로렌츠는 1935년 《공격성에 관하여》에서 동물과 인간계에 존재하는 일정수의 특징들이 있다고 가정하고, 전자의 연구에서 파생되는 결론들을 후자에게로 확장시킨다. 동물은 조프루아 생 틸레르가 이미 추천했던 것처럼 동물의 자연 환경 속에서 연구된다. 동물의 행동은 더 이상 자율 운동이나 기계적인 반사 작용으로 치부되지 않고, 어떤 유기체나 조직체를 드러낸다. 그때까지 보이지 않던 의사 소통 체계가 복잡한 사회 관계(복종·

위협·거부·우정)로 개체들을 결합하고, 닭장의 닭들이나 늑대 무리의 경우인 형태를 알 수 없는 결집은 실상 하나의 질서를 이룬다. 인간 사회는 하나의 변이체와 자연적인 사회 현상의 발달에 불과하다. 상징과 의식(儀式)은 인간의 전유물이 아니다. 동물 공동체들 속에서도 그것을 볼 수 있고, 더 이상은 특정 구속들을 그렇듯 간단하게 **호모 사피엔스**의 자유에 대립시킬 수 없기 때문이다. 비교행동학의 결론들은 E. 모랭이 기술하듯 인류학의 폐쇄된 패러다임에는 치명적이다.[233]

K. 로렌츠는 온갖 종류의 주장들을 한 가지 제한된 영역에, 종의 영속성에 예정된 '선천적인 활동 구조'라는 생물학적으로 결정된 행동에 귀착시키고, 척추동물들에게서 관찰한 공격성에서부터 공격적인 행동의 선천적인 메커니즘들을 끌어내 인간에게 그 결론들을 전이시킨다. 그는 공격성을 사회적으로 유용한 방법으로 수렴시킬 수 있는 인간 행동 속에 사회적 인자들의 역할이 있음을 인정하지만, 공격적인 동기는 여전히 유전적으로 주어진다고 한다. 세르주 모스코비치가 '인간의 섬 개념'이라고 부르는 것인 인간과 동물 사이의 거만한 구분은 끝났다. 우리는 모두 새들이나 포유동물과 마찬가지로 거대한 종의 다양성 속에서 배분된 동물들이다. K. 로렌츠의 친구인 데스몬드 모리스의《털 없는 원숭이》는 '말하는 원숭이'인 인간이다. 동물의 무리 사냥은 인간 사회 발달의 전제이자 인간들의 서로 죽이는 경향의 원천이다. 인간은 '살해자 원숭이'이고, 그렇게 해서 자신의 본래 인성과 결합한다. K. 로렌츠는 "만일 당신들이 개인적인 공격성을 갖고 있지 않다면 당신들은 개체성이 아니다." 그리고 "전쟁의 원인인 전투적인 집단 열정은 또한 고양된 모든 인간 열망들의 근원이기도 하다"[234]고 선언한다. S. 모스코비치는 이제 인간을 '사납게 만들어' 결국 모든 타고난 본능들을 마음껏 분출시키는 일만 남았다고 주장한

다. 근친상간, 식인 풍습, 강간, 그리고 폭력⋯⋯. 인간과 짐승 사이에서 되찾은 평등은 결국 인간들 사이에서 강자의 법칙을 정당화하는 계획이다.

모든 이데올로기들의 충실한 버팀대인 과학은 새로운 척도를 발명했다. 안면각, 코나 뇌의 징후들 이후에 바로 '유전적 징후들'이다. 때때로 과학의 급격한 진보는 무한히 큰 것, 즉 **심층생태학**이 '말하는 산'과 인간이 생물권 속에서 서로 친근하게 말하게 만드는 우주 속으로 이끌기도 하고, 때로는 테크닉의 완전무결주의 덕에 파악할 수 있게 된 무한히 작은 것을 향해 돌아서기도 한다. 새로운 학과이자 신(新) 다윈설의 가장 최근의 화신인 사회생물학은 유전자를 탈취하지만, 그 유전자는 너무도 '이기적'인 것으로 확인되어 인간과 짐승을 잃을 것이다.

1975년 곤충학자이자 하버드대학교 교수인 E. O. 윌슨은 새로운 과학인 사회생물학의 탄생을 예고하고, 자신의 방대한 저서[235]에서 처음부터 제시되는 '모든 사회적 행동의 생물학적 토대에 대한 체계적 연구'를 설명한다. 이 동물학 이론에는 인간을 포함한 모든 종들이 내포되어 있다. 그 이론은 "생물학적 토대로 동물과 인간의 모든 형태의 사회들에 관한 연구"[236]이고, 인간의 행동을 이해하기 위해 비교행동학의 방법들을 본뜬 동물 사회 현장 관측을 활용한다. 우리가 이미 살펴보았듯 1960년대에 시작된, 인간과 가장 비슷한 원숭이 연구는 탄생하는 사회생물학에 영향을 미친다. 윌슨은 관찰하고자 하는 영장류 무리에 가까이 접근하는 새로운 방법을 사용하여 긴팔원숭이·오랑우탄·고릴라 혹은 침팬지들의 사회적 행동에 대한 결론을 끌어낸다. 동맹, 성적 파트너, 사회적 지위⋯⋯. 그러자 원시인과 모든 인간을 원숭이와 비교하는 것만으로도 충분해진다. 인간과 동물은 행동

의 기원에 같은 토대를 갖고 있기 때문이다. 이것이 유전적 결정론이
다. 사회생물학은 다윈의 모순적인 해석들을 유발했던 투쟁/협력이라
는 이율 배반의 커플을 새로운 합성 장치인 유전자를 이용하여 화해시
킨다.

　멘델과, 그리고 모건의 발견들에 이어 자연 선택을 토대로 한 진화
의 주장은 유전 이론에 적용될 수 있다. 이 이론은 기본 분자, 혹은 유
전자 전달에 근거를 둔다. 우리는 현재 유전자들이 세포핵 속의 염색
체에 들어 있고, 그 본질은 DNA라는 사실을 알고 있다. 유전자들은
명백한(표현형의) 생물학적 특징들을 지배한다. 자연 선택은 가장 불리
한 특징들을 가진 유전자들을 죽이고, 가장 좋은 것들을 고정시키고,
이어지는 세대를 통해 그들의 재현을 증대시킨다. 결국 월슨에 의하
면 ‘엘리트 유전자들’ 의 형성을 가능케 하는 높아진 ‘다윈식 적성’ [237]
을 갖춘 유전자들만이 살아남는 것이다.

　개체들 사이의 경쟁을 통해 표현되는 생존 투쟁은 다양한 유전자
변이형들 사이의 경쟁을 반영할 뿐이다. 그러나 그것은 일부 사회적
진화론자들이 고려했던 목숨을 건 거칠고 피상적인 전투는 아니다. 사
실 개체들의 사회적 행동은 미래 세대들에 대한 유전적 공헌을 최대
화하려는 목적을 갖고 있고, 따라서 유전적으로 설명해야 하는 협동
요소를 도입한다. 유전자들은 다른 유전자들의 기회를 돕기 위해 그
들 자신의 기회를 포기할 때는 이타적이다. 무리의 생존을 위해 죽음
의 위험을 무릅쓰는 파수병의 예가 그렇다. 결국 그들은 그룹 내에서,
그리고 다가올 세대들 속에서 자신들의 대다수의 표현이 지속될 수
있도록 자신들과 같은 속성의 유전자를 갖고 있는 개체들, 즉 그들과
혈연 관계가 있는 개체들을 도울 뿐이다. 그러자 꿀벌이 다시 관심을
끌어 P. O. 홉킨스는 ‘부모 선택의 가장 귀중한 것’ [238]이라고 꿀벌 사
회를 설명한다. 불임의 꿀벌들은 누이들이 유전자의 4분의 3을 나누

어 주기 때문에(수펄들은 반수체이다) 누이들을 돌보는 반면, 누이들은 자신들의 새끼들에게는 절반만을 나누어 준다! "최초의 자연주의 자들로부터 세습된 언어가 암시하는 바와는 달리, 벌통의 '일꾼'들은 '여왕'에게 봉사하는 것이 아니라 그들 누이들에게 봉사한다"[239]고 **M.** 뵈이유는 설명한다. 우리는 여기에서 가령 흰개미들의 경우 꿀벌과 비슷한 조직에서 수컷이 이배체라는 사실에 집착하며 너무도 간략하게 소개된 그 주장에 관한 과학적 논쟁에 뛰어들지는 않을 것이다. 보다 간단하게 살아 있는 유기체들이 어떻게 그들의 혈연 관계를 인식하는지 정도만 자문할 수 있을 것이다…….

그러므로 **R.** 도킨스의 제목에 의한 《이기적인 유전자》는 자신과 가장 강력하게 결연된 이들에 대해 호의적이고, 따라서 윌슨에 의하면 가족 관계, 서열 존중, 희생 정신이 설명된다. 그러나 유전자는 비혈연 관계에 대해서는 유해해서 외국인 혐오증·전쟁 등등이 있다는 것이다.

인간 행동 분석에서는 동물이 모델로 사용되는 반면, 사회생물학자들은 오히려 유전자를 위해 그것을 멀리한다. 윌슨은 개체는 유전자들과 그들의 증식 과정을 위해 전달 수단으로서 외에 달리는 거의 존재하지 않는다고 분명하게 말한다. "다윈식의 의미에서 유기체는 그 자신을 위해 살지 않는다."[240] 심지어 번식하기 위해서도 살지 않고, 다만 유전자들을 재생하기 위해 살면서 유전자들에게 임시 버팀대 구실을 한다. **R.** 쇼뱅은 선택이 유기체들이 아니라 유전자들을 대상으로 하여 유전자들만이 전달된다는 것은 심각한 사실의 망각이라고 비판한다. 쇼뱅에 의하면 "선택은 개체들에게 행사되지, […] 유전자라고 불리는 불가사의하게도 독립적인 실체에는 전혀 행사되지 않는다."[241] 도킨스에게 있어서 유기체는 자신의 '복제기,' 즉 유전자들의 영속성에 기여하는 일시적인 '생존 기계'이다. 우리가 동물들과 공통적으로 갖고 있는 것이 바로 그것이다. 테니슨에 의하면 "우리는 다른 모든 동물들과 마찬가지로 우리의 유전자들에 의해 창조된 기계들이다."

　다윈에서 사회적 다윈설을 거쳐 가장 최근의 생물학 학설들에 이르기까지의 노정에는 상반된 주장들로 가득하다. 그리고 모순들은 그 이론들 각자 속에서 서로 마주친다. 다윈부터 이야기하자면, 그는 '문명화된 민족들의' 자연 선택 작용에 관한 자신의 견해를 그레그 · 왈라스 그리고 갈톤에게 빌려 준다. '제거의 진행을 멈추려는' 상부상조는 신체적으로, 정신적으로, 그리고 경제적으로 가장 낙오한 자들에게 작용한다. 따라서 "문명화된 사회들의 나약한 일원들은 무한히 번식될 수 있다"[242]고 다윈은 결론짓는다. 자유주의자들이 그 연대성을 묵과한 것은 당연하다. 주정뱅이들, 부랑자들, 그리고 무엇 하나 장점이라고는 없는 사람들을 부추겨서는 안 될 테니까……. 그러나 자유주의 진보론자들은 비록 리들리가 《미덕의 기원》(1996)에서, 최근에 호소하는 보이지 않는 손이 개인적 관심들의 다양성을 단체의 최대 이익에 맞춘다 하더라도 결국은 그들이 의거했던 자유를 퇴진시킨다. 현대 행동주의의 리더 중 한 사람인 스키너는 자유를 인간 생존과 대립시킨다. 만일 우리 문명이 "계속해서 생존 대신에 자유와 품위를 최고의 가치로 여긴다면, 또 하나의 문명이 미래에 더 큰 공헌을 할 수가 있다."[243] 사회생물학은 다른 의문들을 이끈다. 만일 가장 적응력이 강한 이들이 가장 많은 수의 후손들을 생산한다면, 그 생식 능력이 스스로 그 후손의 자질을 보장한다는 걸 어떻게 입증한단 말인가? 가장 적응력이 강한 이는 생존하는 이와 같고, 즉 생존하는 이는 가장 적응력이 강한 이라는 동어 반복의 진술이다……. P. O. 홉킨스에 의하면 그것은 "존재하는 모든 것이 자연 선택에 의해 유지되었다"[244]는 논지의 남용이고, 덧붙여 말하자면 헤겔식 격언의 새로운 표현이다. 실재하는 모든 것이 진실이고, 진실한 모든 것이 실재한다…….

따라서 우리는 과학적 논쟁 너머로 문제가 되는 것이 그 이론들로 기초가 잡힌 이데올로기임을 알 수 있다. 르원틴은 1975년에 우리가 위에서 보았던 것과 마찬가지로 사회적 **현상**, 즉 계급과 인종 그리고 또한 성별의 특권 유지를 정당화하는 스펜서 · **K**. 로렌츠 · **R**. 알드리 쪽으로 분류된 윌슨의 함축적인 정치 메시지를 비판한다. 일반적인 생명체들의 속성 속에서 모호해진 인간 속성의 문제는 대단히 실용적인 문제와 함께 다시 떠오른다. 자연법은 존중되어야 하는 것인가 아닌가? 만일 생명체들이 불평등하게 태어난다면, 인류의 속성은 무력의 난폭하고 짐승 같은 통치에 종지부를 찍기 위해 평등주의 정치를 권하는 것이 아닐까? 아니면 테니슨의 표현대로 '자연의 무자비한 이빨과 발톱' 아래 쓰러질 것을 받아들이고, 심지어 자연의 우생학적 계획을 돕고, 갈톤의 말처럼 인류가 가장 적합한 이들에 의해 표현되도록 자연과 협력해야 하는 것일까? 그리고 그렇듯 1910년과 1930년대 사이에 나치의 이론과 실행은 말할 것도 없이 미국 · 스위스 · 덴마크 · 독일 · 노르웨이 · 스웨덴에서 응용되었던 것과 마찬가지로 정신병자들과 다른 일탈자들의 불모화에 관한 법률을 정당화한다……. **P. P.** 그라세에 의하면, "다윈설은 인간 사회에 자연 선택의 굴레를 강요하면서 동물 구성원과 인간을 동일시하고, 나치의 사회생물학이 끔찍한 기억을 남긴 참을 수 없는 남용 속으로 빠르게 빠져든다."[245]

이렇게 해서 우리는 인간 속성의 정의 속에서 선천적인 부분과 획득된 부분으로 되돌아왔다. 인간 속성은 어떤 기준으로 선천적인 부분을 활용하거나 아니면 그것에 저항할 수 있을까, 어떤 기준으로 획득된 부분을 통해 정의될 수 있을까? 과학자들은 윌슨처럼 인간의 행동이 문명보다는 유전에 의해 결정되었다고 말했던 것을 부인하고, 세습에 의한 사회 불평등의 정당화는 생물학자들이 아닌 새로운 우익의 소행이라고 주장한다. 도킨스는 유전자의 압제를 극복할 능력과 의무를 강조하고, 우리가 특별한 정신력을 활용하여 맹목적인 진화가 만들어 낼 수 없는 "정치 기관들, 법률, 자선, 노인들과 불우한 이들의 보살핌의 체계들"을 정립시켜야 한다고 단언한다. 그렇지만 물론 유전의 무게는 실상 언제나 환경의 무게에 비해 과장되어, 세기초 유전학과 우생학에서 가장 눈에 띄는 인물인 K. 피어슨의 지적에 의하면 교육과 훌륭한 법의 영향에 의해서라도 퇴화한 무리가 건강한 '가축'이 되는 일은 없을 것이다.

이렇듯 그 어떤 동물군과 마찬가지로, 그리고 동물종을 이용하여 인간을 과학적으로 파악하는 그 이론들은 인간의 오만함을 꺾은 듯하다. 동물은 거기에서 아무것도 얻은 것이 없다. 그리고 인간 전체도 마찬가지이다. 동물과 평등하게 놓여졌기 때문이 아니라 그 학설들이 무리 중에서 엘리트, 오로지 인간이며 최적의 남성 엘리트들을 드러내기 때문이다. 인류 내부의 차별에 대한 예전의 정당화를 더 잘 포장하기 위한 외관상 혁신적인 담론에 지나지 않는다. 사실 인간과 동물은 담론의 변화 속에서 아무것도 얻은 것이 없을 뿐만 아니라, 둘 다 손해를 보았고, 우리가 보았듯이 익명에 무의식적인 유전자에게 자리를 빼앗겼다. 그러자 전염병학 모델이 동물의 전통적인 기준의 뒤를 잇는다. 도킨스는 《정신의 바이러스》에서 종교를 오로지 자신의 전파를 확산시키기 위해 주인을 희생시켜 가며 살아가는 기식자에 비교한다. 인류학자 댄 스퍼버는 믿음들이 하나의 군 속에서 번식되는 박테리아들과 동일시되는 문화적 진화의 모델을 만든다. 그 두 저술가들을 인용하는 H. 에스티어는 그 "일부 생물학적 개념들의 은유적 응용이 풍부하다고 밝혀질 수 있다"[246]고 평가한다. 그 개념들은 우리 입장에서는 다소 근심스럽게 여겨지기도 한다. 우리는 이미 르봉이 군중들이 "쇠약해진 육체들의 분해를 왕성케 하는 세균들처럼 작용한다"[247]고 말할 때, 동물 정의와 세균학 정의 사이에서 그 변화를 식별할 수 있었다. 그리고 나치 체제에서 유대인들이 어떻게 인간성뿐만 아니라 동물성까지도 상실했는지도 보았다. 우리가 위에서 언급했던 박테리아에 대한 히믈러의 이야기는 단순한 여담이 아니다. 오늘날에도 시인되지 않은 채 이론적으로 연장되고 개발되고 있는 담론과 동시에 실행된 바 있었다. 위생학이 발달하면서 박테리아의 독성을 촉진시켰기 때문에 우리 테크놀로지의 '복수 효과'를 연구하는 E. 테너의 책은 H. 에스티어가 말하고자 하는 것처럼 '재미있고,'[248] 우리는 오늘날 동물 욕설보다 극단적인 우익 담론 속에서 더 빈번한 그와 같은 생물학적 비교들의 사악한 효과를 두려워해야 하지 않을까? 따라서 우리는 우리에게 나치의 반세균 대책과 동물을 뒷전으로 밀쳐 놓았던 전염병학의 담론 사이에서 엄폐되었던 것 같은 그 관계를 지나치게 주장할 수는 없다. 모두가 짐승인 우리는 진보주의 이론들 속에서는 처음에는 동물이었지만, 그 학설의 '진화'의 끝에는 더 이상 동물도 인간도 없다. 우리는 모두 용수철이나 건전지에 의해서가 아니라 유전자에 의해 거슬러 올라간 괴종시계들이다.

맺음말: 모두가 신인가?

대단히 완전하게 갖추어진 동물과 달리, 인간은 처음에는 자신에게 너무도 미약하게 장비를 갖추어 주었던 '계모 같은 자연'을 멋지게 비웃으며 스스로를 창조해야 했다. 피히테는 플리니우스에 의거해서 이렇게 기록한다. "각각의 동물은 본래의 모습 그대로이다. 본래 인간만이 절대적으로 그렇지 않다. 인간이 존재하기 위해서는 도덕적 의무가 필요하다. 그리고 어찌되었든 인간은 자기 자신을 위한 존재가 되어야 하기 때문에 그에게는 스스로를 통한 생성이 필요하다. 자연은 자신의 모든 작품들을 완성했다. 그러나 인간에게만 손을 대지 않았고, 분명 그렇기 때문에 인간을 그 자신에게 맡기는 것이다."[1] 인간은 신과 동등하다고 자부한다.

고대에 인간은 이미 동·식물과 함께 나누던 영혼 속 신성한 부분을 자신만을 위해 남겨두었다. 그리스도교에서 인간은 자신이 신의 모습대로 만들어졌다고 주장한다. 신을 내쫓고 스스로 창조자가 된 인간은 예전에 신이 그랬던 것처럼 자기 자신을 창조한 후에 타자를 창조하여야 했다. 포이어바흐가 분석하는 것이 바로 그 메커니즘이다. "우선 신과의 차이점, 즉 비신성이 세워졌을 때 신은 자기 자신을 의식하게 된다. 그리고 신이 아니라는 것을 알 때만이 그는 신이라고 말하고 싶어한다는 것을 알고, 신성의 행복을 안다. 우선 타인, 세계를 가정하면서 신은 비로소 신다워진다. 신은 창조가 없었어도 절대 권력자일까? 천만에! 신의 절대 권력이 실현되고 입증되는 것은 우선적으로 창조 속에서이다."[2] 그때부터 **호모 호미니 데우스**(homo homini deus; 인간은 인간 자신에게 신이다)인 인간은 단순히 신과 동등한 존재가 아니라 신이 된다.

인간은 데카르트의 소망에 따라 스스로 변형시키기만 한 것이 아니라 만들어 내기까지 바랐던 자연의 주인이자 소유자가 된다. 그리고 그 자연 속에 동물들을 포함시켰다. 동물들을 창조했다. 말씀이 신의 권력을 가졌던 시대에 동물들을 명명하면서. 그렇지만 인간은 상징적인 방식에서 그치지 않고 그들의 제작에 개입한다. 베이컨은 《노바 아틀란티스》에서 이미 짐승들을 변모시킬 가능성을 언급했다. 푸리에는 우리가 보았다시피 미래의 세계를 반(反)사자들, 반고래들, 반기린들 등으로 가득 채웠고, 예선 선박들은 모터 달린 물고기들로 채웠다. 축산학은 다윈의 《종의 기원》에서 종종 권해졌던 종들의 잡교를 통해 오래전부터 그 유토피아의 일부분을 실현했다. 인간은 새로운 동물종들의 발명을 통해 자신의 권력을 키운다. 조프루아 생 틸레르는 그런 실험들이 개나 말에게도 유익하게 행해진다고 열심히 주장했지만, 그것은 분명 그 자신이 신을 믿었을 때 신에게 봉사했던 것처럼 동물들이 자신에게 봉사하도록 추구된 그들의 창조자인 인간에게만 이익이었다.

조물주의 의지는 거기에서 멈추지 않는다. 그는 '인공 생명'을 창조하려고 한다. 1980-90년대에 컴퓨터 프로그래머들은 인간으로서는 예측할 수 없는 자율적인 기계들을 발명한다. 게다가 제법 신기하게도 동물이 로봇 건축을 위해 모델로 사용됨에 따라 동물 기계 이론으로 되돌아간다. R. 쇼뱅은 조금 더 복잡한 프로그램을 갖고 있기에 연구될 가치가 있는 개미 집단을 컴퓨터에 비교한다.[3] 심지어 동물종에 대해 이야기하듯 '로봇종'을 언급하게 될 것이고, 그러면 그 로봇종은 더 이상 생명을 '원래대로' 한정되지 않게 하되 크리스 로턴의 말처럼[4] '가능한 만큼의 생명'을 복제할 수 있게 할 것이다. 그리고 인간은 정보과학 바이러스처럼 질병들까지도 발명하고 있다.

끝으로 인간은 스스로 자기 자신을 제작한다. 타인에 의해 창조되었다는 것은 신에게는 걸맞지 않기 때문이다. 그는 동물들과 구분되는 미의 범주에 따라 자신의 육체를 빚는다. 성형외과, 보디빌딩……그러면서 한편으로 우생학, 복제……. 어느 오스트리아 병원에서 나치 시대 이래로 표본병에 보관되어 있던 신생아 머리들이 발견된 것은 끔찍한 실험들의 기억을 새삼 상기시켜 주었다. 그리고 더 이상 노화에 대한 '죽음의' 투쟁이라는 것을 참을 수 없게 된 인간은, 러브크래프트의 동화에서 물고기로 변하자 바다 속 깊이 뛰어들어 그곳에서 영원히 보내고자 하는 인스마우스의 사람들처럼 신들의 자식에게 약속된 불멸성에 도달하기를 바란다.

인간은 자신의 인간적 정체성을 확실히 하기 위해 결국 스스로 신이 된다. 문제는 신이 다른 이들의 진정한 창조자가 되기 위해서는 유일해야 한다는 것이다. 성 아우구스티누스는 《신국》 처음 몇 권에서 이교도 로마에 신들이 여럿인 것을 비웃는다. 그 만신전에는 작은 신들과 큰 신들이 있어서 작은 신들은 큰 신들의 의지에 복종해야 한다. 마찬가지로 만일 인간이 창조자라면 모든 인간들이 신이어야 하기에 민주화와 함께 사태는 악화된다.

H. 아렌트는 '정의의 첫번째 조건'이면서 물론 '현대 인류의 가장 위대하면서도 가장 위험성이 많은 기획'이기도 한 사회 평등의 결과들을 한 치의 양보 없이 분석한다. 그것은 "현대 시대의 커다란 도전이고 특별한 위험"이다. "인간이 처음으로 상황과 조건의 차이에 의해 보호되지 않고 인간과 맞섰기 때문이다." 또한 "평등은 내가 모든 개개인을 그가 누구이든 나와 대등한 사람으로 인식하도록 요구하기 때문이다. 그런데 이런저런 이유로 해서 그들의 기본적인 상호 평등을 인식하기를 거부하는 그룹들간의 갈등이 너무나 끔찍한 형태들을

덧씌우고 있다."[5]

  평등주의적인 생각에서 비롯된, 인간들 사이의 커다란 미분화에 대한 두려움과, 다윈의 발견과 더불어 대단한 충격을 일으킨 인간과 동물 사이 경계의 혼란에 대한 두려움은 원시 시대의 창살을 강화토록 강요한다. 조건의 평등을 향해 가는 역사의 움직임은(19세기 역사의 사회주의 철학자들이 신물나도록 되풀이해 말하던 것처럼, 저술가들에 의하면 혁명 혹은 개혁을 통한 노예제도에서 농노제도로, 이어서 임금제도에서 완벽한 평등까지) 동물의 지위 하락과 논리적 대칭을 이루며, 다른 모든 것들이 잊혀지고 있는 중에도 여전히 마지막 구분으로 남아 있다.

  그러나 그 구분은 인간들 사이의 커다란 혼란에 대비하는 수단을 제공하기도 한다. 프랑스 혁명의 인간들이 그 사실을 깨달았을 때는, 고약하기는 하지만 마음 놓이는 명령 구조가 쓰러지고 난 뒤 그들이 국왕의 빈 왕좌에 맞서 너무도 수가 많아졌을 때였다. 그러자 그들은 반응을 보였다. 그 점에 있어서 일부 대책들 사이의 우연의 일치는 자명하지만, 역사학자들은 그 대책들이 서로에 대해 그렇게 이상하게 여겨지는지 미처 주목하지 못했었다. 1793년에는 여성 클럽이 금지되고, 1793에는 왕실의 축사가 최초의 현대적 동물원인 자르댕 데 플랑트가 되어 1828년에 설립된 런던의 동물원과 1844년의 베를린 동물원의 모델이 되고, 적어도 인간과 짐승 사이의 차이라는 본래의 차이를 다시 발견하는 방문객들과 다를 바 없는 군중은 곧 동물원을 통해 현대적 식민 권력의 민주화를 보게 된다…….

  따라서 동물은 인간들 사이의 불평등을 정당화하기 위한 도구로 사용되며 신학적이 아니라 결국 예전의 질서들 속에서 실행되는 유전의 위력을 회복하는 생물학적인 기준들을 토대로 한 새로운 분할 혹은 옛것의 재활성화를 가능케 한다. 물론 그 동물적 지시 대상은 최대한 경멸적이어야 하고, 우리는 군 전체 범주들의 동물화에 기여하기 위한 수 세기에 걸친 동물의 느린 가치 하락을 기술했다. 신을 자처할 위험성이 있는 타자에 대한 두려움, 지위를 박탈당하는 잡종이나 짐승 같은 성격 또는 아우구스티누스가 비웃는 그 작은 신들이 되어, 매사에 인간보다 훨씬 더 비참한 운명과 축소된 권력(어떤 신은 오로지 발만 보살피고, 다른 신은 비를 내리게 하는)을 갖게 될지 모를 불분명함의 거대한 혼합물에 대한 불안들은 서양 남성이 일으킨 사태에 미처 대처하지 못하고 끌려간 환상들에서 비롯된다. 타자, 즉 다른 창조의 신에 대한 두려움은 타자에 의해 만들어지기 이전에 서둘러 타자를 창조하지 않을 수 없게 하는 단거리 경주로 해석된다. 그리고 그 작용 속에서 동물 모델은 확실한 윤곽을 제공한다. 그러나 실상 인간은 자기 자신의 두려움 외에는 무엇 하나 창조한 것이 없고, 어떤 평계를 끌어대건간에 개체들의 계급만큼이나 동물들에게 가해진 처우들에도 책임이 있는 것이 바로 그 두려움이다.

어찌되었든 유일한 창조자에 대한 향수는 여전히 강렬하다. 예수 그리스도 같은 존재가 인간이 되는 것도 아니고, 한 인간이 신이 된다. 고대 이후로 철학자들이 군중심리학과 정치적 인간의 권력에 대한 갈증 사이의 만남 속에서 묘사했던 것이 바로 그 과정이고, 이는 로마 황제들의 신격화나 전체주의 지도자에 대한 숭배에 도달한다……. 미슐레에 의하면 "민중의 경향이 그런 것이기에 그들에게는 신들이 필요한 것이다." 대중의 대변인이 되어야만 하는 천재는 "만일 신이 필요로 하다면 신으로부터 영감을 받게 될 것"이지만, "경솔한 숭배는 그를 하늘로 되던지고 그의 뿌리가 있는 산 자들의 땅에서 그를 고립시킨다."[6]

푸리에가 꿈꾸었던, 콘스탄티노플 이후로 전 지구를 통치해야 했던 '옴니아크'와 같은 유일한 인간 신이 없기 때문에, 그리고 어마어마하게 많은 인간들을 신격화할 수는 없으므로 인간 신들의 수를 최대한 줄임으로써 신의 단일성에 가까워져야 한다. 마찬가지로 19세기가 문명의 진보이기도 한(도덕의 회복, 풍습의 완화, 민주주의의 보급……) 과학적 진전을 수반하는 진보의 개념에 만족했던 반면, 20세기에는 전례 없는 야만 행위를 목도했다. 신들은 곤두박질쳤다. 인류는 인간의 속성인 머리를 잃은 듯 돌아버렸다…….

그 끔찍했던 가까운 과거는 그렇다고 세르주 모스코비치가 제안하는 것처럼 '사납게 만들기'를 격찬하는 것은 아니지만, '마침내 인간의 본질이 실현되는 미래를 향하도록'[7] 예정된 그 진보에 대해 분명 의문을 품지 않을 수 없게 한다. 생생하지만 만료된 과거인가? 인간들은 몇십 년 전부터 동물에게 또 다른 얼굴을 주고 있는 비교행동학자들·환경생리학자들·동물보호가들의 호의적인 관심 덕분에 동물에게 하나의 얼굴을 주어 더 이상 동물들을 난폭하게 대하지 않을 것이고, 인간들은 인도주의자의 도래가 강요하는 대로 더 이상 서로에 대해 짐승처럼 굴지도 않을 것이다. 한편으로는 동물들에 대한 태도 변화에 대해 위에서 언급되었던 D. 레스텔의 낙관주의를 공유하면서, 다른 한편으로는 1915년의 아르메니아 대학살(게다가 프랑스 상원이 오늘날 인정하기를 망설이고 있는)이나 쇼아가 우리 뒤로 멀어져 오늘날에는 닫혀진 한 역사에 속해 있다고 생각해야 하는가? 1938년의 동물 보호에 대한 나치법의 의미를 다시 한 번 상기해야 할 것이다. 만일 동물의 이미지와 운명이 개선된다면 다행스러운 일이기는 하지만, 이는 인간이 그것의 후임을 찾고 있는 중이기 때문이다. 예를 들면 나치즘 아래에서 분명히 제 구실을 해내기 시작했고, 오늘날에도 여전히 '민족 청소'들을 불가피하게 하고 있는 박테리아나 새로 도래한 것으로서 좋은 씨앗을 유해물로부터 갈라 놓기 위해 여과 진영들을 요구하고 포로수용소에서 그 방법들이 되풀이되는 체체니아의 테러리스트 씨앗처럼.

우리의 탐색은 서구 이데올로기에 국한되었다. 그러나 동물들의 처우 대학살의 존재, 노동수용소, 고문, 노예제도, 여성들에게 정해진 운명…… 이런 것들이 서구인들만이 저지른 소행이라 할 수 있을 것인가? 캄보디아나 아프리카의 대학살, 중화인민공화국에서의 재교육 수용소와 노동수용소, 여성들의 감금, 그들의 강요된 결혼, 유럽의 것이 아닌 일부 문화들 속에서의 음핵 절제와 음부 봉쇄, 우생학적 관행들에 대해서는 뭐라고 말할 것인가? 우선 인간 본성에 대한 서구 개념이 제국주의적이고, 지배는 경제적이고 정치적이었을 뿐만 아니라 문화적이기도 했다는 점을 상기해야 한다. 후설이 기술했듯이 다른 민족들은 유럽화되어 가는 경향이 있지만, 서구인들이 인도화되어 가는 경향이란 생각도 할 수 없는 일이다……. 비유럽인들은 식민주의 속에서 그 개념의 결과들을 받아야 했다. 그 개념이 보편적인 것으로 제기되어 일부 실천들 속에서 모델 역할을 할 수도 있었고, 세계의 다른 지역들에서 특히 식민지 상태 해소 이후에 모방될 수 있었기 때문이다.

그렇지만 각자 동물과 인간 속성, 그리고 그런 식으로 해서 생명에 대한 어떤 개념에 대해 나름대로의 접근을 갖고 있는 그 '다른' 문화들 역시 배척과 지배로 가는 다른 길들로 이어질 수도 있다는 점을 명심하고 무시해서는 안 된다는 것도 확실한 사실이다. 여성들에게 예정된 운명은 특히 그 점에 있어서 흥미롭다. 따라서 서구 문명이 역전 효과로 순수하고 무구한 다른 모든 문화들에 맞서 사악해지는 이데올로기들의 마니교식의 시각은 멀리해야 한다. 그러나 가치 판단은 내버려두고, 그와 같은 인간과 동물 개념들을 서구 구조들과 비교할 수는 있을 것이다. 분명 최초로 하나의 같은 '계급 사슬' 속에 여성

들·민중들·야만인들 그리고 동물들을 포용한 미슐레는《라마야나》
와《마하바라타》를 읽을 것을 권하며, 제물로 바쳐진 소에 관한 대목
에 경탄하여 '열등한 피조물에 대한 온화한 대접'이 인도에서 어떻게
'보편적인 형제애 전통'[8]을 유지했는지 보여 주었다.

다른 문화들 속에서 동물의 위치가 어떠했는지 관측하는 것은 종종
그다지 서정적이고 목가적이지 않은 결론들에 도달한다. E. 엘리사에
프는 다음과 같은 사실을 보여 준다. "거기에는 신비도, 기적도, 중국
의 예외도 없다. 중국에서는 동물이 다른 곳에서와 마찬가지로 창조
자 혹은 대자연이 인간의 처분에 맡긴 먹이들 혹은 자원들이다."[9] 또
유교가 10여 년 전부터 공산주의에 빼앗겼던 자리를 되찾고 있다고 지
적한다. 그런데 유교적 입장은 어떤 문명이 동물들을 고려하는 방식
과 엘리트들이 평범한 인간들, 그러니까 우선권도 지식도 권력도 갖
지 못한 사람들을 대하는 방식 사이에 일종의 대응 관계를 설립하도
록 부추긴다. 이슬람에는 인간과 동물 사이에 보다 큰 형제애가 있어
서《코란》에서는 그 둘 사이의 대립이 그리스도교에서만큼 분명하지
않다. C. 마예르 자우엥은 이슬람에서는 동물 경시가 근자의 일이라
고 지적한다.[10] 그러므로 서로 다른 문화들 속에서는 동물의 정의, 철
학과 이데올로기들에 대한 그것의 영향, 세계화나 다른 요소들의 영
향 아래 현재의 진보에 관한 멋진 비교의 장이 있다.

그러나 우리 연구의 공간을 구성한 서양에 대해 다시 언급하자면,
독창적이고 근본적인 일부분이(그것의 이데올로기가 지역 문화들을 포
함하는 경향을 띤 범위 내에서) 분명 동물성·인간성·신성 사이에서
역할을 한 것 같다. 그 도정의 결론은 러브크래프트의 동화 속에 있
을 수 있을 것이다. 인스마우스 사람들은 진정한 인간도 물고기들도
아닌 변질된 물고기들, 혹은 변질된 인간들이다. 스스로 모습을 바꾸

어 가면서, 언제나 더 많은 짐승 같은 성질을 향하는 경향을 띠면서 결국 그들의 깊은 바다 속 궁전의 눈부신 아름다움 속에서 불멸성을 얻은 그 약속된 신들이 되어가는 것이다……. 그렇지만 신이 되기 위해서 인간은 스스로 짐승이 되어야 하는 것일까? 더군다나 신이 될 필요는 무엇인가?

'가장 기이한 인간 물고기들'을 낚기 위해서 자신이 가진 가장 좋은 미끼를 던진 차라투스트라는 "인간 속에서 신을 **조각내고**/또한 인간 속에서 양도 마찬가지/그리고 그것을 찢으면서 **웃기**"를 제안하지만, 그렇다고 해서 뒤바뀐 과잉 속에 빠져 당나귀를 숭배하기 시작하는 차라투스트라의 손님들이 하듯 동굴 속에서 동물들을 신격화하지는 않는다. 신도 아니고 짐승도 아닌 인간은 인간이 되어 적당한 지성을 갖추고, 인간이자 동물인 다른 존재들과 더불어 살아가는 것에 만족할 수 있을까? 적어도 자신의 독수리와 뱀에게 둘러싸인 차라투스트라는 책의 말미에 '부드럽게 포효'[11]하는 사자와 수많은 새들에 가세하여 분명 그렇게 했다.

원 주

머리말

1) H. P. 러브크래프트, 〈인스마우스의 악몽〉, 《하늘에서 떨어진 색》에서, Denoël, 1968.

2) 토마스 아퀴나스, 《신학대전》, 질의 96, Le Cerf, 1990, t. I, p.817.

3) K. 로렌츠, 《동물과 인간 행동에 관한 세 가지 소론》, Le Seuil, 1974, p.204.

4) J. 미슐레, 《쬐플》, Flammarion, 1974, p.181, 주 1.

5) E. 베버, 《향토의 종말. 프랑스 농촌의 현대화 1870-1914》(1976), Fayard, 1983, p.340.

6) E. 블로흐, 《르네상스의 철학들》, Payot, 1974, p.14.

7) E. 블로흐가 인용, 상기 인용 서적, p.112.

8) C. 카스토리아디스, 《생각할 수 있는 것의 형상들》, Le Seuil, 1999, p.183과 그 이하.

9) 플라톤, 《공화국》(A. 디에스 번역, Les Belles Lettres, 1935), 263c; 262d; 263d.

10) T. 나겔, 《치명적인 질문》, PUF, 1983, p.193, 199, 201, 203.

11) M. 푸코, 《말과 사물》, Gallimard, 1966, p.32.

12) P. 리쾨르, 《생생한 은유》, Le Seuil, 1975, p.15.

13) D. 흄, 《도덕. 인성론》, F. 콜린이 인용, 《인간은 잉여의 존재가 되었는가? 한나 아렌트》에서, O. 야곱, 1999, p.24-25.

14) 아리스토텔레스, 《시학》, 1457b 6-9, 《수사학》에서 다시 반복.

15) P. 리쾨르, 상기 인용 서적, p.37.

I. 동물이란 무엇일까?

1) J. P. 디가르, 《프랑스인들과 프랑스인들의 동물들》, Fayard, 1999, p.196.

2) 플라톤, 《프로타고라스》(A. 크루아제 번역), Les Belles Lettres, 1984, 321b-c.

3) 플리니우스, 《박물지》, VII, 2(R. 실링 번역), Les Belles Lettres, 1997.

4) P. 보에스튀오, 《인간의 탁월함과 품위에 관한 짧은 담론》, Genève, Droz, 1982, p.78, 79.

5) A. 파레, 《전집》, Union latine d'éditions, 1976, t. I, p.139, 파레는 p.138에서 보에스튀오의 일부 구절을 위의 인용처럼 문자 그대로 다시 쓰고 있다.

6) 플리니우스, 《박물지》, VII, 1.

7) 아리스토텔레스, 《동물사》, I, 15(J. 트리코 번역), Vrin, 1957.

8) 아리스토텔레스, 《동물사》, II, 1.

9) 아리스토텔레스, 《동물사》, VIII, 1.

10) P. 보에스튀오, 상기 인용 서적, p.55.

11) G. 바타유, 《에로티즘의 역사》, 전집, VII, Gallimard, 1976, p.53.

12) S. 프로이트, 《성생활》, PUF, 1972, p.64, 65.

13) W. 라이히, 《파시즘의 군중 심리학》, Payot, 1972, p.289, 290.

14) G. 바타유, 《에로티시즘의 역사》, 상기 인용 서적, p.43.

15) B. 시륄니크, 《만일 사자가…》, 상기 인용 서적, p.973.

16) 아리스토텔레스, 《동물사》, V, 2.

17) S. 프로이트, 《늑대 인간》, PUF, 1990, p.39, 55.

18) 아리스토텔레스, 《동물사》, V, 8.

19) C. 푸리에, 《사랑의 신세계》, 《전집》, Anthropos, 1967, p.62.

20) G. 바타유, 《에로티시즘, 도덕의 지지자》, 《예술》, 1957, n.641, p.1, 3.

21) L. 파케의 《그리스 키닉학파 학자들. 단편들과 증언들》, 오타와대학, 1959, p.66, E. 드 퐁트네의 《짐승들의 침묵》에 인용. 《동물성을 견뎌내는 철학》, Fayard, 1998, p.154.

22) M. 하이데거, 《형이상학의 근본 개념. 세계-유한성-고독》, Gallimard, 1992, p.310.

23) J. 베루스트, M. 파스투로, R. 뷔렌의 《돼지》에 인용. 《돼지의 역사와 상징, 그리고 요리》, Sang de la terre, 1987, p.136.

24) M. 데티엔과 J. P. 베르낭, 《그리스 국가들의 제물 음식》, Gallimard, 1979.

25) 아리스토텔레스, 《동물사》, 상기 인용 서적, I, 15.

26) 피히테, 《지식학의 원리에 따른 자연법의 기초》, PUF, 1984, p.98.

27) P. 보에스튀오, 상기 인용 서적, p.50, 54.

28) 플라톤, 《티마이오스》, 45b.

29) 헤겔, 《미학 강요》, Aubier, 1995, t. III., p.207.

30) J. -P. 사르트르, 《존재와 무. 현상학적인 존재학에 대한 소론》, Gallimard, 1943, p.298과 그 이하.

31) 프로이트, 《성생활》, 상기 인용 서적, p.64.

32) 헤겔, 《미학 강요》, 상기 인용 서적, III, p.366.

33) 아리스토텔레스, 《동물의 신체 부분》, III, 10.

34) 베르그송, 《웃음. 희극적인 것의 의미에 관한 소론》, PUF, 1983, p.3, 4.

35) 플라톤, 《국가》, III, Garnier Flammarion, 1966, p.140.

36) J. 르 고프의 〈웃음에 관한 탐색〉과 L. 물리니에의 〈악마가 재치를 뽐낼 때. 성도전 (聖徒傳) 이후로 본 중세의 웃음〉, 《연대기》, n.3, 1997, 5월-6월 참조.

37) F. 라블레, 《가르강튀아》, ch. 20 그리고 에라스무스, 《격언집》, 《제4권》, ch.17, D. 베르트랑 인용, 상기 인용 서적, p.47.

38) D. 베르트랑, 상기 인용 서적, p.88.

39) F. 니체, 《차라투스트라는 이렇게 말했다》, Aubier-Montaigne, 1969, II, p.135, 299, 301, 303.

40) 생 시몽, 《과학적 연구의 서문》, P. 앙사르의 《생 시몽의 사회학》, PUF, 1970, p.45

에 인용.

41) A. 파레, 《동물론》, 상기 인용 서적, p.138.

42) 헤겔, 《정신의 근본 철학》, PUF, 1969, p.82.

43) N. 촘스키, 《언어와 생각》, Payot, 1990, p.101.

44) D. 레스텔, 《원숭이들의 언어. 인간/영장류의 불가능한 대화》, La Découverte, 1995.

45) 토마스 아퀴나스, 《신학대전》, 질의 96, art. 1, 상기 인용 서적, p.817.

46) 아리스토텔레스, 《동물사》, I, 16.

47) H. 베르그송, 《정신과 육체》, Hatier, 1992.

48) M. 호르크하이머와 T. 아도르노, 《이성의 변증법. 철학적 단편들》, Gallimard, 1974, p.268, 269.

49) 다음 참조, D. 슈브로통, "동물 영혼에 관한 논쟁. 동물심리학 탄생의 구속인가, 아니면 새로운 관점의 탐색에 대한 경향인가?"《역사와 자연. 과학과 자연의 역사를 위한 협회지》, 1978, n.12-13.

50) J. -J. 루소, 《인간 불평등의 기원과 근거에 관한 담론》, Gallimard, 1985, p.73.

51) P. 아리에스, 《중세에서 오늘날에 이르기까지 서구에서의 죽음의 역사에 관한 소론》, Le Seuil, 1975; E. 모랭, 《역사 속 인간과 죽음》, Corréa, 1951.

52) J. -J. 루소, 《인간 불평등의 기원과 근거에 대한 담론》, 상기 인용 서적, p.84.

53) E. 드 퐁트네, 상기 인용 서적, p.543.

54) A. 쇼펜하우어, 《의지와 표상으로서의 세계》, PUF, 1996, p.67.

55) 아리스토텔레스, 《형이상학》, 1974 b (J. 트리코 번역), t. II, J. Vrin, 1953.

56) P. 테야르 드 샤르댕, 《인간 현상》, Le seuil, 1955, p.182.

57) G. 바타유, 《종교 이론》, Gallimard, 1974, p.23, 25, 26, 33.

58) 말브랑슈, 《진리 탐색에 대하여》(1674), 전집, t. I, Gallimard, Bibliothèque de la Pléiade, 1979, p.467, 717.

59) J. -J. 루소, 《인간 불평등의 기원과 근거에 대한 담론》, 상기 인용 서적, p.82.

60) 아리스토텔레스, 《니코마코스 윤리학》, VIII, 13, 1161 b.

61) E. 칸트, 《윤리론》, Livre de Poche, 1997, p.391.

62) 2000년 봄 《바카름》 11호 p.36에 실린 글.

63) G. 바타유, 《종교 이론》, 상기 인용 서적, p.33.

64) L. 포이어바흐, 《그리스도교의 본질》, Maspero, 1968, p.117.

65) 아우구스티누스, 《신국》, X, 5.

66) F. 헤겔, 《미학 강요》, 상기 인용 서적, II, p.42.

67) L. 포이어바흐, 상기 인용 서적, p.149.

68) P. 르루, 《국가적인 종교 혹은 숭배에 대하여》, Boussac, 1848, p.32.

69) E. 젤네르, 〈종교와 비종교. 20세기의 이슬람과 민족주의, 그리고 마르크스주의〉, 《주해》, n. 95/1999년 봄, p.107, 111.

70) 아리스토텔레스, 《동물사》, I, 15.

71) G. 드 닛세, 《인간 창조 개론》, A. 르루아-구랑 인용, 《몸짓과 말》, Albin Michel, 1964, p.40, 55.

72) M. 하이데거, 《사유란 무엇인가?》, PUF, 1992, p.90.

73) 아리스토텔레스, 《동물의 신체 부분》, IV, 10.

74) 에반스 프리처드, 《오른쪽과 왼쪽》, L. 뒤몽의 《개인주의에 관한 소론》에 인용. 《현대 이데올로기에 관한 인류학적 관점》, Le Seuil, 1983, p.247.

75) 아리스토텔레스, 《영혼에 관하여》, III, 8, 432 a 1-3.

76) A. 에마르, 〈고대 그리스에서의 노동의 개념〉, 《도덕적 그리고 병리학적 심리학 일지》, XLI, 1948.

77) D. 메다, 《노동. 사라져가는 가치》, Alto Aubier, 1995, p.52.

78) H. 아렌트, 《인간의 조건》, Calmann-Lévy, 1974, p.395. 이는 토마스 아퀴나스의 《이단 논박 대전》, iii, p.135를 인용한 것이다.

79) F. 하이예크, 〈버나드 맨더빌 박사〉, 《주해》, n. 85/1999 봄.

80) A. 스미스, 《국부의 성질과 원인에 관한 연구》, L. I, ch. XII, PUF, 1995, t. I, p.15.

81) 헤겔, 《정신현상학》, PUF, 1982, p.32, 53.

82) K. 마르크스, 《정치경제학 비판 초고》, 전집, Gallimard, Bibliothèque de la Pléiade, II, p.62.

83) P. F. 모로, 〈자연, 문화, 역사〉, F. 샤틀레, 《이데올로기 역사》, t.3, Hachette, 1978, p.42에서.

84) P. 르루, 《M. 아구아도의 사륜마차》, Sandré, 1848, p.250.

85) H. 드 생 시몽, 미발표 초고, B. N., Mss Coll. J. 페레르, 도트리 인용, 《생 시몽과 푸리에의 노동의 개념》, 심리학 저널, 1948.

86) K. 마르크스, 《자본》, III, 《전집》, III, 상기 인용 서적, p.1279.

87) 상기 인용 서적, F. 엥겔스의 기록, p.1278.

88) H. 아렌트, 《인간의 조건》, 상기 인용 서적, p.150.

89) K. 마르크스, 《자본》, 상기 인용 서적, p.873.

90) K. 마르크스, 《정치경제》, 상기 인용 서적, p.63-64.

91) K. 마르크스, 《정치경제 비판 원리》, 전집, III, 상기 인용 서적, p.311.

92) C. 푸리에, 《종파들의 함정과 협잡 기질》, p.5.

93) C. 푸리에, 《가정적 · 농업적 사단론(社團論)》(1822), t. I, 전집, 상기 인용 서적, t, II, p.11-12.

94) C. 푸리에, 《신산업 사회 세계》, 상기 인용 서적, p.68.

95) K. 마르크스, 《정치경제 비판 원리》, 상기 인용 서적, p.311.

96) H. 아렌트, 《인간의 조건》, 상기 인용 서적, p.225.

97) K. 마르크스, 《독일의 이데올로기》, 상기 인용 서적, p.247.

98) A. 르 브라 쇼파르, 《루이 블랑—노동의 조직》 참조, F. 샤틀레, O. 뒤아멜, E. 피시에, 《정치적 성과사전》, PUF, 1987, p.109부터.

99) K. 마르크스, 《정치경제》, 상기 인용 서적, p.310.

100) F. 콜린, 상기 인용 서적, p.59, 64; p.111도 참조.

101) C. 레비 스트로스, 《야만적 사고》, 상기 인용 서적, p.328, 336.

102) R. 들로르, 《동물들에게도 역사가 있다》, Le Seuil, 1984.

103) C. 레비 스트로스, 《야만적 사고》, 상기 인용 서적, p. 340.

104) M. 하이데거, 《사유란 무엇인가?》, 상기 인용 서적, p.152.

105) 투키디데스, G. 팔마드가 인용, 《백과사전 *Encyclopedia Universalis*》, t. II, 1997, p. 472.

106) P. 베인, 〈역사〉, 《백과사전》, t. II, 상기 인용 서적, p.464.

107) G. 비코, E. 블로흐가 인용, 상기 인용 서적, p.30.

108) P. 베인, 〈역사〉, 상기 인용 서적, p.464.

109) C. 레비 스트로스, 《야만적 사고》, 상기 인용 서적, p.347.

110) P. 베인, 〈역사〉, 상기 인용 서적, p.464.

111) 아우구스티누스, 《신국》, XII, 12, 21.

112) J. 들뤼모, 《서양의 두려움》, Fayard, 1978, p.223.

113) P. 비레, 《제국의 세계…》, p.207, 347, J. 들뤼모 인용, 상기 인용 서적, p.224, 225.

114) P. 르루, 〈보쉬에〉, 《신백과사전》, 고슬랭(1836-1842), t. II, p.823.

115) 퐁트넬, G. 팔마드 인용, 상기 인용 서적, p.474.

116) P. J. 프루동, 《수첩》, t. I, p.263. 다른 곳에서 프루동에게 맹렬히 공격받은 푸리에(《가정적·농업적 사단론》, 상기 인용 서적, p.9)의 '완벽성의 서정시인들,' '완벽주의자 당파'의 '허풍'과 같은 대립.

117) A. 토크빌, 상기 인용 서적, II, I, 8, p.542.

118) P. 르루, 《레스페랑스》, 1858년 10월, p.168-169.

119) J. 레노, 《종교철학. 하늘과 땅》, Combet et Cie, p.259(그래도 별들 속에서 미래의 천국을 꿈꾸는 것은 막지 못한다……).

120) M. 루터, 《식탁 담화》, Ed. G. Brunot, 1844, p.276-279.

121) C. 푸리에, 《네 가지 운동과 일반적 운명론. 발견의 전망과 예고》, 《전집》, 상기 인용 서적, t. I, p.45-46, p.288. 나는 푸리에가 특별히 기린들에게 악감을 갖고 있었는지 궁금했다. 어쩌면 그는 1826년에 터키 고관 마호메트 알리가 왕에게 보낸 선물로 기린이 프랑스에 처음 도착한 이후에 프랑스인들의 마음을 사로잡은 '기린 매니아'들이 짜증스러웠는지도 모르겠다. 그 짐승은 마르세유에서 파리로 상경해 그 긴 여정 동안 많은 군중들을 불러모았다. 그 여정에 대해서는 미국 작가 M. 앨린의 조사를 참조할 것. 《샤를 10세의 기린. 카르툼에서 파리까지의 특별한 여행》, J. -C. Lattes, 2000.

122) 아우구스티누스, 《신국》, 상기 인용 서적, XVIII, 45.

123) E. 칸토로비츠, 《국왕의 두 개의 신체》, Gallimard, 1989, p.28.

124) 아리스토텔레스, 《동물사》, I, 1 488 a 3.

125) 아리스토텔레스의 《공화국》 중에서 P. 펠레그린, Garnier-Flammarion, 1990, p.90.

126) T. 홉스, 《리바이어선》(1651), Sirey, 1992, p.104.

127) T. 홉스, 《시민론 혹은 정치의 토대에 대하여》, Sirey, 1981, p.138.

128) H. 아렌트, 《인간의 조건》, 상기 인용 서적, p.60, 74-75, 85.

129) T. 홉스, 《리바이어선》, 상기 인용 서적, p.125.

130) J. -J. 루소, 《인간 불평등의 기원과 토대에 관한 담론》, 상기 인용 서적, p.94.

131) 플라톤, 《프로타고라스》, 322b.

132) H. 아렌트, 《인간의 조건》, 상기 인용 서적, p.75.

133) 아리스토텔레스, 《정치학》, 1252, a 6-7.

134) M. 페샤르망, D. 캄부셰의 《철학의 개념》에서, III, Folio essais, 1995, p.122.

135) T. 홉스, 《리바이어선》, 상기 인용 서적, p.27.

136) H. 아렌트, 《인간의 조건》, 상기 인용 서적, p.65.

137) 아리스토텔레스, 《정치학》, I, B, 1260 a 7.

138) J. 로크, 《시민정부론》, Garnier-Flammarion, 1984, p.320, 353.

139) H. 아렌트, 《인간의 조건》, 상기 인용 서적, p.69.

140) M. I. 핀리, 상기 인용 서적, p.156.

141) 아우구스티누스, 《신국》, 상기 인용 서적, XII, 22.

142) J. 하버마스, 《이론과 실천》, Payot, 1975, I, p.79.

143) T. 홉스, 《리바이어선》, 상기 인용 서적, p.268.

144) J. 로크, 상기 인용 서적, p.251.

145) T. 홉스, 《리바이어선》, 상기 인용 서적, p.178.

146) J. -J. 루소, 《사회계약론》, 상기 인용 서적, p.152.

147) J. 보댕, 《국가론》, Livre de Poche, 1993, p.66.

148) J. -J. 루소, 《사회계약론》, 상기 인용 서적, p.85.

149) H. 아렌트, 《인간의 조건》, 상기 인용 서적, p.101.

150) 아리스토텔레스, 《형이상학》, E 2 1025 a 33.

151) J. -J. 루소, 《인간 불평등의 기원과 토대에 관한…》, 상기 인용 서적, p.71.

152) J. 로크, 상기 인용 서적, p.279.

153) C. 슈미트, 《정치적인 것의 개념》(1932), 1992, p.57.

154) J. 보댕, 《국가론》, I, X, 상기 인용 서적, p.221.

155) J. 로크, 상기 인용 서적, p.178.

156) J. 로크, 상기 인용 서적, p.342.

157) J. -J. 루소, 《사회계약론》, 상기 인용 서적, p.68.

158) J. 카르보니에, 《법률사회학》, PUF, 1994, p.397.

159) 헤시오도스, 《노동과 나날》, v. 274-280(P. 마종 번역), Les Belles Lettres, 1993, p.96.

160) 키케로, 《신에 관하여》, II, LXII, Panckoucke, 1830, p.297.

161) 《판례집(判例集)》, 41, 1, 5, 1, J. 드 말라포스가 인용, 〈레스 눌리우스〉, 《노나제시모 아노 Nonagesimo anno, Mélanges Gaudemet》에서, PUF, 1999, p.417-418.

162) 플라톤, 《법》, X, 873 e(A. 디에스 번역), Les Belles Lettres, 1956.

163) M. 아귈롱, 〈동물들의 피. 19세기 프랑스에서의 동물 보호〉, 《로망티즘》, n.31, 1981.

164) A. 레오폴드, 《모래 군의 열두 달》, Aubier, 1995, p.258.

165) H. 요나스, 《책임의 원칙》, Le Cerf, 1990.

166) C. 라레르의 《환경의 철학》, PUF, 1997 참조; C.와 R. 라레르, 《환경철학을 위한 자연의 바른 사용에 관하여》, Alto Aubier, 1997; L 페리, 《새로운 생태학적 질서. 동물과 인간》, Grasset, 1992.

167) A. 르 브라-쇼파르, 《전쟁. 이론과 이데올로기》, Montechrestien, 1995.

168) J. -J. 루소, 《사회계약론》, 상기 인용 서적, p.62.

169) N. 마키아벨리, 《티투스 리비우스의 첫번째 10권에 관한 논문》, 전집, R. Laffont, 1966, p.310.

170) K. 폰 클라우제비츠, 《전쟁론》, 90, 91, M. 도브리 인용, 〈클라우제비츠와 '중간부' 혹은 합법적인 부자 관계 추구의 몇 가지 문제점〉, 《프랑스 사회학 리뷰》, 10-12월. 1976, n.4, p.658.

171) A. 드 토크빌, 상기 인용 서적, II, III, 26, p.803.

172) S. 프로이트, 《늑대 인간》, 상기 인용 서적, p.45. 이 문장은 이상하게도 우리가 위에서 언급한 폼포나치의 문장을 연상시킨다, p.13.

173) K. 폰 클라우제비츠, 《전쟁론》, Editions de Minuit, 1955.

174) 루덴도르프 장군, 《총력전》, Flammarion, 1936.

175) 플라톤, 《프로타고라스》, 322c.

176) C. 슈미트, 상기 인용 서적, p.64, 68, 73, 95.

177) 《'정치적인 것의 개념'에 대한 레오 스트라우스의 주해》, H. Meier, 《칼 슈미트, 레오 스트라우스 그리고 정치적인 것의 개념. 부재자들간의 대화》에서, Julliard, 1990, p.157.

178) G. 보테로, 《군사적 그리고 정치적 정황의 격언》, T. 뒤 브레, 1606; P. 드 부아 길베르, 《프랑스의 세세한 일들》, INED, 1966. A. 르 브라-쇼파르의 《전쟁》, 상기 인용 서적, p.104 참조.

179) N. 마키아벨리, 《전술론》, 《전집》, 상기 인용 서적.

180) J. 보댕, 《국가론》, 6권, 5장, '환자들을 무장시켜 전쟁에 익숙해지게 해서 […] 전쟁을 유지하는 것이 현명한 일인가,' 상기 인용 서적, p.460.

181) N. 마키아벨리, 《군주론》, Seghers, 1972, p.163.

II. 동물원에는 어떤 동물들이?

1) 아리스토텔레스, 《동물의 신체 부분》, IV, 10, 686b 3.

2) 아리스토텔레스, 《동물사》, VIII, 1.

3) 아리스토텔레스, 《니코마코스 윤리학》, VII, 1, 1145a, VII, 7, 1149b.

4) A. 파레, 《괴물들의 책》, P. 브르노가 인용, 《만일 사자가…》에서, 상기 인용 서적, p.1385.

5) G. 바타유, 《종교 이론》, 상기 인용 서적, p.152.

6) P. 르루아 J. 레노의 《신백과전서》, 상기 인용 서적, t. IV, p.367.

7) 아리스토텔레스, 《동물의 신체 부분》, I, 3.

8) J. 칼뱅, 《모세의 첫 책, 이른바 창세기에 대한 주해》, 제네바, 1554, p.38, F. 히그만 인용, 《르네상스 시대의 동물들》에서, 상기 인용 서적, p.38.

9) 뷔퐁, 《전집》, t. XIV, chez Baudoin frères, 1825, p.4.

10) R. 쇼벵의 《동물 사회》, PUF, 1999, p.56과 그 이후 참조.

11) E. 칸트, 《역사철학》, Aubier Montaigne, 1947, p.159-160.

12) K. 토마스, 《자연의 정원에서》, Gallimard, 1985, p.55.

13) 조프루아 생틸레르, 《신백과전서》, t. IV, 상기 인용 서적, p.568.

14) C. 레비 스트로스, 《야만적 사고》, 상기 인용 서적, p.272, 276.

15) 호메로스, 《일리아드》, 제10시편.

16) 플라톤, 《국가론》, II, 상기 인용 서적, p.124, 125.

17) E. 드 퐁트네, 《동물들의 침묵》, 상기 인용 서적, p.153.

18) M. 데티엔, 《죽음에 처해진 디오니시오스》, Gallimard, 1980, p.154.

19) 고대인 플리니우스, 《박물지》, VIII, 142.

20) 아리스토텔레스, 《동물사》, 상기 인용 서적, I, 1.

21) J. P. 디가르, 《만일 사자가…》에서, 상기 인용 서적, p.1037.

22) C. 다윈, 《인간의 유래》, Schleier frères, s. d., p.71-72.

23) 《리트레 사전》, t. I., p.602.

24) 19세기 《라루스 사전》에 인용, t. IV, p.83.

25) 뷔퐁, 상기 인용 서적, t. XIV, p.263.

26) 조프루아 생틸레르, 《신백과전서》, t. IV, 상기 인용 서적, p.377.

27) B. 시륄니크, 《만일 사자가…》, 상기 인용 서적, p.51.

28) 《19세기 라루스》에서 〈개〉 항목에 인용.

29) J. 라신, 《아탈리》, 2막 5장과 1막 1장.

30) G. 뒤푸르가 인용한 에라스무스, 《르네상스 시대의 동물의 세계》, 상기 인용 서적, p.115-116.

31) 뷔퐁, 상기 인용 서적, p.261.

32) M. 루터, 상기 인용 서적.

33) K. 로렌츠, 《모든 개들, 모든 고양이들》, Flammarion, 1970, p.221.

34) R. 들로르, 《동물들에게는 역사가 있다》, 상기 인용 서적, p.355.

35) 로지에 사제, 《만일 사자가…》에서 발췌, 상기 인용 서적, p.1061.

36) 뷔퐁, 상기 인용 서적, t. XIV, p.377, 380.

37) 로지에 사제, 상기 인용 서적, p.1061.

38) 뷔퐁, 상기 인용 서적, t. XIV, p.378.

39) 프로이트, 《나르시시즘을 소개하기 위하여》, C. 말레가 《만일 사자가…》에서 인용, 상기 인용 서적, p.1131.

40) 뷔퐁, 상기 인용 서적, t. XIV, p.379.

41) R. 단턴, 《만일 사자가…》에서, 상기 인용 서적, p.1414.

42) 아리스토텔레스, 《동물지》, V, 2.

43) 뷔퐁, 상기 인용 서적, t. XIV, p.379.

44) M. 뤼포, 《만일 사자가…》에서, 상기 인용 서적, p.1336.

45) R. 단턴, 《고양이 학살》, 《만일 사자가…》에서 발췌, 상기 인용 서적, p.1414.

46) 플리니우스, 《박물지》, VIII, 154.

47) 뷔퐁, 상기 인용 서적, t. XIV, p.8.

48) 아리스토텔레스, 《동물사》, IX, 47.

49) 뷔퐁, 상기 인용 서적, t. XIV, p. 31-32.

50) 플리니우스, 《박물지》, L. VIII, 157.

51) J. P. 디가르, 《프랑스인들과 그들의 가축들》, 상기 인용 서적, p.66.

52) 뷔퐁, 상기 인용 서적, t. XIV, p.33-34.

53) D. 모리스, 《털 없는 원숭이》, Grasset, 1968, p.295.

54) B. 베텔하임, 《동화들의 정신분석》, R. 라퐁, 1976, p.79.

55) 뷔퐁, 상기 인용 서적, t. XIV, p.8, 14, 15.

56) J. P. 디가르가 인용, 《프랑스인들과 프랑스인들의 동물들》, 상기 인용 서적, p.55.

57) 갈레노스, 《임상방법론에 대하여》, 2 7, X 133-4 K, R. J. 핸킨슨이 인용, 《고대 속 동물》에서, 상기 인용 서적, p.93.

58) 플라톤, 《파이돈》, 81e(L. 로뱅 번역), Les Belles Lettres, 1952.

59) 아리스토텔레스, 《니코마코스 윤리학》, X, 5.

60) R. 빌뇌브가 인용, 《도깨비와 흡혈귀》, J'ai Lu, 1970, p.15.

61) M. 타시나토, 《고대의 동물》, 상기 인용 서적, p.483.

62) N. 오르딘이 인용, 《르네상스 시대의 동물의 세계》, 상기 인용 서적, p.195, 196.

63) C. 푸리에, 《네 가지 운동의 논리》 상기 인용 서적, p.92.

64) 아리스토텔레스, 《동물사》, 상기 인용 서적, I, 1.

65) 키케로, 《신의 본성에 관하여》, II, LXIII, 상기 인용 서적, p.301.

66) 플루타르코스, 《영웅전》, Les Belles Lettres, 1969, t. V, 《카토》, 5.1, p.78-79.

67) E. 드 퐁트네, 《침묵…》, 상기 인용 서적, p.217.

68) 키케로, 《신의 본성에 관하여》, II, 상기 인용 서적, p.301.

69) 아리스토텔레스, 《동물사》, VIII, 6.

70) J. 베루스트가 인용, al., 상기 인용 서적, p.26.

71) 마르코, V, 1-6.

72) 뷔퐁, 상기 인용 서적, t. XIV, p.222.

73) 플리니우스, 《박물지》, VIII, 207.

74) R. 지라르, 《속죄 염소》, Grasset, 1982, p.257.

75) N. 마키아벨리, 《문학 전집》, 상기 인용 서적, p.272.

76) 상기 인용 서적, p.277, n.1.

77) 플리니우스, 《박물지》, VIII, 184, 181.

78) E. 아르두엥 퓌지에, 《만일 사자가…》에서, 상기 인용 서적, p.1288.

79) 키케로, 《신들의 본성에 관하여》, II, LXIII, 상기 인용 서적, p.301.

80) E. 칸트, 《역사철학》, 상기 인용 서적, p.160.

81) J. 보댕, 《마법사들의 빙의 망상에 대하여》, Chez Jacques du Puys, Librairie Juré, à la Samaritaine, 1587, p.106.

82) 헤겔, 《미학 강요》, 상기 인용 서적, III, p.41.

83) J. 프르질루스키 참조, 《인도와 중국 연구》, 브뤼셀, 1933.

84) 플리니우스, 《박물지》, VIII, 217.

85) 아우구스티누스, 《신국론》, 상기 인용 서적, II, 22.

86) 플루타르코스, 《데 포르투나 로마 De fortuna Roma》, 성 아우구스티누스의 《신국》을 통해 진술됨, II, 22.

87) A. 라브노가 인용, 《가축들에 대한 조사》, Nathan, 1993, p.312.

88) C. 푸리에, 《네 가지 운동 이론…》, 상기 인용 서적, p.286.

89) J. P. 디가르, 《만일 사자가…》에서, 상기 인용 서적, p.1045.

90) 뷔퐁, 《전집》, 상기 인용 서적, t. XIV, p.3.

91) 아우구스티누스, 《신국》, XVIII, 23.

92) 아리스토텔레스, 《동물사》, II, 8.

93) 상동, II, 8 그리고 《동물들의 부분들》, 689b 30-35.

94) 갈레노스, 《부위별 기능에 대하여》, I, 80. F. 리사라그가 인용, 《고대의 동물》, 상기 인용 서적, p.462.

95) 뷔퐁, 《전집》, t. XVIII, 상기 인용 서적, p.274.

96) 뷔퐁, 상기 인용 서적, p.257.

97) E. 타이슨, 《오랑우탄 해부학》, 런던, 1699.

98) 뷔퐁, 상기 인용 서적, p.279.

99) C. 다윈, 《인간의 유래》, 상기 인용 서적, p.136, 145, 168, 181.

100) 아리스토텔레스, 《동물사》, 상기 인용 서적, II, 8.

101) J. G. 폰 헤르더, 《인류사의 철학에 대한 이념(1784-1791)》, 파리, 1827. E. 드 퐁트

네가 인용, 《침묵…》, 상기 인용 서적, p.512.

　102) 뷔퐁, 상기 인용 서적, p.250, 251.

　103) A. 파레, 《동물 개론》, 상기 인용 서적, p.132.

　104) 갈레노스, 《부위별 기능에 대하여》, F. 리사라그가 인용, 《고대의 동물》, 상기 인용 서적, p.462.

　105) A. 파레, 《동물론》, 상기 인용 서적, p.132.

　106) 플루타르코스, 《모랄리아》, 97D, F. 리사라그가 인용, 상기 인용 서적, p.459.

　107) G. 바타유, 《크리티크》, n.71, 1953년 4월호.

　108) D. 모리스, 《인간과 원숭이》, Le Seuil, 1967.

　109) 아리스토텔레스, 《동물사》, VIII, 5.

　110) M. 루터, 《식탁 담화》, 상기 인용 서적, p.364.

　111) 아리스토텔레스, 《동물사》, IX, 32.

　112) J. G. 라바터, 《인간을 알고 사랑하게 하기 위한 관상학론》, La Haye, t. II, 1783, p.111.

　113) F. 베리오가 인용, 《르네상스 시대의 동물의 세계》에서, 상기 인용 서적, p.175.

　114) 뷔퐁, 상기 인용 서적, t. XVI, p.7.

　115) 뷔퐁, 상기 인용 서적, t. XVI, p.355.

　116) 상동, p.330.

　117) A. 파레, 《동물 개론》, 상기 인용 서적, p.142.

　118) 뷔퐁, 상기 인용 서적, t. XVI, p.345.

　119) J. 들뤼모 참조, 상기 인용 서적, p.64.

　120) T. 홉스, 《시민론》, 상기 인용 서적, p.53.

　121) C. 푸리에, 《네 가지 운동 이론》, 상기 인용 서적, p.232.

　122) T. 홉스, 《리바이어선》, 상기 인용 서적, p.65.

　123) R. 들로르, 상기 인용 서적, p.265.

　124) 뷔퐁, 상기 인용 서적, t. XV, p.53.

　125) 아우구스티누스, 《신국론》, XXII, 5(암늑대; louve=(라틴어) lupa=화류계 여자; courtisane).

　126) 오피에누스, 《어어론(漁魚論)》, M. 데티엔과 J. P. 베르낭이 인용, 〈여우와 문어의 메티스〉, 《그리스 연구 잡지》, 1969년 7-12월.

　127) 오피에누스, 《어어론》, 상기 인용 서적.

　128) 오피에누스, 《사냥 개론》, M. 데티엔과 J. P. 베르낭이 인용, 상기 항목.

　129) N. 마키아벨리, 《군주론》, 상기 인용 서적, p.143.

　130) 플라톤, 《국가》, II, 상기 인용 서적, p.114.

　131) M. 데티엔과 J. P. 베르낭이 인용, 상기 항목.

　132) R. 카이유아, 《문어, 상상의 논리에 관한 시론》, Table Ronde, 1973, p.31, 201.

　133) J. 슈니어, 〈상징의 형태학. 문어〉, 《아메리칸 이마고》, XIII, 1956.

134) E. 칸트, 《지리학》, Aubier, 1999, p.251.

135) J. 미슐레, 《바다》, Calmann-Lévy, 1922, p.201-202.

136) 아리스토텔레스, 《동물사》, I, 1과 VIII, 4.

137) 플리니우스, 《박물지》, X, 207.

138) L. 보드선, 《역사와 동물》에서, 툴루즈, Presses de l'Institut d'études poliètiques de Toulouse, t. III, vol. 2.

139) 아우구스티누스, 《신국》, 상기 인용 서적, XIV, 11.

140) H. 드 빙겐, 《자연과학 *Physica*》, 8권의 서문, M. 르쿠퇴가 인용, 상기 인용 서적, p.107.

141) 루터, 《식탁 담화》, 상기 인용 서적, p.342.

142) C. 푸리에, 《네 가지 운동 이론》, 상기 인용 서적, p.290.

143) F. 니체, 《차라투스트라는 이렇게 말했다》, 상기 인용 서적, I, p. 81(니체의 작품에서도 더욱 전통적인 표현들이 배제되지는 않는다, 젊은 양치기의 목을 무는 뱀처럼……).

144) L. 보드선, 상기 인용 서적, p.527.

145) D. 모리스, 《털 없는 원숭이》, 상기 인용 서적, p.284, 298, 299.

146) A. 르누아르, 《만일 사자가…》에서, 상기 인용 서적.

147) E. 칸트, 《지리학》, 상기 인용 서적, p.257.

148) 아리스토텔레스, 《동물사》, IX, 38.

149) 바라테가 인용, 《교회와 동물》(프랑스, 17-20세기), Le Cerf, 1996, p.26.

150) 상동, p.118.

151) A. 포렐, 《인간과 개미. 개미 사회와 인간 사회의 비교. 실현성 있는 인간 프로그램》, Imp. populaire, 로잔, 1923.

152) C. 푸리에, 《네 가지 운동 이론》, 상기 인용 서적, p.291.

153) C. 푸리에, 《네 가지 운동 이론》, 상기 인용 서적, p.291.

154) A. 파레, 《동물론》, 상기 인용 서적, p.118.

155) R. 들로르가 인용, 상기 인용 서적, p.200-201.

156) B. 만데빌레, 《꿀벌의 우화 혹은 사적인 결함들이 공익을 이룬다》(1714), Vrin, 1990, p.29. 소위 그 교훈담은 《불만스러운 벌통 혹은 정직해진 악당들》이라는 제목으로 1705년에 익명으로 출간되었다.

157) C. 푸리에, 《네 가지 운동 이론》, 상기 인용 서적, p.291.

158) 마테를링크, 《개미의 생활》《만일 사자가…》에서 발췌, 상기 인용 서적, p.410.

159) B. 파스칼, 《진공론 서문》, 1647, L. 페리와 C. 제르메가 인용, 《동물과 인간》에서, Livre de Poche, 1994, p.186.

160) K. 마르크스, 《자본론》, 상기 인용 서적, p.198.

161) T. 홉스, 《시민론》, 상기 인용 서적, p.138.

162) T. 홉스, 《리바이어선》, 상기 인용 서적, p.177.

163) 고비노 백작, 《인간 불평등론》(1854), Firmin-Didot, 1933, t. I, p.166.

164) 아우구스티누스, 《신국》, XVI, 24.

165) 아리스토텔레스, 《동물사》, II, 12.

166) 아리스토텔레스, 《동물사》, II, 13.

167) 플리니우스, 《박물지》, X, 117.

168) 로크, 《인간오성론》, II, XXVII, §8, p.223. E. 드 퐁트네 참조, 《짐승들의 침묵》, 상기 인용 서적, p.376.

169) 플리니우스, 《박물지》, X, 118.

170) A. 파레, 《동물론》, 상기 인용 서적, p.141.

171) F. 베리오가 인용, 《르네상스 시대의 동물의 세계》에서, 상기 인용 서적, p.178.

172) A. 파레, 《동물론》, 상기 인용 서적, p.142.

173) J. 로크, 《인간오성론》, 상기 인용 서적, p.262.

174) F. 베리오, 《르네상스 시대의 동물의 세계》에서, 상기 인용 서적, p.178.

175) C. 푸리에, 《네 가지 운동 이론》, 상기 인용 서적, p.290.

176) 상동.

177) 리체티, 《괴물에 관하여》(1665).

178) I. 조프루아 생 틸레르, 《인간과 동물 기관의 일반적이고 특수한 역사, 특징 · 분류 · 심리적 그리고 병리학적 영향에 관한 연구들을 포함하는 저서; 기형과 다양성 그리고 형체 결함의 일반적 관계와 법칙과 원인 혹은 기형학 개론》, Baillère, 1832-1836, 3권.

179) R. 지라르, 《속죄의 염소》, 상기 인용 서적, p.57.

180) 아리스토텔레스, 《동물사》, II, 1.

181) 플리니우스, 《박물지》, VIII, 31.

182) 보르헤스가 인용, 《가상의 존재들에 대한 책》, Gallimard, 1987, p.216.

183) P. 메스나르가 인용, 《르네상스 시대의 과학》에서, Vrin, 1973, p.215.

184) M. 르쿠퇴가 인용, 상기 인용 서적, p.166.

185) J. 보댕, 《마법사들의 빙의 망상에 대하여》, 상기 인용 서적, p.3.

186) T. 홉스, 《리바이어선》, 상기 인용 서적, p.178, 340.

187) F. 노이만, 《베헤못. 국가사회주의의 구조와 실제 1933-1944》(1944), 뉴욕, Octagon Books, 1972.

188) 헤로도토스, 《역사》, II, 73(P. E. 르그랑 번역), Les Belles Lettres, 1936, p.114.

189) G. 뒤메질, 《켄타우로스의 문제. 인도유럽어족 신화 연구》, Librairie orienètaliste Paul Geuthner, 1929, p.169.

190) M. 베나부가 인용, L. 폴리아코브, 상기 인용 서적, p.144.

191) N. 마키아벨리, 《군주론》, 상기 인용 서적, p.143.

192) 헤겔, 《미학》, 상기 인용 서적, III, p.42.

193) J. L. 보르헤스, 《가상의 존재들에 대한 책》, 상기 인용 서적, p.99.

194) 헤겔, 《미학 강요》, 상기 인용 서적, p.483.

195) 《오디세이아》, XII.

196) F. 뒤파르크, 《세이렌 공포(여성들의 폭력에서부터 거세 불안까지)》, 《프랑스 정신분석학지》, 1986, n.2.

197) 상동, p.712.

198) J. 콜랭 드 플랑시, 《지옥 사전》, Henri Plon, 1863, p.496.

199) F. 뒤파르크, 상기 항목, p.710.

200) S. 입센이 인용, 《고대의 동물들》에서, 상기 인용 서적, p.541.

201) 플라톤, 《국가》, IX, 상기 인용 서적, p.352.

202) 오비디우스, 《변형담》, Garnier-Flammarion, p.54, 83, 84, 127.

203) 헤겔, 《미학》, 상기 인용 서적, III, p.36, 41, 43.

204) E. 드 퐁트네, 《동물들의 침묵》, 상기 인용 서적, p.537.

205) 호메로스, 《오디세이아》, X.

206) 오비디우스, 《변형담》, 상기 인용 서적.

207) H. 앵스티토리스, J. 스프렝거, 《마녀의 망치》(1486), J. 밀롱, 1990, p.402-403.

208) J. G. 피히테, 상기 인용 서적, p.96.

209) E. 드 퐁트네, 《동물들의 침묵》, 상기 인용 서적, p.529.

210) 오비디우스, 《변형담》, 상기 인용 서적, p.154.

211) 아우구스티누스, 《신국》, XVIII.

212) J. 보댕, 《마법사들의 빙의 망상에 대하여》, 상기 인용 서적, p.114.

213) 플리니우스, 《박물지》, VIII, 80, 82.

214) 아우구스티누스, 《신국》, XVIII, 17-18.

215) H. 캉파뉴가 인용, 《늑대 인간의 모습으로 아이들 여럿을 잡아먹고 다른 범죄들을 저질렀던 질 가르니에에 대한 잊을 수 없는 판결. 다니엘 도쥬의 편지에 나타난 변신과 논평》, 《16세기 누벨 르뷔》, 15/2 1997, 그 편지를 제시하는 기사.

216) 오비디우스, 《변형담》, 상기 인용 서적, p.48.

217) 콜랭 드 플랑시, 《지옥 사전》, 상기 인용 서적.

218) 아우구스티누스, 《신국》, 상기 인용 서적, VIII, 14.

219) G. 미누아, 《악마》, PUF, p.23.

220) 발트뤼사이티스, 《환상적인 중세》, 파리, 1955.

221) H. 앵스티토리스, J. 스프렝거, 상기 인용 서적, p.154.

222) J. 보댕, 《마법사들의 빙의 망상에 대하여》, 상기 인용 서적, p.21.

223) M. 푸코, 《말과 사물》, 상기 인용 서적, p.7.

224) H. 앵스티토리스, J. 슈프링거, 상기 인용 서적, p.132, 151, 552.

225) M. 루터, 《식탁 담화》, 상기 인용 서적, p.153.

226) J. 보댕, 《마법사의 빙의 망상에 대하여》, 상기 인용 서적, p.105, 106.

227) 바라테, 상기 인용 서적, p.60.

228) 라루스, 《19세기의 사전》, t. VI, p.691.

229) J. 튀르멜, 《악마의 역사》, Ed. Rieder, 1931, p.287.

230) B. 에르하르트, 《악마옹호론》, 캉대학 정치 · 법 철학 센터, 1989, p.1, 2.

231) S. 프로이트, 《19세기의 악마 노이로제》, 《응용 정신분석 개론》, Gallimard, 1973, p.234.

III. 어떤 인간들이 동물원에 보내졌나?

1) J. 보댕, 《빙의 망상에 대하여》, 상기 인용 서적, p.44.

2) C. 레비 스트로스, 《구조인류학》, 개정판, Plon, 1973, p.53.

3) E. 발리바르, E. 발리바르와 E. 월러스타인의 《종족, 국가, 계급. 모호한 정체성들》에서, La Découverte, 1988, p.71.

4) M. 드 세르토, 《일상의 발명》, Gallimard, 1990, p.XLVI.

5) L. 포이어바흐, 상기 인용 서적, p.207.

6) C. 보비와 L. 피사노 참조, 《잊혀진 말들. 1789-1860년대 프랑스와 이탈리아의 여성들과 국가-국민의 건설》, A. Colin, 1997, 이 책은 여성형 단어의 억압 문제를 대단히 훌륭히 제기하고 있다.

7) D. 레니에-뷜러, G. 뒤비와 M. 페로의 《여성의 역사》에서, Plon, 1991, t. II, p.463.

8) F. 바레-뒤크로크와 E. 피지에, 《앞선 여인들》, Flammarion, 1997.

9) 《백플래쉬. 여성들에 대한 선전 포고 없는 전쟁》, 뉴욕, Crown Publishers, 1991.

10) C. 토마세, 《여성의 역사》에서, t. II, 상기 인용 서적, p.58.

11) H. 앵스티토리스와 J. 슈프링거, 상기 인용 서적, p.176-177.

12) 상동, p.177.

13) P. J. 프루동, 《혁명과 교회에서의 정의에 대하여》, 전집, M. Rivière, t. IV, p.182.

14) P. J. 프루동, 《수첩》, M. Rivière, 1968, t. IV, p.183.

15) J. 바이어, 《악마들의 사기와 속임수에 대하여. 마술과 마법》, 파리, chez Jaècques du Puys, 1569, p.127.

16) P. J. 프루동, 《수첩》, 상기 인용 서적, t. II, p.11.

17) J. 들라룅의 《여성의 역사》에서 인용, 상기 인용 서적, t. II, p.36.

18) A. 푸크, 《두 개의 성》, Gallimard, 1995, p.47, 61.

19) E. 베리오-살바도르, 《여성의 역사》, t. III, 상기 인용 서적, p.368-369.

20) 쇼펜하우어, 《여성에 관하여》, Actes Sud, 1987, p.27.

21) A. 모루아, 《렐리아 혹은 조르주 상드의 삶》, Hachette, 1952, p.504.

22) 에쉴르, 《에우메니데스》, 658-661, L. 브뤼 자이드만이 《여성의 역사》에서 인용, 상기 인용 서적, t. I, p.378.

23) P. J. 프루동, 《혁명과 교회에서의…》, t. IV, 상기 인용 서적, p.182.

24) S. 베치오(Vecchio)가 인용, 《여성들의 역사》에서, t. II, 상기 인용 서적, p.123.

25) 뷔퐁, 상기 인용 서적, t. XIV, p.43, 105.

26) F. 에리티에, 《남성성/여성성. 차이에 대한 사유》, O. Jacob, 1996, p.20.

27) P. J. 프루동, 《도색 정치 혹은 현대 여성들》, M. Rivière, 1939, p.423.

28) J. 바이어, 《악마들의 사기…》, 상기 인용 서적, p.57.

29) 모페르튀, 《물리적인 비너스》, Aubier, 1980, p.114, 115.

30) P. J. 프루동, 《도색 정치…》, 상기 인용 서적, p.467.

31) P. J. 프루동이 인용, 《도색 정치…》에서, 상기 인용 서적, p.340, 이것은 인용이 적당히 손질되면 그의 정적들에게 관계될 수도 있다.

32) C. 카사그랑드(Cassagrande)가 인용, G. 뒤비와 M. 페로의 《여성의 역사》에서, t. Ⅱ, 상기 인용 서적, p.101.

33) G. 프레스가 인용, 《이성의 시상. 배타적인 민주주의와 성의 차이》, Alinéa, 1989, p.92.

34) J. 보댕, 《마법사의…》, 상기 인용 서적, p.225.

35) G. 프레스가 인용, 상기 인용 서적, p.57.

36) C. 푸리에, 《네 가지 운동 이론…》, 상기 인용 서적, p.130.

37) P. J. 프루동, 《도색 정치…》, 상기 인용 서적, p.421, 422.

38) J. 드 메스트르가 딸 콩스탕스에게 보내는 편지, G. 프레스가 인용, 상기 인용 서적, p.148.

39) P. J. 프루동, 《수첩》, 상기 인용 서적, t. Ⅲ, 1848년 3월 14일, p.33.

40) D. 레니에-뵐러, 《여성의 역사》에서, t. Ⅱ, 상기 인용 서적, p.469.

41) C. 드 피장, 《사랑의 신에게 보내는 편지》, D. 레니에-뵐러의 《여성의 역사》에서 인용, t. Ⅱ, 상기 인용 서적, p.450.

42) 쇼펜하우어, 《여성들에 관하여》, 상기 인용 서적, p.24-25.

43) P. J. 프루동, 《도색 정치…》, 상기 인용 서적, p.467.

44) P. J. 프루동, 《혁명과 교회에서의…》, 상기 인용 서적, t. Ⅳ, p.204.

45) C. 토마세가 인용, 《여성의 역사》에서, t. Ⅱ, 상기 인용 서적, p.74.

46) J. -J. 루소, 《전집》, Ⅳ, 《에밀》, L. Ⅴ, Gallimard, Bibliothèque de la Pléiade, p.697.

47) E. 칸트, 《풍습의 형이상학》, Ⅱ, Garnier-Flammarion, 1994, p.190.

48) P. J. 프루동, 《혁명과 교회에서의…》, Ⅳ, 상기 인용 서적, p.179-215.

49) P. J. 프루동, 《수첩》, n. 10, 상기 인용 서적.

50) S. 프로이트, 《최초의 정신분석학자들. 빈정신분석학협회 기록》, t. Ⅱ, 1908-1910, p.127.

51) D. 모리스, 《털 없는 원숭이》, 상기 인용 서적, p.91, 93.

52) M. 뵈이유가 인용, 《사회생물학》, PUF, p.74.

53) M. 뵈이유, 상기 인용 서적, p.74.

54) D. 바라슈, M. 뵈이유가 인용, 상기 인용 서적, p.79.

55) J. 바이어, 상기 인용 서적, p.128.

56) P. J. 프루동, 《수첩》, 상기 인용 서적, t. Ⅳ, p.12.

57) 헤시오도스, 《신통계보학》, V, 570-593(P. 마종 번역), Les Belles Lettres, 1993, p.53.

58) P. J. 프루동, 《혁명과 교회에서의…》, 상기 인용 서적, t. IV, p.69.

59) A. 루셀이 인용, 《여성의 역사》에서, t. I, 상기 인용 서적, p.329-330.

60) H. 앵스티토리스와 J. 슈프링거, 상기 인용 서적, p.386.

61) J. 보댕, 《빙의 망상…》, 상기 인용 서적.

62) S. 프로이트, 《응용 정신분석 개론》, Gallimard, 1973, p.234-235.

63) H. 앵스티토리스와 J. 슈프링거, 상기 인용 서적, p.398.

64) N. 제몬 데이비스 참조, 《여성의 역사》, t. III, 상기 인용 서적, p.176.

65) R. 무켐베드(Muchembed), 《마녀들, 15세기와 17세기의 정의와 사회》, Imago, 1987, p.67-68.

66) R. 지라르, 《속죄 염소》, 상기 인용 서적, p.24-25.

67) J. 들뤼모, 《서양의 두려움》, 상기 인용 서적, p.58.

68) H. 앵스티토리스와 J. 슈프링거, 상기 인용 서적.

69) E. 르 루아 라뒤리, 〈쇠붙이〉, 《유럽》, 1974년 3월, p.144.

70) S. 부에-드브리에르 참조, 《여성 권리의 국제법. 문제의 보편성》, 공법론, 랭스 샹파뉴-아르덴 대학, 1999.

71) S. 미쇼가 인용, 《여성의 역사》, t. 4, 상기 인용 서적, p.127.

72) M. 페로가 인용, 《여성의 역사》에서, t. 4, 상기 인용 서적, p.494.

73) G. 프레스가 인용, 상기 인용 서적, p.95.

74) J. W. 스콧 인용, 《여성의 역사》에서, t. 4, 상기 인용 서적, p.439.

75) A. 콩트, 《실증주의의 전체적 담론》, G. F. Flammarion, 1998, p.277.

76) A. 모그, 《여성의 역사》에서, t. 4, 상기 인용 서적, p.541.

77) 상동, p.531.

78) 《피가로 마담》, 1995년 4월 8일, C. 레스티에-멜르레가 인용, Y. 푸아르뫼르와 P. 마제의 《표상으로서의 정치적 직업》에서, L'Harmattan, 1999, p.110.

79) F. 바레-뒤크로크와 E. 피지에, 상기 인용 서적, p.16; M. 마뤼아니도 참조, 《노동과 여성의 일》, La Découverte, 2000.

80) 문제 제시에 대해서는 J. 모쉬즈-라보 참조, 《여성/남성. 동등함을 위하여》, Preèsses de Sciences-Po, 1998.

81) 아리스토텔레스, 《동물사》, IX, 1.

82) L. 폴리아코프가 인용, 《아리아족의 신화》, 상기 인용 서적.

83) 비리, 《인류의 역사》, t. I, M. J. 보디네와 M. 앵데르강이 인용, M. J. 보디네와 C. 슐라테르의 《얼굴에 대하여》에서, 릴대학출판국, 1982, p.71.

84) P. A. 타기에프, 《편견의 위력. 인종 차별주의와 그것의 이중성에 관하여》, La Découverte, 1988, p.156.

85) E. 드 퐁트네, 상기 인용 서적, p.571-572.

86) C. 기유맹, 《성별, 인종, 그리고 권력의 실행. 자연의 사상》, Côté-femmes, 1992, p.211.

87) 1967년 9월 26일의 인종과 인종적 편견에 관한 UNESCO의 선언문 참조.

88) 괴테, 《색채론》, Triades, 1983.

89) E. 칸트, 《지리학》, 상기 인용 서적, p.223.

90) 아우구스티누스, 《신국》, XVI, 8.

91) C. 르쿠퇴가 인용, 상기 인용 서적, p.29, 63.

92) 아우구스티누스, 《신국》, XIX, 13.

93) C. 르쿠퇴의 상기 인용 서적, p.149에 인용된 이 주목할 만한 글은 우리가 1부에서 살펴보았던 인류학적인 성격들을 모두 요약하지만 신체적 특징들을 분리하고 있다.

94) 프레보 사제, 《여행의 보편적 역사》, chez Didot, 1747, t. 3, p.139.

95) J. 들뤼모, 상기 인용 서적, p.255.

96) 바라테가 인용, 상기 인용 서적, p.36.

97) 아우구스티누스, 《신국》, XI, 23.

98) W. B. 코헨이 인용, 《프랑스인들과 아프리카인들. 백인들의 시선 속에 비친 흑인들》, Gallimard, 1981, p.137.

99) G. 퀴비에, W. B. 코헨이 인용, 상기 인용 서적, p.141.

100) J. G. 라바터, 상기 인용 서적, IV, p.319.

101) 고비노 백작, 상기 인용 서적, I, p.81, 454-455.

102) A. 멤미, 상기 인용 서적, p.117, 121.

103) 모페르튀, 상기 인용 서적, p.142.

104) E. 칸트, 《지리학》, 상기 인용 서적, p.218.

105) 볼테르, 《민족들의 풍속과 정신론》, Garnier Frères, 1963, t. I, p.30.

106) 고비노 백작 참조, 상기 인용 서적, t. I, p. 112-113.

107) A. R. 옌센, 《유전학과 교육》, 런던, 1972, p.163, P. 페도세프가 인용, 《팡세》, n.211, 1980년 4월, p.79.

108) S. 샤크(Schack), 《인간과 동물들의 얼굴》, 1887, M. J. 보디네와 M. 앵데강이 인용, M. J. 보디네와 C. 슐라테의 상기 인용 서적에서, p.72.

109) 고비노 백작, 상기 인용 서적, t. I, p.215.

110) 비리, 《일반적인 신경 체계의 해부학과 생리학》, 파리, 1818, t. 2, p.41.

111) 헤겔, 《역사철학 강요》, Vrin, p.77.

112) F. 파농, 《검은 피부, 흰 가면》, Le Seuil, 1975, p.134, 137, 163.

113) 몽테스키외, 《법 정신》, XV, 5, Ed. Sociales, 1969, p.159.

114) 부갱빌, 《세계일주》, UGE 10/18, 1966, p.269.

115) 고비노 백작, 상기 인용 서적, t. I, 353; p.49.

116) 플리니우스, 《박물지》, VIII.

117) J. 로크, 《인간오성론》(1855), III, ch. VI, §23, Vrin, 1983, p.364.

118) L. 폴리아코프가 인용, 《인간과 짐승》, 상기 인용 서적, p.168.

119) 볼테르, 《풍속시론》, 상기 인용 서적, p.8.

120) 헤겔, 《역사철학 강요》, 상기 인용 서적, p.76.

121) 볼테르, 《아마베드의 편지》, 《전집》, t. XXXIV, chez Lefèvre, libraire, 1829, p.242.

122) A. 드 토크빌, 《아메리카의 민주주의에 대하여》, 상기 인용 서적, I, II, 10, p.396.

123) W. 좀바르트, 《유대인들과 경제 생활》, Payot, 1923.

124) P. 르루, 《맬서스와 경제학자들》, G. Sandré, 1848, p.15-17.

125) A. 르 브라 쇼파르 참조, 《차이 속 평등에 대하여. 피에르 르루의 사회주의》, Presses de la Fondation nationale des Sciences politiques, 1986, p.253과 그 이하.

126) P. 르루, 《욥, 5막의 비극》, Dentu, 1866, p.401.

127) F. 파농, 상기 인용 서적, p.93.

128) 헤겔, 《역사철학 강요》, 상기 인용 서적, p.151.

129) E. 드뤼몽, 《세기의 무대. 주연들과 어릿광대들》, 파리, 1900, p.237-238, H. 아렌트가 인용, 《전체주의의 기원. 유대인 배척주의에 대하여》, Calmann-Lévy, 1973, p.216-217.

130) 헤겔, 《역사철학 강요》, 상기 인용 서적, p.251.

131) E. 칸트, 《본성의 한계 속 종교》, 파리, 1841, p.217-220, L. 폴리아코프가 인용, 《유대인 배척주의의 역사》, Calmann-Lévy, 1968, t. III, p.195.

132) L. 폴리아코프가 인용, 《유대인 배척주의의 역사》, III, 상기 인용 서적, p.196; p.242.

133) H. 아렌트, 《유대인 배척주의에 관하여》, 상기 인용 서적, p.217.

134) J. -P. 사르트르, 《유대인 문제에 대한 사색들》, Gallimard, 1954.

135) L. 폴리아코프가 인용, 《유대인 배척주의의 역사》, III, 상기 인용 서적, p.287.

136) 《샤를 푸리에의 수사본 발행》, 파리, 1852, t. III, p.34.

137) H. 하이네, 《루테시아, 프랑스에서의 정치, 예술, 그리고 사회 생활에 관한 편지》, Michel Lévy frères, 1866, p.78.

138) L. 도데, 《두 전쟁 사이》, Nouvelle Librairie nationale, 1915, p.46-47.

139) A. 드 토크빌, 상기 인용 서적, I, III, 9, p.368과 그 이하.

140) E. 발리바르, 상기 인용 서적, p.57-58.

141) 보쉬에, 《M. 쥐리외의 편지에 대한 개신교도들의 여섯번째 경고》, W. B. 코헨이 인용, 상기 인용 서적, p.79.

142) F. 파농, 상기 인용 서적, p.8.

143) 토크빌, 《아메리카의 민주주의에 대하여》, 상기 인용 서적, I, II, 10.

144) A. 세제르, 《귀향 수첩…》, F. 파농이 인용, 상기 인용 서적, p.79.

145) F. 파농, 상기 인용 서적, p.15.

146) W. B. 코헨, 상기 인용 서적, p.55.

147) 프뤼노 드 폼고르주, 《니그리시의 묘사》, 암스테르담, 1789, p.262-263, W. B. 코헨이 인용, 상기 인용 서적, p.210.

148) V. 쉴세르, 《노예 제도의 폐지》.

149) W. B. 코헨이 인용, 상기 인용 서적, p.162.

150) A. 드 토크빌, 《아메리카의 민주주의에 대하여》, 상기 인용 서적, I, II, 10, p.191.

151) A. 드 토크빌, 상기 인용 서적, I, II, 10, p.396과 그 이하.

152) A. 멤미, 상기 인용 서적, p.121, 124, 125, 126, 158.

153) F. 파농의 서문에서 J. -P. 사르트르, 상기 인용 서적, p.34.

154) H. 아렌트, 《유대인 배척주의에 관하여》, 상기 인용 서적, p.169.

155) L. 폴리아코프가 인용, 《유대인 배척주의의 역사》, III, 상기 인용 서적, p.299.

156) G. 베르나노스, 《보수주의자의 커다란 두려움》, 《에두아르 드뤼몽》, Grasset, 1931, p.427.

157) D. 세자라니가 인용, 《르몽드》, 2000년 1월 28일.

158) J.- P. 사르트르, 《유대 문제에 관한 사색》, 상기 인용 서적, p.67.

159) H. 아렌트, 《유대인 배척주의에 관하여》, 상기 인용 서적, p.132, 163.

160) L. 폴리아코프가 인용, 《유대인 배척주의의 역사》, III, 상기 인용 서적, p.345.

161) 헤겔, 《역사철학 강요》, 상기 인용 서적, p.150.

162) 아인슈타인, 《M. 보른에게 보내는 편지》, 1919년 11월 9일, L. 폴리아코프가 인용, 《유태인 배척주의의 역사》, IV, 상기 인용 서적, p.359.

163) L. 폴리아코프가 인용, 《유대인 배척주의의 역사》, 상기 인용 서적, IV, p.59.

164) F. 파농, 《검은 피부, 흰 가면》, p.93.

165) E. 드뤼몽, 《유대인의 프랑스》, 상기 인용 서적, t. I, p.322.

166) J. -P. 사르트르, 《유대 문제에 관한 사색》, 상기 인용 서적, p.83.

167) A. 멤미, 《피지배자》, 상기 인용 서적, p.109.

168) E. 레비나스, 《힘겨운 해방. 유대교에 관하여》, Albin Michel, 1976.

169) L. 폴리아코프가 인용, 《유대인 배척주의의 역사》, III, 상기 인용 서적, p.31.

170) M. 그랜트, 《위대한 인종의 쇠퇴》, L. 폴리아코프가 인용, 《유태인 배척주의의 역사》, IV, 상기 인용 서적, p.251.

171) P. A. 타기에프 참조, 《인종 차별》, Flammarion, 1997, p.33과 그 이하.

172) H. 아렌트, 《유대인 배척주의에 관하여》, 상기 인용 서적, p.192.

173) J. -P. 사르트르, 《유대 문제에 관한 사색》, 상기 인용 서적, p.32.

174) L. 폴리아코프, 《유대인 배척주의의 역사》, III, 상기 인용 서적, p.196.

175) 상동, p.450.

176) C. 제르메와 L. 페리, 상기 인용 서적, p.506, 여기서는 그 법(p.507과 그 이하)의 원문과 다른 법률들의 원문을 싣고 있다.

177) S. 프리드랜더, 《역사의 수집》, 1998년 10월, p.15, 히믈러의 담론의 그 대목을 인용한다.

178) P. A. 타기에프,《편견의 위력》, 상기 인용 서적, p.17, 79.

179) 고비노 백작, 상기 인용 서적, t. I, p.454.

180) W. F. 에드워즈가 아메데 티에리(Amédée Thierry)에게 보낸 편지, L. 폴리아코프가 인용,《유대인 배척주의의 역사》, t. III, 상기 인용 서적, p.332. 역사학자 아메데 티에리(오귀스탱과 혼동하지 말 것)는《갈리아인들의 역사》의 저자이다.

181) L. 폴리아코프가 인용,《유대인 배척주의의 역사》, t. III, 상기 인용 서적, p.332.

182) 타키투스,《게르마니아》, III(J. 페레 번역), Les Belles Lettres, 1967, p.72.

183) 고비노 백작, 상기 인용 서적, t. I, p.93.

184) J. G. 피히테,《독일 국민에게 고하는 연설》, Imprimerie nationale, 1992, p.377.

185) A. 히틀러,《나의 전투 Mein Kampf》, Nouvelles Editions latines, s. d., p.289.

186) 고비노 백작, 상기 인용 서적, t. I, p.196, 212, 214.

187) L. 폴리아코프가 인용, 상기 인용 서적, p.117.

188) 고비노 백작, 상기 인용 서적, p.209.

189) E. 시에예스,《제3계급이란 무엇인가?》, Droz, 제네바, 1970, p.128

190) E. 르낭,《슈트라우스에게 보내는 편지》, 1871, A. 브로사가 인용, 상기 인용 서적, p.37.

191) 상동,《프랑스와 독일 사이의 전쟁》(1870), p.84, A. 브로사가 인용, 상기 인용 서적, p.47.

192) V. 위고를 통해 들려진 일화에 의해,《보여진 것들》, vol. III, Rencontres, 1968, 브로사가 인용, 상기 인용 서적, p.47.

193) E. 르낭,《담화와 강연》, 1887, p.57, A. 브로사가 인용, 상기 인용 서적, p.34.

194) S. 프로이트,《성생활》, 상기 인용 서적, p.72.

195) 고비노 백작, 상기 인용 서적, t. I, p.218.

196) 아리스토텔레스,《공화국》, 상기 인용 서적, I, 5, 1254−b.

197) 플라톤,《법률》, XI, 93.

198) 알렉산드리아의 클레멘스,《단편들》, C. 비아노가 인용,《고대의 동물》에서, 상기 인용 서적, p.183.

199) 아리스토텔레스,《공화국》, III, 11, 1281.

200) T. 홉스,《시민론》, 상기 인용 서적, p.53.

201) 상동, p.147.

202) 조쿠르 기사, 디드로와 달랑베르의《백과전서》, '민중,' t. XII, p.476.

203) G. 르 봉,《군중심리학》, PUF, 1991, p.17, 25.

204) 상동, p.19. 이외에도 p.23, 25 등등에서도 찾아볼 수 있는 집요한 비교.

205) 바셰 드 라푸주,《아리안족, 그들의 사회적 역할》, 1899.

206) 뷔퐁, 상기 인용 서적, t. XVI, p.83, 84.

207) 고비노 백작, 상기 인용 서적, t. I, p. 153, n.1.

208) G. 르 봉,《군중심리학》, 상기 인용 서적, p.64, 69.

209) 플라톤, 《국가》, VI, 상기 인용 서적, p.250.

210) 플라톤, 《파이드로스》, 241d.

211) 플라톤, 《프로타고라스》, 313c. 311d-e, 328b-c, 349a도 참조.

212) M. 라이보비시가 인용, 《한나 아렌트, 한 유대 여인. 경험, 정치 그리고 역사》, Desclée de Brouwer, 1998, p.371.

213) G. 클레망소, 1898년 2월 2일 논설, H. 아렌트가 인용, 《유대인 배척주의에 관하여》, 상기 인용 서적, p.232.

214) F. 니체, 《차라투스트라는 이렇게 말했다》, 상기 인용 서적, t. I, p.133-136.

215) 아리스토텔레스, 《공화국》, III, 16, 30.

216) T. 홉스, 《리바이어선》, 상기 인용 서적, p.340, p.565.

217) J. 로크, 《시민 정부론》, 상기 인용 서적, p.244.

218) 상동, p.247.

219) H. 아렌트, 《전체주의 체계》, M. 라이보비시의 상기 인용 서적에서, p.4, 164.

220) A. 브로사, 《적의 육체. 과도한 폭력과 민주주의》, La Fabrique, 1998, p.57과 그 이하.

221) V. 위고, 〈백성들에게〉, 1852년 10월 31일의 호소문, 《징벌》에서, A. 브로사가 인용, 상기 인용 서적, p.68.

222) 키케로, 《의무론》, II (M. 테스타르 번역), Les Belles Lettres, 1970, p.86.

223) G. 로카-세라가 인용, 《고대의 동물》에서, 상기 인용 서적, p.138.

224) N. 마키아벨리, 《군주론》, 상기 인용 서적, p.143.

225) J. 제르스틀, 〈파레토 빌프레도 1848-1923, 일반사회학 개론, 1916〉, 《정치 작품 사전》에서, 상기 인용 서적, p.807.

226) E. 헤켈, 《자연 법칙에 따라 조직된 생명 창조 역사》(1868), Reinwald, 1874, P. 브르노가 인용, 《만일 사자가…》, 상기 인용 서적, p.133.

227) E. L. 파리스(Faris)가 인용, 《진화와 미국 사회학》.

228) 헤켈, 《생물 변이설의 증거들》, 상기 인용 서적.

229) K. 마르크스와 F. 엥겔스, 《자연과학에 대한 편지》, 파리, 1973, p.35, 75-76, P. 페도세프, 《팡세》, 1980년 4월, p.77.

230) 레닌, 《전집》, 파리/모스크바, t. 14, p.342-343, P. 페도세프가 인용, 상기 인용 기사, p.77.

231) 바셰 드 라푸주, 《인종과 사회 계층》, M. Riviere, 1904.

232) A. 베쟁, in P. 오리(dir.), 《정치 개념들의 새로운 역사》, 상기 인용 서적, p.322, 326.

233) E. 모랭, 《잃어버린 패러다임. 인간의 속성》, Le Seuil, 1973, p.34와 그 이하.

234) K. 로렌츠, 《현대 심리학》, 1974년 11월, vol. 6, p.90, P. 페도세프가 인용, 상기 인용 서적, p.80-81.

235) E. O. 윌슨, 《사회생물학》, Editions du Rocher, 1987, 《사회생물학. 새로운 합성》

의 '요약본,' 하버드대학출판사, 1975(697페이지는 2단으로 되어 있다!).

236) 상동, p.19.

237) P. O. 홉킨스가 인용, 《연구 *La Recherche*》, n.75, 1977년 2월, p.137.

238) P. O. 홉킨스가 인용, 《연구》, n.75, 1977년 2월, p.139.

239) M. 뵈이유, 상기 인용 서적, p.41.

240) P. O. 홉킨스가 인용, 상기 인용 서적, p.137.

241) R. 쇼뱅, 상기 인용 서적, p.227.

242) 다윈, 《인간의 유래》, 상기 인용 서적, p.144, 145.

243) B. F. 스키너, 《자유와 품위를 넘어》, 뉴욕, 1971, p.173.

244) P. O. 홉킨스, 상기 인용 서적, p.140.

245) P. P. 그라세, 《비난받는 인간》, Albin Michel, 1980, p.53.

246) H. 에스티어가 인용, 《주해》, n. 77, 1997년 봄, p.115.

247) G. 르봉, 《군중 심리학》, 상기 인용 서적, p.3-4.

248) H. 에스티어, 상기 인용 서적, p.116. E. 테너의 책에 대하여, 《상황이 되물리는 이유. 뉴 테크놀로지와 보복 효과》, Fourth Estate, 1996.

맺음말: 모두가 신인가?

1) 피히테, 《지식학의 원리…》, 상기 인용 서적, p.95.

2) L. 포이어바흐, 상기 인용 서적, p.378.

3) R. 쇼뱅, 〈컴퓨터 프로그램에 직면한 비교행동학 방법론〉, 《정상 심리학과 병리학 저널》, 1972, 3, p.261-287.

4) C. Laugton, 《인공 생명》, 뉴욕, Addison-Wesley, 1989, D. 레스텔이 인용, 상기 인용 서적, p.30.

5) H. 아렌트, 《유대인 배척주의에 관하여》, 상기 인용 서적.

6) J. 미슐레, 《뫼플》, 상기 인용 서적, p.186.

7) S. 모스코비치, 《길들여진 인간들과 야성의 인간들》, UGE, 10/18, 1974, p.21.

8) J. 미슐레, 《뫼플》, 상기 인용 서적, p.176, 177.

9) D. 엘리사에프, 《만일 사자가…》에서, 상기 인용 서적, p.1478.

10) C. 마에르 자우엥, 《만일 사자가…》에서, 상기 인용 서적, p.1460과 그 이하.

11) F. 니체, 《차라투스트라는 이렇게 말했다》, II, 상기 인용 서적, p.189, 315, 367.

색 인

127,168
《박물지 *Natural History*》 24,124,178,182,
  277
발리바르 Balibar, E. 232,295
발부스 Balbus 111,147
발자크 Balzac, H. de 265
발트뤼사이티스 Baltrusaitis 221
《방법서설 *Discours de la méthode*》
  11,158
《백과전서 *L'Encyclopédie*》 89,324,327
《법률 *Nomoi*》 322
베네딕투스 Benedictus 42
베드로 Peter the Apostle 65
베르그송 Bergson, H. -L. 40,47
베르나노스 Bernanos, G. 303
베르나르두스 Bernardus 41
베르낭 Vernant, J. P. 37,100,176
베르니에 Bernier, F. 230,281
베른 Verne, J. 179,288
베리오 Berriot, F. 191
베버 Weber, E. H. 10
베버 Weber, M. 66,100
베이컨 Bacon, F. 10,350
베인 Veyne, P. 79
베텔하임 Bettelheim, B. 143
베헤못 Behemoth 200,201
벤담 Bentham, J. 54,73,112
《변형담 *Metamorphoses*》 208,210
보나벤투라 Bonaventura 151
보나파르트 Bonaparte, L. 331
보댕 Bodin, J. 104,106,107,108,118,119,
  155,199,214,215,216,222,224,226,231,248,
  259,260,262,270,277,333
보드선 Bodson, L. 180
보르헤스 Borges, J. L. 204
보방 Vauban, S. Le P. de 149
보베 Beauvais, V. de 198,214
보쉬에 Bossuet, J. -B. 81,82,239,296
보에스튀오 Boaistuau, P. 25,29,38
볼테르 Voltaire 83,135,154,218,283,287,
  288,317
뵈이유 Veuille, M. 255,344

부갱빌 Bougainville, L. -A. de 286
《부분들의 기능 *De use partium*》 63
부세 Buchez 85,86
불랭빌리에 Boulainvilliers, H. de 315,
  324
뷔리당 Buridan, J. 145,207,240,244
뷔퐁 Buffon, G. -L. L. 16,27,28,30,130,
  134,135,136,138,139,141,142,143,146,152,
  158,161,164,166,167,172,173,175,176,241,
  245,282,326,336,340
브로카 Broca, P. 61,286,299,325
브루노 Bruno, G. 10
브루새 Broussais, F. -J. -V. 47
블랑 Blanc, L. 75
블로흐 Bloch, E. 10
블루멘바흐 Blumenbach, J. F. 314
비레 Viret, P. 81
비리 Virey 248,266,272,281,285,286
비코 Vico, G. 79
비토리아 Vitoria, F. de 70
비트겐슈타인 Wittgenstein, L. J. J. 15
비트포겔 Wittfogel 333
《사랑의 신세계 *Le Nouveau Monde
  amoureux*》 34
사르트르 Sartre, J. -P. 39,77,233,234,
  276,292,301,303,305,308
사티로스 Satyros 202,224
상드 Sand, G. 243,251,270
《새로운 과학 *Scienza nuova*》 79
《색채론 *Farbenlohre*》 276
생 시몽 Saint-Simon, C. -H. de R.
  43,71,184,326
샤르댕 Chardin, T. de 12,49,53
샤를마뉴 Charlemagne 174
샤를 5세 Charles V 280
샤크 Shack, S. 284
샤토브리앙 Chateaubriand, F. -A. -R.
  315
샤틀레 châtelet, F. 100
《섬에 대한 우리의 의무에 관하여 *De
  nos devoirs envers les iles*》 113
《세계 일주 *Voyage autour du monde*》

350

《존재와 무 L'Être et le néant》 39
좀바르트 Sombart, W. 289
《종의 기원 Origin of Species》 164,165,
  337,350
주느부아 Genevois, M. 19
주베르 Joubert 42
주프루아 Jouffroy 85
지라르 Girard, R. 153,196,262
《차라투스트라는 이렇게 말했다
  Also sprach Zarathustra》 42,79
〈창세기(創世記) Genesis〉 9,11,29,45,69,
  129,136,180,239,240
《철학사전 Dictionnaire philosophique》
  40
체임벌린 Chamberlain, H. S. 340
촘스키 Chomsky, A. N. 44
카네기 Carnegie, A. 326,338
카르보니에 Carbonnier, J. 110,111
카바니스 Cabanis, P. -J. -G. 47,248
카베 Cabet, É. 58,88,109,265
카사스 Casas, B. de Las 280
카스토리아디스 Castoriadis, C. 14,275
카이사르 Caesar, G. J. 148
카이유아 Caillois, R. 178
카트린 드 메디시스 Catherine de
  Médicis 262
칸토로비츠 Kantorowiz, E. 92
칸트 Kant, I. 28,55,68,109,130,154,178,
  182,195,225,250,254,276,281,283,291,308
칼라일 Carlyle, T. 304
칼뱅 Calvin, J. 129,135
캉텡프레 Camtimpré, T. de 199
케네 Quesnay, F. 103,141
켄타우로스 Kentauros 202,203,204,335
켈수스 Celsus, A. C. 185,186
《코란 Quran》 356
코페르니쿠스 Copernicus, N. 12,337
코헨 Cohen, W. B. 285,286,295
콜럼버스 Columbus, C. 157,279
콜루멜라 Columella, L. J. M. 153
콜린 Collin, F. 76

콜베르 Colbert, J. -B. 137
콩도르세 Condorcet, M. -J. -A. -N.
  de C. 84,269,298
콩디야크 Condillac, E. B. de 18
콩트 Comte, A. 58,255,265,267
퀴비에 Cuvier, G. 198,285
큐브릭 Kubrick, S. 271
크레미외 Crémieux, I. -A. 250
크로포트킨 Kropotkin, P. 337
크리스탈 Cristal, M. 74
크리시포스 Chrysippos 133
클라우제비츠 Clausewitz, C. P. G. von
  116,117,120
클레망소 Clemenceau, G. 329
클레멘스 Clemens, T. F. 151,153,201,
  322
키론 Chiron 204,335
키르케 Circe 154,211,218
키마이라 Chimaera 206,207,225
키케로 Cicero, M. T. 111,147,154,332
타이슨 Tyson, E. 164
타키투스 Tacitus 202,315
테너 Tenner, E. 348
테니슨 Tennyson 345,346
테르툴리아누스 Tertullianus 92,162,202
테야르 드 샤르댕 Teilhard de Chardin,
  P. 12,49,53
토마세 Thomasset, C. 238
토머스 Thomas, K. 131
토크빌 Tocqueville, A. C. -H. -H. M.
  C. de 59,84,86,271,288,294,296,299
《톰 아저씨의 오두막집 Uncle Tom's
  Cabin》 284
투스넬 Toussenel 134,289,309
투키디데스 Thucydides 78
튀르고 Turgot, A. -R. -J. 84
튀르멜 Turmel, J. 225
튜더 Tudor, M. 261
트뢸치 Troeltsch, E. 58
《티마이오스 Timaios》 48,180,188,191,
  257
티에르 Thiers, L. -A. 262,292

문신원
이화여자대학교 불어교육과 졸업
현재 전문 번역가로 활동
역서:《여성적 가치의 선택》《나만의 자유를 찾아서》
《죽음의 행군》《느리게 사는 즐거움》《과학의 천일야화》
《왕비의 침실》《영화학습》등

철학자들의 동물원

초판발행 : 2004년 1월 10일

지은이 : 아르멜 르 브라 쇼파르
옮긴이 : 문신원
총편집 : 韓仁淑
펴낸곳 : 東文選
제10-64호, 78. 12. 16 등록
110-300 서울 종로구 관훈동 74번지
전화 : 737-2795

편집설계 : 劉泫兒 李姃炅

ISBN 89-8038-219-7 94100
ISBN 89-8038-000-3 (세트)

딸에게 들려 주는 작은 철학

롤란트 시몬 셰퍼
안상원 옮김

★독일 청소년 저작상 수상(97)
★청소년을 위한 좋은 책(99, 한국간행물윤리위원회)

작은 철학이 큰사람을 만든다. 아이들과 철학을 이야기하는 것이 요즘 유행처럼 되었다. 아이들에게 철학을 감추지 않는 것, 그것은 분명히 옳은 일이다. 세계에 대한 어른들의 질문이나 아이들의 질문들은 종종 큰 차이가 없으며, 철학은 여기에 답을 줄 수 있다. 이 작은 책은 신중하고 재미있게, 그러면서도 주도면밀하게 철학의 질문들에 대답해 준다.

이 책의 저자 시몬 셰퍼 교수는 독일의 원로 철학자이다. 그가 원숙한 나이에 철학에 대한 깊은 이해를 가지고 자신의 딸이거나 손녀로 가정되고 있는 베레니케에게 대화하듯 철학 이야기를 들려 주고 있다. 만약 그 어려운 수수께끼를 설명한다면 어떻게 할 것인가를 모형적으로 제시하고 있다.
철학은 우리의 구체적인 삶과 멀리 떨어져 있는 삶이 아니다. 우리가 사용하고 있는 말이란 무엇이며, 안다는 것은 무엇인가. 세계와 자연, 사회와 도덕적 질서, 신과 인간의 의미는 무엇인가 등 철학적 사유의 본질적 테마들로 모두 아홉 개의 장으로 나누어 이야기하고 있다. 쉽게 서술되었지만 내용은 무게를 가지고 있어서 중·고등학생뿐만 아니라 대학생과 성인들에게 철학에 대한 평이한 길라잡이가 될 것이다.

東文選 現代新書 100

철학적 기본 개념

라파엘 페르버

조국현 옮김

　우리는 모두 철학을 가지고 있다. 철학의 싹이 우리 속에 있기 때문에 우리는 철학을 할 수 있다. 물론 보편 정신의 철학은 발전되지 못했을 뿐만 아니라 때때로 잘못되어 있다. 이러한 사실을 놓고 볼 때 철학 외적인 입장이 아닌 철학적 입장에서 철학을 교정할 수 있다는 점이 중요하다. 우리는 철학을 밖에서 바라보기 위해 철학 밖으로 나갈 수 없다. 마찬가지로 우리 일상철학의 옳고 그름을 판단할 수 있는 척도를 제시할 특정한 관점을 얻으려고 철학 밖으로 나갈 수도 없다. 보편 정신은 오히려 스스로 이러한 척도를 세워야 하며, 자가 교정을 위한 요소들을 자신으로부터 찾아내야 한다. 여기에 딱 들어맞는 말이 있다. 언어에 대해서 말하기 위한 언어 밖의 관점이 존재하지 않는 것처럼 철학에 대해서 철학하기 위한 철학 밖의 관점이 존재하지 않는다. 철학 밖에 철학적 입장이 존재하지 않는다는 점에서 철학하기의 필연성이 도출된다. 아리스토텔레스는 다음과 같은 딜레마를 통해 철학하기의 필연성을 역설한다. 철학을 할 필요가 없다는 것을 증명하려면 철학을 해야 한다. 따라서 인간은 어떤 경우에도 철학을 해야 한다.

　이 책은 철학을 공부하는 학생과 철학에 흥미를 느끼는 일반인을 위한 작은 사고력 훈련 학교이다. 저자는 철학적 기본 개념인 '철학' '언어' '인식' '진리' '존재' 그리고 '선'의 세계로 독자를 안내한다. 저자는 철학의 내용·방법 그리고 철학적 요구의 문제에 대해서 알기 쉬우면서도 수준 높게 접근한다. 이 책은 철학 입문서이며, 동시에 새로운 관점에서 플라톤 철학과 분석 철학을 결합시키려고 시도하는 저자의 체계적인 사고 과정을 보여 준다.

東文選 現代新書 81

영원한 황홀

파스칼 브뤼크네르

김웅권 옮김

"당신은 행복해지기 위해 사는가?"

당신은 왜 사는가? 전통적으로 많이 들어온 유명한 답변 중 하나는 "행복해지기 위해서 산다"이다. 이때 '행복'은 우리에게 목표가 되고, 스트레스가 되며, 역설적으로 불행의 원천이 된다. 브뤼크네르는 그러한 '행복의 강박증'으로부터 당신을 치유하기 위해 이 책을 썼다. 프랑스의 전 언론이 기립박수에 가까운 찬사를 보낸 이 책은 사실상 석 달 가까이 베스트셀러 1위를 지켜내면서 프랑스를 '들었다 놓은' 철학 에세이이다.

"어떻게 지내십니까? 잘 지내시죠?"라고 묻는 인사말에도 상대에게 행복을 강제하는 이데올로기가 숨쉬고 있다. 당신은 행복을 숭배하고 있다. 그것은 서구 사회를 침윤하고 있는 집단적 마취제다. 당신은 인정해야 한다. 불행도 분명 삶의 뿌리다. 그 뿌리는 결코 뽑히지 않는다. 이것을 받아들일 때 당신은 '행복의 의무'로부터 해방될 것이고, 행복하지 않아도 부끄럽지 않게 될 것이다.

대신 저자는 자유롭고 개인적인 안락을 제안한다. '행복은 어림치고 접근해서 조용히 잡아야 하는 것'이다. 현대인들의 '저속한 허식'인 행복의 웅덩이로부터 당신 자신을 건져내라. 그때 '빛나지도 계속되지도 않는 것이 지닌 부드러움과 덧없음'이 당신을 따뜻이 안아 줄 것이다. 그곳에 영원한 만족감이 있다.

중세에서 현대까지 동서의 명현석학과 문호들을 풍부하게 인용하는 저자의 깊은 지식샘, 그리고 혀끝에 맛을 느끼게 해줄 듯 명징하게 떠오르는 탁월한 비유 문장들은 이 책을 오래오래 되읽고 싶은 욕심을 갖게 한다. 독자들께 권해 드린다.　　　　　　　— 조선일보, 2001. 11. 3.

東文選 現代新書 42

진보의 미래

도미니크 르쿠르

김영선 옮김

과거를 조명하지 않고는 진보 사상에 대한 미래를 예견할 수 없다. 진보라는 단어의 현대적 의미가 만들어진 것은 17세기 베이컨과 더불어였다. 이 진보주의 학설은 당시 움직이는 신화가 되었으며, 공산주의자들이 그것을 계승한 20세기까지 그러하였다. 저자는 진보주의 학설이 발생시킨 '정치적' 표류만큼이나 '과학적' 표류를 징계하며, 미래의 윤리학으로 이해된 진보에 대한 요구에 새로운 정의를 주장한다.

발달과 성장이라는 것은 복지와 사회적 화합에서 비롯된 두 가지 양식인가? 단연코 그렇지 않다. 작가는 비관주의에 빠지지 않으면서도 다소 어두운 시대적 도표를 작성한다. 생활윤리학·농업·환경론 및 새로운 통신 기술이 여기서는 비판적이면서도 개방적인 관점에서 언급된다.

과학과 기술을 혼동함에 따라 사람들은 무엇에 대해 말하고 있는지 더 이상 알지 못한다. 정치 분야와 도덕의 영역을 혼동함에 따라 무엇을 생각해야 할지 또한 더 이상 알지 못한다. 작가는 철학의 새로운 평가에 대해 옹호하고, 그래서 그는 미덕의 가장 근본인 용기를 주장한다. 그가 이 책에서 증명하기를 바라는 것은 두려움의 윤리에 대항하며, 방법을 아는 조건하에서는 모든 사람이 철학을 할 수 있다는 점인 것이다.

東文選 現代新書 129

번영의 비참
— 종교화한 시장 경제와 그 적들

파스칼 브뤼크네르 / 이창실 옮김

'2002 프랑스 BOOK OF ECONOMY賞' 수상
'2002 유러피언 BOOK OF ECONOMY賞' 특별수훈

번영의 한가운데서 더 큰 비참이 확산되고 있다면 세계화의 혜택은 무엇이란 말인가?

모든 종교와 이데올로기가 붕괴되는 와중에 그래도 버티는 게 있다면 그건 경제다. 경제는 이제 무미건조한 과학이나 이성의 냉철한 활동이기를 그치고, 발전된 세계의 마지막 영성이 되었다. 이 준엄한 종교성은 이렇다 할 고양된 감정은 없어도 제의(祭儀)에 가까운 열정을 과시한다.

이 신화로부터 새로운 반체제 운동들이 사람들의 마음을 사로잡는다. 시장의 불공평을 비난하는 이 운동들은 지상의 모든 혼란의 원인이 시장에 있다고 본다. 그러나 실상은 그렇게 하면서 시장을 계속 역사의 원동력으로 삼게 된다. 신자유주의자들이나 이들을 비방하는 자들 모두가 같은 신앙으로 결속되어 있는 만큼 그들은 한통속이라 할 수 있다.

그렇다면 우리가 벗어나야 하는 것은 자본주의가 아니라 경제만능주의이다. 사회 전체를 지배하려 드는 경제의 원칙, 우리를 근면한 햄스터로 실추시켜 단순히 생산자·소비자 혹은 주주라는 역할에 가두어두는 이 원칙을 너나없이 떠받드는 상황에서 벗어나야 한다. 일체의 시장 경제 행위를 원위치에 되돌려 놓고 시장 경제가 아닌 자리를 되찾아야 한다. 이것은 우리 삶의 의미와도 직결되는 문제이기 때문이다.

파스칼 브뤼크네르: 1948년생으로 오늘날 프랑스에서 가장 영향력 있는 에세이스트이자 소설가이기도 하다. 그는 매 2년마다 소설과 에세이를 번갈아 가며 발표하고 있다. 주요 저서로는 《순진함의 유혹》(1995 메디치상), 《아름다움을 훔친 자들》(1997 르노도상), 《영원한 황홀》 등이 있으며, 1999년에는 프랑스에서 가장 많이 팔린 작가로 뽑히기도 하였다.

東文選 現代新書 153

세계의 폭력

장 보드리야르 / 에드가 모랭

배영달 옮김

충격으로 표명된 최초의 논평 이후 2001년 9월 11일의 뉴욕 테러 사건을 어떻게 해석해야 할까? 미국 영토에서 발생한 테러리즘에 대한 이 눈길을 끄는 표현은 무엇을 의미하는 것일까?

아랍세계연구소에서 개최된 이 두 강연을 통해서, 장 보드리야르와 에드가 모랭은 이 사건을 '세계화'의 현재의 풍경 속에 다시 놓고 생각한다.

보드리야르의 관점에서 보면 쌍둥이 빌딩이라는 거만한 건축물은 쌍둥이 빌딩의 파괴와 무관하지 않으며, 금융의 힘과 승승장구하던 자유주의에 바쳐진 세계의 상징적 붕괴와 무관하지 않다. "극단적으로 말해서 테러리스들이 이 일을 저질렀지만, 그것은 우리가 원하는 바였다."고 그는 역설한다.

자신이 심사숙고한 중요한 주제들이 발견되는 한 텍스트를 통해, 에드가 모랭은 테러 행위를 가능하게 만들었던 역사적 조건들을 상기시키고, 나아가 다른 미래를 창조하기 위해 세계적인 자각에 호소한다.

이 두 강연은 현대 테러리즘의 의미와, 이 절대적 폭력이 탄생할 수 있는 세계의 상황을 이해하는 데 매우 중요한 것이 되고 있다.

東文選 現代新書 148

철학 기초 강의

프레데릭 로피

공나리 옮김

철학하기는 언제나 위험한 일이다. 불경함 때문에 죽은 소크라테스의 음산한 그림자는 사라지지 않았다. 성가시고, 기묘하게 문제 제기된 질문들, 마음을 괴롭히는 의문들과 신랄한 아이러니, 언제나 이런 것들이 철학이다.

스스로 생각하기, 이것이 바로 핵심 단어이다.

하지만 이러한 사유의 자율성은 획득되어야 하는 것이다. 그것은 하나의 의견이나 선입견, 혹은 여론이 아니다.

모순이 있다면, 스스로 생각하기 위해서는 생각하는 법을 배워야 한다는 것이다. 다른 사람들이 던진 질문에 의해 번민하도록 스스로를 내버려둘 줄 알아야 한다. 거기에서 자신을 잃어버리거나, 혹은 유행하는 결과물들에 굴복하지 않아야 한다.

따라서 이 책은 가장 고전적인 스무 개의 문헌들을 소개하고, 그것들을 이용하여 고등학교 졸업반 교과 과정의 핵심적인 주제들과 개념들을 생각하게 만든다. 산만함을 지양하면서 이 책은 철학적인 텍스트를 어떻게 읽는가를 보여 주고, 또한 여러 관념들에 대해 질문하기 위해 철학 텍스트를 어떻게 이용해야 하는가를 보여 주고 있다. 간단하고도 강력한 이 책은 철학하기를 원하고, 또한 고등학교 졸업반 수험생이 갖추어야 할 핵심 사항을 얻고자 하는 이들에게 귀중한 도구가 될 것이다.

東文選 現代新書 94

진정한 모럴은 모럴을 비웃는다

— 책임진다는 것의 의미

알랭 에슈고엔 / 김웅권 옮김

오늘날 우리는 가치들이 혼재하고 중심을 잃은 이른바 '포스트 모던'한 시대에 살고 있다. 다양한 가치들은 하나의 '조정적인' 절대 가치에 의해 정리되고 체계화되지 못하고, 무질서하게 병렬적으로 공존한다. 이런 다원적 현상은 풍요로 인식될 수 있으나, 역설적으로 현대인이 당면한 정신적 방황과 해체의 상황을 드러내 주는 하나의 징표라고도 할 수 있다. 자본주의의 승리와 이러한 가치의 혼란은 인간을 비도덕적으로 만들면서 약육강식적 투쟁의 강도만 심화시킬 우려가 있다. 그리하여 사회는 긴장과 갈등으로 치닫는 메마르고 냉혹한 세계가 될 수 있다.

개인의 자유와 권리가 확대되고, 사회적인 구속이나 억압이 줄어들면 줄어들수록 개인이 져야 할 책임의 무게는 그만큼 가중된다. 이 책임이 그의 자유와 권리를 보장해 주는 것이다. 개인의 신장과 비례하여 증가하는 이 책임이 등한시될 때 사회는 퇴보할 수밖에 없다. 기성의 모든 가치나 권위가 무너져도 더불어 사는 사회가 유지되려면, 개인이 자신의 결정과 행위 그리고 결과에 대해 자신과 타자 앞에, 또는 사회 앞에 책임을 지는 풍토가 정착되어야 한다. 그렇기 때문에 안개가 자욱이 낀 이 불투명한 시대에 책임 원리가 새로운 도덕의 원리로 부상되고 있는 것이다. 또한 어떤 다른 도덕적 질서와도 다르게 책임은 모든 이데올로기적·사상적 차이를 넘어서 지배적인 담론의 위치를 차지할 수 있다. 그것은 사회적·경제적 변화와 구속에 직면하여 문제들을 해결하기 위해 나타난 '자유의 발현'이기 때문이다.